Grund- und Aufbauwortschatz
FRANZÖSISCH

mit Vokabeltrainer-App

von
Béatrice De March,
Monika Kopyczinski
und Isabelle Langenbach

PONS

Grund- und Aufbauwortschatz

FRANZÖSISCH

mit Vokabeltrainer-App

von
Béatrice De March,
Monika Kopyczinski
und Isabelle Langenbach

auf der Basis von ISBN 978-3-12-562122-0

Der digitale Zugang zu den online angebotenen Zusatzmaterialien ist für mindestens zwei Jahre nach Erscheinen der aktuellen Auflage gewährleistet.

4. Auflage 2025

Projektleitung: Majka Dischler
Logoentwurf: Erwin Poell, Heidelberg
Logoüberarbeitung: Sabine Redlin, Ludwigsburg
Satz: Satzkasten, Stuttgart
Druck und Bindung: Multiprint Ltd., Kostinbrod

ISBN: 978-3-12-562436-8

Der **PONS Grund- und Aufbauwortschatz Französisch** bietet Ihnen in 11 thematisch geordneten Kapiteln und 47 Unterkapiteln die Möglichkeit, den Wortschatz systematisch nachzuschlagen und zu lernen.

Themen und Situationen

Die Kapitel und Unterkapitel sind nach Situationen und Themen zusammengefasst, damit Sie gezielt den Wortschatz für einen ganz bestimmten Anwendungsbereich lernen können.

Aktueller Wortschatz und Umgangssprache

Aktueller Wortschatz und Ausdrücke aus der Umgangssprache wurden integriert, so dass Sie Ihr Vokabular sinnvoll ausbauen können und auf dem Laufenden bleiben.

Vokabeltrainer-App mit allen Vokabeln zum Üben

Sie können die Wörter aus dem Buch in der App nach Themen sortiert mit fünf verschiedenen Übungstypen trainieren. Das nummerierte App-Symbol führt Sie direkt zum jeweiligen Thema in der App. 1

Korrekte Aussprache

Damit Sie mögliche Zweifel bei der Aussprache ausräumen können, finden Sie zu allen Einträgen die internationale Lautschrift. Eine Erläuterung zur Lautschrift finden Sie nach dem Inhaltsverzeichnis. Zudem haben Sie die Möglichkeit zum Anhören und Nachsprechen der Vokabeln in der Vokabeltrainer-App.

Beispielsätze und Wendungen

Beispielsätze zu jedem Eintrag und zahlreiche Wendungen erleichtern das Lernen und zeigen auf, wie die Wörter verwendet werden können.

Infokästen

Infokästen geben zusätzliche Erklärungen zu „falschen Freunden" oder zu Besonderheiten der Grammatik. Weitere Hinweise zu „Land und Leuten" helfen Ihnen, Wörter zu verstehen, die Sie vielleicht gar nicht aus Ihrem eigenen kulturellen Umfeld kennen.

Lernen nach Lernniveaus

Zu jedem Kapitel oder Unterkapitel finden Sie die Wörter verschiedenfarbig hinterlegt. Diese farbliche Unterscheidung zeigt Ihnen, ob es sich um Grund- oder Aufbauwortschatz handelt.

Grundwortschatz, der dem Anfängerniveau entspricht

Aufbauwortschatz, der dem Fortgeschrittenenniveau entspricht

Formulierungshilfen

Diese helfen Ihnen, bestimmte Situationen in der französischen Sprache besser zu meistern.

Verben mit Präpositionen

Im Anhang helfen Ihnen nochmals zahlreiche Beispielsätze bei der Wahl der richtigen Präpositionen für die häufigsten französischen Verben.

Wichtige Tipps zum Wortschatzlernen

Außerdem finden Sie im Buch wichtige Hinweise, wie Sie am besten Ihren Wortschatz im Alltag trainieren können.

Index Französisch

Das alphabetische Wortverzeichnis ermöglicht es Ihnen, ein bestimmtes französisches Wort schnell zu finden.

Index Deutsch

Auch wenn Sie ein Wort auf Französisch nicht kennen, können Sie hier bequem das deutsche Wort nachschlagen und die entsprechende Übersetzung ins Französische schnell finden.

Viel Spaß und Erfolg beim Französischlernen!

INHALT

LISTE DER ABKÜRZUNGEN

adj	Adjektiv
adv	Adverb
etw	etwas
f	feminin
fam	*familier,* umgangssprachlich
+ inf	*infinitif* (erfordert ein Verb im Infinitiv)
inv	*invariable,* unveränderlich
jd	jemand
jdm	jemandem
jdn	jemanden
jds	jemandes
m	maskulin
pl	Plural
qc	*quelque chose*
qn	*quelqu'un*
+ subj	*subjonctif* (zieht den Subjonctif nach sich)
ugs	umgangssprachlich
vulg	vulgär

Verben, die das *Passé composé* mit *être* bilden, sind durch den Zusatz + *être* gekennzeichnet; nicht markiert sind reflexive Verben, die grundsätzlich *être* erfordern. Substantive sind dann mit der Pluralform angegeben, wenn der Plural nicht regelmäßig gebildet wird oder unklar sein könnte.

DIE FRANZÖSISCHE PHONETIK

Vokale

[a]	b**a**c
[ɑ]	cl**a**sse, p**â**te
[e]	**é**tat, pr**e**ss**er**
[ɛ]	c**ai**sse, fr**è**re, t**ê**te
[ə]	m**e**nace
[i]	d**i**plôme
[o]	r**o**se, r**ô**le, **au**teur
[ɔ]	**o**btenir
[ø]	h**eu**r**eu**x
[œ]	h**eu**re, s**œu**r
[u]	c**ou**p
[y]	nat**u**re

Halbvokale

[j]	p**i**èce
[w]	b**o**îte
[ɥ]	prod**u**it

Nasale

[ɑ̃]	ch**am**pignon, ch**an**son, **en**s**em**ble
[ɛ̃]	f**in**, p**ain**, bi**en**
[ɔ̃]	b**on**b**on**, l**ong**, tr**onc**, t**om**ber
[œ̃]	auc**un**, parf**um**

Konsonanten

[b]	**b**eau
[d]	**d**u
[ʒ]	**g**endarmerie, **j**our
[f]	**f**eu, **ph**ilos**ph**ie
[m]	**m**er
[n]	**n**ature
[p]	**p**ont
[z]	**z**èbre, ro**s**e
[g]	**g**ant
[k]	**c**ours, **k**oala, **qu**atre
[l]	**l**ac
[ŋ]	jogg**ing**
[ɲ]	di**gn**e
[ʀ]	**r**ègle
[s]	**s**oleil, prin**c**e, gar**ç**on
[ʃ]	**ch**at
[t]	**t**oi
[v]	**v**isite
[']	**h**éros (behauchtes oder konsonantisches h)

DIE EIGENE PERSON

1

Vorstellung

Begrüßung und Abschied	
Bonjour! [bɔ̃ʒuʀ] · dire bonjour à qn · Bonjour, madame.	**Guten Tag!** · jdn grüßen · Guten Tag! *(zu einer Frau)*
Salut! [saly] *(fam)* · Salut, les copains!	**Hallo!; Tschüss!** · Hallo, Freunde!
Bonsoir! [bɔ̃swaʀ]	**Guten Abend!**
Allô! [alo]	**Hallo!** *(am Telefon)*
Monsieur, Messieurs [məsjø, mesjø] · le monsieur · Bonjour, Monsieur Martin.	**Herr, (meine) Herren** · der Herr · Guten Tag, Herr Martin!
Madame, Mesdames [madam, medam] · mesdames et messieurs · Bonjour, Madame Rialland.	**Frau, (meine) Damen** · meine Damen und Herren · Guten Tag, Frau Rialland!
Mademoiselle, Mesdemoiselles [mad(ə)mwazɛl, medmwazɛl] · Bonsoir, Mademoiselle Dupont.	**Fräulein** *(veraltet)*, **Frau, (meine) Damen** · Guten Abend, Fräulein Dupont!

Wird das Wort **monsieur**, **madame** oder **mademoiselle** in der mündlichen Anrede allein verwendet oder zusammen mit einer Grußfloskel wie **bonjour** oder **bonsoir**, bleibt es unübersetzt: **Bonjour, monsieur!** – *Guten Tag!*; **Et avec cela, madame?** – *Was darf es sonst noch sein?*

le **chéri**, la **chérie** [ʃeʀi] • Au revoir, mon chéri !	**Liebling, Schatz** • Auf Wiedersehen, mein Schatz!
mon cher, ma chère [mɔ̃ʃɛʀ, maʃɛʀ] • À bientôt, mon cher ami !	**mein(e) Liebe(r)** • Bis bald, mein Lieber!
Bienvenue ! [bjɛ̃v(ə)ny]	**Herzlich willkommen!**
enchanté, e [ɑ̃ʃɑ̃te] • Enchanté de faire votre connaissance.	**sehr erfreut, angenehm** • Sehr erfreut, Sie kennenzulernen.
s'il te plaît [siltəplɛ] • Viens dire au revoir à tes cousins, s'il te plaît !	**bitte** *(wenn man jdn duzt)* • Bitte komm deinen Cousins Auf Wiedersehen sagen!
s'il vous plaît [silvuplɛ] • Appelez-moi Pierre, s'il vous plaît !	**bitte** *(wenn man jdn siezt oder mehrere Personen anspricht)* • Nennen Sie/Nennt mich bitte Pierre!
Ça va ? [sava]	**Wie geht's?, Geht's (dir) gut?**
Ça va. [sava]	**Es geht (mir) gut.**
présenter [pʀezɑ̃te] • présenter qn à une personne • Je te présente Marie.	**vorstellen** • jdn einer Person vorstellen • Ich stelle dir Marie vor.
Au revoir ! [ɔʀ(ə)vwaʀ]	**Auf Wiedersehen!**
À bientôt ! [abjɛ̃to]	**Bis bald!**
À plus (tard) ! [aplys, aplytaʀ]	**Bis später!**
À tout à l'heure ! [atutalœʀ]	**Bis gleich!; Bis nachher!**
À tout de suite ! [atudsɥit]	**Bis gleich!**
À ce soir ! [asəswaʀ]	**Bis heute Abend!**
À demain ! [ad(ə)mɛ̃]	**Bis morgen!**
Bonne nuit ! [bɔnnɥi]	**Gute Nacht!**

rencontrer qn [ʀɑ̃kɔ̃tʀe] • Hier, j'ai rencontré Yves au marché.	**jdn treffen, jdm begegnen** • Ich habe gestern Yves auf dem Markt getroffen.
s'adresser à qn [sadʀese] • Adressez-vous au service clientèle.	**sich an jdn wenden** • Wenden Sie sich an den Kundenservice!
laisser qn [lese] • Bon, je vous laisse maintenant.	**jdn (ver)lassen** • Ich verlasse euch jetzt.
partir [paʀtiʀ] + *être* • Je pars dans cinq minutes.	**losgehen, weggehen, abfahren, aufbrechen** • Ich fahre in fünf Minuten los.
Bonne chance ! [bɔnʃɑ̃s]	**Viel Glück!**
se présenter [səpʀezɑ̃te] • Je me présente : Pierre.	**sich vorstellen** • Ich stelle mich vor: Pierre.
se séparer [səsepaʀe] • Nous nous séparons ici.	**sich trennen** • Wir trennen uns hier.
saluer qn [salɥe] • Il salue ses invités.	**jdn begrüßen** • Er begrüßt seine Gäste.

Persönliche Angaben

le **nom** [nɔ̃] · dire son nom · Quel est votre nom ?	**Name** · seinen Namen nennen · Wie ist Ihr Name?
le **prénom** [prenɔ̃] · Mon prénom est Sylvie.	**Vorname** · Mein Vorname ist Sylvie.
s'appeler [saple] · Je m'appelle Robert Ducros.	**heißen** · Ich heiße Robert Ducros.
épeler [ep(ə)le] · Vous pouvez épeler votre nom ?	**buchstabieren** · Können Sie Ihren Namen buchstabieren?
Mme, Mlle, M. [madam, mad(ə)mwazɛl, məsjø] · Je te présente M., Mme et Mlle Dupont.	**Fr., Frl., Hr.** · Ich möchte dir Hr., Fr. und Frl. Dupont vorstellen.
l'**adresse** *f* [adrɛs] · Je vous donne mon adresse.	**Adresse, Anschrift** · Ich gebe Ihnen/euch meine Adresse.
habiter [abite] · habiter à Paris/en France · Elle habite chez sa tante.	**wohnen** · in Paris/Frankreich wohnen · Sie wohnt bei ihrer Tante.
la **rue** [ry] · J'habite dans la rue Jules Verne.	**Straße** · Ich wohne in der Jules-Verne-Straße.
le **numéro** [nymero] · le numéro de téléphone · Il habite au numéro 2.	**Nummer** · Telefonnummer · Er wohnt in der Nummer 2.
le **Français**, la **Française** [frɑ̃sɛ, ɛz] · Je te présente Jean Dupont, un Français.	**Franzose, Französin** · Ich stelle dir Jean Dupont vor, er ist Franzose.
la **nationalité** [nasjɔnalite] · être de nationalité française · Il est de nationalité allemande.	**Staatsangehörigkeit, Nationalität** · die französische Staatsangehörigkeit haben · Er hat die deutsche Staatsbürgerschaft.
le **nom de famille** [nɔ̃d(ə)famij] · Notez ici votre nom de famille.	**Nachname, Familienname** · Tragen Sie hier Ihren Familiennamen ein.
la **naissance** [nɛsɑ̃s] · la date de naissance · le lieu de naissance · 1980, c'est l'année de ma naissance.	**Geburt** · Geburtsdatum · Geburtsort · 1980 ist das Jahr meiner Geburt.
né, e [ne] · être né le... · Elle est née le 4 juillet 1992.	**geboren** · am ... geboren sein · Sie wurde am 4. Juli 1992 geboren.
la **personne** [pɛrsɔn] · C'est une personne très aimable.	**Person** · Das ist ein sehr freundlicher Mensch.

vivre [vivʀ] • vivre en ville • vivre seul • Elle vit à la campagne avec ses deux chiens.	**leben** • in der Stadt wohnen • alleine leben • Sie lebt mit ihren beiden Hunden auf dem Land.
masculin, e [maskylɛ̃, in] • Philippe est un prénom masculin.	**männlich** • Philippe ist ein männlicher Vorname.
féminin, e [feminɛ̃, in] • C'est une femme très féminine.	**weiblich** • Sie ist eine sehr weibliche Frau.
la **situation de famille** [sitɥasjɔ̃d(ə)famij] • Quelle est votre situation de famille ?	**Familien-, Personenstand** • Wie ist Ihr Familienstand?
célibataire [selibatɛʀ] • être célibataire • Il est à nouveau célibataire.	**ledig** • ledig sein • Er ist wieder solo.
marié, e [maʀje] • Je suis marié.	**verheiratet** • Ich bin verheiratet.
divorcé, e [divɔʀse] • Elle est divorcée.	**geschieden** • Sie ist geschieden.
séparé, e [sepaʀe] • Ils vivent séparés.	**getrennt (lebend)** • Sie leben getrennt.
veuf, veuve [vœf, vœv] • Cela fait déjà trois ans qu'il est veuf.	**verwitwet** • Er ist schon seit drei Jahren verwitwet.

Kindheit, Jugend, Alter

la **femme** [fam] • C'est une femme sportive.	**Frau** • Sie ist eine sportliche Frau.
la **dame** [dam] • Dis bonjour à la dame !	**Dame** • Sag der Frau Guten Tag!
l'**homme** *m* [ɔm] • le jeune homme • C'est un homme intéressant.	**Mann, Mensch** • junger Mann • Das ist ein interessanter Mann.
l'**enfant** *m, f* [ɑ̃fɑ̃] • Ils ont trois enfants.	**Kind** • Sie haben drei Kinder.
la **fille** [fij] • la jeune fille • Mes deux filles font du sport.	**Mädchen; Tochter** • (junges) Mädchen • Meine beiden Töchter treiben Sport.
le **garçon** [gaʀsɔ̃] • Les garçons sont là-bas.	**Junge** • Die Jungen sind dort.
le, la **jeune** [ʒœn] • Il fait partie d'un groupe de jeunes.	**Jugendliche(r)** • Er gehört einer Gruppe Jugendlicher an.
l'**âge** *m* [ɑʒ] • avoir l'âge de faire qc • Vous avez quel âge ?	**Alter** • alt genug sein, um etw zu tun • Wie alt sind Sie/seid ihr?

l'an *m* [ɑ̃] • avoir 35 ans • On est majeur à l'âge de 18 ans.	**Jahr** • 35 Jahre alt sein • Mit 18 Jahren ist man volljährig.
l'enfance *f* [ɑ̃fɑ̃s] • J'ai eu une enfance heureuse.	**Kindheit** • Ich hatte eine glückliche Kindheit.
la jeunesse [ʒœnɛs] • Ils se sont connus dans leur jeunesse.	**Jugend** • Sie haben sich in ihrer Jugend kennengelernt.
l'adolescent *m*, **l'adolescente** *f* [adɔlesɑ̃, ɑ̃t] • C'est un adolescent très timide.	**Teenager** • Er ist ein sehr schüchterner Teenager.
l'ado *m, f* [ado] *(fam)* • Je n'ai qu'un enfant, un ado de 16 ans.	**Teenie** • Ich habe nur ein Kind, einen Teenie von 16 Jahren.
l'adulte *m, f* [adylt] • C'est un film pour adultes.	**Erwachsene(r)** • Das ist ein Film für Erwachsene.
la vieillesse [vjɛjɛs] • Ce sont des signes de vieillesse.	**Alter** • Das sind Anzeichen des Alters.

Aussehen

2

Körperliche Merkmale

petit, e [p(ə)ti, it] • Il est petit pour son âge.	**klein** • Er ist klein für sein Alter.
grand, e [gʀɑ̃, gʀɑ̃d] • Elle est plus grande que moi.	**groß** • Sie ist größer als ich.
les lunettes *fpl* [lynɛt] • porter des lunettes • J'ai oublié mes lunettes chez le coiffeur.	**Brille** • eine Brille tragen • Ich habe meine Brille beim Friseur vergessen.
les lentilles (de contact) [lɑ̃tij(dəkɔ̃takt)] • Elle met des lentilles.	**Kontaktlinsen** • Sie trägt Kontaktlinsen.
les cheveux *mpl* [ʃ(ə)vø] • avoir les cheveux courts/longs • avoir les cheveux raides/bouclés • Elle a les cheveux longs et blonds.	**Haar(e)** • kurze/lange Haare haben • glatte/lockige Haare haben • Sie hat lange, blonde Haare.
brun, e [bʀɛ̃, bʀyn] • Elle est brune.	**braun-, dunkelhaarig** • Sie hat dunkle Haare.
blond, e [blɔ̃, blɔ̃d] • Il est tout blond.	**blond** • Er ist ganz blond.
roux, rousse [ʀu, ʀus] • Toute la famille a les cheveux roux.	**rothaarig** • Die ganze Familie hat rotes Haar.

l'œil *m*, **les yeux** [œj, jø] · avoir les yeux marron · aux yeux clairs · Il a de beaux yeux.	**Auge** · braune Augen haben · mit hellen Augen · Er hat schöne Augen.
pâle [pɑl] · être tout pâle · Elle a une peau très pâle.	**blass** · ganz blass sein · Sie hat eine sehr blasse Haut.
bronzé, e [bʀɔ̃ze] · Elle est bronzée toute l'année.	**braun (gebrannt)** · Sie ist das ganze Jahr über gebräunt.
le **bouton** [butɔ̃] · avoir des boutons · Elle porte une frange pour cacher ses boutons.	**Pickel** · Pickel haben · Sie trägt ein Pony, um ihre Pickel zu verbergen.
la **taille** [tɑj] · une personne de petite taille · Il est de taille moyenne.	**(Körper)größe** · eine Person von kleiner Statur · Er ist mittelgroß.
le **poids** [pwɑ] · prendre/perdre du poids · Il doit surveiller son poids.	**Gewicht** · zunehmen/abnehmen · Er muss auf sein Gewicht achten.
la **barbe** [baʀb] · avoir de la barbe · Il a une longue barbe blanche.	**Bart** · einen Bart haben · Er hat einen langen, weißen Bart.
la **moustache** [mustaʃ] · avoir de la moustache · Il porte la moustache depuis l'été.	**Schnurrbart** · einen Schnurrbart haben · Er trägt seit dem Sommer einen Schnurrbart.

Das Aussehen beurteilen

joli, e [ʒɔli] · une jolie fille · Tu as vu la jolie fille ?	**hübsch** · ein hübsches Mädchen · Hast du das hübsche Mädchen gesehen?
ressembler à qn [ʀ(ə)sɑ̃ble] · Tu ressembles à ta mère.	**jdm ähnlich sehen, jdm ähneln** · Du ähnelst deiner Mutter.
laid, e [lɛ, lɛd] · Elle se trouve laide.	**hässlich** · Sie findet sich hässlich.
jeune [ʒœn] · Elle est vraiment très jeune.	**jung** · Sie ist wirklich sehr jung.
vieux, vieil, vieille [vjø, vjɛj, vjɛj] · Mon grand-père est déjà très vieux, il a 90 ans.	**alt** · Mein Großvater ist schon sehr alt, er ist 90.
chic [ʃik] *inv* · Elle s'habille toujours chic.	**schick** · Sie zieht sich immer schick an.

élégant, e [elegɑ̃, ɑ̃t] • Quelle femme élégante!	**elegant** • Welch eine elegante Frau!
la **beauté** [bote] • C'est une vraie beauté.	**Schönheit** • Sie ist eine echte Schönheit.
la **laideur** [lɛdœʀ] • Son charme fait oublier sa laideur.	**Hässlichkeit** • Sein Charme lässt seine Hässlichkeit vergessen.
maigre [mɛgʀ] • Qu'est-ce qu'elle est maigre!	**mager, dürr** • Sie ist ja so mager!
mince [mɛ̃s] • C'est une femme mince.	**dünn** • Sie ist eine schlanke Frau.
gros, se [gʀo, gʀos] • Il a un gros ventre.	**dick** • Er hat einen dicken Bauch.
gras, se [gʀɑ, gʀɑs] • Dans cette famille, ils sont tous gras.	**fett** • In dieser Familie sind sie alle fett.
fort, e [fɔʀ, fɔʀt] • Il est corpulent et très fort!	**stark, kräftig, stämmig** • Er ist korpulent und sehr stark.
l'**apparence** *f* [apaʀɑ̃s] • l'apparence physique • Elle n'aime pas son apparence de jeune fille sage.	**Aussehen, Anblick** • äußeres Erscheinungsbild • Ihr gefällt es nicht, dass sie wie ein braves Mädchen aussieht.
l'**air** *m* [ɛʀ] • avoir l'air (de) • Quand elle gronde ses élèves, elle prend un air sévère.	**Aussehen, Miene** • aussehen (wie) • Wenn sie mit ihren Schülern schimpft, sieht sie streng aus.

Charakter

3

le **caractère** [kaʀaktɛʀ] • avoir bon/mauvais caractère • Il a vraiment un sale caractère!	**Charakter** • einen guten/schlechten Charakter haben • Er ist wirklich unausstehlich.
le **tempérament** [tɑ̃peʀamɑ̃] • avoir du tempérament • Elle manque de tempérament.	**Temperament** • temperamentvoll sein • Sie hat kein Temperament.
l'**humeur** *f* [ymœʀ] • être de bonne/mauvaise humeur • Aujourd'hui, je ne suis pas d'humeur à rire.	**Laune, Stimmung** • guter/schlechter Laune sein • Heute ist mir nicht zum Lachen zumute.

Positive Eigenschaften

drôle [dʀol] • Pierre raconte beaucoup d'histoires drôles.	**lustig, witzig** • Peter erzählt viele lustige Geschichten.
sympathique [sɛ̃patik] • Nos voisins sont très sympathiques.	**sympathisch** • Unsere Nachbarn sind sehr sympathisch.

sympa [sɛ̃pa] *(fam)* • C'est un couple vraiment sympa.	**sympathisch** • Das ist ein echt sympathisches Paar.
gentil, le [ʒɑ̃ti, ij] • Ta mère est gentille.	**nett, freundlich** • Deine Mutter ist nett.
aimable [ɛmabl] • C'est une fille polie et aimable.	**freundlich, liebenswürdig** • Sie ist ein höfliches und liebenswertes Mädchen.
gai, e [ge, gɛ] • Ce sont des gens très gais.	**fröhlich, heiter, lustig** • Es sind sehr fröhliche Leute.
intelligent, e [ɛ̃teliʒɑ̃, ɑ̃t] • J'ai des enfants très intelligents.	**intelligent** • Ich habe sehr intelligente Kinder.
sérieux, -euse [seʀjø, jøz] • Son père est un homme sérieux.	**ernst, gewissenhaft, seriös** • Sein/Ihr Vater ist ein ernster Mensch.
la **qualité** [kalite] • Vous avez beaucoup de qualités.	**gute Eigenschaft; Qualität** • Sie haben/Ihr habt viele gute Eigenschaften.
calme [kalm] • Les enfants ne sont pas toujours calmes.	**ruhig** • Die Kinder sind nicht immer ruhig.
timide [timid] • Ne sois pas si timide !	**schüchtern** • Sei nicht so schüchtern!
optimiste [ɔptimist] • Ma mère est de nature optimiste.	**optimistisch** • Meine Mutter ist von Natur aus optimistisch.
énergique [enɛʀʒik] • Elle est très énergique.	**energisch** • Sie ist sehr energisch.
charmant, e [ʃaʀmɑ̃, ɑ̃t] • C'est une personne tout à fait charmante.	**reizend, charmant** • Das ist eine wirklich reizende Person!

Negative Eigenschaften

bête [bɛt] • être bête comme ses pieds *(fam)* • Qu'est-ce que tu es bête !	**dumm, blöd(e), doof** • strohdumm sein • Du bist vielleicht blöd!
idiot, e [idjo, idjɔt] • Elle est parfois un peu idiote.	**dumm, blöd, idiotisch** • Sie verhält sich manchmal ein bisschen blöd.
stupide [stypid] • Ne sois pas stupide !	**dumm** • Sei nicht dumm.
bizarre [bizaʀ] • Je la trouve un peu bizarre.	**seltsam, komisch, merkwürdig** • Ich finde sie ein bisschen komisch.
méchant, e [meʃɑ̃, ɑ̃t] • Philippe est méchant avec son frère.	**böse, gemein** • Philipp ist gemein zu seinem Bruder.
difficile [difisil] • Jean-Paul est un homme difficile.	**schwierig, wählerisch** • Jean-Paul ist ein schwieriger Mensch.

agressif, -ive [agʀesif, iv]	**aggressiv, angriffslustig**
· Il est agressif envers les autres.	· Er ist gegenüber anderen aggressiv.
le **défaut** [defo]	**Fehler, Schwäche**
· La paresse est son plus grand défaut.	· Seine Faulheit ist seine größte Schwäche.
sévère [sevɛʀ]	**streng**
· Le professeur est très sévère.	· Der Lehrer ist sehr streng.

ZU HAUSE

Häuser und Wohnungen

4

Gebäude, Miete und Eigentum	
la **maison** [mɛzɔ̃] • à la maison • rester à la maison • Nous vivons dans une grande maison avec un jardin.	**Haus** • (bei uns) zu Hause • zu Hause bleiben • Wir wohnen in einem großen Haus mit Garten.
l'**appartement** *m* [apaʀtəmɑ̃], l'**appart** *m* [apaʀt] *(fam)* • habiter en appartement • Depuis quand vis-tu dans cet appartement ?	**Wohnung** • in einer Wohnung leben • Seit wann wohnst du in dieser Wohnung?
le **bâtiment** [bɑtimɑ̃] • J'habite en face d'un grand bâtiment gris.	**Gebäude** • Ich wohne gegenüber einem großen, grauen Gebäude.
l'**immeuble** *m* [imœbl] • Nous habitons dans l'immeuble le plus haut de la ville.	**(mehrgeschossiges) Gebäude, (Wohn)haus** • Wir wohnen im höchsten Haus der Stadt.
la **tour** [tuʀ] • Mon frère habite dans une tour, au 15ème étage.	**Turm, Hochhaus** • Mein Bruder wohnt in einem Hochhaus im 15. Stock.
le, la **propriétaire** [pʀɔpʀijetɛʀ] • Nous sommes propriétaires de la maison.	**Eigentümer(in), Besitzer(in)** • Wir sind die Eigentümer des Hauses.

(!) Verwechseln Sie **l'appartement** – *die Wohnung* nicht mit *Appartement* – **le studio!**

le **voisin,** la **voisine** [vwazɛ̃, in] • Ma voisine d'à côté m'a invitée au café.	**Nachbar(in)** • Meine Nachbarin von nebenan hat mich zum Kaffee eingeladen.
habiter [abite] • habiter la/en banlieue • Vous habitez en ville ?	**wohnen, bewohnen** • in den Vororten wohnen • Wohnen Sie/Wohnt ihr in der Stadt?
le, la **locataire** [lɔkatɛʀ] • Je suis locataire de l'appartement.	**Mieter(in)** • Ich bin Mieter/Mieterin der Wohnung.
louer [lwe] • Cette maison est à louer.	**mieten, vermieten** • Dieses Haus ist zu vermieten.
le **loyer** [lwaje] • Le loyer est trop élevé.	**Miete** • Die Miete ist zu hoch.
les **charges** *fpl* [ʃaʀʒ] • Les charges sont comprises dans le loyer.	**Nebenkosten** • Die Nebenkosten sind in der Miete inbegriffen.
moderne [mɔdɛʀn] • C'est un immeuble moderne.	**modern** • Es ist ein modernes Wohnhaus.
vieux, vieil, vieille [vjø, vjɛj, vjɛj] • Nous venons d'acheter une vieille maison à la campagne.	**alt** • Wir haben gerade ein altes Landhaus gekauft.
le **terrain** [teʀɛ̃] • le terrain à bâtir • Les terrains à la campagne sont bon marché.	**Grundstück** • Baugrundstück, Bauplatz • Die Grundstücke auf dem Land sind günstig.
le/la **H.L.M.** *m od. f* [ˈaʃɛlɛm] (habitation à loyer modéré) *inv* • Elle habite dans un H.L.M. en banlieue.	**Mietshaus mit Sozialwohnungen** • Sie wohnt in einem Sozialbau in einem Vorort.
déménager [demenaʒe] • Vous déménagez quand ?	**umziehen** • Wann zieht ihr/ziehen Sie um?
emménager [ɑ̃menaʒe] • emménager dans un appartement • J'emménage demain dans un trois-pièces.	**einziehen** • in eine Wohnung einziehen • Ich ziehe morgen in eine Dreizimmerwohnung.
le **déménagement** [demenaʒmɑ̃] • Il faut préparer le déménagement.	**Umzug** • Wir müssen den Umzug vorbereiten.
le **logement** [lɔʒmɑ̃] • Vous avez trouvé un logement pour les vacances ?	**Wohnung, Unterkunft** • Habt ihr/Haben Sie eine Unterkunft für die Ferien gefunden?

Die männliche Singularform **vieil** steht an Stelle von **vieux** vor Vokalen oder stummem **h**: **un vieux tapis** – *ein alter Teppich;* **un vieil ami** – *ein alter Freund;* **ce vieil homme** – *dieser alte Mann.*

Architektur und Installation	
le **plan** [plɑ̃] • Voilà le plan de notre maison.	**Plan** • Hier ist der Grundriss unseres Hauses.
l'**étage** *m* [etaʒ] • au premier étage • à trois étages • Elle habite au tout dernier étage d'une tour.	**Etage, Stockwerk** • im ersten Stock • dreistöckig • Sie wohnt im allerletzten Stock eines Hochhauses.
le **rez-de-chaussée** [ʀed(ə)ʃose] • Elle habite au rez-de-chaussée.	**Erdgeschoss** • Sie wohnt im Erdgeschoss.
la **porte** [pɔʀt] • la porte d'entrée • Attends, je t'ouvre la porte.	**Tür** • Haustür • Warte, ich mache dir die Tür auf.
sonner [sɔne] • On sonne à la porte.	**klingeln, läuten** • Es klingelt an der Tür.
la **sonnette** [sɔnɛt] • appuyer sur la sonnette • La sonnette ne fonctionne plus.	**Klingel** • klingeln • Die Klingel funktioniert nicht mehr.
la **clé**, la **clef** [kle] • fermer à clé • Ne perds pas tes clés !	**Schlüssel** • abschließen • Verlier deinen Schlüssel nicht!
la **serrure** [seʀyʀ] • Je dois changer la serrure, elle est cassée.	**Schloss** • Ich muss das Schloss auswechseln, es ist kaputt.
l'**ascenseur** *m* [asɑ̃sœʀ] • prendre l'ascenseur • Dans cet immeuble, l'ascenseur est toujours en panne !	**Aufzug** • den Aufzug nehmen • Der Aufzug in diesem Gebäude ist ständig defekt.
l'**escalier** *m* [ɛskalje] • prendre l'escalier • monter/descendre l'escalier • Ma voisine est tombée dans l'escalier !	**Treppe** • die Treppe nehmen • die Treppe hinauf-/hinuntergehen • Meine Nachbarin ist auf der Treppe gestürzt.

le **mur** [myʀ] • Les murs sont peints en blanc.	**Mauer, Wand** • Die Wände sind weiß gestrichen.
la **façade** [fasad] • Ce sont des façades du XVIIIe siècle !	**Fassade** • Das sind Fassaden aus dem 18. Jahrhundert.
le **coin** [kwɛ̃] • As-tu vu la belle plante qui est dans le coin ?	**Winkel, Ecke** • Hast du die schöne Pflanze gesehen, die in der Ecke steht?
le **toit** [twa] • Le toit de notre maison est en tuiles.	**Dach** • Das Dach unseres Hauses ist aus Ziegeln.

la **cheminée** [ʃ(ə)mine] • Nous aimerions avoir une cheminée.	**Schornstein, Kamin** • Wir hätten gerne einen Kamin.
la **pièce** [pjɛs] • Cette pièce est très lumineuse.	**Zimmer** • Dieses Zimmer ist sehr hell.
la **fenêtre** [f(ə)nɛtʀ] • regarder par la fenêtre • Vous pouvez ouvrir la fenêtre, s'il vous plaît ?	**Fenster** • aus dem Fenster schauen • Könnten Sie bitte das Fenster aufmachen?
le **couloir** [kulwaʀ] • Le couloir de notre appartement est très clair.	**Gang, Flur, Korridor** • Der Flur unserer Wohnung ist sehr hell.
construire [kɔ̃stʀɥiʀ] • Ils font construire une maison.	**bauen** • Sie bauen ein Haus.
le **chauffage** [ʃofaʒ] • Nous avons le chauffage électrique.	**Heizung** • Wir haben eine elektrische Heizung.
le **grenier** [gʀənje] • Les cartons sont au grenier.	**Speicher, Dachboden** • Die Kartons sind auf dem Speicher.
le **palier** [palje] • Laisse tes chaussures sur le palier.	**Treppenabsatz** • Lass deine Schuhe auf dem Treppenabsatz.
l'**intérieur** *m* [ɛ̃teʀjœʀ] • à l'intérieur • à l'intérieur de • Voici quelques idées pour décorer l'intérieur de notre maison.	**das Innere** • innen(drin) • im Innern von; in • Hier sind einige Ideen für die Innenausstattung unseres Hauses.
l'**extérieur** *m* [ɛksteʀjœʀ] • à l'extérieur • À l'extérieur, il y a un grand jardin.	**das Äußere** • draußen • Außen gibt es einen großen Garten.
la **marche** [maʀʃ] • En descendant l'escalier, j'ai manqué une marche.	**Stufe** • Als ich die Treppe hinunterstieg, habe ich eine Stufe verfehlt.
le **plafond** [plafɔ̃] • Il faut refaire le plafond.	**Decke** • Die Decke muss neu gemacht werden.
le **sol** [sɔl] • Le sol est en granit.	**Boden** • Der Fußboden ist aus Granit.
le **plancher** [plɑ̃ʃe] • Le plancher du salon est fort abîmé.	**Fußboden** • Der Fußboden im Wohnzimmer ist stark abgenutzt.
la **vitre** [vitʀ] • Je dois nettoyer les vitres de la cuisine.	**Fenster(scheibe)** • Ich muss die Fenster in der Küche putzen.
l'**aération** *f* [aeʀasjɔ̃] • La salle de bains n'a pas d'aération.	**Lüftung** • Das Badezimmer hat keine Lüftung.

la **pierre** [pjɛʀ]	**Stein**
• Nous voulons faire une terrasse en pierre naturelle.	• Wir wollen eine Terrasse aus Naturstein machen.
la **brique** [bʀik]	**Ziegelstein, Backstein**
• Dans le Nord, les murs sont en briques rouges.	• Im Norden sind die Mauern aus rotem Ziegelsteinen.
le **plâtre** [plɑtʀ]	**Gips**
• Le plâtre des murs s'effrite.	• Der Mauergips bröckelt.

Wohn- und Arbeitsbereich

5

Wohnbereich

la **salle de séjour** [saldəseʒuʀ]	**Wohnzimmer**
• Nous pouvons prendre l'apéritif dans la salle de séjour.	• Wir können den Aperitif im Wohnzimmer einnehmen.
la **table** [tabl]	**Tisch**
• À table ! Venez manger !	• Zu Tisch! Kommt essen!
l'**entrée** *f* [ɑ̃tʀe]	**Eingang, Hausflur**
• L'entrée de la maison est spacieuse.	• Der Eingang des Hauses ist geräumig.
le **salon** [salɔ̃]	**Wohnzimmer**
• Les hommes sont au salon et regardent la télé.	• Die Männer sind im Wohnzimmer und sehen fern.
la **salle à manger** [salamɑ̃ʒe]	**Esszimmer**
• J'ai une grande salle à manger avec une grande table.	• Ich habe ein großes Esszimmer mit einem großen Tisch.
le **meuble** [mœbl]	**Möbel(stück)**
• Il achète de nouveaux meubles de cuisine.	• Er kauft neue Küchenmöbel.
le **canapé** [kanape]	**Couch, Sofa**
• Tu peux t'asseoir sur le canapé.	• Du kannst dich auf die Couch setzen.
la **chaise** [ʃɛz]	**Stuhl**
• Je vais prendre la chaise.	• Ich werde den Stuhl nehmen.
le **fauteuil** [fotœj]	**Sessel**
• Le chat dort dans le fauteuil.	• Die Katze schläft im Sessel.

l'**étagère** *f* [etaʒɛʀ]	**Regal(brett), Bücherbord**
• Les livres sont sur l'étagère.	• Die Bücher sind im Regal.
la **bibliothèque** [biblijɔtɛk]	**Bücherregal, Bücherschrank**
• Tu me montres ta bibliothèque ?	• Zeigst du mir deinen Bücherschrank?
la **moquette** [mɔkɛt]	**Teppichboden**
• Nous avons choisi une moquette grise.	• Wir haben einen grauen Teppichboden ausgesucht.
le **parquet** [paʀkɛ]	**Parkett(boden)**
• Nous voulons du parquet dans la chambre.	• Wir wollen Parkettboden im Schlafzimmer.

le **papier peint** [papjepɛ̃] · Il a besoin de dix rouleaux de papier peint pour la chambre.	**Tapete** · Er braucht zehn Rollen Tapete für das Schlafzimmer.
décorer [dekɔʀe] · Elle m'aide à décorer ma maison.	**ausstatten, schmücken, dekorieren** · Sie hilft mir, mein Haus auszustatten.

Arbeitsbereich

le **crayon (à papier)** [kʀɛjɔ̃(apapje)] · le crayon de couleur · Je ne trouve plus mes crayons.	**(Blei)stift** · Buntstift · Ich finde meine Stifte nicht mehr.
le **stylo** [stilo] · le stylo (à) bille · Je range mes stylos dans le tiroir de mon bureau.	**Kugelschreiber; Füller** · Kugelschreiber, Kuli *(fam)* · Ich räume meine Kugelschreiber in die Schreibtischschublade ein.
la **gomme** [gɔm] · Où as-tu mis ta gomme ?	**Radiergummi** · Wo hast du deinen Radiergummi hingelegt?
le **bureau,** les **bureaux** [byʀo] · La lettre est sur ton bureau.	**Arbeitszimmer, Büro; Schreibtisch** · Der Brief liegt auf deinem Schreibtisch.
le **papier** [papje] · la feuille de papier · Il n'y a plus de papier dans l'imprimante.	**Papier** · Blatt Papier · Im Drucker ist kein Papier mehr.
le **tiroir** [tiʀwaʀ] · Les ciseaux sont dans le tiroir.	**Schublade** · Die Schere ist in der Schublade.
le **classeur** [klɑsœʀ] · J'ai rangé les feuilles dans le classeur.	**(Akten)ordner** · Ich habe die Blätter im Ordner abgelegt.
classer [klɑse] · Mes livres sont classés dans un ordre alphabétique.	**(ein)ordnen, (ein)sortieren** · Meine Bücher sind alphabetisch sortiert.
le **feutre** [føtʀ] · J'ai des feutres de différentes couleurs.	**Filzstift** · Ich habe Filzstifte in verschiedenen Farben.
le **taille-crayon,** les **taille-crayons** [tɑjkʀɛjɔ̃] · Il me faut un taille-crayon pour mes crayons de couleur.	**Anspitzer** · Ich brauche einen Anspitzer für meine Buntstifte.
la **colle** [kɔl] · Passe-moi le bâton de colle, s'il te plaît.	**Kleber, Klebstoff** · Gib mir bitte den Klebestift.

Das Wort **bureau** kann sowohl *Arbeitszimmer* als auch *Schreibtisch* bedeuten!

la **règle** [ʀɛgl]	**Lineal**
· Paul ne retrouve plus sa règle.	· Paul findet sein Lineal nicht mehr.
le **scotch**® [skɔtʃ]	**Tesafilm**®
· Je vais coller le poster avec du scotch®.	· Ich werde das Poster mit Tesafilm® ankleben.

Schlaf- und Kinderzimmer

6

la **chambre (à coucher)** [ʃɑ̃bʀ(akuʃe)]	**(Schlaf)zimmer**
· la chambre d'enfant/d'amis	· Kinder-/Gästezimmer
· J'ai fait repeindre les murs de ma chambre à coucher.	· Ich habe die Wände meines Schlafzimmers neu streichen lassen.
le **lit** [li]	**Bett**
· les lits superposés	· Stock-, Etagenbett
· Nous avons une chambre avec un grand lit.	· Wir haben ein Schlafzimmer mit einem Doppelbett.
le **drap** [dʀa]	**Betttuch, Bettlaken**
· Chez ma grand-mère, les draps sentent la lavande.	· Bei meiner Großmutter duften die Betttücher nach Lavendel.
la **couverture** [kuvɛʀtyʀ]	**(Bett)decke**
· Est-ce que vous avez une couverture ?	· Habt ihr/Haben Sie eine Decke?
se coucher [səkuʃe]	**ins Bett gehen, sich hinlegen**
· aller se coucher	· ins Bett gehen
· Je me couche toujours tôt.	· Ich gehe immer früh ins Bett.
dormir [dɔʀmiʀ]	**schlafen**
· Elle dort profondément.	· Sie schläft tief und fest.
rêver [ʀeve]	**träumen**
· Il rêve souvent la nuit.	· Er träumt oft nachts.
le **rêve** [ʀɛv]	**Traum**
· Fais de beaux rêves !	· Träum 'was Schönes!
le **réveil** [ʀevɛj]	**Wecker**
· Je n'ai pas entendu mon réveil ce matin !	· Ich habe meinen Wecker heute Morgen nicht gehört!
réveiller [ʀeveje]	**(auf)wecken**
· Maman m'a réveillé avant de partir.	· Mama hat mich geweckt bevor sie gegangen ist.
se réveiller [səʀeveje]	**aufwachen**
· Je me réveille quand il fait jour.	· Ich wache auf, wenn es hell wird.

Ein Raum, der als **chambre** bezeichnet wird, ist immer ein Zimmer mit einer Schlafgelegenheit.

se lever [səl(ə)ve] • se lever tôt/tard • Ils se lèvent à sept heures du matin.	**aufstehen** • früh/spät aufstehen • Sie stehen morgens um sieben Uhr auf.
bâiller [bɑje] • Tu es fatigué ? Tu bâilles tout le temps !	**gähnen** • Bist du müde? Du gähnst die ganze Zeit!
le **cintre** [sɛ̃tʀ] • Il met sa veste sur un cintre.	**(Kleider)bügel** • Er hängt seine Jacke auf einen Kleiderbügel.
le **matelas** [matlɑ] • Mon matelas est trop mou.	**Matratze** • Meine Matratze ist zu weich.
la **couette** [kwɛt] • Il dort avec une couette.	**Federbett** • Er schläft in einem Federbett.
l'**oreiller** *m* [ɔʀeje] • Je ne peux pas dormir sans oreiller.	**Kopfkissen** • Ich kann ohne Kopfkissen nicht schlafen.
le **traversin** [tʀavɛʀsɛ̃] • Dans les chambres à coucher françaises, il y a souvent des traversins.	**Schlummer-, Nackenrolle** • In französischen Schlafzimmern gibt es oft Nackenrollen.
le **coussin** [kusɛ̃] • J'ai mis les coussins sur le canapé.	**Kissen** • Ich habe die Kissen auf die Couch gelegt.
la **table de nuit/de chevet** [tabldənɥi/dəʃ(ə)vɛ] • J'ai posé mon livre sur la table de nuit.	**Nachttisch** • Ich habe mein Buch auf den Nachttisch gelegt.
la **lampe** [lɑ̃p] • allumer/éteindre la lampe • Il est tard, j'éteins la lampe.	**Lampe** • die Lampe ein-/ausschalten • Es ist spät, ich mache die Lampe aus.
l'**ampoule** *f* [ɑ̃pul] • Il faut changer l'ampoule de ta lampe.	**(Glüh)birne** • Die Glühbirne deiner Lampe muss gewechselt werden.
l'**armoire** *f* [aʀmwaʀ] • Dans sa chambre, il y a une grande armoire.	**Schrank** • In ihrem/seinem Zimmer steht ein großer Schrank.
la **commode** [kɔmɔd] • C'est une jolie commode ancienne.	**Kommode** • Das ist eine hübsche antike Kommode.
le **tableau**, les **tableaux** [tablo] • accrocher un tableau • J'ai accroché un magnifique tableau au mur de ma chambre.	**Bild** • ein Bild aufhängen • Ich habe ein wunderschönes Bild an die Wand meines Zimmers gehängt.
le **cadre** [kɑdʀ] • Au mur, elle a fixé un cadre avec de vieilles photos.	**Rahmen** • An der Wand hat sie einen Bilderrahmen mit alten Fotos befestigt.

le **poster** [pɔstɛʀ]	**Poster**
· La chambre d'Élise est tapissée de posters.	· Das Zimmer von Elise ist über und über mit Postern behängt.
s'allonger [salɔ̃ʒe]	**sich ausstrecken, sich hinlegen**
· Je vais m'allonger quelques minutes.	· Ich werde mich einige Minuten hinlegen.
couvrir [kuvʀiʀ]	**zudecken**
· se couvrir	· sich zudecken
· Tous les soirs, elle couvre ses enfants.	· Sie deckt ihre Kinder jeden Abend zu.
s'endormir [sɑ̃dɔʀmiʀ]	**einschlafen**
· Elle s'est enfin endormie.	· Sie ist endlich eingeschlafen.
le **sommeil** [sɔmɛj]	**Schlaf**
· Les enfants ont besoin de beaucoup de sommeil.	· Kinder brauchen viel Schlaf.

In der Küche

7

Kücheneinrichtung und Kochutensilien

la **cuisine** [kɥizin]	**Küche**
· faire la cuisine	· kochen
· Notre cuisine est pratique et spacieuse.	· Unsere Küche ist praktisch und geräumig.
le **four** [fuʀ]	**Backofen**
· mettre au four	· in den Backofen schieben
· Le gâteau cuit dans le four.	· Im Ofen backt der Kuchen.
la **vaisselle** [vɛsɛl]	**Geschirr**
· faire la vaisselle	· Geschirr spülen
· Pour les fêtes, je sors ma belle vaisselle.	· Für Feste nehme ich das gute Geschirr.
le **lave-vaisselle** [lavvɛsɛl] *inv*	**(Geschirr)spülmaschine**
· Il met sa tasse dans le lave-vaisselle.	· Er stellt seine Tasse in die Spülmaschine.
la **cafetière** [kaftjɛʀ]	**Kaffeemaschine**
· Notre cafetière est cassée.	· Unsere Kaffeemaschine ist kaputt.
la **bouilloire (électrique)** [bujwaʀ(elɛktʀik)]	**Wasserkocher**
· Je fais chauffer l'eau du thé dans la bouilloire.	· Ich koche das Wasser für den Tee im Wasserkocher.
le **bol** [bɔl]	**Trinkschale**
· Je bois mon café au lait dans un bol.	· Ich trinke meinen Milchkaffee aus einer Schale.

Ein **bol** sieht aus wie eine Müslischale, wird in Frankreich aber beim Frühstück benutzt, um Kaffee daraus zu trinken.

le **récipient** [ʀesipjɑ̃] · Ce récipient est un peu petit pour la mousse au chocolat.	**Schüssel, Behälter** · Dieses Gefäß ist etwas zu klein für die Mousse au Chocolat.
le **saladier** [saladje] · Prends le grand saladier pour la salade de fruits.	**Salatschüssel** · Nimm die große Schüssel für den Obstsalat.
la **plaque (de cuisson)** [plak(dəkɥisɔ̃)] · J'ai oublié d'allumer la plaque.	**Herdplatte** · Ich habe vergessen, die Herdplatte einzuschalten.
le **micro-ondes** [mikʀoɔ̃d] *inv* · Tu peux faire cuire les légumes au micro-ondes ?	**Mikrowelle** · Kannst du das Gemüse in der Mikrowelle garen?
le **réfrigérateur** [ʀefʀiʒeʀatœʀ] · Le dessert refroidit au réfrigérateur.	**Kühlschrank** · Der Nachtisch steht im Kühlschrank.
le **frigo** [fʀigo] *(fam)* · Le lait est dans le frigo.	**Kühlschrank** · Die Milch ist im Kühlschrank.
le **congélateur** [kɔ̃ʒelatœʀ] · J'ai de la glace dans le congélateur.	**Tiefkühltruhe** · Ich habe Eis in der Tiefkühltruhe.
congeler [kɔ̃ʒ(ə)le] · J'ai congelé les légumes du jardin.	**tiefkühlen, einfrieren** · Ich habe das Gemüse aus dem Garten eingefroren.
le **chauffe-eau** [ʃofo] *inv* · J'allume le chauffe-eau.	**Durchlauferhitzer** · Ich stelle den Durchlauferhitzer an.
le **batteur** [batœʀ] · Je mélange le tout au batteur.	**(Hand)mixer** · Ich verrühre alles mit dem Mixer.
la **casserole** [kasʀɔl] · Le riz cuit dans la casserole.	**Topf** · Der Reis kocht im Topf.
la **marmite** [maʀmit] · Je cherche ma grande marmite pour la soupe.	**Kochtopf, Kessel** · Ich suche meinen großen Topf für die Suppe.
la **cocotte-minute®**, les **cocottes-minute®** [kɔkɔtminyt] · Cela va plus vite à la cocotte-minute®.	**Schnellkochtopf** · Das geht im Schnellkochtopf schneller.
la **poêle** [pwal] · Mettez les oignons dans la poêle.	**Pfanne** · Geben Sie die Zwiebeln in die Pfanne.
la **passoire** [pɑswaʀ] · Pour égoutter les spaghettis, il faut une passoire.	**Sieb** · Zum Abtropfen der Spaghetti braucht man ein Sieb.
le **tire-bouchon**, les **tire-bouchons** [tiʀbuʃɔ̃] · Tiens, prends le tire-bouchon pour ouvrir la bouteille de vin.	**Korkenzieher** · Hier, nimm den Korkenzieher, um die Weinflasche aufzumachen.

le **décapsuleur** [dekapsylœʀ]	**Flaschenöffner**
· J'ai besoin d'un décapsuleur pour ma bouteille de bière.	· Ich brauche einen Flaschenöffner für meine Bierflasche.
la **capsule (de bière)** [kapsyl(dəbjɛʀ)]	**Kronkorken**
· Il collectionne les capsules de bière.	· Er sammelt Kronkorken.
l'**ouvre-boîte** *m*, les **ouvre-boîtes** [uvʀəbwat]	**Dosenöffner**
· Où est l'ouvre-boîte ?	· Wo ist der Dosenöffner?
la **poubelle** [pubɛl]	**Mülleimer**
· Il faut sortir les poubelles.	· Wir müssen die Mülltonnen hinausstellen.

Arbeiten im Haushalt

ranger [ʀɑ̃ʒe]	**aufräumen**
· Félix range sa chambre.	· Felix räumt sein Zimmer auf.
le **balai** [balɛ]	**Besen**
· donner un coup de balai	· fegen, kehren
· Le balai est dans le placard.	· Der Besen steht im Schrank.
balayer [baleje]	**fegen, kehren**
· Marie, balaie la cuisine, s'il te plaît !	· Bitte fege die Küche, Marie!
nettoyer [netwaje]	**putzen, reinigen**
· Je nettoie les fenêtres.	· Ich putze die Fenster.
la **brosse** [bʀɔs]	**Bürste**
· Je nettoie le carrelage avec une brosse.	· Ich putze die Fliesen mit einer Bürste.
l'**appareil** *m* [apaʀɛj]	**Apparat, Gerät**
· les appareils (électro-)ménagers	· (elektrische) Haushaltsgeräte
· Les appareils ménagers consomment beaucoup d'énergie.	· Haushaltsgeräte verbrauchen viel Energie.
l'**aspirateur** *m* [aspiʀatœʀ]	**Staubsauger**
· Je vais passer l'aspirateur.	· Ich werde staubsaugen.
le **ménage** [menaʒ]	**Haushalt**
· faire le ménage	· sauber machen, aufräumen und putzen
· Trois personnes vivent dans le ménage.	· Drei Personen leben in dem Haushalt.
les **travaux ménagers** *mpl* [tʀavomenaʒe]	**Hausarbeit**
· Je n'aime pas les travaux ménagers.	· Ich mag Hausarbeit nicht.
les **ordures (ménagères)** *fpl* [ɔʀdyʀ(menaʒɛʀ)]	**(Haus)müll**
· On a toujours beaucoup d'ordures ménagères.	· Wir haben immer viel Abfall.
sale [sal]	**schmutzig, dreckig**
· Le four est sale.	· Der Ofen ist dreckig.
la **boue** [bu]	**Schlamm**
· Il y a des traces de boue dans le couloir !	· Im Flur sind dreckige Fußspuren.

propre [pʀɔpʀ] • J'ai lavé le linge, il est propre maintenant.	**sauber** • Ich habe die Wäsche gewaschen, jetzt ist sie sauber.
le **nettoyage** [netwajaʒ] • Tu peux emmener ton manteau au nettoyage.	**Reinigung** • Du kannst deinen Mantel in die Reinigung bringen.
le **produit d'entretien** [pʀɔdɥidɑ̃tʀətjɛ̃] • Qu'est-ce que tu utilises comme produits d'entretien ?	**Putz- und Pflegemittel** • Welche Putzmittel benutzt du?
la **serpillière** [sɛʀpijɛʀ] • passer la serpillière • Cette serpillière tombe déjà en morceaux.	**Putzlappen** • feucht wischen • Der Putzlappen fällt schon auseinander.
frotter [fʀɔte] • Il faut frotter plus fort.	**schrubben** • Man muss kräftiger schrubben.
essuyer [esɥije] • essuyer la vaisselle • J'essuie les meubles.	**ab-, weg-, aufwischen** • das Geschirr abtrocknen • Ich wische die Möbel ab.
la **poussière** [pusjɛʀ] • essuyer la poussière • Il y a beaucoup de poussière sur l'étagère.	**Staub** • Staub wischen • Auf dem Regal liegt viel Staub.
le **chiffon** [ʃifɔ̃] • Passe-moi le chiffon, je vais t'aider.	**Lappen** • Gib mir den Lappen, ich werde dir helfen.

8

Im Badezimmer

Das Bad

la **salle de bains** [saldəbɛ̃] • La salle de bains se trouve au premier étage.	**Badezimmer** • Das Badezimmer befindet sich im ersten Stock.
l'**eau** *f* [o] • l'eau chaude/froide/tiède • Je fais couler l'eau de ton bain.	**Wasser** • warmes/kaltes/lauwarmes Wasser • Ich lasse dir Badewasser ein.
la **douche** [duʃ] • prendre une douche • Marie est sous la douche.	**Dusche** • duschen • Marie ist unter der Dusche.
la **baignoire** [bɛɲwaʀ] • Je suis dans la baignoire.	**Badewanne** • Ich liege in der Badewanne.
le **bain** [bɛ̃] • prendre un bain • Je prends un bain chaud pour me relaxer !	**Bad** • ein Bad nehmen • Ich nehme ein heißes Bad zur Entspannung!
le **lavabo** [lavabo] • Le lavabo est tout sale.	**Waschbecken** • Das Waschbecken ist ganz schmutzig.

le **robinet** [ʀɔbinɛ]	**Wasserhahn**
· Ferme le robinet !	· Dreh den Wasserhahn zu!
les **toilettes** *fpl* [twalɛt], les **W.-C.** *mpl* [vese]	**Toilette, WC**
· aller aux toilettes	· auf die Toilette gehen
· Les toilettes sont au rez-de-chaussée.	· Die Toiletten befinden sich im Erdgeschoss.

Hygiene

se laver [səlave]	**sich waschen**
· Je me lave les mains.	· Ich wasche mir die Hände.
le **papier-toilette** [papjetwalɛt]	**Toilettenpapier**
· Il n'y a plus de papier-toilette dans les W.C.	· Es gibt kein Toilettenpapier mehr auf dem WC.
la **serviette (de toilette)** [sɛʀvjɛt(dətwalɛt)]	**Handtuch**
· la serviette de bain	· Badetuch
· la serviette hygiénique	· (Damen)binde
· Passe-moi la serviette, s'il te plaît.	· Gib mir bitte das Handtuch.
la **brosse (à cheveux)** [bʀɔs(aʃ(ə)vø)]	**Bürste**
· la brosse à dents	· Zahnbürste
· Où as-tu mis la brosse à cheveux ?	· Wo hast du die Haarbürste hingetan?
brosser [bʀɔse]	**bürsten**
· se brosser les dents	· sich die Zähne putzen
· se brosser les cheveux	· sich die Haare bürsten
· Brosse-toi les ongles après le jardinage !	· Bürste dir die Nägel nach der Gartenarbeit!
le **peigne** [pɛɲ]	**Kamm**
· Juste un coup de peigne et je suis prête.	· Ich muss mich nur noch kämmen und dann bin ich fertig.
se peigner [səpeɲe]	**sich kämmen**
· Peigne-toi avant d'aller à l'école !	· Kämme dich, bevor du in die Schule gehst!
la **coiffure** [kwafyʀ]	**Frisur**
· Tu as une nouvelle coiffure ?	· Hast du eine neue Frisur?
la **crème** [kʀɛm]	**Hautcreme**
· la crème solaire	· Sonnencreme
· J'ai une nouvelle crème pour le visage.	· Ich habe eine neue Gesichtscreme.
le **rasoir** [ʀɑzwaʀ]	**Rasierapparat**
· le rasoir électrique	· Elektrorasierer
· Son rasoir ne fonctionne plus.	· Sein Rasierer funktioniert nicht mehr.
(se) raser [səʀɑze]	**(sich) rasieren**
· Je me rase tous les matins.	· Ich rasiere mich jeden Morgen.
se sécher [səseʃe]	**sich abtrocknen**
· se sécher les cheveux	· sich die Haare föhnen
· Elle se sèche le dos.	· Sie trocknet sich den Rücken ab.

le **gant de toilette** [gɑ̃dətwalɛt] · Les gants de toilette sont dans l'armoire à linge.	**Waschlappen** · Die Waschlappen sind im Wäscheschrank.
le **savon** [savɔ̃] · C'est un savon à la lavande.	**Seife** · Das ist eine Lavendelseife.
le **dentifrice** [dɑ̃tifʀis] · le tube de dentifrice · Il n'y a plus de dentifrice !	**Zahnpasta, Zahncreme** · Zahnpastatube · Es gibt keine Zahnpasta mehr!
le **déodorant** [deɔdɔʀɑ̃] · Ton déodorant sent bon.	**Deo(dorant)** · Dein Deo riecht gut.
l'**hygiène** *f* [iʒjɛn] · L'hygiène des dents est très importante.	**Hygiene** · Zahnhygiene ist sehr wichtig.
s'essuyer [sesɥije] · s'essuyer les mains · Elle s'essuie les cheveux avec la serviette.	**sich abtrocknen** · sich die Hände abtrocknen · Sie trocknet sich die Haare mit dem Handtuch ab.
se coiffer [səkwafe] · Je me coiffe et j'arrive !	**sich frisieren, kämmen** · Ich mache mir noch die Haare und komme gleich!
le **shampooing** [ʃɑ̃pwɛ̃] · C'est ma bouteille de shampooing. · La coiffeuse lui fait un shampooing.	**Shampoo; Haarwäsche** · Das ist meine Shampooflasche. · Die Friseurin wäscht ihr/ihm die Haare.
le **sèche-cheveux** [sɛʃʃəvø] *inv* · Le sèche-cheveux est sur l'étagère près du lavabo.	**Haartrockner, Föhn** · Der Föhn liegt auf dem Regal neben dem Waschbecken.
le **gel** [ʒɛl] · Elle met du gel dans ses cheveux.	**Haargel** · Sie schmiert sich Haargel in die Haare.
le **tampon** [tɑ̃pɔ̃] · Est-ce que tu as un tampon ?	**Tampon** · Hast du einen Tampon?
le **kleenex**® [klinɛks] · Il y a des kleenex® dans la salle de bains.	**Tempo®, Papiertaschentuch** · Im Bad gibt es Papiertaschentücher.

9

Im Keller

la **cave** [kav] · la cave à vin · Elle va chercher une bouteille à la cave.	**Keller** · Weinkeller · Sie holt eine Flasche aus dem Keller.
l'**outil** *m* [uti] · la boîte à outils · Je dois m'acheter d'autres outils.	**Werkzeug** · Werkzeugkiste · Ich muss mir anderes Werkzeug kaufen.
réparer [ʀepaʀe] · Pierre répare son vélo à la cave.	**reparieren** · Pierre repariert sein Fahrrad im Keller.

utiliser [ytilize]	**benutzen**
• Je n'utilise ces produits d'entretien qu'à la cave.	• Ich benutze diese Putzmittel nur im Keller.
le **marteau** [marto]	**Hammer**
• Tu trouveras un marteau et des clous à la cave.	• Einen Hammer und Nägel wirst du im Keller finden.
le **clou** [klu]	**Nagel**
• enfoncer un clou	• einen Nagel einschlagen
• Je range mes clous dans des boîtes de plastique.	• Ich verstaue meine Nägel in Plastikboxen.
le **linge** [lɛ̃ʒ]	**Wäsche**
• étendre le linge	• Wäsche aufhängen
• Mets le linge à sécher sur l'étendoir !	• Häng die Wäsche zum Trocknen auf den Wäscheständer.
la **lessive** [lesiv]	**Waschmittel; Wäsche**
• faire une lessive	• (Wäsche) waschen
• Je dois acheter de la lessive.	• Ich muss Waschmittel kaufen.
le **lave-linge** [lavlɛ̃ʒ] *inv*	**Waschmaschine**
• Le lave-linge est en panne.	• Die Waschmaschine ist defekt.
la **machine à laver** [maʃinalave]	**Waschmaschine**
• Ta chemise est dans la machine à laver.	• Dein Hemd ist in der Waschmaschine.
le **sèche-linge** [sɛʃlɛ̃ʒ] *inv*	**(Wäsche)trockner**
• J'utilise souvent le sèche-linge pour sécher mes draps.	• Ich benutze oft den Wäschetrockner, um meine Betttücher zu trocknen.
sécher [seʃe]	**trocknen**
• Le linge sèche plus vite dehors qu'à la cave.	• Die Wäsche trocknet draußen viel schneller als im Keller.
l'**établi** *m* [etabli]	**Werkbank**
• Les outils sont sur l'établi.	• Das Werkzeug liegt auf der Werkbank.
la **perceuse** [pɛrsøz]	**Bohrmaschine**
• Je fais un trou avec la perceuse.	• Ich bohre ein Loch mit der Bohrmaschine.
la **pince** [pɛ̃s]	**Zange**
• J'enlève le clou avec la pince.	• Ich entferne den Nagel mit der Zange.
la **hache** [ˊaʃ]	**Axt**
• Il coupe le bois à la hache.	• Er hackt das Holz mit der Axt.
la **scie** [si]	**Säge**
• Tu as une scie pour le bois ?	• Hast du eine Säge für das Holz?
la **vis** [vis]	**Schraube**
• Il me faut des vis.	• Ich brauche Schrauben.
le **tournevis** [turnəvis]	**Schraubenzieher, Schraubendreher**
• Il faut avoir un tournevis pour cela.	• Dafür braucht man einen Schraubenzieher.
entreposer [ɑ̃trəpoze]	**(ein)lagern, speichern**
• J'entrepose mes provisions à la cave.	• Ich lagere meine Vorräte im Keller.

le **sous-sol,** les **sous-sols** [susɔl] · Il bricole au sous-sol.	**Untergeschoss** · Er werkelt im Untergeschoss.

10 ## Balkon, Terrasse, Garten

le **balcon** [balkɔ̃] · On va fumer sur le balcon?	**Balkon** · Gehen wir auf den Balkon rauchen?
la **terrasse** [teʀas] · Quelle magnifique terrasse!	**Terrasse** · Was für eine wunderschöne Terrasse!
le **jardin** [ʒaʀdɛ̃] · le jardin potager · Lucie joue dans le jardin.	**Garten** · Gemüsegarten · Lucie spielt im Garten.
la **cour** [kuʀ] · Le chat dort dans la cour.	**Hof** · Die Katze schläft im Hof.
le **garage** [gaʀaʒ] · La voiture est dans le garage.	**Garage** · Das Auto steht in der Garage.
la **fleur** [flœʀ] · le pot de fleur · Elle adore les fleurs rouges, surtout les roses.	**Blume** · Blumentopf · Sie liebt rote Blumen, vor allem Rosen.
cueillir [kœjiʀ] · cueillir des fruits · Je cueille des fleurs pour en faire un bouquet.	**pflücken, ernten** · Obst pflücken · Ich pflücke Blumen für einen Blumenstrauß.
la **plante** [plɑ̃t] · J'ai beaucoup de plantes méditerranéennes dans mon jardin.	**Pflanze** · Ich habe viele mediterrane Pflanzen in meinem Garten.
le **mur** [myʀ] · Notre jardin est bordé d'un mur de pierre.	**Mauer** · Unser Garten ist von einer Steinmauer umgeben.
l'**herbe** *f* [ɛʀb] · les mauvaises herbes · L'herbe du jardin est vraiment haute.	**Gras** · Unkraut · Das Gras im Garten ist sehr hoch.
la **pelouse** [p(ə)luz] · Je dois tondre la pelouse aujourd'hui.	**Rasen** · Ich muss heute den Rasen mähen.
le **gazon** [gɑzɔ̃] · semer du gazon · Ils ont un beau gazon.	**Rasen** · Rasen einsäen · Sie haben einen schönen Rasen.
la **feuille** [fœj] · les feuilles mortes · En automne, la cour est recouverte de feuilles.	**Blatt** · welkes Laub · Im Herbst ist der Hof mit Laub bedeckt.

planter [plɑ̃te] • Elle plante des fleurs dans le jardin.	**pflanzen** • Sie pflanzt Blumen im Garten.
arroser [aʀoze] • Il faut arroser les fleurs régulièrement.	**gießen** • Man muss die Blumen regelmäßig gießen.
le **hangar** [ˊɑ̃gaʀ] • Le tracteur est dans le hangar.	**Schuppen** • Der Traktor ist im Schuppen.
jardiner [ʒaʀdine] • Il fait beau, je vais jardiner.	**im Garten arbeiten, gärtnern** • Es ist schönes Wetter, ich werde im Garten arbeiten.
le **jardinage** [ʒaʀdinaʒ] • Le jardinage est sa passion.	**Gartenarbeit** • Seine/Ihre Leidenschaft ist die Gartenarbeit.
la **plantation** [plɑ̃tasjɔ̃] • Il s'occupe de ses plantations au printemps.	**(An)pflanzung, Plantage** • Im Frühling kümmert er sich um seine Anpflanzungen.
la **plate(-)bande** [platbɑ̃d] • Ne marche pas sur les plates-bandes !	**(Blumen)beet** • Tritt nicht auf die Beete!
entretenir [ɑ̃tʀət(ə)niʀ] • Ils entretiennent bien leur jardin.	**pflegen, in Stand halten, unterhalten** • Sie pflegen ihren Garten sehr.
le **puits** [pɥi] • Elle voudrait faire construire un puits dans son jardin.	**Brunnen** • Sie würde gern einen Brunnen in ihrem Garten bauen lassen.
l'**arrosoir** *m* [aʀozwaʀ] • L'arrosoir est vide, tu peux aller chercher de l'eau ?	**Gießkanne** • Die Gießkanne ist leer, kannst du Wasser holen?
le **tuyau, les tuyaux** [tɥijo] • le tuyau d'arrosage • J'arrose le jardin avec le tuyau d'arrosage.	**Schlauch** • Gartenschlauch • Ich gieße den Garten mit dem Schlauch.
la **pelle** [pɛl] • Passe-moi la pelle, je dois creuser un trou dans la terre.	**Schaufel** • Gib mir die Schaufel, ich muss ein Loch in die Erde graben.
le **râteau, les râteaux** [ʀɑto] • Elle répartit la terre avec le râteau.	**Harke, Rechen** • Sie verteilt die Erde mit der Harke.
l'**engrais** *m* [ɑ̃gʀɛ] • Nous n'utilisons aucun engrais.	**Dünger** • Wir verwenden keinen Dünger.
récolter [ʀekɔlte] • Ils récoltent des pommes et des poires.	**ernten** • Sie ernten Äpfel und Birnen.
ramasser [ʀamɑse] • Paul m'aide à ramasser les feuilles mortes.	**aufheben, auflesen** • Paul hilft mir, das Laub aufzusammeln.
le **bois** [bwɑ] • Il coupe du bois pour faire un feu.	**Holz** • Er hackt Holz, um ein Feuer zu machen.

l'**allée** *f* [ale]	**Allee**
· Une allée de marronniers mène à leur maison.	· Zu ihrem Haus führt eine Kastanienallee.
la **haie** [ˊɛ]	**Hecke**
· Il faut tailler la haie.	· Die Hecke muss geschnitten werden.
la **clôture** [klotyʀ]	**Zaun**
· La clôture est abîmée.	· Der Zaun ist beschädigt.

ESSEN UND TRINKEN

Ernährung

11

Kochen, backen, zubereiten	
la **nourriture** [nuʀityʀ] • Je me charge d'acheter la nourriture pour le dîner.	**Nahrung** • Ich übernehme es, die Lebensmittel für das Abendessen einzukaufen.
la **viande** [vjɑ̃d] • Il me faut un kilo de viande.	**Fleisch** • Ich brauche ein Kilo Fleisch.
le **jambon** [ʒɑ̃bɔ̃] • le jambon cru • le jambon blanc/de Paris • Un sandwich jambon beurre, s'il vous plaît.	**Schinken** • roher Schinken • gekochter Schinken • Ein Sandwich mit Butter und Schinken, bitte.
le **poisson** [pwasɔ̃] • J'adore la soupe de poissons, mais je déteste les arêtes.	**Fisch** • Ich liebe Fischsuppe, aber ich hasse Gräten.
le **légume** [legym] • Henri aime les haricots et tous les légumes verts.	**Gemüse** • Henri mag Bohnen und alle grünen Gemüsesorten.
la **margarine** [maʀgaʀin] • Tu préfères le beurre ou la margarine ?	**Margarine** • Magst du lieber Butter oder Margarine?
le **beurre** [bœʀ] • En Normandie, on met du beurre salé sur le pain.	**Butter** • In der Normandie streicht man gesalzene Butter aufs Brot.
le **fromage** [fʀɔmaʒ] • On sert le fromage avant le dessert.	**Käse** • Der Käse wird vor dem Nachtisch gereicht.

le **pain** [pɛ̃] • le pain complet • le pain de mie • Elle mange du pain avec de la confiture.	**Brot** • Vollkornbrot • Toastbrot • Sie isst Brot mit Marmelade.
la **baguette** [bagɛt] • Il va chercher une baguette fraîche pour le petit-déjeuner.	**Baguette** • Er holt ein frisches Baguette fürs Frühstück.
le **sucre** [sykʀ] • le sucre en morceaux • Nous allons faire des crêpes au sucre.	**Zucker** • Würfelzucker • Wir werden Crêpes mit Zucker machen.
le **sel** [sɛl] • La soupe manque de sel.	**Salz** • Der Suppe fehlt Salz.
cuisiner [kɥizine] • J'adore cuisiner.	**kochen** • Ich liebe es zu kochen.
éplucher [eplyʃe] • Tu m'aides à éplucher les pommes ?	**schälen** • Hilfst du mir, die Äpfel zu schälen?
émincer [emɛ̃se] • Émince les oignons comme je viens de te montrer.	**dünn aufschneiden** • Schneide die Zwiebeln in dünne Streifen, so wie es dir gezeigt habe.
couper [kupe] • Il faut couper les carottes en rondelles.	**schneiden** • Die Möhren müssen in Scheiben geschnitten werden.
mélanger [melɑ̃ʒe] • Mélangez tous les ingrédients.	**(ver)mischen** • Mischen Sie alle Zutaten.
enfourner [ɑ̃fuʀne] • Enfournez le gâteau pendant 40 minutes.	**in den (Back)ofen schieben** • Den Kuchen 40 Minuten im Ofen backen.
battre [batʀ] • Il faut battre les œufs en omelette.	**schlagen** • Die Eier müssen für das Omelett geschlagen werden.
ajouter [aʒute] • Ajoutez un peu de sel.	**hinzufügen** • Fügen Sie etwas Salz hinzu.
faire chauffer [fɛʀʃofe] • faire chauffer de l'eau • Pour mon café, je fais tout d'abord chauffer le lait.	**erwärmen, erhitzen** • Wasser warm machen/aufsetzen • Zuerst erhitze ich die Milch für meinen Kaffee.

Das **baguette**, das bekannteste französische Stangenweißbrot, ist im Französischen weiblich. Daneben gibt es viele andere Formen von Weißbrot und deren Bezeichnungen wie z. B. **une flûte** *(„Flöte")*, **une ficelle** *(„Bindfaden")*, etc. Die Bäckereien bieten Weißbrot mehrmals am Tag ofenfrisch an. Selbst Sonntag vormittags wird es frisch gebacken. Es gehört zu jeder Mahlzeit.

mijoter [miʒɔte] · Cette soupe doit mijoter longtemps.	**köcheln** · Die Suppe muss lange köcheln.
la **marmite** [maʀmit] · Pour le cassoulet, il me faut une grande marmite.	**(Koch)topf** · Für das Cassoulet benötige ich einen großen Kochtopf.
la **cocotte** [kɔkɔt] · Les légumes cuisent dans la cocotte.	**Topf** · Das Gemüse kocht im Topf.
la **poêle** [pwal] · Pour les crêpes, j'utilise une poêle en cuivre.	**(Brat)pfanne** · Für die Crêpes verwende ich eine Kupferpfanne.
bouillir [bujiʀ] · faire bouillir qc · La bouilloire siffle : l'eau bout.	**kochen** · etw zum Kochen bringen · Der Wasserkessel pfeift: Das Wasser kocht.
prêt, e [pʀɛ, pʀɛt] · Le dîner est prêt : venez manger !	**bereit, fertig** · Kommt zu Tisch, das Abendessen ist fertig!
goûter [gute] · J'ai goûté la sauce, elle est trop salée.	**probieren** · Ich habe die Soße probiert, sie ist versalzen.
la **confiture** [kɔ̃fityʀ] · Ta confiture d'abricots est délicieuse.	**Marmelade** · Deine Aprikosenmarmelade ist köstlich!
le **miel** [mjɛl] · Je te prépare un bon lait chaud avec du miel.	**Honig** · Ich mache dir eine heiße Milch mit Honig.
l'**œuf** *m*, les **œufs** *mpl* [œf, ø] · Il faut quatre œufs pour faire ce gâteau.	**Ei** · Man braucht vier Eier für diesen Kuchen.
les **pâtes** *fpl* [pɑt] · Ce soir, je vais faire des pâtes à la sauce tomate.	**Nudeln, Teigwaren** · Heute Abend koche ich Nudeln mit Tomatensoße.
le **bœuf**, les **bœufs** [bœf, bø] · Au menu, il y aura un rôti de bœuf.	**Rindfleisch** · Zum Menü wird es einen Rinderbraten geben.
le **porc** [pɔʀ] · Maman a fait un délicieux rôti de porc.	**Schweinefleisch** · Mama hat einen leckeren Schweinebraten gemacht.
le **veau** [vo] · La petite ne mange pas de viande de veau.	**Kalb(fleisch)** · Die Kleine isst kein Kalbfleisch.
la **saucisse** [sosis] · Pierre apportera des saucisses pour le barbecue.	**Wurst** · Pierre bringt Würstchen zum Grillfest mit.
les **herbes** *fpl* [ɛʀb] · les herbes de Provence · les fines herbes · Agrémentez vos plats d'herbes aromatiques !	**Kräuter** · Kräuter der Provence · Küchenkräuter · Würzt eure Gerichte mit Gewürzkräutern!
la **merguez** [mɛʀgɛz] · Achète des merguez pour le barbecue.	*scharf gewürzte Bratwurst aus Lammfleisch* · Kauf Bratwürste zum Grillen!

le **poulet** [pulɛ]	**Huhn**
• Ce soir, on mange du poulet au curry.	• Heute Abend essen wir Curryhuhn.
la **crème** [kʀɛm]	**Sahne**
• Il y a trop de crème dans cette sauce.	• In der Soße ist zu viel Sahne.
l'**huile** *f* [ɥil]	**Öl**
• Je fais ma mayonnaise avec de l'huile de tournesol.	• Ich bereite meine Mayonnaise mit Sonnenblumenöl zu.
le **vinaigre** [vinɛgʀ]	**Essig**
• Versez un filet d'huile et de vinaigre sur la salade.	• Geben Sie je einen Schuss Öl und Essig über den Salat.
le **poivre** [pwavʀ]	**Pfeffer**
• Il n'y a plus de poivre dans le moulin.	• Es ist kein Pfeffer mehr in der Mühle.
la **brioche** [bʀijɔʃ]	**Brioche**
• Les brioches sont faciles à préparer.	• Brioches sind einfach zuzubereiten.
le **gâteau**, les **gâteaux** [gɑto]	**Kuchen; Torte**
• faire un gâteau	• einen Kuchen backen
• le gâteau sec	• Keks
• Le gâteau d'anniversaire est garni de bougies.	• Die Geburtstagstorte ist mit Kerzen geschmückt.
la **tarte** [taʀt]	**(Obst)kuchen**
• la tarte aux pommes	• Apfelkuchen
• Veux-tu un morceau de tarte au citron?	• Willst du ein Stück Zitronenkuchen?
la **viennoiserie** [vjɛnwazʀi]	**Hefegebäck; Stückchen**
• Ces viennoiseries sont très appétissantes.	• Diese Stückchen sehen sehr einladend aus!
les **pâtisseries** *fpl* [pɑtisʀi]	**(Fein)gebäck, Backwaren**
• Ces pâtisseries sont vraiment réussies.	• Dieses Gebäck ist wirklich gut gelungen.

Mahlzeiten

le **repas** [ʀ(ə)pɑ]	**Essen, Mahlzeit**
• faire/préparer le repas	• das Essen zubereiten
• faire un bon repas	• gut essen
• Nous prenons tous nos repas à la cuisine.	• Wir nehmen alle Mahlzeiten in der Küche ein.
la **table** [tabl]	**Tisch**
• à table	• bei/am Tisch
• mettre la table	• den Tisch decken
• Pierre, aide-moi à débarrasser la table, s'il te plaît!	• Pierre, bitte hilf mir, den Tisch abzuräumen.

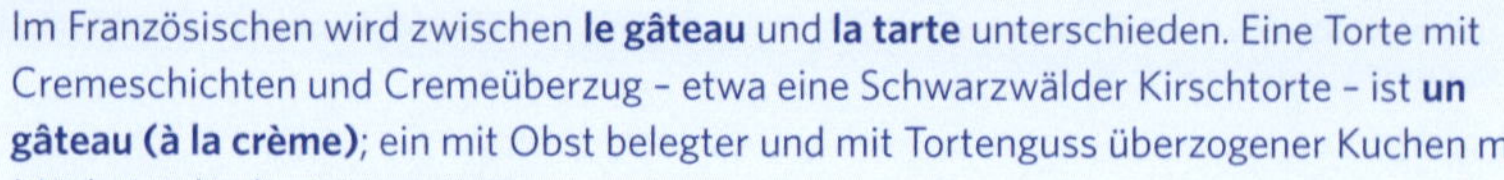

Im Französischen wird zwischen **le gâteau** und **la tarte** unterschieden. Eine Torte mit Cremeschichten und Cremeüberzug - etwa eine Schwarzwälder Kirschtorte - ist **un gâteau (à la crème)**; ein mit Obst belegter und mit Tortenguss überzogener Kuchen mit Mürbeteigboden ist **une tarte**.

manger [mɑ̃ʒe]	**essen**
• manger à sa faim	• sich satt essen
• manger froid	• kalt essen
• Venez manger !	• Kommt essen!
s'asseoir [aswaʀ]	**sich (hin)setzen**
• Asseyez-vous !	• Setzt euch!/Setzen Sie sich!
la **faim** [fɛ̃]	**Hunger**
• avoir faim	• Hunger haben
• avoir une faim de loup	• einen Bärenhunger haben
• Quand mange-t-on ? Je meurs de faim !	• Wann essen wir endlich? Ich sterbe vor Hunger!
la **soif** [swaf]	**Durst**
• avoir soif	• Durst haben
• Tu as soif ? Tu veux un verre d'eau ?	• Hast du Durst? Möchtest du ein Glas Wasser?
boire [bwaʀ]	**trinken**
• boire à la bouteille	• aus der Flasche trinken
• boire dans un verre	• aus einem Glas trinken
• Le matin, je bois le café sans sucre.	• Morgens trinke ich Kaffee ohne Zucker.
l'**appétit** *m* [apeti]	**Appetit**
• Bon appétit !	• Guten Appetit!
la **recette** [ʀ(ə)sɛt]	**Rezept**
• J'aimerais bien avoir la recette de la soupe.	• Ich hätte gern das Rezept für die Suppe.
le **petit-déjeuner**, les **petits-déjeuners** [p(ə)tideʒœne]	**Frühstück**
• prendre le petit-déjeuner	• frühstücken
• Je leur prépare un vrai petit-déjeuner.	• Ich mache ihnen ein richtiges Frühstück.
le **déjeuner** [deʒœne]	**Mittagessen**
• Nous prenons notre déjeuner à la cantine.	• Wir essen in der Kantine zu Mittag.
la **tartine** [taʀtin]	**Butterbrot**
• Tu veux une tartine de confiture ?	• Möchtest du ein Marmeladenbrot?
le **goûter** [gute]	**Vesper, kleiner Nachmittagsimbiss**
• Au goûter, les enfants mangent des fruits.	• Als Nachmittagssnack essen die Kinder Obst.
le **dîner** [dine]	**Abendessen**
• Qu'est-ce qu'il y a pour le dîner aujourd'hui ?	• Was gibt es heute zum Abendessen?
dîner [dine]	**zu Abend essen**
• Ils viennent dîner dimanche à 20 heures.	• Sie kommen am Sonntag um 20 Uhr zum Abendessen.
cuire [kɥiʀ]	**braten**
• bien cuit	• durchgebraten
• Le poulet doit cuire une heure au four.	• Das Hähnchen muss eine Stunde im Backofen braten.
le **plat** [pla]	**Gericht**
• Comme plat principal, je servirai un rôti.	• Als Hauptgericht werde ich einen Braten servieren.

la **glace** [glas]	**Eis**
• Vous voulez une glace à la vanille ?	• Möchten Sie ein Vanilleeis?
les **sucreries** *fpl* [sykʀəʀi]	**Süßigkeiten**
• Remplace les sucreries par des fruits !	• Ersetze die Süßigkeiten durch Obst!
la **sucette** [sysɛt]	**(Dauer)lutscher**
• Ces sucettes au citron sont un vrai régal.	• Diese Zitronenlutscher esse ich für mein Leben gern!
le **bonbon** [bɔ̃bɔ̃]	**Bonbon**
• Elle mange un bonbon au caramel.	• Sie isst ein Karamellbonbon.
le **chocolat** [ʃɔkɔla]	**Schokolade**
• la tablette de chocolat	• Tafel Schokolade
• la barre de chocolat	• Schokoriegel
• Je fais fondre le chocolat au bain marie.	• Ich schmelze die Schokolade im Wasserbad.
le **croissant** [kʀwasɑ̃]	**Croissant, (Butter)hörnchen**
• Un croissant, c'est délicieux avec un café.	• Ein Hörnchen schmeckt sehr lecker zum Kaffee.

Obst und Gemüse

le **fruit** [fʀɥi]	**Frucht; Obstsorte**
• les fruits	• Obst, Früchte
• les fruits secs	• Trockenfrüchte
• Au goûter, il y aura une tarte aux fruits.	• Zum (Nachmittags)kaffee wird es einen Obstkuchen geben.
la **pomme** [pɔm]	**Apfel**
• Manger des pommes est excellent pour la santé.	• Äpfel essen ist sehr gesund.
la **banane** [banan]	**Banane**
• Ce sont des bananes bio !	• Das sind Bio-Bananen!
la **fraise** [fʀɛz]	**Erdbeere**
• En juin, je cueille des fraises pour faire de la confiture.	• Im Juni pflücke ich Erdbeeren, um Marmelade zu machen.
le **citron** [sitʀɔ̃]	**Zitrone**
• La limonade se fait avec du citron et du sucre.	• Limonade wird mit Zitrone und Zucker gemacht.
l'**orange** *f* [ɔʀɑ̃ʒ]	**Orange, Apfelsine**
• Ces oranges sont très sucrées.	• Diese Orangen sind sehr süß.
la **pomme de terre** [pɔmdətɛʀ]	**Kartoffel**
• les pommes de terre à l'eau	• Salzkartoffeln
• les pommes de terre sautées	• Bratkartoffeln
• Pour un gratin, il vous faut un kilo de pommes de terre.	• Für ein Kartoffelgratin benötigen Sie ein Kilo(gramm) Kartoffeln.
la **patate** *(fam)* [patat]	**Kartoffel**
• Aide-la à éplucher toutes ces patates !	• Hilf ihr, die ganzen Kartoffeln zu schälen.
la **salade** [salad]	**Salat**
• Nous prenons deux salades vertes en entrée.	• Wir nehmen zwei grüne Salate als Vorspeise.

la **tomate** [tɔmat]	**Tomate**
• Le jus de tomates est bon pour la santé.	• Tomatensaft ist gesund.
la **carotte** [kaʀɔt]	**Karotte, Möhre**
• Pierre aime beaucoup les carottes.	• Pierre isst gern Möhren.
la **poire** [pwaʀ]	**Birne**
• Tu connais la poire Belle Hélène ?	• Kennst du „Birne Helene"?
la **framboise** [fʀɑ̃bwaz]	**Himbeere**
• Mon père a des framboises dans son jardin.	• Mein Vater hat Himbeeren in seinem Garten.
la **cerise** [s(ə)ʀiz]	**Kirsche**
• Je mange du riz au lait avec des cerises.	• Ich esse Milchreis mit Kirschen.
l'**abricot** *m* [abʀiko]	**Aprikose**
• Ces abricots n'ont pas de goût !	• Diese Aprikosen schmecken nicht!
la **pêche** [pɛʃ]	**Pfirsich**
• Pour faire un sorbet, il faut que les pêches soient bien mûres.	• Für ein Sorbet müssen die Pfirsiche sehr reif sein.
la **prune** [pʀyn]	**Pflaume**
• Cet été, les prunes du jardin sont particulièrement sucrées.	• Diesen Sommer sind die Pflaumen aus dem Garten besonders süß.
la **mandarine** [mɑ̃daʀin]	**Mandarine**
• La mandarine est le fruit de l'hiver par excellence.	• Mandarinen sind das Winterobst schlechthin.
le **kiwi** [kiwi]	**Kiwi**
• Ces kiwis ne sont pas assez mûrs.	• Diese Kiwis sind noch nicht reif genug!
l'**ananas** *m* [anana(s)]	**Ananas**
• Il n 'est pas conseillé de suivre un régime ananas à long terme.	• Es ist nicht sehr ratsam, eine Ananasdiät über einen längeren Zeitraum hin zu machen.
le **concombre** [kɔ̃kɔ̃bʀ]	**Gurke**
• Décore l'assiette de rondelles de concombres !	• Dekoriere den Teller mit Gurkenscheiben!
le **chou** [ʃu]	**Kohl**
• Quelle bonne idée, cette soupe au chou !	• Kohlsuppe ist eine gute Idee!
le **haricot** [ˊaʀiko]	**Bohne**
• Marie raffole de ma salade aux haricots verts.	• Marie ist ganz vernarrt in meinen Bohnensalat!
les **petits pois** *mpl* [p(ə)tipwɑ]	**Erbsen**
• Tous les enfants aiment les petits pois.	• Alle Kinder mögen Erbsen.
les **lentilles** *fpl* [lɑ̃tij]	**Linsen**
• Lisa m'a servi une soupe d'hiver aux lentilles.	• Lisa hat mir eine winterliche Linsensuppe serviert.
l'**oignon** m [ɔɲɔ̃]	**Zwiebel**
• Au bistrot, nous avons mangé une soupe à l'oignon.	• Wir haben in dem Lokal eine Zwiebelsuppe gegessen.

l'ail m [aj]	**Knoblauch**
• Tu as mis trop d'ail dans cette sauce !	• Du hast zu viel Knoblauch in die Soße getan!
le riz [ʀi]	**Reis**
• On peut préparer le riz de plusieurs façons.	• Es gibt verschiedene Arten, Reis zuzubereiten.

Getränke

le lait [lɛ]	**Milch**
• Le lait n'est pas vraiment une boisson.	• Milch zählt eigentlich nicht zu den Getränken.
l'eau *f* [o]	**Wasser**
• l'eau minérale	• Mineralwasser
• l'eau gazeuse	• Mineralwasser mit Kohlensäure
• Ne bois pas l'eau du robinet !	• Trinke kein Leitungswasser!
le vin [vɛ̃]	**Wein**
• le vin rouge/blanc	• Rot-/Weißwein
• Le Bordeaux est un vin rouge très connu.	• Der Bordeaux ist ein sehr bekannter Rotwein.
la boisson [bwasɔ̃]	**Getränk**
• Comme boissons, nous prenons du vin blanc et une carafe d'eau.	• Als Getränke nehmen wir Weißwein und eine Karaffe Wasser.
le jus [ʒy]	**Saft**
• le jus de fruits	• Fruchtsaft
• Fabienne boit du jus d'orange au petit-déjeuner.	• Fabienne trinkt Orangensaft zum Frühstück.
la limonade [limɔnad]	**Limonade**
• Je trouve que la limonade est trop sucrée.	• Ich finde, dass die Limonade zu süß ist.
la bière [bjɛʀ]	**Bier**
• la bière blonde/brune	• helles/dunkles Bier
• Mon ami Pierre aime bien boire une bière.	• Mein Freund Pierre trinkt gerne ein Bier.
la tisane [tizan]	**(Kräuter)tee**
• Je suis enrhumé, je vais boire une tisane de thym.	• Ich bin erkältet, ich werde einen Thymiantee trinken.
l'infusion *f* [ɛ̃fyzjɔ̃]	**Kräutertee**
• Bois une infusion avant d'aller dormir.	• Trinke einen Kräutertee, bevor du schlafen gehst.
le cidre [sidʀ]	**Cidre, Apfelwein**
• Le cidre, c'est la boisson de l'été.	• Cidre ist ein typisches Sommergetränk.
le champagne [ʃɑ̃mpaɲ]	**Champagner**
• Désirez-vous un verre de champagne en apéritif ?	• Möchten Sie ein Glas Champagner als Aperitif?

FAMILIE, FREUNDE UND FREIZEIT

Familie

12

Familienangehörige	
la **famille** [famij] • la famille nombreuse • J'ai invité toute la famille à mon mariage.	**Familie; Verwandtschaft** • kinderreiche Familie • Ich habe die ganze Familie zu meiner Hochzeit eingeladen.
les **parents** *mpl* [paʀɑ̃] • Tes parents me sont vraiment sympathiques.	**Eltern; Verwandte** • Deine Eltern sind mir sehr sympathisch.
la **mère** [mɛʀ] • J'adore ma mère.	**Mutter** • Ich liebe meine Mutter.
la **maman** [mamɑ̃] • Pierre aide sa maman.	**Mama, Mutti** • Pierre hilft seiner Mama.
le **père** [pɛʀ] • Il fait un voyage avec son père.	**Vater** • Er macht eine Reise mit seinem Vater.
le **papa** [papa] • Elle joue avec son papa.	**Papa, Vati** • Sie spielt mit ihrem Papa.
les **grands-parents** *mpl* [gʀɑ̃paʀɑ̃] • Les enfants sont en vacances chez leurs grands-parents.	**Großeltern** • Die Kinder sind bei ihren Großeltern im Urlaub.
la **grand-mère**, les **grands-mères** [gʀɑ̃mɛʀ] • Sa grand-mère a 84 ans.	**Großmutter** • Seine/Ihre Großmutter ist 84 Jahre alt.

la **mamie** [mami], la **mémé** [meme] *(fam)*	**Omi, Oma**
· Christine parle avec sa mamie.	· Christine spricht mit ihrer Oma.
le **grand-père,** les **grands-pères** [gʀɑ̃pɛʀ]	**Großvater**
· Son grand-père lui raconte une histoire.	· Sein/Ihr Großvater erzählt ihm/ihr eine Geschichte.
le **papy,** le **papi** [papi], le **pépé** [pepe] *(fam)*	**Opi, Opa**
· Thomas est chez son papy.	· Thomas ist bei seinem Opa.
le **petit-fils,** les **petits-fils** [p(ə)tifis]	**Enkel**
· Leur petit-fils a déjà 18 ans.	· Ihr Enkel ist schon 18 Jahre alt.
la **petite-fille,** les **petites-filles** [p(ə)titfij]	**Enkelin**
· Ils ont deux petites-filles: Léa et Lucie.	· Sie haben zwei Enkelinnen: Léa und Lucie.
les **petits-enfants** *mpl* [p(ə)tizɑ̃fɑ̃]	**Enkelkinder**
· Ils adorent leurs petits-enfants!	· Sie lieben ihre Enkelkinder!
l'**enfant** *m, f* [ɑ̃fɑ̃]	**Kind**
· l'enfant unique	· Einzelkind
· élever un enfant	· ein Kind großziehen/erziehen
· Cet enfant est très sage.	· Dieses Kind ist sehr brav.
la **sœur** [sœʀ]	**Schwester**
· Sylvie a une grande sœur.	· Sylvie hat eine große Schwester.
le **frère** [fʀɛʀ]	**Bruder**
· Son grand frère s'appelle Michel.	· Sein/Ihr großer Bruder heißt Michel.
le **cousin,** la **cousine** [kuzɛ̃, in]	**Cousin(e)**
· Marie joue avec son cousin.	· Marie spielt mit ihrem Cousin.
la **fille** [fij]	**Tochter**
· Leur fille leur rend visite.	· Ihre Tochter besucht sie.
le **fils** [fis]	**Sohn**
· de père en fils	· von Generation zu Generation
· Elle téléphone souvent à son fils.	· Sie telefoniert oft mit ihrem Sohn.
le **bébé** [bebe]	**Baby**
· Le bébé pleure beaucoup.	· Das Baby weint viel.
l'**oncle** *m* [ɔ̃kl]	**Onkel**
· Mon oncle est très gentil.	· Mein Onkel ist sehr nett.
la **tante** [tɑ̃t]	**Tante**
· Ma tante est une femme admirable.	· Meine Tante ist eine bewundernswerte Frau.

Verwechseln Sie nicht **la mamie** – *die Oma* mit **Mami** – *maman*!

Verwechseln Sie nicht **le papy/le papi** – *der Opa* mit **Papi** – *papa*!

la **femme** [fam] • Sa femme est avocate.	**(Ehe)frau** • Seine Frau ist Rechtsanwältin.
le **mari** [maʀi] • Son mari est en voyage d'affaires.	**Ehemann** • Ihr Mann ist auf Geschäftsreise.
la **nièce** [njɛs] • J'ai deux nièces: Élodie et Mélina.	**Nichte** • Ich habe zwei Nichten: Élodie und Mélina.
le **neveu** [n(ə)vø] • Mon neveu travaille à la poste.	**Neffe** • Mein Neffe arbeitet bei der Post.
la **demi-sœur,** les **demi-sœurs** [d(ə)misœʀ] • Ma demi-sœur me ressemble beaucoup.	**Halbschwester** • Meine Halbschwester ähnelt mir sehr.
le **demi-frère,** les **demi-frères** [d(ə)mifʀɛʀ] • Je n'ai pas le même père que mon demi-frère.	**Halbbruder** • Ich habe nicht denselben Vater wie mein Halbbruder.
la **belle-mère,** les **belles-mères** [bɛlmɛʀ] • Sa belle-mère lui donne souvent des conseils.	**Schwiegermutter; Stiefmutter** • Seine/Ihre Schwiegermutter gibt ihm/ihr oft Ratschläge.
le **beau-père,** les **beaux-pères** [bopɛʀ] • Mon beau-père est en retraite.	**Schwiegervater; Stiefvater** • Mein Schwiegervater ist in Rente.
les **beaux-parents** *mpl* [bopaʀɑ̃] • Ils ont invité ses beaux-parents.	**Schwiegereltern** • Sie haben seine/ihre Schwiegereltern eingeladen.
la **belle-fille,** les **belles-filles** [bɛlfij] • La belle-fille ne s'entend pas toujours bien avec sa belle-mère.	**Schwiegertochter; Stieftochter** • Die Stieftochter versteht sich nicht immer gut mit ihrer Stiefmutter.
le **beau-fils,** les **beaux-fils** [bofis] • Il m'a présenté son beau-fils.	**Schwiegersohn; Stiefsohn** • Er hat mir seinen Stiefsohn vorgestellt.
le **gendre** [ʒɑ̃dʀ] • Mon père travaille avec son gendre.	**Schwiegersohn** • Mein Vater arbeitet mit seinem Schwiegersohn.

Familienstand

le **couple** [kupl] • vivre en couple • Ils forment un beau couple.	**Paar** • als Paar (zusammen)leben • Sie sind ein schönes Paar.
l'**époux** *m*, l'**épouse** *f* [epu, epuz] • Acceptez-vous de prendre Philippe Leroy pour époux ?	**Ehemann, Ehefrau** • Nehmen Sie Philippe Leroy zu ihrem Ehemann?
le **conjoint,** la **conjointe** [kɔ̃ʒwɛ̃, wɛ̃t] • Les deux conjoints doivent signer le document.	**(Ehe)gatte, (Ehe)gattin** • Beide Ehegatten müssen das Dokument unterschreiben.

l'**union libre** *f* [ynjɔ̃libʀ] • L'union libre est très à la mode.	**eheähnliche Gemeinschaft** • Die eheähnliche Gemeinschaft ist sehr in Mode.
le **concubinage** [kɔ̃kybinaʒ] • Ils vivent en concubinage.	**eheähnliche Gemeinschaft, wilde Ehe** • Sie leben in wilder Ehe.
se marier [səmaʀje] • se marier avec qn • Ils se sont mariés en juillet.	**heiraten** • jdn heiraten • Sie haben im Juli geheiratet.
le **mariage** [maʀjaʒ] • Leur mariage a été formidable!	**Hochzeit, Heirat** • Ihre Hochzeit war großartig!
les **noces** *fpl* [nɔs] • le voyage de noces • Nous sommes invités à leurs noces d'argent.	**Hochzeit** • Hochzeitsreise • Wir sind zur ihrer Silberhochzeit eingeladen.
le **marié** [maʀje], la **mariée** [maʀje] • les mariés • Le marié portait un costume bleu et la mariée une robe blanche.	**Bräutigam, Braut** • Brautpaar • Der Bräutigam trug einen blauen Anzug und die Braut ein weißes Kleid.
le **divorce** [divɔʀs] • Elle a demandé le divorce.	**Scheidung** • Sie hat die Scheidung eingereicht.
divorcer [divɔʀse] • Ses parents vont divorcer.	**sich scheiden lassen** • Seine/Ihre Eltern werden sich scheiden lassen.
le **droit de garde** [dʀwad(ə)gaʀd] • C'est la mère qui a le droit de garde.	**Sorgerecht** • Die Mutter hat das Sorgerecht.
la **pension alimentaire** [pɑ̃sjɔ̃alimɑ̃tɛʀ] • Le père doit payer une pension alimentaire.	**Unterhaltszahlung** • Der Vater muss Unterhalt zahlen.

Familienfeiern, Feste

la **fête** [fɛt] • le jour de fête • la fête de famille • Le 14 juillet, c'est un jour de fête!	**Feier, Fest; Namenstag** • Feiertag, Festtag • Familienfest • Der 14. Juli ist ein Feiertag.
le **jour férié** [ʒuʀfeʀje] • Les jours fériés, toute la famille est réunie.	**Feiertag** • An den Feiertagen ist die ganze Familie vereint.
fêter [fete] • Ils ont fêté son anniversaire avec des amis.	**feiern** • Sie haben seinen/ihren Geburtstag mit Freunden gefeiert.
l'**anniversaire** *m* [anivɛʀsɛʀ] • fêter l'anniversaire • Bon/Joyeux anniversaire!	**Geburtstag** • (den) Geburtstag feiern • Alles Gute zum Geburtstag!
le **cadeau**, les **cadeaux** [kado] • J'ai un cadeau d'anniversaire pour toi.	**Geschenk** • Ich habe ein Geburtstagsgeschenk für dich.

Pâques *fpl* [pɑk] • À Pâques, les enfants ont cherché des œufs dans le jardin.	**Ostern** • An Ostern haben die Kinder Eier im Garten gesucht.
Noël *m* [nɔɛl] • Joyeux Noël !	**Weihnachten** • Frohe Weihnachten!
l'**invité** *m*, l'**invitée** *f* [ɛ̃vite] • Vous êtes mon invité !	**Gast** • Sie sind mein Gast!
offrir [ɔfʀiʀ] • offrir qc à qn • Il m'a offert un livre.	**schenken; anbieten** • jdm etw schenken/anbieten • Er hat mir ein Buch geschenkt.
féliciter [felisite] • Cette soirée était vraiment réussie : je vous félicite !	**gratulieren** • Ich gratuliere Ihnen zu diesem gelungenen Abend!
les **félicitations** *fpl* [felisitasjɔ̃] • Toutes nos félicitations !	**Glückwünsche** • Herzlichen Glückwunsch!
souhaiter qc à qn [swete] • Je vous souhaite bonne chance.	**jdm etw wünschen** • Ich wünsche Ihnen viel Glück.
le **vœu**, les **vœux** [vø] • présenter ses vœux à qn • Mes meilleurs vœux !	**Wunsch, Glückwunsch** • jdm seine guten Wünsche aussprechen • Alles Gute!, Meine besten Wünsche!
célébrer [selebʀe] • Il faut célébrer cet événement !	**feiern** • Dieses Ereignis muss gefeiert werden!
la **cérémonie** [seʀemɔni] • Leur cérémonie de mariage nous a beaucoup plu.	**Feier(lichkeit), Zeremonie** • Ihre Hochzeitsfeier hat uns sehr gefallen.
se réunir [səʀeyniʀ] • une réunion de famille • Ils se réunissent tous les ans.	**sich treffen, sich versammeln** • Familientreffen • Sie treffen sich jedes Jahr.
la **Saint-Sylvestre** [sɛ̃silvɛstʀ] • Où passez-vous la Saint-Sylvestre ?	**Silvester** • Wo feiern Sie/feiert ihr Silvester?
le **nouvel an** [nuvɛlɑ̃] • Je vous souhaite tous mes meilleurs vœux pour le nouvel an.	**Neujahr** • Ich wünsche Ihnen/euch alles Gute für das neue Jahr!

Für die französischen Kinder ist **Noël** am 25. Dezember. An diesem Tag findet gleich nach dem Frühstück die Bescherung statt. Am Vorabend, dem 24., gehen viele Familien um Mitternacht in die Christmette. Einen zweiten Weihnachtsfeiertag gibt es in Frankreich nicht.

le **jour de l'An** [ʒuʀdəlɑ̃] • Venez donc le jour de l'An !	**Neujahrstag** • Kommt doch am Neujahrstag vorbei!
le **réveillon** [ʀevɛjɔ̃] • Nous passons le réveillon de la Saint-Sylvestre chez nos amis.	**Heiligabend; Silvester; Festessen** • Wir verbringen den Silvesterabend bei unseren Freunden.
la **galette des Rois** [galɛtderwa] • Cette année, nous mangerons la galette des Rois chez Marie.	**Dreikönigskuchen** • Dieses Jahr werden wir den Dreikönigskuchen bei Marie essen.
la **Chandeleur** [ʃɑ̃d(ə)lœʀ] • À la Chandeleur, je ferai des crêpes.	**(Mariä) Lichtmess** • An Lichtmess mache ich Crêpes.
le **carnaval** [kaʀnaval] • Les enfants fêteront le carnaval à l'école.	**Karneval, Fasching** • Die Kinder werden Karneval in der Schule feiern.
le **bal** [bal] • Nos amis nous invitent à un bal masqué.	**Ball** • Unsere Freunde laden uns auf einen Maskenball ein.
se déguiser [sədegize] • se déguiser en indien • Je me déguiserai en princesse.	**sich verkleiden** • sich als Indianer verkleiden • Ich werde mich als Prinzessin verkleiden.
le **déguisement** [degizmɑ̃] • Ton déguisement était très bien choisi.	**Verkleidung** • Deine Verkleidung war sehr gut ausgewählt.
le **banquet** [bɑ̃kɛ] • Ils organisent un banquet dimanche prochain.	**Festessen, Bankett** • Sie organisieren ein Festessen für nächsten Sonntag.
trinquer (à qc) [tʀɛ̃ke] • Trinquons à ta santé !	**(auf etw) anstoßen** • Stoßen wir auf deine Gesundheit an!
le **toast** [tost] • porter un toast à qn/qc • Portons un toast à sa mémoire !	**Toast, Trinkspruch** • einen Toast auf jdn/etw ausbringen • Einen Toast im Gedenken an ihn!
la **bougie** [buʒi] • Allume toutes les bougies !	**Kerze** • Zünde alle Kerzen an!
souffler [sufle] • Demain, elle soufflera ses vingt bougies.	**blasen, pusten** • Morgen wird sie 20 Jahre alt.

Die **galette des Rois** ist ein Blätterteigkuchen mit Marzipanfüllung oder ein runder Brioche-Kuchen, der traditionell am Dreikönigsfest gegessen wird. In ihn ist eine Bohne oder eine kleine Figur – **la fève** – eingebacken worden. Wer das Kuchenstück hat, in dem sie sich befindet, ist an diesem Tag König oder Königin.

Anlässlich des Feiertags **la Chandeleur**, der am 2. Februar begangen wird, findet vielerorts in Frankreich ein traditionelles Crêpe-Essen im Familien- oder Freundeskreis statt.

Freunde

13

Freundschaftliche Beziehungen	
l'**ami** *m*, l'**amie** *f* [ami] • le petit ami • Laurent est mon meilleur ami.	**Freund(in)** • fester Freund • Laurent ist mein bester Freund.
le **copain** [kɔpɛ̃], la **copine** [kɔpin] *(fam)* • Matthieu est dehors avec des copains.	**Freund(in)** • Matthieu ist draußen mit Freunden.
le, la **camarade** [kamaʀad] • Il joue avec ses camarades de classe.	**Kamerad(in)** • Er spielt mit seinen Klassenkameraden.
la **connaissance** [kɔnɛsɑ̃s] • faire la connaissance de qn • Hier, je suis allé au restaurant avec une vieille connaissance.	**Bekanntschaft** • jdn kennenlernen • Ich bin gestern mit einer alten Bekannten essen gegangen.
le **correspondant**, la **correspondante** [kɔʀɛspɔ̃dɑ̃, ɑ̃t] • Elle a un correspondant anglais.	**Brieffreund(in)** • Sie hat einen englischen Brieffreund.
le, la **corres** [kɔʀɛs] *(fam)* • Ma corres est très sympa. *(fam)*	**Brieffreund(in)** • Meine Breiffreundin ist sehr nett.
aimer [eme] • J'aime beaucoup tes cousins.	**lieben, mögen** • Ich mag deine Cousins sehr.
la **bise** [biz] *(fam)* • faire la bise à qn *(fam)* • On se fait la bise ?	**Kuss** • jdn mit Wangenkuss begrüßen • Geben wir uns Wangenküsschen?
aller voir qn [alevwaʀ] • Je vais voir mon grand-père demain.	**jdn besuchen** • Ich werde morgen meinen Großvater besuchen.
aller chez qn [aleʃe] • Nous allons chez les Martin dimanche.	**zu jdm (nach Hause) gehen** • Am Sonntag besuchen wir die Martins.
la **visite** [vizit] • rendre visite à qn • Nous allons leur faire une petite visite.	**Besuch** • jdn besuchen • Wir werden ihnen einen kleinen Besuch abstatten.
inviter [ɛ̃vite] • inviter qn à un anniversaire • Ils nous invitent à déjeuner.	**einladen** • jdn zu einem Geburtstag einladen • Sie laden uns zum Mittagessen ein.

Das Küsschen auf die Wange gehört in Frankreich zur Begrüßung und Verabschiedung dazu – vorausgesetzt, man ist bekannt und vertraut miteinander. Unter Verwandten ist es selbstverständlich. Auch Männer begrüßen sich mitunter mit einer **bise**, in der Regel geben sie sich aber die Hand.

le **rendez-vous** [rɑ̃devu] *inv*	**Verabredung, Termin**
• avoir rendez-vous	• eine Verabredung, einen Termin haben
• Son ami lui a donné rendez-vous au jardin du Luxembourg.	• Sein Freund hat sich mit ihm im Jardin du Luxembourg verabredet.
le **service** [sɛʀvis]	**Gefallen**
• rendre service à qn	• jdm einen Dienst erweisen, jdm helfen
• J'aimerais lui demander un service.	• Ich würde ihn gern um einen Gefallen bitten.
connaître [kɔnɛtʀ]	**kennen**
• Jean ? Je ne le connais pas.	• Jean? Ich kenne ihn nicht.
recevoir [ʀəs(ə)vwaʀ]	**empfangen**
• recevoir qn à dîner	• (einen Gast) zum Abendessen haben
• Ce soir, nous recevons des amis.	• Heute Abend haben wir Freunde zu Besuch.
prendre un pot [pʀɑ̃dʀœ̃po] *(fam)*	**(zusammen) einen trinken**
• Vous pouvez aller prendre un pot avec nous.	• Ihr könnt mit uns zusammen einen trinken gehen.
sortir avec qn [sɔʀtiʀ] + *être (fam)*	**mit jdm gehen** *(eng befreundet sein)*
• Sylvie sort avec Michel.	• Sylvie geht mit Michel.
embrasser [ɑ̃bʀase]	**küssen, umarmen**
• Sandrine a embrassé Fabrice sur la bouche.	• Sandrine hat Fabrice auf den Mund geküsst.
l'**amitié** *f* [amitje]	**Freundschaft**
• Notre amitié dure depuis plus de dix ans.	• Wir sind seit über zehn Jahren befreundet.
le **rapport (avec qn)** [ʀapɔʀ]	**Beziehung (zu jdm), Verhältnis (zu jdm)**
• Leurs rapports ne sont pas très bons.	• Ihr Verhältnis ist nicht sehr gut.
la **relation** [ʀ(ə)lasjɔ̃]	**Beziehung, Verhältnis**
• Ils ont de bonnes relations.	• Sie haben gute Beziehungen.
fréquenter qn [fʀekɑ̃te]	**jdn (häufig) besuchen, mit jdm verkehren**
• Elle fréquente un couple d'artistes.	• Sie verkehrt häufig mit einem Künstlerpaar.
accompagner [akɔ̃paɲe]	**begleiten**
• Elle accompagne sa fille à l'école.	• Sie begleitet ihre Tochter zur Schule.
se joindre à qn [səʒwɛ̃dʀ]	**sich jdm anschließen, sich zu jdm gesellen**
• Voulez-vous vous joindre à nous ?	• Möchten Sie sich/Möchtet ihr euch uns anschließen?
emmener [ɑ̃m(ə)ne]	**mitnehmen**
• Il l'emmène à l'arrêt de bus.	• Er bringt sie zur Bushaltestelle.
amener [am(ə)ne]	**(mit)bringen**
• Elle a amené ses enfants au travail.	• Sie hat ihre Kinder zur Arbeit mitgebracht.
ramener [ʀamne]	**zurückbringen, zurückfahren**
• Vous pouvez me ramener chez moi ?	• Können Sie/Könnt ihr mich zurück nach Hause fahren?

Liebesbeziehungen

flirter avec qn [flœʀte] • Elle flirte avec son voisin.	**mit jdm flirten** • Sie flirtet mit ihrem Nachbar.
draguer qn [dʀage] *(fam)* • Il drague toutes les filles.	**jdn anmachen** • Er baggert alle Mädchen an.
rencontrer qn [ʀɑ̃kɔ̃tʀe] • Ils se sont rencontrés à une fête.	**jdn kennenlernen** • Sie haben sich bei einer Feier kennengelernt.
amoureux, -euse [amuʀø, øz] • être amoureux de qn • tomber amoureux de qn • Ils sont très amoureux tous les deux.	**verliebt** • in jdn verliebt sein • sich in jdn verlieben • Sie sind alle beide sehr verliebt.
le **baiser** [beze] • Il lui fait un baiser sur la bouche.	**Kuss** • Er gibt ihr einen Kuss auf den Mund.
l'**amour** *m* [amuʀ] • faire l'amour avec qn • Ils n'ont jamais fait l'amour ensemble !	**Liebe** • mit jdm schlafen • Sie haben noch kein einziges Mal miteinander geschlafen!
l'**amoureux** *m*, l'**amoureuse** *f* [amuʀø, øz] • Elle part en voyage avec son amoureux.	**Verliebte(r)** • Sie verreist mit ihrem Freund.
le **coup de foudre** [kud(ə)fudʀ] • Ça a été le coup de foudre !	**Liebe auf den ersten Blick** • Es war Liebe auf den ersten Blick!
le **compagnon** [kɔ̃paɲɔ̃] • Elle est venue avec son compagnon.	**Lebensgefährte, Lebens(abschnitts)partner** • Sie ist mit ihrem Partner gekommen.
la **compagne** [kɔ̃paɲ] • Il vit avec sa nouvelle compagne depuis deux mois.	**Lebensgefährtin, Lebens(abschnitts)partnerin** • Er lebt seit zwei Monaten mit seiner neuen Partnerin zusammen.
l'**amant** *m*, l'**amante** *f* [amɑ̃, ɑ̃t] • Elle a un amant !	**Geliebte(r), Liebhaber(in)** • Sie hat einen Geliebten!
séduire [sedɥiʀ] • Il s'est laissé séduire.	**verführen** • Er hat sich verführen lassen.
la **contraception** [kɔ̃tʀasɛpsjɔ̃] • le moyen de contraception • Quelle contraception utilises-tu ?	**Verhütung** • Verhütungsmittel • Wie verhütest du?
la **pilule** [pilyl] • arrêter de prendre la pilule • Elle prend déjà la pilule.	**(Antibaby)pille** • die Pille absetzen • Sie nimmt schon die Pille.
le **préservatif** [pʀezɛʀvatif] • Il a acheté des préservatifs.	**Kondom, Präservativ** • Er hat Kondome gekauft.

enceinte [ɑ̃sɛ̃t]	**schwanger**
• être enceinte de six mois	• im 6. Monat schwanger sein
• tomber enceinte	• schwanger werden
• Elle est ravie d'être enceinte.	• Sie freut sich sehr, schwanger zu sein.
attendre un enfant [atɑ̃dʀœ̃nɑ̃fɑ̃]	**ein Kind erwarten**
• Elle attend un enfant pour avril.	• Sie erwartet im April ein Kind.
la **grossesse** [ɡʀosɛs]	**Schwangerschaft**
• Elle a eu une grossesse difficile.	• Sie hat eine schwierige Schwangerschaft gehabt.
quitter [kite]	**verlassen**
• Il l'a quittée pour une autre femme.	• Er hat sie für eine andere Frau verlassen.
s'en aller [sɑ̃nale]	**weggehen**
• S'il continue, elle va s'en aller.	• Wenn das so weitergeht, wird sie fortgehen.
rompre avec qn [ʀɔ̃pʀavɛk]	**sich von jdm trennen**
• Elle a rompu avec son mari.	• Sie hat sich von ihrem Mann getrennt.

14

Sozialverhalten

Kommunikation

Reden, Fragen und Antworten

parler [paʀle]	**sprechen**
• parler à qn	• mit/zu jdm sprechen
• parler de qn/qc	• über jdn/etw sprechen
• Je voudrais te parler.	• Ich möchte mit dir reden.
dire [diʀ]	**sagen**
• dire à qn que ...	• jdm sagen, dass ...
• dire qc haut et fort	• etw laut und deutlich sagen
• Dis-moi la vérité !	• Sag mir die Wahrheit!
raconter [ʀakɔ̃te]	**erzählen**
• raconter qc à qn	• jdm etw erzählen
• Il raconte une histoire aux enfants.	• Er erzählt den Kindern eine Geschichte.
répéter [ʀepete]	**wiederholen**
• Vous pouvez répéter la phrase ?	• Können Sie den Satz wiederholen?
appeler [aple]	**rufen, anrufen**
• Je dois appeler tes parents.	• Ich muss deine Eltern anrufen.
prononcer [pʀɔnɔ̃se]	**aussprechen**
• Comment ça se prononce ?	• Wie spricht man das aus?
la **question** [kɛstjɔ̃]	**Frage**
• C'est une bonne question.	• Das ist eine gute Frage.

demander [d(ə)mɑ̃de]	**fragen**
• demander à qn si...	• jdn fragen, ob ...
• Demande à ton père!	• Frag deinen Vater!
la **réponse** [ʀepɔ̃s]	**Antwort**
• La réponse est fausse.	• Die Antwort ist falsch.
répondre [ʀepɔ̃dʀ]	**antworten**
• répondre à qn	• jdm antworten
• répondre à une question	• eine Frage beantworten
• Qu'est-ce qu'il t'a répondu?	• Was hat er dir geantwortet?
Eh bien, ... [ebjɛ̃]	**Nun, ...**
• Eh bien, je ne sais pas.	• Nun, ich weiß nicht.
Eh oui! [e'wi]	**Nun ja!, In der Tat!**
• Eh oui, c'est ça la vie!	• Nun ja, so ist das Leben.
Hé! ['e]	**He!**
• Hé, écoute moi!	• He, hör mir zu!
..., hein? ['ɛ̃] *(fam)*	**..., nicht?; ..., ja?; ..., nicht wahr?**
• Ça te fait rire, hein?	• Das bringt dich zum Lachen, oder?
si [si]	**doch**
• Il ne t'a pas encore appelé? - Si!	• Hat er dich noch nicht angerufen? - Doch!
la **parole** [paʀɔl]	**Wort**
• Je serai à l'heure cette fois, je te donne ma parole.	• Ich gebe dir mein Wort, diesmal werde ich pünktlich sein.
la **conversation** [kɔ̃vɛʀsasjɔ̃]	**Gespräch**
• C'est une conversation très intéressante.	• Das ist ein sehr interessantes Gespräch.
la **discussion** [diskysjɔ̃]	**Gespräch, Diskussion**
• Ils ont eu une longue discussion.	• Sie hatten ein langes Gespräch.
discuter [diskyte]	**diskutieren**
• discuter de qc	• sich über etw unterhalten, etw besprechen
• Il faut en discuter.	• Wir müssen das besprechen.
bavarder [bavaʀde]	**reden, schwatzen**
• Sa fille bavarde trop en classe.	• Seine/Ihre Tochter schwätzt zu viel während des Unterrichts.
promettre [pʀɔmɛtʀ]	**versprechen, zusichern**
• promettre qc à qn	• jdm etw versprechen
• Elle lui a promis d'arrêter de fumer.	• Sie hat ihm versprochen mit dem Rauchen aufzuhören.
rappeler qc à qn [ʀap(ə)le]	**jdn an etw erinnern**
• Il lui a rappelé les règles de notre club de sport.	• Er hat ihn/sie an die Regeln unseres Sportclubs erinnert.
le **dialogue** [djalɔg]	**Dialog**
• Le dialogue entre eux est vraiment difficile.	• Der Dialog zwischen ihnen ist wirklich schwierig.

la remarque [ʀ(ə)maʀk]	**Bemerkung**
• Son père lui a fait une remarque désagréable.	• Sein/Ihr Vater hat sich ihm/ihr gegenüber eine unschöne Bemerkung erlaubt.
ajouter [aʒute]	**ergänzen, hinzufügen**
• Quelqu'un veut ajouter quelque chose ?	• Möchte jemand etwas hinzufügen?
déclarer [deklaʀe]	**erklären**
• Elle a déclaré qu'elle ne viendrait pas.	• Sie hat erklärt, dass sie nicht kommen würde.
à propos de [apʀɔpodə]	**bezüglich, in Bezug auf**
• Je voudrais vous parler à propos de ma facture.	• Ich möchte mit Ihnen über meine Rechnung reden.
s'exprimer [sɛkspʀime]	**sich ausdrücken**
• Il s'exprime mal.	• Er drückt sich schlecht aus.
prévenir [pʀev(ə)niʀ]	**benachrichtigen, Bescheid sagen**
• Il faut prévenir la police.	• Man muss die Polizei benachrichtigen.
avertir [avɛʀtiʀ]	**warnen; benachrichtigen**
• L'école a averti les parents.	• Die Schule hat die Eltern benachrichtigt.
tutoyer [tytwaje]	**duzen**
• On se tutoie ?	• Duzen wir uns?
vouvoyer [vuvwaje]	**siezen**
• Ils ne se connaissent pas, alors ils se vouvoient.	• Sie kennen sich nicht, also siezen sie sich.
affirmer [afiʀme]	**behaupten, versichern**
• Je trouve cela cher, mais le vendeur affirme le contraire.	• Ich finde es teuer, aber der Verkäufer behauptet das Gegenteil.
insister [ɛ̃siste]	**nicht nachgeben, darauf bestehen**
• insister sur qc	• etw betonen, auf etw beharren
• Insiste auprès de lui pour qu'il vienne ce soir !	• Besteh darauf, dass er heute Abend kommt!
renseigner [ʀɑ̃seɲe]	**informieren, Auskunft geben**
• À l'office du tourisme, la dame nous renseigne sur les excursions.	• Im Fremdenverkehrsamt informiert uns die Frau über Ausflüge.
indiquer [ɛ̃dike]	**erklären, sagen**
• Vous pouvez m'indiquer le chemin ?	• Können Sie mir den Weg erklären?

Entschuldigen, Bedauern und Trösten

désolé, e [dezɔle]	**untröstlich**
• (Je suis) désolé !	• (Es) tut mir leid!
Dommage ! [dɔmaʒ]	**Schade!**
l'excuse *f* [ɛkskyz]	**Entschuldigung**
• J'accepte vos excuses.	• Ich nehme Ihre/eure Entschuldigungen an.

excuser [ɛkskyze]	**entschuldigen**
• s'excuser de qc	• sich für etw entschuldigen
• Excuse-moi!/Excusez-moi!	• Entschuldige!/Entschuldigen Sie!
pardonner [paʀdɔne]	**verzeihen**
• Tu me pardonnes?	• Verzeihst du mir?
Pardon! [paʀdɔ̃]	**Verzeihung!, Entschuldigung!**
De rien! [dəʀjɛ̃]	**Keine Ursache!**

rassurer [ʀasyʀe]	**beruhigen**
• Rassurez-vous, il ne s'est rien passé.	• Beruhigen Sie sich, es ist nichts passiert.
regretter [ʀ(ə)gʀete]	**bedauern**
• Je regrette ma réaction.	• Ich bedauere meine Reaktion.
malheureusement [maløʀøzmɑ̃]	**leider**
• Ils ne peuvent malheureusement pas venir.	• Sie können leider nicht kommen.
la **pitié** [pitje]	**Mitleid**
• J'ai vraiment pitié de mon frère.	• Ich habe wirklich Mitleid mit meinem Bruder.
le, la **pauvre** [povʀ]	**Arme(r, s)**
• Ah, le pauvre!	• Ach, der Arme!
consoler [kɔ̃sɔle]	**trösten**
• Je vais essayer de le consoler.	• Ich werde versuchen, ihn zu trösten.
réconforter [ʀekɔ̃fɔʀte]	**trösten**
• Cela m'a réconforté un peu.	• Das hat mich etwas getröstet.
Hélas! [elɑs]	**Leider!**
Tant pis! [tɑ̃pi]	**Da kann man nichts machen!, Halb so schlimm!**
• Tant pis pour toi!	• Selber schuld!, Pech für dich!
Tant mieux! [tɑ̃mjø]	**Umso besser!**

Erlaubnis und Verbot

laisser [lese]	**lassen**
• laisser qn faire qc	• jdn etw tun lassen, jdm gestatten etw zu tun
• Son père ne la laisse pas conduire la voiture.	• Ihr Vater lässt sie nicht mit dem Auto fahren.
s'il vous plaît [silvuplɛ], **s'il te plaît** [siltəplɛ]	**bitte**
• Ne soyez pas si bruyants, s'il vous plaît!	• Bitte seid nicht so laut!
permettre [pɛʀmɛtʀ]	**erlauben**
• permettre à qn de faire qc	• jdm erlauben etw zu tun
• Je ne vous permets pas d'utiliser mes affaires!	• Ich erlaube euch/Ihnen nicht, meine Sachen zu benutzen!
avoir le droit de faire qc [avwaʀlədʀwa]	**das Recht haben etw zu tun**
• Vous n'avez pas le droit d'entrer!	• Sie haben/Ihr habt nicht das Recht, einzutreten!

interdire [ɛ̃tɛʀdiʀ]	**verbieten**
· il est interdit de...	· es ist verboten zu ...
· Je vous interdis de dire cela !	· Ich verbiete Ihnen, so etwas zu sagen!
Défense de... [defɑ̃sdə]	**... verboten**
· Défense de fumer dans les couloirs de l'immeuble !	· Das Rauchen auf den Fluren des Gebäudes ist verboten!
empêcher [ɑ̃peʃe]	**verhindern**
· empêcher qn de faire qc	· jdn daran hindern etw zu tun
· Il l'a empêché de mettre fin à ses jours !	· Er hat ihn daran gehindert, sich das Leben zu nehmen.
autoriser [otoʀize]	**erlauben**
· autoriser qn à faire qc	· jdm erlauben etw zu tun
· Ma mère m'autorise à inviter des amis.	· Meine Mutter erlaubt mir, Freunde einzuladen.

15

Vorschläge und Ratschläge

l'idée *f* [ide]	**Idee**
· avoir une bonne idée	· eine gute Idee haben
· Quelle drôle d'idée !	· Was für eine komische Idee!
proposer [pʀɔpoze]	**vorschlagen**
· proposer qc à qn	· jdm etw vorschlagen
· proposer à qn de faire qc	· jdm vorschlagen etw zu tun
· Ils ne m'ont rien proposé du tout.	· Sie haben mir überhaupt nichts vorgeschlagen.
conseiller [kɔ̃seje]	**raten, empfehlen**
· conseiller qc à qn	· jdm etw raten/empfehlen
· conseiller qn dans qc	· jdn bei etw beraten
· J'ai conseillé à Michèle de postuler pour ce poste.	· Ich habe Michèle geraten, sich auf diese Stelle zu bewerben.
le conseil [kɔ̃sɛj]	**Rat(schlag)**
· donner un conseil à qn	· jdm einen Rat geben
· Je n'ai pas besoin de tes conseils.	· Ich brauche deine Ratschläge nicht.
mieux [mjø]	**besser, am besten**
· le mieux, c'est de faire...	· es ist am besten ... zu tun
· il vaut/vaudrait mieux que + *subj*	· es ist/wäre besser, wenn/dass
· J'arriverai mieux à lui parler devant un bon repas.	· Vor einem guten Essen wird es mir eher gelingen, mit ihm/ihr zu reden.

Die 2. Person Plural von **interdire** lautet **vous interdisez** *(ihr verbietet)* (im Gegensatz zu **dire - vous dites** *(ihr sagt)*).

recommander [ʀ(ə)kɔmɑ̃de]	**empfehlen**
• recommander qc à qn	• jdm etw empfehlen
• Qu'est-ce que vous pouvez me recommander ?	• Was können Sie/könnt ihr mir empfehlen?
suggérer [sygʒeʀe]	**vorschlagen**
• Je lui ai suggéré d'être plus diplomate avec les autres.	• Ich habe ihm vorgeschlagen, (anderen gegenüber) diplomatischer zu sein.
déconseiller [dekɔ̃seje]	**abraten**
• déconseiller qc à qn	• jdm von etw abraten
• Ils nous ont déconseillé de lui parler de cette histoire.	• Sie haben uns davon abgeraten, ihm/ihr von der Sache zu erzählen.
à votre place [avotʀ(ə)plas]	**an Ihrer Stelle**
• À votre place, je n'irais pas à ce rendez-vous.	• An Ihrer Stelle ginge ich nicht zu dieser Verabredung.

Ärger

crier [kʀije]	**schreien**
• Elle était en colère, elle a crié.	• Sie war wütend, sie hat geschrien.
hurler [ˊyʀle]	**schreien, brüllen**
• Ne hurle pas comme cela !	• Brüll nicht so!
le **problème** [pʀɔblɛm]	**Problem**
• Cela pose un problème.	• Das ist ein Problem.
Mince !, Mince alors ! [mɛ̃s(alɔʀ)] *(fam)*	**Mist!, Verflixt noch mal!**
Merde ! [mɛʀd] *(vulg)*	**Scheiße!, Verdammt!**
Oh là là ! [olala]	**Oh weh!**
Ça suffit ! [sasyfi]	**Es reicht!**
se disputer [sədispyte]	**sich streiten**
• Ils se disputent tout le temps.	• Sie streiten sich ständig.
énerver [enɛʀve]	**aufregen, auf die Nerven gehen**
• Ça m'énerve !	• Das nervt mich!, Das geht mir auf die Nerven!
s'énerver [senɛʀve]	**sich aufregen**
• Mon père s'énerve vite.	• Mein Vater regt sich schnell auf.
embêter [ɑ̃bete] *(fam)*	**nerven**
• Tu m'embêtes !	• Du nervst mich!
Mon Dieu, ... [mɔ̃djø]	**Mein Gott ..., Oh Gott ...**
• Mon Dieu, il a encore fait une grosse bourde !	• Mein Gott, er hat sich schon wieder einen großen Patzer erlaubt!
gronder [gʀɔ̃de]	**ausschimpfen**
• gronder un enfant	• ein Kind zurechtweisen
• Il se fait souvent gronder.	• Er wird oft ausgeschimpft.

en avoir assez de qn/qc [ɑ̃navwaʀase] • J'en ai assez de tes bêtises!	**von jdm/etw genug haben** • Jetzt habe ich aber genug von deinen Dummheiten!
en avoir marre [ɑ̃navwaʀmaʀ] *(fam)* • en avoir marre de qn/qc • J'en ai marre de toi!	**die Nase voll haben** • jdn/etw satt haben • Ich habe die Nase voll von dir!
le **ras-le-bol** [ʀɑl(ə)bɔl] *inv (fam)* • en avoir ras-le-bol de qc • Ras-le-bol!	**Überdruss** • von etw die Nase/Schnauze voll haben • Mir reicht's!
insupportable [ɛ̃sypɔʀtabl] • C'est insupportable!	**unerträglich** • Das ist unerträglich!
se plaindre [səplɛ̃dʀ] • se plaindre de qc/qn • J'irai me plaindre auprès des organisateurs.	**sich beklagen, jammern** • sich über etw/jdn beklagen, über etw/jdn klagen • Ich werde mich bei den Organisatoren beschweren.
Zut! [zyt] *(fam)*	**Verflixt!, Verdammt!**
soupirer [supiʀe] • Il soupire tout le temps aujourd'hui !	**seufzen** • Er seufzt heute die ganze Zeit!
jurer [ʒyʀe] • Il s'énerve vite et jure pour un rien.	**fluchen** • Er ist schnell genervt und flucht (dann) ohne Grund.
le **juron** [ʒyʀɔ̃] • Il connaît beaucoup de jurons.	**Fluch** • Er kennt viele Flüche.
le **gros mot** [gʀomo] • Je ne veux plus entendre ce gros mot !	**Schimpfwort** • Ich will dieses Schimpfwort nicht mehr hören!
casser les pieds à qn [kɑselepje] *(fam)* • Tu me casses les pieds avec tes histoires !	**jdm auf die Nerven gehen** • Du gehst mir auf die Nerven mit deinen Geschichten!
la **dispute** [dispyt] • Après notre dispute, Pierre a pris la voiture et est parti.	**Streit** • Nach unserem Streit ist Pierre mit dem Auto davongefahren.
la **scène de ménage** [sɛndəmenaʒ] • Hier, il m'a fait une scène de ménage.	**Ehestreit** • Gestern hat er einen Ehekrach vom Zaun gebrochen.
contredire qn [kɔ̃tʀədiʀ] • Mon mari me contredit tout le temps.	**jdm widersprechen** • Mein Mann widerspricht mir ständig.
injurier [ɛ̃ʒyʀje] • Il a injurié sa femme.	**beleidigen, beschimpfen** • Er hat seine Frau beleidigt.
l'**injure** *f* [ɛ̃ʒyʀ] • Virginie ne supporte plus ses injures.	**Beleidigung, Beschimpfung** • Virginie kann seine Beleidigungen nicht mehr ertragen.
l'**insulte** *f* [ɛ̃sylt] • C'est une insulte très grossière.	**Beleidigung** • Das ist eine derbe Beleidigung.

insulter [ɛ̃sylte] • Ne m'insultez pas !	**beleidigen, beschimpfen** • Beleidigen Sie mich nicht!

Zustimmung und Einschränkung

oui [ˈwi] • Il a dit oui à ma proposition.	**ja** • Er hat zu meinem Vorschlag Ja gesagt.
l'accord *m* [akɔʀ] • donner son accord à qn • être d'accord avec qn • (C'est) d'accord !	**Einverständnis, Zustimmung** • jdm seine Zustimmung geben • mit jdm einverstanden sein • Einverstanden!, In Ordnung!
Bien sûr ! [bjɛ̃syʀ]	**Sicher!, Na klar!, Selbstverständlich!**
C'est ça. [sɛsa]	**Genau!, Das stimmt!**
non [nɔ̃] • Ah non, alors ! • Moi non plus.	**nein** • Also wirklich! • Ich auch nicht.
(ne...) pas du tout [pɑdytu] • Il n'aime pas du tout qu'on le dérange le soir.	**überhaupt nicht** • Er mag es überhaupt nicht, wenn man ihn abends stört.
Pas question ! [pɑkɛstjɔ̃]	**Kommt nicht infrage!**
Bof ! [bɔf] *(fam)*	**Na ja!**
mais [mɛ] • Je voudrais lui dire la vérité, mais j'ai peur de le blesser.	**aber** • Ich würde ihm gern die Wahrheit sagen, aber ich habe Angst, ihn zu verletzen.
seulement... [sœlmɑ̃] • Seulement, qu'est-ce que je vais faire, moi ?	**nur ..., bloß ...** • Was werde ich bloß tun?
volontiers [vɔlɔ̃tje] • J'irai volontiers déjeuner avec vous.	**gern(e)** • Ich gehe sehr gern mit Ihnen/euch zu Mittag essen.
naturellement [natyʀɛlmɑ̃] • Naturellement, vous avez raison.	**natürlich** • Natürlich haben Sie Recht.
évidemment [evidamɑ̃] • Évidemment, ils ne se parlent plus.	**natürlich, klar** • Es ist klar, dass sie nicht mehr miteinander reden.
sûrement [syʀmɑ̃] • Il ne viendra sûrement pas.	**sicher** • Er wird sicher nicht kommen.
certainement [sɛʀtɛnmɑ̃] • Il s'est certainement excusé.	**gewiss, sicher** • Er hat sich gewiss entschuldigt.
accepter [aksɛpte] • accepter de faire qc • Oui, j'accepte votre offre.	**akzeptieren** • damit einverstanden sein etw zu tun • Ja, ich nehme euer/Ihr Angebot an.
pourtant [puʀtɑ̃] • Pourtant, il avait dit le contraire.	**dennoch, (und ...) doch** • Dennoch hatte er das Gegenteil gesagt.

sauf [sof]	**außer**
• Je supporte tout sauf son humour !	• Ich ertrage alles außer seinen/ihren Humor!
par contre [paʀkɔ̃tʀ]	**dagegen, hingegen**
• Par contre, elle, elle n'est pas du même avis.	• Sie hingegen ist nicht derselben Meinung.
absolument [apsɔlymɑ̃]	**unbedingt, absolut**
• Absolument, tu as raison !	• Absolut, du hast Recht!
tout à fait [tutafɛ]	**ganz, völlig**
• Oui, tout à fait !	• Ja, genau!
sans doute [sɑ̃dut]	**wahrscheinlich**
• sans aucun doute	• zweifellos, ganz bestimmt
• Je passerai sans doute cet après-midi.	• Ich werde heute Nachmittag ganz bestimmt vorbeikommen.
effectivement [efɛktivmɑ̃]	**tatsächlich**
• Effectivement, il n'est pas toujours facile de me joindre au téléphone.	• Es ist in der Tat nicht immer ganz einfach, mich telefonisch zu erreichen.
d'ailleurs [dajœʀ]	**übrigens**
• D'ailleurs, elle m'en a parlé hier.	• Übrigens, sie hat mir gestern davon erzählt.
en fait [ɑ̃fɛt]	**in Wirklichkeit**
• En fait, je préfère ne pas les voir aujourd'hui.	• In Wirklichkeit möchte ich sie heute lieber nicht sehen.
malgré [malgʀe]	**trotz**
• Je vais l'aider malgré tout ce qu'elle m'a fait.	• Ich werde ihr helfen, trotz alledem, was sie mir angetan hat.
quand même [kɑ̃mɛm]	**trotzdem**
• Je te le dis quand même.	• Ich sage es dir trotzdem.
approuver [apʀuve]	**zustimmen, gut finden, billigen**
• Elle n'approuve pas son comportement.	• Sie billigt sein/ihr Verhalten nicht.
reconnaître [ʀ(ə)kɔnɛtʀ]	**anerkennen, zugeben**
• Vous reconnaissez votre erreur ?	• Geben Sie Ihren/Gebt ihr euren Fehler zu?
être contre [ɛtʀ(ə)kɔ̃tʀ]	**(da)gegen sein**
• Mon père est contre notre projet.	• Mein Vater ist gegen unser Vorhaben.
refuser [ʀ(ə)fyze]	**ablehnen**
• refuser de faire qc	• sich weigern etw zu tun
• Il refuse son aide.	• Er lehnt seine/ihre Hilfe ab.

16

Mögen und Nichtmögen

bien aimer [bjɛ̃neme]	**gern mögen**
• J'aime bien sortir avec eux.	• Ich gehe gern mit ihnen aus.
Bien ! [bjɛ̃]	**Gut!**
Voilà ! [vwala]	**So!, Na also!**
Ça y est ! [sajɛ]	**Das wär's!, Geschafft!**

pas mal [pamal] *(fam)* • Ce n'est pas mal pour un débutant.	**nicht schlecht** • Das ist nicht schlecht für einen Anfänger.
magnifique [maɲifik] • Merci, nous avons passé une soirée magnifique.	**herrlich, großartig** • Vielen Dank für diesen großartigen Abend!
chouette [ʃwɛt] *(fam)* • C'est vraiment chouette de ta part de m'aider.	**super, klasse** • Das ist echt toll, dass du mir hilfst.
intéressant, e [ɛ̃teʀesɑ̃, ɑ̃t] • Votre discussion était très intéressante.	**interessant** • Ihre/Eure Diskussion war sehr interessant.
Bravo! [bʀavo]	**Bravo!**
Super! [sypɛʀ] *(fam)*	**Super!, Toll!**
merci [mɛʀsi] • merci beaucoup • Merci pour le cadeau! Ça me plaît beaucoup!	**danke** • vielen Dank • Danke für das Geschenk! Es gefällt mir sehr.
détester [detɛste] • Je déteste ces discussions sans fin!	**verabscheuen, überhaupt nicht mögen** • Ich kann diese endlosen Debatten nicht ausstehen.
Beurk! [bœʀk] *(fam)*	**Igitt!**
adorer [adɔʀe] • Les jumeaux adorent se chamailler.	**sehr mögen, sehr gernhaben** • Die Zwillinge lieben es, sich zu zanken.
plaire (à qn) [plɛʀ] • Ses amis ne me plaisent pas beaucoup.	**(jdm) gefallen** • Seine/Ihre Freunde gefallen mir nicht besonders.
mal [mal] • Il a mal réagi, il aurait dû rester calme.	**schlecht** • Er hat falsch reagiert, er hätte ruhig bleiben sollen.
mauvais, e [movɛ, ɛz] • C'est vraiment une mauvaise idée!	**schlecht, böse** • Das ist wirklich keine gute Idee!
terrible [teʀibl] • Oh, mais c'est terrible!	**schrecklich, fürchterlich** • Oh, das ist aber schrecklich!
ennuyeux, -euse [ɑ̃nɥijø, jøz] • Je la trouve très ennuyeuse, elle ne dit jamais rien.	**langweilig** • Ich finde sie sehr langweilig, sie sagt nie etwas.
déranger [deʀɑ̃ʒe] • Ne pas déranger, s'il vous plaît!	**stören** • Bitte nicht stören!

Nur die Form **plaît** schreibt sich mit **î**, z. B. in **s'il vous plaît** *(bitte)*. Alle übrigen Formen von **plaire** schreiben sich mit **i**.

formidable [fɔʀmidabl]	**toll**
· Quelle idée formidable !	· Tolle Idee!
extra [ɛkstʀa] *(fam)*	**stark, super**
· C'est un jeu vraiment extra !	· Das ist ein echt starkes Spiel!
excellent, e [ɛkselɑ̃, ɑ̃t]	**ausgezeichnet, exzellent**
· Nous avons vu un film excellent.	· Wir haben einen ausgezeichneten Film gesehen.
exceptionnel, le [ɛksɛpsjɔnɛl]	**außergewöhnlich**
· C'est une personne exceptionnelle !	· Das ist ein außergewöhnlicher Mensch!
fantastique [fɑ̃tastik]	**fantastisch, toll**
· Marie m'a raconté un truc fantastique.	· Marie hat mir etwas Tolles erzählt!
Vive…! [viv]	**Es lebe(n) …!**
· Vive la révolution!	· Es lebe die Revolution!
remercier [ʀ(ə)mɛʀsje]	**danken, sich bedanken**
· remercier qn de qc	· jdm für etw danken, sich bei jdm für etw bedanken
· Je vous remercie de m'avoir invité à ce vernissage.	· Ich danke Ihnen, dass Sie mich zu dieser Vernissage eingeladen haben!
critiquer [kʀitike]	**kritisieren**
· Il critique toujours tout.	· Er kritisiert immer alles.
se moquer de qn/qc [səmɔke]	**sich über jdn/etw lustig machen**
· Vous vous moquez de moi ?	· Machen Sie sich/Macht ihr euch über mich lustig?
reprocher qc à qn [ʀ(ə)pʀɔʃe]	**jdm etw vorwerfen**
· Elle lui a reproché son comportement.	· Sie hat ihm/ihr sein/ihr Verhalten vorgeworfen.
nul, le [nyl]	**wertlos, sehr schlecht**
· Ce roman est nul.	· Dieser Roman ist sehr schlecht.
désagréable [dezagʀeabl]	**unangenehm**
· C'est un sujet désagréable.	· Das ist ein unangenehmes Thema.
féliciter [felisite]	**beglückwünschen**
· féliciter de/pour qc	· für etw loben, zu etw beglückwünschen
· Je vous félicite de votre succès !	· Ich gratuliere Ihnen zu Ihrem Erfolg!
le compliment [kɔ̃plimɑ̃]	**Kompliment**
· Aujourd'hui, il m'a fait un compliment.	· Heute hat er mir ein Kompliment gemacht.
le prodige [pʀɔdiʒ]	**Genie**
· Cet enfant est un prodige !	· Das ist ein Wunderkind!
positif, -ive [pozitif, iv]	**positiv**
· Ton avis n'est pas très positif.	· Du hast ja nicht gerade eine positive Meinung dazu.
utile [ytil]	**nützlich**
· Vos conseils me sont toujours très utiles.	· Ihre/eure Ratschläge sind immer sehr hilfreich für mich.

réussi, e [Reysi]	**gelungen**
• Le dîner était très réussi.	• Das war ein gelungenes Abendessen.
idéal, e [ideal]	**ideal**
• Cette solution est idéale.	• Das ist die ideale Lösung.
exemplaire [ɛgzɑ̃plɛR]	**exemplarisch, beispielhaft**
• Il s'est comporté de manière exemplaire.	• Er hat sich vorbildlich verhalten.
le **remerciement** [R(ə)mɛRsimɑ̃]	**Dank**
• Je vous adresse tous mes remerciements pour cet accueil très chaleureux.	• Ich danke Ihnen/euch vielmals für diesen äußerst herzlichen Empfang.
le **tort** [tɔR]	**Unrecht, Fehler**
• avoir tort	• Unrecht haben, sich irren
• avoir tort de faire qc	• zu Unrecht etw tun
• donner tort à qn	• jdm Unrecht/nicht Recht geben
• Il est difficile de savoir qui avait tort dans cette histoire.	• Es ist schwer zu sagen, wer bei dieser Geschichte im Unrecht war.
négatif, -ive [negatif, iv]	**negativ**
• Son comportement est très négatif.	• Er verhält sich äußerst negativ.
incompétent, e [ɛ̃kɔ̃petɑ̃, ɑ̃t]	**inkompetent**
• Ce jardinier est incompétent.	• Dieser Gärtner ist unfähig.

Stellungnahme und Bewertung

l'**avantage** *m* [avɑ̃taʒ]	**Vorteil**
• Quels sont les avantages pour moi ?	• Welches sind die Vorteile für mich?
vrai, e [vRɛ]	**wahr, richtig**
• Vrai ou faux ?	• Richtig oder falsch?
sûr, e [syR]	**sicher, gewiss**
• être sûr de qc	• sich einer Sache sicher sein
• J'en suis sûr.	• Ich bin mir sicher.
certain, e [sɛRtɛ̃, ɛn]	**sicher**
• être certain que...	• sicher sein, dass ...
• Avec vous, on ne peut être certain de rien.	• Bei euch/Ihnen kann man sich überhaupt nicht sicher sein.
étonnant, e [etɔnɑ̃, ɑ̃t]	**erstaunlich**
• Ce qui nous arrive est vraiment étonnant.	• Was uns passiert, ist wirklich erstaunlich!
l'**avis** *m* [avi]	**Meinung**
• à mon avis	• meiner Meinung nach
• Je ne suis pas de ton avis.	• Ich bin nicht deiner Meinung.
le **point de vue** [pwɛ̃d(ə)vy]	**Standpunkt, Gesichtspunkt**
• Tu as ton point de vue, j'ai le mien.	• Du hast deinen Standpunkt und ich meinen!
la **position** [pozisjɔ̃]	**Position**
• Ils ont des positions opposées.	• Sie haben entgegengesetzte Positionen.

d'après ... [daprɛ]	**nach ..., ... zufolge**
• d'après moi	• meiner Meinung nach
• D'après ce que tu me dis, les choses ont l'air d'avancer.	• Nachdem, was du mir sagst, scheinen die Dinge voranzukommen.
d'une part..., d'autre part... [dynpaʀdotʀ(ə)paʀ]	**einerseits ..., andererseits ...**
• D'une part, ce n'est pas cher, d'autre part, nous n'en avons pas besoin.	• Einerseits ist es nicht teuer, andererseits brauchen wir es nicht.
penser [pɑ̃se]	**denken, glauben**
• Je pense que tu parviendras à ton but en faisant quelques efforts.	• Ich glaube, dass du dein Ziel erreichen wirst, wenn du dir noch ein bisschen Mühe gibst.
croire [kʀwaʀ]	**glauben**
• Je ne vous crois pas.	• Ich glaube Ihnen/euch nicht.
trouver [tʀuve]	**finden**
• C'est un sujet que je trouve passionnant.	• Es ist ein Thema, das ich faszinierend finde.
étonner [etɔne]	**überraschen, erstaunen**
• Tu m'étonnes!	• Was du nicht sagst!
s'étonner (de qc) [setɔne]	**sich (über etw) wundern**
• Je m'étonne de te voir aujourd'hui.	• Ich wundere mich, dich heute zu sehen.
préférer [pʀefeʀe]	**vorziehen, lieber mögen**
• préférer faire qc	• vorziehen etw zu tun, etw lieber tun
• Je préfère ne pas y aller.	• Ich ziehe es vor, nicht hinzugehen.
important, e [ɛ̃pɔʀtɑ̃, ɑ̃t]	**wichtig**
• J'ai un message important pour vous.	• Ich habe eine wichtige Nachricht für euch/Sie.
grave [gʀav]	**schlimm**
• Ce n'est pas grave.	• Das ist nicht schlimm./Das macht nichts.
juger [ʒyʒe]	**beurteilen**
• juger que...	• der Meinung sein, dass ...
• Elle le juge durement.	• Sie beurteilt ihn streng.
considérer [kɔ̃sideʀe]	**bedenken**
• considérer que...	• finden/der Meinung sein, dass ...
• Je vais considérer la chose.	• Ich werde die Sache überdenken.
l'impression *f* [ɛ̃pʀesjɔ̃]	**Eindruck**
• avoir l'impression que...	• den Eindruck haben, dass ...
• Ton ami a fait bonne impression.	• Dein Freund hat einen guten Eindruck hinterlassen.
l'aspect *m* [aspɛ]	**Aspekt, Gesichtspunkt**
• Nous tentons de considérer tous les aspects du problème.	• Wir versuchen alle Seiten des Problems zu berücksichtigen.
clair, e [klɛʀ]	**klar**
• Pour moi, cette affaire est claire.	• Für mich ist die Sache klar.

simple [sɛ̃pl]	**einfach, leicht**
• Ce n'est pas si simple de concilier vie professionnelle et vie privée.	• Es ist nicht so einfach, Privat- und Berufsleben miteinander zu vereinbaren.
faciliter [fasilite]	**erleichtern**
• Vous ne me facilitez pas la tâche !	• Sie machen/Ihr macht mir die Aufgabe nicht gerade leichter!
nécessaire [nesesɛʀ]	**nötig, notwendig**
• Il n'est pas nécessaire de tout reprendre à zéro.	• Es ist nicht notwendig, wieder bei null anzufangen.
normal, e [nɔʀmal]	**normal**
• Tout me semble normal.	• Alles erscheint mir normal.
suffisant, e [syfizɑ̃, ɑ̃t]	**genug, ausreichend**
• Je crains que tes excuses ne soient pas suffisantes.	• Ich fürchte deine Entschuldigungen reichen nicht aus.
suffisamment [syfizamɑ̃]	**genug**
• Tu ne t'exerces pas suffisamment.	• Du trainierst nicht genug.
heureusement [øʀøzmɑ̃]	**glücklicherweise**
• Heureusement, Lucie avait pensé à tout.	• Zum Glück hatte Lucie an alles gedacht.
intelligemment [ɛ̃teliʒamɑ̃]	**intelligent, auf intelligente Weise**
• Essaie de t'occuper intelligemment !	• Versuche dich auf kluge Weise zu beschäftigen.
principal, e [pʀɛ̃sipal]	**wichtigste(s, r)**
• C'est le principal.	• Das ist das Wichtigste.
• Son principal défaut, c'est la paresse.	• Seine/Ihre größte Schwäche ist seine/ihre Faulheit.

Aufforderungen und Wünsche

vouloir [vulwaʀ]	**wollen; mögen**
• je voudrais (que + *subj*) ...	• ich möchte (, dass) ...
• vouloir faire qc	• etw tun wollen
• Je veux te voir demain à huit heures devant le stade.	• Ich will dich morgen um acht Uhr vor dem Stadion sehen!
aimer [eme]	**mögen**
• j'aimerais que ... + *subj*	• ich möchte, dass ...
• J'aimerais vous parler.	• Ich würde Sie gern sprechen.
désirer [deziʀe]	**wünschen**
• Je désire que vous soyez là.	• Ich wünsche, dass Sie/ihr da sind/seid.
demander [d(ə)mɑ̃de]	**bitten**
• demander qc à qn	• jdn um etw bitten
• Demande-lui de t'aider.	• Bitte ihn/sie dir zu helfen.
inviter [ɛ̃vite]	**auffordern, bitten**
• inviter qn à faire qc	• jdn auffordern/bitten etw zu tun
• Je vous invite à venir à la réunion.	• Ich bitte Sie/euch, zur Versammlung zu kommen.

pouvoir [puvwaʀ]	**können**
· Pourriez-vous... ?	· Könnten Sie bitte ...?
· Peux-tu me prêter ta voiture demain ?	· Kannst du mir morgen dein Auto leihen?
obliger [ɔbliʒe]	**zwingen, verpflichten**
· obliger qn à faire qc	· jdn zwingen etw zu tun
· Ne m'oblige pas à répéter ce que je viens de te dire !	· Zwinge mich nicht zu wiederholen, was ich dir gerade gesagt habe!
ordonner [ɔʀdɔne]	**befehlen, anordnen**
· ordonner à qn de faire qc	· jdm befehlen etw zu tun
· Il a ordonné qu'on se taise.	· Er hat angeordnet, dass wir leise sein sollen.
l'ordre *m* [ɔʀdʀ]	**Befehl**
· donner des ordres	· Befehle erteilen
· C'est un ordre !	· Das ist ein Befehl!
devoir [d(ə)vwaʀ]	**müssen**
· vous ne devez pas...	· Sie dürfen nicht ...
· Vous devez absolument vous excuser auprès de Marie.	· Sie müssen sich/Ihr müsst euch unbedingt bei Marie entschuldigen!
falloir [falwaʀ]	**brauchen, müssen**
· il faut qc (pour faire qc)	· man braucht etw (um etw zu tun)
· il faut faire qc	· man muss etw tun, es ist nötig etw zu tun
· Il faut que je vous parle.	· Ich muss mit Ihnen reden.
espérer [ɛspeʀe]	**hoffen**
· J'espère que vous allez bien.	· Ich hoffe, dass es Ihnen/euch gut geht.
rêver [ʀeve]	**träumen**
· Je rêve de faire partie de votre troupe de théâtre.	· Ich träume davon, an Ihrer/eurer Theatergruppe teilnehmen zu dürfen.

17 **Gefühle**

Angenehme Gefühle

content, e [kɔ̃tɑ̃, ɑ̃t]	**zufrieden, glücklich**
· Nous sommes contents d'apprendre que vous allez mieux.	· Es freut uns zu hören, dass es Ihnen/euch besser geht.
l'envie *f* [ɑ̃vi]	**Lust**
· avoir envie de faire qc	· Lust haben etw zu tun
· Paul n'a plus envie de jouer avec ses camarades.	· Paul hat keine Lust mehr, mit seinen Kameraden zu spielen.
rire [ʀiʀ]	**lachen**
· rire de qn/qc	· über jdn/etw lachen
· éclater de rire	· in Lachen ausbrechen
· Ses histoires me font toujours rire.	· Über seine/ihre Geschichten muss ich immer lachen.

rigoler [ʀigɔle] *(fam)* • Elle rigole de ses blagues.	**lachen; Spaß haben** • Sie lacht über seine/ihre Witze.
sourire [suʀiʀ] • Elle sourit à son père.	**lächeln** • Sie lächelt ihren Vater an.
se sentir [səsɑ̃tiʀ] • se sentir bien • Je ne me sens pas d'humeur à discuter avec vous aujourd'hui.	**sich fühlen** • sich gut/wohl fühlen • Ich habe heute keine Lust mit euch/Ihnen zu streiten.
satisfait, e [satisfɛ, ɛt] • Vous êtes satisfaits ?	**zufrieden** • Seid ihr/Sind Sie zufrieden?
heureux, -euse [øʀø, øz] • Nous sommes heureux de vous inviter à notre prochain concert.	**glücklich** • Wir freuen uns, euch/Sie auf unser nächstes Konzert einladen zu können.
le **bonheur** [bɔnœʀ] • Quel bonheur !	**Glück** • Was für ein Glück!
la **joie** [ʒwa] • C'est une grande joie de te revoir !	**Freude** • Es ist eine große Freude, dich wiederzusehen!
joyeux, -euse [ʒwajø, øz] • Le chien est joyeux de voir son maître.	**fröhlich, vergnügt** • Der Hund freut sich, sein Herrchen zu sehen.
le **plaisir** [pleziʀ] • avec plaisir • C'est un vrai plaisir de passer la journée ensemble.	**Freude, Vergnügen** • mit Vergnügen, gerne • Es ist ein echtes Vergnügen, den Tag zusammen verbringen zu können.
l'**émotion** *f* [emosjɔ̃] • Son émotion était grande.	**Aufregung, Rührung** • Seine/Ihre Aufregung war groß.
ému, e [emy] • Je suis très émue de le revoir.	**gerührt, bewegt** • Ich bin sehr gerührt, ihn wiederzusehen.
le **sentiment** [sɑ̃timɑ̃] • Il cache ses sentiments.	**Gefühl** • Er versteckt seine Gefühle.
ressentir [ʀ(ə)sɑ̃tiʀ] • Elle ressent de l'amour pour lui.	**empfinden** • Sie empfindet Liebe für ihn.
l'**état d'esprit** *m* [etadɛspʀi] • Vu son état d'esprit actuel, rien ne m'étonne !	**Einstellung** • Angesichts seiner/ihrer derzeitigen Einstellung, wundert mich gar nichts mehr!
manifester [manifɛste] • Il a manifesté sa gratitude aux personnes qui l'ont soutenu.	**äußern, zum Ausdruck bringen** • Er hat sich denjenigen gegenüber dankbar gezeigt, die ihn unterstützt haben.
toucher [tuʃe] • être touché par un compliment • Votre gentillesse me touche beaucoup.	**berühren** • durch ein Kompliment berührt sein • Ihre/Eure Freundlichkeit berührt mich sehr.

bouleverser [bulvɛʀse]	**erschüttern**
• être bouleversé	• tief bewegt sein
• Cette histoire nous a bouleversé.	• Diese Geschichte hat uns erschüttert.
étonné, e [etɔne]	**überrascht, erstaunt**
• Il était très étonné d'apprendre la nouvelle.	• Er war sehr erstaunt, als er die Neuigkeit erfuhr.
surprendre [syʀpʀɑ̃dʀ]	**überraschen**
• Vous me surprendrez toujours !	• Sie überraschen/Ihr überrascht mich immer wieder!
la **surprise** [syʀpʀiz]	**Überraschung**
• Quelle bonne surprise !	• Was für eine schöne Überraschung!
stupéfait, e [stypefɛ, ɛt]	**verblüfft**
• Je suis stupéfait de la justesse de ses propos.	• Ich bin verblüfft über seine treffenden Worte.
soulagé, e [sulaʒe]	**erleichtert**
• Sa mère est soulagée d'apprendre qu'elle va mieux.	• Seine/Ihre Mutter ist erleichtert darüber, dass es ihr besser geht.
le **soulagement** [sulaʒmɑ̃]	**Erleichterung**
• Cela vous apportera un peu de soulagement.	• Das wird Ihnen/euch etwas Erleichterung verschaffen.
Ouf ! [ˊuf]	**Uff!, Puh!**
la **satisfaction** [satisfaksjɔ̃]	**Zufriedenheit**
• Quelle satisfaction d'apprendre que ce projet pourra être réalisé !	• Was für eine Befriedigung zu erfahren, dass das Projekt in die Tat umgesetzt werden kann!
l'**espoir** *m* [ɛspwaʀ]	**Hoffnung**
• L'espoir fait vivre !	• Der Mensch lebt von der Hoffnung!
l'**espérance** *f* [ɛspeʀɑ̃s]	**Hoffnung**
• Tes résultats sont à la mesure de mes espérances.	• Deine Ergebnisse reichen an das, was ich mir erhofft hatte, heran.
la **confiance** [kɔ̃fjɑ̃s]	**Vertrauen**
• faire confiance à qn	• jdm vertrauen
• avoir confiance en qn/qc	• in jdn/etw Vertrauen haben
• Il a mérité ta confiance.	• Er hat dein Vertrauen verdient.
le **rire** [ʀiʀ]	**Lachen**
• Son rire est contagieux.	• Sein Lachen ist ansteckend.

Unangenehme Gefühle

la **peur** [pœʀ]	**Angst**
• avoir peur de qn/qc	• Angst vor jdm/etw haben
• N'aie pas peur !	• Hab keine Angst!
• Luc a peur d'aller à la piscine.	• Luc hat Angst, ins Schwimmbad zu gehen.
pleurer [plœʀe]	**weinen**
• Il ne faut pas pleurer !	• Du musst nicht weinen!

mécontent, e [mekɔ̃tɑ̃, ɑ̃t] • Il est très mécontent de s'être fait arnaquer *(fam)*.	**unzufrieden** • Er ist sehr unzufrieden, weil man ihn übers Ohr gehauen hat.
détester [detɛste] • Je déteste les adieux.	**hassen, verabscheuen** • Ich hasse Abschiede.
triste [tʀist] • Ma copine est partie, je suis triste.	**traurig** • Meine Freundin ist fort, ich bin traurig.
s'inquiéter [sɛ̃kjete] • Ne vous inquiétez pas !	**unruhig werden, sich beunruhigen** • Machen Sie sich keine Sorgen!
prendre mal qc [pʀɑ̃dʀmal] • Il a mal pris la nouvelle.	**etw schlecht aufnehmen** • Er hat die Nachricht sehr schlecht aufgenommen.
gêné, e [ʒene] • Je ne les connaissais pas, j'étais un peu gênée.	**verlegen, betreten** • Ich kannte sie nicht, ich war etwas verlegen.
la **honte** ['ɔ̃t] • avoir honte de qn/qc • Quelle honte !	**Scham, Schande** • sich für jdn/etw schämen • Was für eine Schande!
déçu, e [desy] • Je suis déçu de votre réponse.	**enttäuscht** • Ich bin enttäuscht über Ihre Antwort.
craindre [kʀɛ̃dʀ] • Elle craint de lui avoir fait beaucoup de peine.	**fürchten** • Sie fürchtet, ihm/ihr großen Kummer bereitet zu haben.
la **colère** [kɔlɛʀ] • se mettre en colère • être en colère • Il ne montrait pas sa colère.	**Wut, Ärger** • in Wut geraten • wütend sein • Er zeigte seine Wut nicht.
vexé, e [vɛkse] • Elle est vraiment vexée.	**beleidigt, gekränkt** • Sie ist wirklich beleidigt.
malheureux, -euse [malørø, øz] • Cela le rend malheureux.	**unglücklich** • Das macht ihn unglücklich.
le **malheur** [malœʀ] • Quel malheur !	**Unglück** • Was für ein Unglück!
souffrir [sufʀiʀ] • souffrir de qc • Il souffre parce qu'il a perdu sa femme.	**leiden** • unter etw leiden • Er leidet, weil er seine Frau verloren hat.

Nach **craindre que** stehen immer **ne** und der **Subjonctif**: *Ich befürchte, dass sie zu spät kommt.* – **Je crains qu'elle n'arrive en retard.**

se fâcher [səfɑʃe]	**sich ärgern**
• Depuis qu'il a arrêté de fumer, il se fâche pour un rien.	• Seit er aufgehört hat zu rauchen, regt er sich über jedes kleine Bisschen auf.
en vouloir à qn [ɑ̃vulwaʀ]	**jdm böse sein, jdm etwas übel nehmen**
• Tu m'en veux encore?	• Bist du mir noch böse?

Verhalten

le **comportement** [kɔ̃pɔʀtəmɑ̃]	**Verhalten**
• Son comportement est intolérable.	• Sein Verhalten ist nicht tolerierbar.
se comporter [səkɔ̃pɔʀte]	**sich verhalten**
• Il se comporte comme un bébé.	• Er verhält sich wie ein Baby.
faire [fɛʀ]	**machen, tun**
• faire semblant de	• so tun, als ob
• faire faire qc à qn	• jdn etw tun lassen; jdn veranlassen etw zu tun
• André fait souvent le clown.	• André spielt oft den Clown.
donner (qc à qn) [dɔne]	**(jdm etw) geben**
• Il m'a donné sa parole qu'il n'était pour rien dans cette affaire.	• Er hat mir sein Wort gegeben, dass er mit dieser Sache nichts zu tun hat.
rendre [ʀɑ̃dʀ]	**zurückgeben**
• Il ne veut pas me rendre mon argent.	• Er will mir mein Geld nicht zurückgeben.
traiter [tʀete]	**behandeln**
• Il traite mal sa fiancée.	• Er behandelt seine Verlobte schlecht.
réagir [ʀeaʒiʀ]	**reagieren**
• Comment a-t-il réagi à ta question?	• Wie hat er auf deine Frage reagiert?
décider [deside]	**beschließen**
• Nous avons finalement décidé de faire ce voyage ensemble.	• Wir haben schließlich beschlossen, diese Reise miteinander zu machen.
essayer [eseje]	**versuchen; testen**
• essayer de faire qc	• versuchen etw zu tun
• Il a eu beau essayer, il n'est pas arrivé à me convaincre.	• Er hat es vergeblich versucht, er konnte mich nicht überzeugen.

se débrouiller [sədebʀuje] *(fam)*	**zurechtkommen**
• Merci, je me débrouille tout seul!	• Danke, ich komme allein zurecht!
l'**habitude** *f* [abityd]	**Gewohnheit**
• d'habitude	• normalerweise
• Elle a pris de mauvaises habitudes.	• Sie hat schlechte Gewohnheiten angenommen.
agir [aʒiʀ]	**handeln**
• Elle agit sans réfléchir.	• Sie handelt ohne nachzudenken.
se décider [sədeside]	**sich entschließen**
• Ils se sont décidés à partir en vacances.	• Sie haben sich entschlossen, in den Urlaub zu fahren.

hésiter [ezite] • hésiter à faire qc • J'ai longuement hésité, mais à présent ma décision est prise.	**zögern** • zögern etw zu tun • Ich habe lange gezögert, aber jetzt habe ich mich entschieden.
s'interroger [sẽterɔʒe] • Pierre s'interroge beaucoup sur son avenir.	**sich fragen** • Pierre macht sich viele Gedanken über seine Zukunft.
oser [oze] • oser faire qc • Il a osé lui demander un autographe.	**(es) wagen, sich trauen** • wagen etw zu tun • Er hat sich getraut, sie/ihn nach einem Autogramm zu fragen.
s'en sortir [sɑ̃sɔʀtiʀ] • Il veut s'en sortir.	**zurechtkommen** • Er will es schaffen.
obtenir [ɔptəniʀ] • Lisa vient juste d'obtenir son permis de conduire.	**erlangen, erhalten** • Lisa hat gerade ihren Führerschein bekommen.
réaliser [ʀealize] • Elle a réalisé tous ses projets.	**verwirklichen; ausführen** • Sie hat all ihre Projekte umgesetzt.
éviter [evite] • Évite de sortir le chien à cette heure-là !	**vermeiden** • Führe den Hund um diese Zeit möglichst nicht (mehr) aus.
chasser [ʃase] • Voici une liste d'idées pour chasser l'ennui !	**vertreiben** • Hier ist eine ganze Reihe von Ideen, um die Langeweile zu vertreiben.
influencer [ɛ̃flyɑ̃se] • Elle se laisse influencer par ses amies.	**beeinflussen** • Sie lässt sich von ihren Freundinnen beeinflussen.
partager [paʀtaʒe] • Je ne partage pas toujours tes idées.	**teilen** • Ich teile nicht immer deine Ansichten.
accorder [akɔʀde] • Elle voudrait lui accorder plus de temps.	**gewähren** • Sie würde ihm/ihr gern mehr Zeit lassen.
plaisanter [plɛzɑ̃te] • Cessons de plaisanter !	**scherzen** • Schluss mit lustig!
la **blague** [blag] • sans blague ! • Ses blagues ne sont jamais drôles !	**Witz** • im Ernst! • Seine/Ihre Witze sind nie lustig!
l'**ironie** *f* [iʀɔni] • L'ironie du sort a voulu qu'ils se revoient le lendemain.	**Ironie** • Es war die Ironie des Schicksals, dass sie sich am nächsten Tag wiedersahen.
le **savoir-vivre** [savwaʀvivʀ] *inv* • J'aime le savoir-vivre français.	**(gutes) Benehmen, Lebensart** • Ich mag die französische Lebensart.
les **bonnes manières** *fpl* [bɔnmanjɛʀ] • Ils ont de bonnes manières à table.	**gute Manieren** • Bei Tisch haben sie gute Manieren.

Hobby und Spiel

18

Zeitvertreib und Hobby

le **hobby** [ˈɔbi]	**Hobby**
• Quel est ton hobby préféré ?	• Welches ist dein Lieblingshobby?
la **passion** [pasjɔ̃]	**Leidenschaft**
• Sa passion, c'est le théâtre.	• Seine Leidenschaft ist das Theater.
aimer [eme]	**mögen**
• aimer faire qc	• etw gern tun
• J'aime bien les balades en forêt.	• Ich mag Waldspaziergänge sehr.
l'**envie** *f* [ɑ̃vi]	**Lust**
• avoir envie de faire qc	• Lust haben etw zu tun
• L'envie m'est venue de m'essayer à la peinture.	• Ich habe Lust bekommen, mich einmal in der Malerei zu versuchen.
passer [pɑse]	**verbringen**
• passer son temps à faire qc	• seine Zeit mit einer Sache verbringen
• passer des vacances	• Urlaub verbringen
• Elle passe tous ses après-midis à la piscine.	• Sie verbringt all ihre Nachmittage im Schwimmbad.
la **promenade** [pʀɔm(ə)nad]	**Spaziergang**
• la promenade à/en vélo	• Fahrradausflug
• Nous avons fait une belle promenade d'automne.	• Wir haben einen schönen Herbstspaziergang gemacht.
sortir [sɔʀtiʀ] + *être*	**ausgehen**
• J'adore sortir avec mes copains.	• Ich gehe sehr gern mit meinen Freunden weg.
rester à la maison [ʀɛstealamɛzɔ̃] + *être*	**zu Hause bleiben**
• Je ne veux pas rester à la maison quand il fait beau.	• Ich will nicht zu Hause bleiben, wenn das Wetter schön ist.
le **club** [klœb]	**Klub, Verein**
• Ils font partie d'un club.	• Sie gehören einem Verein an.
lire [liʀ]	**lesen**
• Je lis le journal.	• Ich lese die Zeitung.
chanter [ʃɑ̃te]	**singen**
• Sylvie chante dans une chorale.	• Sylvie singt in einem Chor.
la **photo** [fɔto]	**Foto**
• prendre une photo	• ein Foto machen
• Il développe ses photos lui-même.	• Er entwickelt seine Fotos selbst.
l'**activité** *f* [aktivite]	**Beschäftigung**
• Mon activité préférée, c'est la gym.	• Meine Lieblingsbeschäftigung ist Gymnastik.
actif, -ive [aktif, iv]	**aktiv**
• Ils font beaucoup de choses, ils sont très actifs.	• Sie machen viele Dinge, sie sind sehr aktiv.

se promener [səpʀɔm(ə)ne] • Ils se promènent dans la forêt.	**spazieren gehen** • Sie gehen im Wald spazieren.
faire les magasins [fɛʀlemaga'zɛ̃] • Christine fait les magasins avec sa copine.	**shoppen gehen** • Christine geht mit ihrer Freundin shoppen.
les **loisirs** *mpl* [lwaziʀ] • occuper ses loisirs à faire qc • le centre de loisirs, le centre aéré • Quels sont tes loisirs le week-end ?	**Freizeit, Freizeitbeschäftigung** • seine Freizeit damit verbringen etw zu tun • Ferien- und Freizeitzentrum • Was machst du an den Wochenenden?
la **colonie de vacances** [kɔlɔnid(ə)vakɑ̃s] • Mon fils est en colonie de vacances.	**Ferienlager** • Mein Sohn ist im Ferienlager.
la **piscine** [pisin] • la piscine couverte/découverte • aller à la piscine • La piscine de notre quartier est toujours bondée.	**Schwimmbad** • Hallenbad/Freibad • ins Schwimmbad gehen • Das Schwimmbad in unserem Stadtteil ist immer völlig überfüllt.
se balader [səbalade] *(fam)* • Viens, on va se balader.	**spazieren gehen** • Komm, wir gehen spazieren.
intéresser [ɛ̃teʀese] • rien ne l'intéresse • Cette exposition vous intéresse ?	**interessieren** • er/sie interessiert sich für nichts • Interessiert Sie diese Ausstellung?
s'intéresser à qc [sɛ̃teʀese] • Je m'intéresse au football.	**sich für etw interessieren** • Ich interessiere mich für Fußball.
se consacrer à qc [səkɔ̃sakʀe] • Elle consacre beaucoup de temps à la lecture.	**sich einer Sache widmen** • Sie widmet dem Lesen viel Zeit.
le **bricolage** [bʀikɔlaʒ] • faire du bricolage • Ils participent à un atelier de bricolage.	**Basteln, Heimwerken** • basteln, sich als Heimwerker betätigen • Sie beteiligen sich an einer Bastelwerkstatt.
la **pêche (à la ligne)** [pɛʃ(alaliɲ)] • aller à la pêche • Samedi, j'ai pris deux poissons à la pêche.	**Angeln** • angeln gehen • Am Samstag habe ich beim Angeln zwei Fische gefangen.

Spiele

le **jeu**, les **jeux** [ʒø] • le jeu de société • Mes enfants aiment jouer les jeux vidéo.	**Spiel** • Gesellschaftsspiel • Meine Kinder spielen gern Computerspiele.
jouer [ʒwe] • jouer à un jeu • jouer aux cartes/aux dés/aux dominos • Armand adore jouer au foot.	**spielen** • ein Spiel spielen • Karten spielen/würfeln/Domino spielen • Armand liebt es, Fußball zu spielen.

le **tour** [tuʀ] • C'est mon tour.	**Reihe** *(Reihenfolge)* • Ich bin dran/an der Reihe.
la **partie** [paʀti] • On fait une deuxième partie ?	**Partie, Runde** • Spielen wir eine zweite Runde?
gagner [gaɲe] • J'ai gagné la première partie.	**gewinnen** • Ich habe die erste Runde gewonnen.
perdre [pɛʀdʀ] • Je n'ai pas de chance aujourd'hui, je perds tout le temps.	**verlieren** • Heute habe ich kein Glück, ich verliere ständig.
les **échecs** *mpl* [eʃɛk] • Ils jouent aux échecs.	**Schach** • Sie spielen Schach.
les **mots croisés** *mpl* [mokʀwaze] • faire des mots croisés • Si on faisait un concours de mots croisés ?	**Kreuzworträtsel** • Kreuzworträtsel lösen • Wollen wir ein Kreuzworträtsel-Wettkampf machen?
le **jeu de boules** [ʒød(ə)bul] • jouer aux boules • Vous connaissez le jeu de boules ?	**Boule(spiel)** • Boule spielen • Kennen Sie/Kennt ihr das Boulespiel?

Sport und Fitness

19

Training und Wettkampf

le **sport** [spɔʀ] • faire du sport • les sports d'hiver • Fabienne adore le sport.	**Sport** • Sport treiben • Wintersport(arten) • Fabienne liebt Sport.
sportif, -ive [spɔʀtif, iv] • la rencontre sportive • l'association sportive • Il est vraiment sportif.	**sportlich; Sport-** • Wettkampf • Sportverein • Er ist wirklich sportlich.
jouer (à qc) [ʒwe] • jouer au foot • Il joue dans une équipe de haut niveau.	**(etw) spielen** • Fußball spielen • Er spielt in einer Spitzenmannschaft.
le **joueur**, la **joueuse** [ʒwœʀ, øz] • Les joueurs sont fatigués.	**Spieler(in)** • Die Spieler sind müde.
s'entraîner [sɑ̃tʀene] • Ils s'entraînent régulièrement.	**trainieren** • Sie trainieren regelmäßig.
le **match** [matʃ] • faire match nul • la balle de match • C'est un beau match.	**Wettkampf, Spiel** • unentschieden spielen • Matchball • Das ist ein schönes Spiel.

l'équipe *f* [ekip] · Ils ont une bonne équipe de basket.	**Mannschaft, Team** · Sie haben eine gute Basketballmannschaft.
le terrain [tɛʀɛ̃] · le terrain de foot/sport · Il manque un joueur sur le terrain.	**Spielfeld** · Fußball-/Sportplatz · Es fehlt ein Spieler auf dem Spielfeld.
le départ [depaʀ] · donner le départ · Attention au départ !	**Start** · den Startschuss geben · Vorsicht, Start!
l'arrivée *f* [aʀive] · franchir la ligne d'arrivée · Ils sont presque à l'arrivée.	**Ziel** · durchs Ziel laufen/fahren · Sie sind fast am Ziel.
participer à qc [paʀtisipe] · Je participe au tournoi de natation.	**an etw teilnehmen** · Ich nehme am Schwimmwettkampf teil.

le résultat [ʀezylta] · Ils attendent les résultats du match.	**Ergebnis** · Sie warten auf die Spielergebnisse.
le stade [stad] · Où est le stade de foot ?	**Stadion** · Wo ist das Fußballstadion?
le gymnase [ʒimnɑz] · Les élèves sont au gymnase.	**Turnhalle, Sporthalle** · Die Schüler sind in der Turnhalle.
la compétition [kɔ̃petisjɔ̃] · Notre équipe a gagné la compétition.	**Wettkampf** · Unsere Mannschaft hat den Wettkampf gewonnen.
le tournoi [tuʀnwa] · Nous participons à un tournoi international.	**Turnier** · Wir nehmen an einem internationalen Turnier teil.
la manche [mɑ̃ʃ] · L'Espagnol a remporté les deux premières manches.	**Satz** · Spanien hat die ersten beiden Sätze gewonnen.
la finale [final] · la demi-finale · le quart de finale · Notre équipe est passée en finale.	**Finale** · Halbfinale · Viertelfinale · Unsere Mannschaft ist ins Finale gekommen.
le, la finaliste [finalist] · Les deux finalistes s'affronteront ce week-end.	**Finalist(in)** · Die beiden Finalisten werden dieses Wochenende gegeneinander antreten.
la coupe [kup] · la coupe du monde · Il a remporté la coupe d'Europe de ski.	**Pokal** · Weltmeisterschaft · Er hat den Ski-Europacup gewonnen.
les Jeux olympiques *mpl* [ʒøzɔlɛ̃pik], **les J.O.** *mpl* [ʒio] · Les prochains Jeux olympiques auront lieu à Londres.	**Olympische Spiele** · Die nächsten Olympischen Spiele finden in London statt.

l'adversaire *m, f* [advɛʀsɛʀ] • Le joueur n'a laissé aucun jeu à son adversaire.	**Gegner(in)** • Der Spieler hat seinem Gegner kein Spiel überlassen.
le **défi** [defi] • relever un défi • Ce match représente un nouveau défi pour l'équipe de France.	**Herausforderung** • eine Herausforderung annehmen • Dieses Spiel bedeutet eine neue Herausforderung für die französische Mannschaft.
la **victoire** [viktwaʀ] • remporter une victoire • Ils s'attendaient à une nouvelle victoire des bleus.	**Sieg** • einen Sieg erringen • Sie erwarteten einen erneuten Sieg der französischen Fußballnationalelf.
le **triomphe** [tʀijɔ̃f] • La foule fête le triomphe de l'équipe nationale.	**Triumph** • Die Menschenmenge feiert den Sieg der Nationalmannschaft.
le **gagnant,** la **gagnante** [gaɲɑ̃, ɑ̃t] • Les gagnants seront récompensés lors d'une cérémonie.	**Sieger(in)** • Die Gewinner werden während einer feierlichen Zeremonie mit Preisen ausgezeichnet.
le, la **vainqueur** [vɛ̃kœʀ] • Le vainqueur de la compétition recevra une coupe.	**Sieger(in)** • Der Wettkampfsieger erhält einen Pokal.
battre [batʀ] • L'équipe a été battue 2 buts à 1.	**schlagen** • Die Mannschaft wurde mit 2 zu 1 (Toren) geschlagen.
la **médaille** [medaj] • la médaille d'or • La patineuse a décroché la médaille d'or aux Jeux olympiques.	**Medaille** • Goldmedaille • Die Eiskunstläuferin hat bei den Olympischen Spielen die Goldmedaille geholt.

Sportarten

le **foot(ball)** [fut(bol)] • Ils jouent au football tous les samedis.	**Fußball** *(als Sportart)* • Sie spielen jeden Samstag Fußball.
le **sport automobile** [spɔʀotomɔbil] • M. Schumacher est très connu dans le sport automobile.	**Motorsport** • M. Schumacher ist im Motorsport sehr bekannt.
le **vélo** [velo] • faire du vélo • Je veux m'acheter un vélo de course.	**Fahrrad; Radfahren** • Fahrrad fahren • Ich will mir ein Rennrad kaufen.
le **tennis** [tenis] • Paul est un très bon joueur de tennis.	**Tennis** • Paul ist ein sehr guter Tennisspieler.
la **balle** [bal] • la balle de ping-pong • Tu peux aller chercher les balles de tennis ?	**(kleiner) Ball** • Tischtennisball • Kannst du die Tennisbälle holen?

le **ballon** [balɔ̃]	**(großer) Ball**
• le ballon de foot	• Fußball
• Tu as un ballon de basket chez toi ?	• Hast du einen Basketball zu Hause?
le **volley(-ball)** [vɔlɛ(bol)]	**Volleyball(spiel)**
• Irène fait du volley-ball.	• Irène spielt Volleyball.
le **basket(-ball)** [baskɛt(bol)]	**Basketball(spiel)**
• Laurent joue au basket depuis huit ans.	• Laurent spielt seit acht Jahren Basketball.
la **course** [kuʀs]	**Rennen**
• la course à pied	• Laufen, Laufsport
• la course de Formule 1	• Formel-1-Rennen
• Nous regardons la course.	• Wir sehen uns das Rennen an.
le **Tour de France** [tuʀdəfʀɑ̃s]	**Tour de France** *(alljährliches Radrennen)*
• Le Tour de France passe à la télé.	• Die Tour de France läuft im Fernsehen.
le **ski** [ski]	**Ski; (das) Skifahren**
• faire du ski	• Ski fahren
• le ski de piste	• Abfahrtslauf
• Il y a une piste de ski juste devant l'hôtel.	• Es gibt eine Skipiste direkt vor dem Hotel.

la **voile** [vwal]	**Segel**
• faire de la voile	• segeln
• Le club organise une régate de voile samedi.	• Der Club organisiert am Samstag eine Segelregatta.
le **jogging** [(d)ʒɔgiŋ]	**Jogging, Dauerlauf**
• faire du/son jogging	• joggen
• Je suis en pleine forme après mon jogging.	• Nach meinem Lauf bin ich total fit.
le **footing** [futiŋ]	**Laufen, Joggen**
• Je fais du footing, tu viens avec moi ?	• Ich gehe joggen, kommst du mit?
l'**athlétisme** *m* [atletism]	**Leichtathletik**
• Il est fan d'athlétisme.	• Er ist Leichtathletikfan.
la **gymnastique** [ʒimnastik]	**Turnen, Gymnastik**
• faire de la gymnastique	• turnen, Gymnastik machen
• Muriel va tous les mercredis à la gymnastique.	• Muriel geht jeden Mittwoch zur Gymnastik.
le **ping-pong** [piŋpɔ̃g] *inv*	**Tischtennis**
• On fait une partie de ping-pong ?	• Spielen wir eine Runde Tischtennis?
le **rugby** [ʀygbi]	**Rugby**
• Il y a quinze joueurs dans une équipe de rugby.	• In einer Rugbymannschaft gibt es fünfzehn Spieler.
le **hockey** [ˈɔkɛ]	**Hockey**
• Ils jouent au hockey.	• Sie spielen Hockey.
le **golf** [gɔlf]	**Golf**
• Vous savez jouer au golf ?	• Können Sie/Könnt ihr Golf spielen?

la **natation** [natasjɔ̃] • Elle fait de la natation.	**Schwimmen** • Sie schwimmt.
la **planche à voile** [plɑ̃ʃavwal] • Tu me prêtes ta planche à voile ?	**Windsurfen; (Wind)surfbrett** • Leihst du mir dein Surfbrett?
faire du cheval [fɛʀdyʃ(ə)val] • Elle fait du cheval régulièrement depuis son enfance.	**reiten** • Sie reitet regelmäßig seit ihrer Kindheit.
l'**escalade** *f* [ɛskalad] • Regarde, ils font de l'escalade !	**Klettern** • Schau mal, sie klettern!
l'**alpinisme** *m* [alpinism] • L'alpinisme peut être dangereux.	**Bergsteigen** • Bergsteigen kann gefährlich sein.
le **judo** [ʒydo] • Je me suis remis au judo.	**Judo** • Ich habe wieder mit Judo angefangen.
la **boxe** [bɔks] • Je regarde le match de boxe.	**Boxen** • Ich schaue mir den Boxkampf an.

20

Musik, Konzerte, Partys

la **musique** [myzik] • la musique classique • écouter de la musique • Elle fait de la musique avec des bouteilles vides.	**Musik** • klassische Musik • Musik hören • Sie macht mit leeren Flaschen Musik.
l'**instrument (de musique)** *m* [ɛ̃stʀymɑ̃(d(ə)myzik)] • Elle joue d'un instrument de musique.	**Musikinstrument** • Sie spielt ein Musikinstrument.
le **piano** [pjano] • Hugues joue du piano.	**Klavier** • Hugues spielt Klavier.
le **concert** [kɔ̃sɛʀ] • la salle de concert • Ce soir, je vais à un concert de violoncelle.	**Konzert** • Konzertsaal • Heute Abend gehe ich zu einem Cellokonzert.
le **groupe** [gʀup] • le groupe de rock • Comment s'appelle ton groupe préféré ?	**Gruppe, Band** • Rockgruppe • Wie heißt deine Lieblingsband?
le **rock** [ʀɔk] • Tu aimes le rock ?	**Rock, Rockmusik** • Magst du Rockmusik?
le **billet** [bijɛ] • J'ai acheté deux billets pour le concert.	**Eintrittskarte** • Ich habe zwei (Eintritts)karten für das Konzert gekauft.
la **place** [plas] • Je voudrais deux places, s'il vous plaît.	**Sitzplatz, Karte** • Ich möchte zwei Karten, bitte.

la **danse** [dɑ̃s] • Elle accompagne les cours de danse au piano.	**Tanz** • Sie begleitet die Tanzkurse am Klavier.
la **note** [nɔt] • lire les notes • Il recopie ses notes de musique avec application.	**Note** • Noten lesen • Er schreibt fleißig seine Noten ab.
la **chanson** [ʃɑ̃sɔ̃] • C'est une chanson triste.	**Lied** • Das ist ein trauriges Lied.
le **chanteur,** la **chanteuse** [ʃɑ̃tœʀ, øz] • Tu connais le chanteur Kali ?	**Sänger(in)** • Kennst du den Sänger Kali?
l'**auditeur** *m*, l'**auditrice** *f* [oditœʀ, tʀis] • Cette émission consacrée à la musique a de nombreux auditeurs.	**Zuhörer(in)** • Diese Musiksendung richtet sich an ein großes Publikum.
danser [dɑ̃se] • Tu danses avec moi ?	**tanzen** • Tanzt du mit mir?
le **danseur,** la **danseuse** [dɑ̃sœʀ, øz] • C'est un très bon danseur.	**Tänzer(in)** • Er ist ein sehr guter Tänzer.
la **boum** [bum] *(fam)* • Patrick fait une boum mercredi.	**Fete** • Patrick macht am Mittwoch eine Fete.
la **discothèque** [diskɔtɛk] • Nous sortons en discothèque samedi soir.	**Diskothek** • Am Samstagabend gehen wir in die Diskothek.
la **boîte** [bwat] *(fam)* • sortir en boîte *(fam)* • Ils viennent d'ouvrir une nouvelle boîte pas très loin d'ici.	**Disko** • in die Disko gehen • Ganz in der Nähe haben sie eine neue Disko aufgemacht.
s'amuser [samyze] • Je m'amuse bien.	**sich amüsieren** • Ich amüsiere mich gut.
l'**orchestre** *m* [ɔʀkɛstʀ] • Il joue dans un grand orchestre.	**Orchester** • Er spielt in einem großen Orchester.
la **guitare** [gitaʀ] • Mon frère joue de la guitare.	**Gitarre** • Mein Bruder spielt Gitarre.
le **lampion** [lɑ̃pjɔ̃] • Vous avez vu les lampions aux fenêtres ?	**Lampion** • Haben Sie/Habt ihr die Lampions an den Fenstern gesehen?
le **feu d'artifice** [fødaʀtifis] • Le 14 juillet, il y a des feux d'artifice partout en France.	**Feuerwerk** • Am 14. Juli gibt es überall in Frankreich Feuerwerke.

Das französische Wort **guitare** schreibt sich mit **ui**.

GESUNDHEIT UND WOHLBEFINDEN

Der Körper

21

Körperteile und Organe	
la **tête** [tɛt] • Regarde sa tête ! Il est tout rouge !	**Kopf** • Schau dir seinen Kopf an! Er ist ganz rot!
le **ventre** [vɑ̃tʀ] • Elle a un gros ventre, elle attend un bébé.	**Bauch** • Sie hat einen dicken Bauch, sie erwartet ein Baby.
le **dos** [do] • J'ai très mal au dos.	**Rücken** • Ich habe starke Rückenschmerzen.
la **jambe** [ʒɑ̃b] • se casser la jambe • Mes jambes sont lourdes, j'ai trop marché.	**Bein** • sich das Bein brechen • Meine Beine sind schwer, ich bin zu viel gelaufen.
le **pied** [pje] • Mes chaussures sont trop petites : maintenant, j'ai mal aux pieds.	**Fuß** • Meine Schuhe sind zu klein: Jetzt tun mir die Füße weh.
le **cheveu, les cheveux** [ʃ(ə)vø] • avoir les cheveux blonds • Céline veut se faire couper les cheveux.	**Haar** • blonde Haare haben • Céline will sich die Haare schneiden lassen.
l'**oreille** *f* [ɔʀɛj] • Mets ton bonnet pour protéger tes oreilles du froid !	**Ohr** • Setz deine Mütze auf, um deine Ohren vor der Kälte zu schützen!

Verwechseln Sie nicht **les cheveux** – *die Haare* mit **les chevaux** – *die Pferde!*

l'œil *m*, les **yeux** [œj, jø]	**Auge**
• le coup d'œil	• (flüchtiger) Blick
• le clin d'œil	• Augenzwinkern
• Le soleil me fait mal aux yeux.	• Die Sonne blendet mich.
le **cœur** [kœʀ]	**Herz**
• Je suis toute énervée, mon cœur bat très vite !	• Ich bin ganz aufgeregt, mein Herz schlägt sehr schnell!
la **main** [mɛ̃]	**Hand**
• Il s'est coupé à la main.	• Er hat sich in die Hand geschnitten.
le **visage** [vizaʒ]	**Gesicht**
• Elle s'achète une crème pour le visage.	• Sie kauft sich eine Gesichtscreme.
le **nez** [ne]	**Nase**
• se trouver nez à nez avec qn	• unverhofft vor jdm stehen
• Ton nez est tout rouge à cause du froid.	• Deine Nase ist ganz rot vor Kälte!
la **bouche** [buʃ]	**Mund**
• Ouvrez la bouche et faites AAA !	• Öffnen Sie den Mund und machen Sie Ahhh!
la **dent** [dɑ̃]	**Zahn**
• la dent de lait	• Milchzahn
• J'ai mal aux dents.	• Ich habe Zahnschmerzen.
la **langue** [lɑ̃g]	**Zunge**
• tirer la langue à qn	• jdm die Zunge herausstrecken
• Il a un cheveu sur la langue.	• Er lispelt.
le **bras** [bʀa]	**Arm**
• J'ai un gros bleu sur le bras.	• Ich habe einen großen blauen Fleck auf dem Arm.
le **doigt** [dwa]	**Finger**
• montrer qn/qc du doigt	• auf jdn/etw mit dem Finger zeigen
• J'ai oublié mes gants, j'ai froid aux doigts maintenant.	• Ich habe meine Handschuhe vergessen, jetzt sind meine Finger kalt.
la **peau**, les **peaux** [po]	**Haut**
• Elle a la peau très blanche, elle doit faire attention au soleil.	• Sie hat eine sehr helle Haut, sie muss in der Sonne aufpassen.
le **corps** [kɔʀ]	**Körper**
• Il faut prendre soin de son corps pour être en bonne santé.	• Man muss auf seinen Körper achten, um bei guter Gesundheit zu bleiben.
le **squelette** [skəlɛt]	**Skelett**
• Le rachitisme provoque des déformations du squelette.	• Rachitis führt zu Deformierungen des Skeletts.
le **crâne** [kʀɑn]	**Schädel**
• avoir mal au crâne *(fam)*	• Kopfschmerzen haben
• Il a mal au crâne. *(fam)*	• Er hat Kopfweh.

le **cerveau**, les **cerveaux** [sɛʀvo]	**Gehirn**
• Voici un excellent exercice pour faire travailler votre cerveau.	• Hier ist eine hervorragende Übung, um Ihr Gehirn auf Touren zu bringen.
la **figure** [figyʀ]	**Gesicht**
• Le petit a des rougeurs à la figure.	• Der Kleine hat rote Flecken im Gesicht.
le **front** [fʀɔ̃]	**Stirn**
• Des gouttes de sueur perlent sur son front.	• Ihm/Ihr stehen Schweißperlen auf der Stirn.
le **sourcil** [sursi]	**Augenbraue**
• froncer les sourcils	• die Stirn runzeln
• Elle se fait teindre les sourcils.	• Sie färbt sich die Augenbrauen.
la **paupière** [popjɛʀ]	**Lid**
• Viviane vient de pleurer, ses paupières sont toutes gonflées.	• Viviane hat gerade geweint, ihre Augenlider sind ganz geschwollen.
le **cil** [sil]	**Wimper**
• Laure a de longs cils bruns.	• Laure hat lange braune Wimpern.
la **joue** [ʒu]	**Backe, Wange**
• Le bébé a des petites joues bien potelées.	• Das Baby hat kleine runde Bäckchen.
la **lèvre** [lɛvʀ]	**Lippe**
• En hiver, Marie a toujours les lèvres gercées.	• Im Winter hat Marie immer aufgesprungene Lippen.
le **menton** [mɑ̃tɔ̃]	**Kinn**
• Elle a un double menton.	• Sie hat ein Doppelkinn.
le **cou** [ku]	**Hals**
• sauter au cou de qn	• jdm um den Hals fallen
• Je me suis réveillée avec des douleurs au cou.	• Ich bin mit Nackenschmerzen aufgewacht.
la **gorge** [gɔʀʒ]	**Kehle, Hals**
• avoir un chat dans la gorge	• einen Frosch im Hals haben
• Jean a mal à la gorge.	• Jean hat Halsschmerzen.
la **nuque** [nyk]	**Nacken**
• Pour se relaxer, rien de tel qu'un massage de la nuque !	• Es geht doch nichts über eine Nackenmassage zum Relaxen!
la **colonne vertébrale** [kɔlɔnvɛʀtebʀal]	**Wirbelsäule, Rückgrat**
• Tous les soirs, je fais des exercices pour la colonne vertébrale.	• Jeden Abend mache ich Wirbelsäulengymnastik.
l'**épaule** *f* [epol]	**Schulter**
• La nuque et les épaules sont des zones souvent tendues.	• Nacken und Schultern sind häufig verspannte Körperpartien.
la **poitrine** [pwatʀin]	**Brust**
• Voici quelques astuces pour une belle poitrine !	• Hier einige Tipps für eine schöne Brust!

le **sein** [sɛ̃] · les seins · Le cancer du sein est aujourd'hui un véritable fléau.	**Brust** · Busen · Brustkrebs ist heutzutage eine echte Geißel.
le **nombril** [nɔ̃bʀil] · Lili souhaite se faire faire un piercing au nombril.	**(Bauch)nabel** · Lili möchte sich ein Piercing am Bauchnabel machen lassen.
la **taille** [tɑj] · Je fais du sport pour retrouver ma taille fine.	**Taille; (Körper)größe** · Ich mache Sport, um mein schlanke Taille wiederzubekommen.
l'**articulation** *f* [aʀtikylasjɔ̃] · Elle a des douleurs aux articulations.	**Gelenk** · Sie hat Gelenkschmerzen.
le **coude** [kud] · Pierre pleure, il vient de se cogner le coude.	**Ellbogen** · Pierre weint, er hat sich gerade den Ellbogen gestoßen.
le **poignet** [pwaɲɛ] · Tes poignets sont très fins.	**Handgelenk** · Deine Handgelenke sind sehr schmal.
le **poing** [pwɛ̃] · serrer les poings · Son frère lui a donné un coup de poing.	**Faust** · die Fäuste ballen · Sein/Ihr Bruder hat ihm/ihr mit der Faust einen Schlag versetzt.
le **pouce** [pus] · sucer son pouce · Son pouce est gonflé.	**Daumen** · am Daumen lutschen · Sein/Ihr Daumen ist geschwollen.
la **hanche** [ˊɑ̃ʃ] · Il a été opéré à la hanche.	**Hüfte** · Er wurde an der Hüfte operiert.
les **fesses** *fpl* [fɛs] · Julie fait des exercices pour avoir des fesses fermes et rebondies.	**Gesäß, Po** · Julie macht Übungen, um einen runden Knackpo zu bekommen.
la **cuisse** [kɥis] · La fillette a un gros bleu sur la cuisse.	**Schenkel** · Das kleine Mädchen hat einen großen blauen Fleck am Oberschenkel.
le **genou**, les **genoux** [ʒ(ə)nu] · Il est tombé et s'est éraflé les genoux.	**Knie** · Er ist hingefallen und hat sich die Knie aufgeschürft.
la **cheville** [ʃ(ə)vij] · Ces chaussures mettent en valeur mes chevilles fines.	**Knöchel** · Diese Schuhe bringen meine schmalen Knöchel zur Geltung.
le **talon** [talɔ̃] · Quand elle marche vite, elle a mal au talon.	**Ferse** · Wenn sie schnell läuft, hat sie Schmerzen in der Ferse.

l'orteil *m* [ɔʀtɛj], **le doigt de pied** [dwad(ə)pje]	**Zeh(e)**
• Avec ces chaussures, j'attrape des ampoules aux orteils.	• Mit diesen Schuhen bekomme ich Blasen an die Zehen.
l'organe *m* [ɔʀgan]	**Organ**
• Le cœur est l'organe le plus important du corps humain.	• Das Herz ist das wichtigste Organ des menschlichen Körpers.
le poumon [pumɔ̃]	**Lunge**
• Cesse de fumer autant, tu vas attraper le cancer des poumons !	• Hör auf so viel zu rauchen, du kriegst noch Lungenkrebs!
respirer [ʀɛspiʀe]	**atmen**
• On respire profondément et on se calme !	• Einmal tief durchatmen und zur Ruhe kommen!
la respiration [ʀɛspiʀasjɔ̃]	**Atmung**
• Une bonne respiration vous permettra de retrouver votre énergie.	• Mit der richtigen Atmung bekommt man wieder neue Energie.
le foie [fwa]	**Leber**
• Avec tout ce chocolat, tu risques de faire une crise de foie.	• Wenn du so viel Schokolade isst, dann wird dir übel!
le rein [ʀɛ̃]	**Niere**
• Pour protéger vos reins, buvez de l'eau !	• Trinken Sie Wasser zum Schutz Ihrer Nieren!
l'estomac *m* [ɛstɔma]	**Magen**
• Depuis quelques jours, il a l'estomac dérangé.	• Seit einigen Tagen hat er eine Magenverstimmung.
l'intestin *m* [ɛ̃tɛstɛ̃]	**Darm**
• Les intestins sont des organes fragiles.	• Die Gedärme sind empfindliche Organe.
l'artère *f* [aʀtɛʀ]	**Arterie**
• Le tabac nuit également aux artères.	• Tabak schadet auch den Arterien.
la veine [vɛn]	**Vene, Ader**
• Les veines sont parfois visibles et bleutées.	• Manchmal sind die Venen gut zu erkennen und schimmern bläulich.
le poil, les poils [pwal]	**Haar; Fell**
• être à poil *(fam)*	• nackt sein
• Cette actrice ne s'épile pas les poils sous les aisselles.	• Diese Schauspielerin entfernt sich nicht die Achselhaare.
le muscle [myskl]	**Muskel**
• Il se fait des muscles.	• Er baut Muskeln auf.
le nerf [nɛʀ]	**Nerv**
• Christine a les nerfs à vif en ce moment.	• Christines Nerven liegen gerade blank.
le système nerveux [sistɛmnɛʀvø]	**Nervensystem**
• Le manque de sommeil n'est pas bon pour le système nerveux.	• Schlafmangel ist nicht gut für die Nerven.

Bewegungen und körperlicher Zustand	
le **geste** [ʒɛst] • Quand il parle, il fait toujours de grands gestes.	**Geste** • Wenn er redet, macht er immer große Handbewegungen.
passer [pɑse] • passer qc à qn • Il m'a passé la grippe.	**geben, reichen** • jdm etw geben/reichen • Er hat mich mit Grippe angesteckt.
mettre [mɛtʀ] • se mettre debout • se mettre assis/à genoux • Quelle partie du cerveau permet à notre corps de se mettre en mouvement ?	**setzen, stellen, legen** • aufstehen, sich hinstellen • sich hinsetzen/hinknien • Welcher Teil des Gehirns ist dafür zuständig, dass sich unser Körper in Bewegung setzt?
poser [poze] • J'ai posé tes médicaments sur la table de nuit.	**setzen, stellen, legen** • Ich habe (dir) deine Medikamente auf den Nachttisch gelegt.
placer [plase] • J'ai placé tes flacons d'huiles essentielles sur l'étagère.	**stellen, legen** • Ich habe deine Fläschchen mit ätherischen Ölen auf das Regal gestellt.
déplacer [deplase] • Ne déplace pas mes flacons de parfum !	**an einen anderen Platz legen/stellen, umstellen** • Stell meine Parfümfläschchen nicht weg!
frapper [fʀape] • Il l'a frappé au visage.	**schlagen, hauen** • Er hat ihm ins Gesicht gehauen.
assis, e [asi, iz] • être assis • Ne reste pas assis toute la journée !	**sitzend** • sitzen • Bleib nicht den ganzen Tag lang sitzen!
debout [d(ə)bu] • être/se tenir debout • se mettre debout • Mets-toi debout !	**aufrecht, stehend** • stehen • aufstehen • Steh auf!
aller [ale] *+ être* • Quand je suis malade, je vais chez le médecin.	**gehen** • Wenn ich krank bin, gehe ich zum Arzt.

mettre ist so wichtig wie *tun* im Deutschen, das Verb benutzt man in zahlreichen Redewendungen wie z. B. **mettre la table** *(den Tisch decken)*, **mettre ses vêtements** *(sich anziehen)*, **mettre du cœur à qc** *(etw mit Leidenschaft angehen)*, **mettre qn au courant** *(jdn auf dem Laufenden halten)* etc.

monter [mɔ̃te] + *être*	**(hinauf-/herauf)steigen**
• Il n'arrive plus à monter les escaliers.	• Es gelingt ihm nicht (einmal) mehr, die Treppen hochzusteigen.
descendre [desɑ̃dʀ] + *être*	**hinuntergehen**
• Mon père est tombé en descendant les escaliers.	• Mein Vater ist gestürzt als er die Treppen hinunterlief.
entrer [ɑ̃tʀe] + *être*	**betreten, eintreten, hereinkommen**
• Elle vient d'entrer dans l'hôpital.	• Sie hat gerade das Krankenhaus betreten.
tomber [tɔ̃be] + *être*	**fallen**
• Il est tombé de cheval et s'est cassé la jambe.	• Er ist vom Pferd gefallen und hat sich das Bein gebrochen.

le **mouvement** [muvmɑ̃]	**Bewegung**
• Il faut rester en mouvement pour ne pas avoir froid !	• Man muss in Bewegung bleiben, damit einem nicht kalt wird!
bouger [buʒe]	**sich bewegen**
• Pour rester jeune, il faut bouger.	• Um jung zu bleiben, muss man sich viel bewegen.
marcher [maʀʃe]	**gehen**
• marcher sur/dans qc	• auf/in etw treten
• Depuis son opération, elle ne peut plus marcher.	• Seit ihrer Operation kann sie nicht mehr laufen.
courir [kuʀiʀ]	**laufen, rennen**
• Frédéric court tous les matins : il arrive à faire dix tours de stade.	• Frédéric läuft jeden Morgen: Er schafft zehn Runden im Stadion.
sauter [sote]	**springen**
• Elle va beaucoup mieux : elle court et saute comme une gazelle.	• Es geht ihr sehr viel besser: Sie läuft und springt (schon wieder) wie eine Gazelle.
tenir [t(ə)niʀ]	**halten**
• Respirez profondément et tenez-vous droit !	• Atmen Sie tief ein und halten Sie sich gerade!
tourner [tuʀne]	**drehen**
• Je peux à nouveau tourner mon cou.	• Ich kann meinen Hals wieder drehen.
taper [tape]	**schlagen**
• Mon fils s'est fait taper à la récré.	• Mein Sohn wurde in der Pause geschlagen.
le **coup** [ku]	**Schlag**
• donner un coup de pied à qn	• jdn treten
• Au match de boxe, il a pris un coup dans l'estomac.	• Beim Boxkampf hat er einen Schlag in den Magen bekommen.
baisser [bese]	**senken**
• se baisser	• sich bücken
• Il n'arrive plus à se baisser.	• Er kann sich nicht mehr bücken.
se dépêcher [depeʃe]	**sich beeilen**
• Elle est stressée, elle doit tout le temps se dépêcher.	• Sie ist gestresst, dauernd muss sie sich beeilen.

pousser [puse] • Il est blessé, on l'a poussé dans l'escalier.	**schieben; stoßen** • Er ist verletzt, man hat ihn die Treppe hinuntergestoßen.
tirer [tiʀe] • Il l'a tirée par le bras et lui a fait très mal.	**ziehen** • Er hat sie am Arm gezogen und ihr dabei sehr wehgetan.
attraper [atʀape] • Il a attrapé la grippe.	**fangen; erreichen** • Er hat sich eine Grippe eingefangen.

Die Sinne

voir [vwaʀ] • Marie ne voit plus très bien.	**sehen** • Marie sieht nicht mehr gut.
regarder [ʀ(ə)gaʀde] • À l'hôpital, il regarde la télé toute la journée.	**sehen, ansehen, betrachten** • Er sieht im Krankenhaus den ganzen Tag lang fern.
écouter [ekute] • Il ne veut plus écouter les conseils du médecin.	**(an)hören; zuhören** • Er kann die Ratschläge des Arztes/der Ärztin nicht mehr hören.
entendre [ɑ̃tɑ̃dʀ] • Les vieilles personnes entendent mal.	**hören** • Alte Menschen hören schlecht.
sentir [sɑ̃tiʀ] • sentir bon • sentir mauvais • Avec cette lotion, je sens très bon.	**riechen; fühlen** • gut riechen, duften • stinken • Mit dieser Lotion rieche ich sehr gut.
toucher [tuʃe] • Il ne touche plus à l'alcool.	**berühren, anfassen** • Er rührt keinen Alkohol mehr an.
le **sens** [sɑ̃s] • Quels sont les cinq sens ?	**Sinn** • Was sind die fünf Sinne?

la **vue** [vy] • Il lui faut des lunettes, sa vue est mauvaise.	**Sehvermögen** • Er/Sie braucht eine Brille, sein/ihr Sehvermögen ist schlecht.
observer [ɔpsɛʀve] • Le médecin observe les symptômes du malade.	**beobachten** • Der Arzt/Die Ärztin beobachtet die Symptome des Patienten.
remarquer [ʀ(ə)maʀke] • As-tu remarqué qu'il a maigri ?	**bemerken** • Hast du bemerkt, dass er abgenommen hat?
l'**impression** *f* [ɛ̃pʀesjɔ̃] • Le médecin m'a fait une bonne impression.	**Eindruck** • Der Arzt/Die Ärztin hat einen guten Eindruck auf mich gemacht.
le **réflexe** [ʀeflɛks] • Le docteur teste les réflexes de son patient.	**Reflex** • Der Doktor testet die Reflexe seines Patienten.

la **réaction** [ʀeaksjɔ̃]	**Reaktion**
• Il n'a pas fait de réaction au traitement.	• Er hat auf die Behandlung nicht reagiert.
le **regard** [ʀ(ə)gaʀ]	**Blick**
• Elle est heureuse, cela se voit dans son regard.	• Sie ist glücklich, das lässt sich an ihrem Blick erkennen.
apercevoir [apɛʀsəvwaʀ]	**erblicken; wahrnehmen**
• s'apercevoir de qc	• etw bemerken
• Je l'ai aperçu dans la rue, il faisait son jogging matinal.	• Ich habe ihn auf der Straße bei seinem morgendlichen Lauf gesehen.
reconnaître [ʀ(ə)kɔnɛtʀ]	**(wieder)erkennen**
• Il souffre d'Alzheimer et ne me reconnaît plus.	• Er hat Alzheimer und erkennt mich nicht mehr.

22

Gesundheit

Allgemeinbefinden

la **forme** [fɔʀm]	**Form, Kondition**
• être en forme	• in Form/fit sein
• Salut, c'est la forme aujourd'hui ?	• Hallo, bist du heute gut in Form?
aller bien [alebjɛ̃] + *être*	**gut gehen**
• qn va bien/mieux	• es geht jdm gut/besser
• Son père va très mal.	• Seinem/Ihrem Vater geht es sehr schlecht.
l'**exercice** *m* [ɛgzɛʀsis]	**Übung, Bewegung**
• faire un peu d'exercice	• sich etwas bewegen, sich ein wenig Bewegung verschaffen
• Elle fait ses exercices de gymnastique tous les jours.	• Sie macht ihre Gymnastikübungen täglich.
la **santé** [sɑ̃te]	**Gesundheit**
• être en bonne santé	• gesund sein
• Maurice est assez vieux mais en parfaite santé.	• Maurice ist ziemlich alt aber bei bester Gesundheit.
la **vie** [vi]	**Leben**
• Après son divorce, elle a remis toute sa vie en question.	• Nach der Scheidung hat sie ihr ganzes Leben infrage gestellt.

faible [fɛbl]	**schwach**
• Depuis sa maladie, mon oncle est faible.	• Seit seiner Krankheit ist mein Onkel schwach.
fatigué, e [fatige]	**müde**
• Vous êtes fatigués ? Vous voulez aller au lit ?	• Seid ihr müde? Wollt ihr ins Bett gehen?
se reposer [səʀ(ə)poze]	**sich erholen, ausruhen**
• Reposons-nous un petit peu avant de continuer.	• Ruhen wir uns etwas aus, bevor wir weitermachen.

la **force** [fɔʀs]	**Kraft**
• Elle a retrouvé toutes ses forces.	• Sie hat all ihre Kraft wiedererlangt.
le **moral** [mɔʀal]	**Stimmung, seelische Verfassung**
• avoir le moral	• in guter Stimmung/gut drauf sein
• Son moral est au plus bas.	• Seine/Ihre Laune ist auf dem Tiefpunkt.
se sentir bien [səsɑ̃tiʀbjɛ̃]	**sich wohl/gut fühlen**
• Après l'entraînement, il se sent toujours bien.	• Nach dem Training fühlt er sich immer wohl.
sain, e [sɛ̃, sɛn]	**gesund**
• sain et sauf	• gesund und munter, wohlbehalten
• Il faut veiller à une alimentation saine.	• Man muss auf eine gesunde Ernährung achten.
l'**état (de santé)** *m* [eta(d(ə)sɑ̃te)]	**Gesundheitszustand**
• Le médecin dit que son état de santé est critique.	• Der Arzt/Die Ärztin sagt, dass sein/ihr Gesundheitszustand kritisch ist.
la **mine** [min]	**Aussehen**
• avoir bonne/mauvaise mine	• gut/schlecht aussehen
• Quelle mine radieuse !	• Welch eine strahlende Miene!
le **stress** [stʀɛs]	**Stress**
• Le stress n'est pas bon pour la santé.	• Stress ist ungesund.

Gesundheitsgefährdendes Verhalten

boire [bwaʀ]	**trinken**
• Il ne boit que des boissons fortement sucrées.	• Er trinkt nur stark gesüßte Getränke.
l'**alcool** *m* [alkɔl]	**Alkohol**
• L'alcool peut être dangereux pour la santé.	• Alkohol kann für die Gesundheit gefährlich sein.
fumer [fyme]	**rauchen**
• « Défense de fumer »	• „Rauchen verboten"
• Nous avons décidé d'arrêter de fumer ensemble.	• Wir haben uns entschieden, gemeinsam mit dem Rauchen aufzuhören.
le **tabac** [taba]	**Tabak**
• Le tabac est également nocif pour les fumeurs passifs.	• Tabak ist auch für Passivraucher gefährlich.
la **cigarette** [sigaʀɛt]	**Zigarette**
• le paquet de cigarettes	• Schachtel Zigaretten
• Tu fumes combien de cigarettes par jour?	• Wie viele Zigaretten rauchst du am Tag?
la **drogue** [dʀɔg]	**Droge, Rauschgift**
• Les drogues douces sont légales en Hollande.	• Weiche Drogen sind in Holland legal.
le **fumeur**, la **fumeuse** [fymœʀ, øz]	**Raucher(in)**
• C'est un gros fumeur, il fume deux paquets de cigarettes par jour.	• Er ist Kettenraucher, er raucht zwei Schachteln Zigaretten pro Tag.

nocif, -ive [nɔsif, iv]	**schädlich, schlecht**
· Les cigarettes légères sont moins nocives que les fortes.	· Leichte Zigaretten sind weniger schädlich als starke.

Krankheit und Verletzung

23 **Krankheiten**

malade [malad]	**krank**
· être/tomber malade	· krank sein/werden
· Il est très malade.	· Er ist sehr krank.
le, la malade [malad]	**Kranke(r)**
· Le malade a un gros bandage sur la tête.	· Der Kranke hat einen dicken Verband am Kopf.
le mal, les maux [mal, mo]	**Leid, Schmerz(en)**
· le mal de gorge	· Halsweh
· le mal de tête	· Kopfschmerzen
· Tu as mal aux dents ? Tu veux un cachet ?	· Hast du Zahnschmerzen? Willst du eine Tablette ?
Aïe ! [aj]	**Au!, Aua!**
la fièvre [fjɛvʀ]	**Fieber**
· Mon fils a 39° C de fièvre, j'appelle le médecin.	· Mein Sohn hat 39° C Fieber, ich rufe den Arzt/ die Ärztin an.
chaud, e [ʃo, ʃod]	**warm, heiß**
· Il a chaud.	· Ihm ist warm.
· Son front est tout chaud.	· Seine Stirn ist ganz heiß.
froid, e [fʀwa, fʀwad]	**kalt**
· attraper/prendre froid	· sich erkälten
· Il a tout le temps les mains froides.	· Er hat ständig kalte Hände.
le thermomètre [tɛʀmɔmɛtʀ]	**(Fieber)thermometer**
· D'après le thermomètre, il n'a aucune fièvre.	· Laut Thermometer hat er kein Fieber.
le rhume [ʀym]	**Schnupfen**
· attraper un rhume	· einen Schnupfen bekommen
· Mon nez coule, je crois que j'ai un rhume.	· Meine Nase läuft, ich glaube, ich habe eine Erkältung.
vomir [vɔmiʀ]	**sich übergeben, (er)brechen**
· l'envie de vomir	· Brechreiz
· Élodie a vomi son repas de midi.	· Élodie hat ihr Mittagessen erbrochen.
la pharmacie [faʀmasi]	**Apotheke**
· Je vais à la pharmacie acheter des médicaments.	· Ich gehe zur Apotheke Medikamente kaufen.
la maladie [maladi]	**Krankheit**
· attraper une maladie	· krank werden, (sich) eine Krankheit einfangen
· Le cancer est une maladie grave.	· Krebs ist eine schwere Krankheit.

la **grippe** [grip]	**Grippe**
• Nathalie est au lit, elle a la grippe.	• Nathalie liegt im Bett, sie hat eine Grippe.
tousser [tuse]	**husten**
• J'ai mal à la gorge et je tousse beaucoup.	• Ich habe Halsschmerzen und huste viel.
l'**épidémie** *f* [epidemi]	**Epidemie**
• L'État craint une nouvelle épidémie de grippe aviaire.	• Der Staat befürchtet eine neue Vogelgrippe-epidemie.
contagieux, -euse [kɔ̃taʒjø, jøz]	**ansteckend**
• Cette maladie est très contagieuse.	• Diese Krankheit ist sehr ansteckend.
contaminer [kɔ̃tamine]	**anstecken, infizieren**
• être contaminé par qn	• sich bei jdm anstecken
• Il a été contaminé par une transfusion sanguine.	• Er hatte sich bei einer Bluttransfusion infiziert.
le **microbe** [mikʀɔb]	**Mikrobe**
• Beaucoup de microbes sont dangereux.	• Es gibt viele gefährliche Mikroorganismen.
le **virus** [viʀys]	**Virus**
• Pierre a fait un test de dépistage du virus du Sida.	• Pierre hat einen Aidstest gemacht.
la **bactérie** [bakteʀi]	**Bakterie**
• Certaines bactéries sont particulièrement résistantes aux antibiotiques.	• Einige Bakterien sind besonders resistent gegen Antibiotika.
curable [kyʀabl]	**heilbar**
• À ce stade, ce cancer est tout à fait curable.	• In diesem Stadium ist dieser Krebs vollständig heilbar.
incurable [ɛ̃kyʀabl]	**unheilbar**
• Liliane est atteinte d'une maladie incurable.	• Liliane hat eine unheilbare Krankheit.
la **douleur** [dulœʀ]	**Schmerz**
• Si la douleur persiste, va consulter un médecin.	• Wenn der Schmerz anhält, such einen Arzt auf!
douloureux, -euse [duluʀø, øz]	**schmerzhaft**
• Ce traitement est très douloureux.	• Diese Behandlung ist sehr schmerzhaft.
souffrir [sufʀiʀ]	**leiden**
• souffrir de qc	• an etw leiden
• Elle souffre de troubles mentaux.	• Sie leidet an psychischen Störungen.
la **souffrance** [sufʀɑ̃s]	**Schmerz**
• Sa souffrance était devenue intolérable.	• Ihr Leiden war unerträglich geworden.
alarmant, e [alaʀmɑ̃, ɑ̃t]	**alarmierend, beunruhigend**
• L'état de son père est très alarmant.	• Der Zustand seines/ihres Vaters ist alarmierend.
mortel, le [mɔʀtɛl]	**tödlich**
• Il est atteint d'une maladie mortelle.	• Er leidet unter einer tödlichen Krankheit.

l'allergie *f* [alɛʀʒi]	**Allergie**
• Le petit souffre d'allergies respiratoires.	• Der Kleine leidet an einer Atemwegsallergie.
allergique [alɛʀʒik]	**allergisch**
• être allergique aux fraises	• gegen Erdbeeren allergisch sein
• Je suis allergique aux chats.	• Ich bin allergisch gegen Katzen.
se moucher [səmuʃe]	**sich schnäuzen, sich die Nase putzen**
• Ton nez coule, mouche-toi !	• Deine Nase läuft, schnäuz dich!
éternuer [etɛʀnɥe]	**niesen**
• Avec le rhume des foins, je n'arrête pas d'éternuer.	• Wegen des Heuschnupfens muss ich ständig niesen.
atchoum! [atʃum]	**Hatschi!**
À tes/vos souhaits ! [ate/voswɛ]	**Gesundheit!**

Unfälle und Verletzungen

Au secours! [os(ə)kuʀ]	**Hilfe!**
tomber [tɔ̃be] + *être*	**fallen, hinfallen**
• Pierre est tombé et s'est blessé au genou.	• Pierre ist hingefallen und hat sich am Knie verletzt.
le choc [ʃɔk]	**Schock; Stoß, Aufprall, Zusammenstoß**
• Il est encore sous le choc de l'accident.	• Er steht noch unter dem Schock des Unfalls..
le plâtre [plɑtʀ]	**Gips**
• avoir la jambe dans le plâtre	• das Bein in Gips haben, ein Gipsbein haben
• Noémie s'est cassé le bras, maintenant elle a un plâtre.	• Noémie hat sich den Arm gebrochen, jetzt hat sie einen Gips.
la béquille [bekij]	**Krücke**
• Il a le pied dans le plâtre et des béquilles pendant trois semaines.	• Er hat den Fuß in Gips und läuft drei Wochen lang auf Krücken.
l'accident *m* [aksidɑ̃]	**Unfall**
• Mon oncle et ma tante ont eu un accident de voiture sur l'autoroute.	• Mein Onkel und meine Tante hatten einen Autounfall auf der Autobahn.
le sang [sɑ̃]	**Blut**
• perdre beaucoup de sang	• viel Blut verlieren
• On lui a fait une prise de sang.	• Sie haben ihm/ihr Blut abgenommen.
mort, e [mɔʀ, mɔʀt]	**tot**
• Il est mort dans un accident de voiture.	• Er ist bei einem Autounfall ums Leben gekommen.
l'ambulance *f* [ɑ̃bylɑ̃s]	**Krankenwagen**
• Vite! Appelez une ambulance! Il est inconscient.	• Schnell! Rufen Sie einen Krankenwagen! Er ist bewusstlos.
sauver [sove]	**retten**
• Il a failli se noyer, un baigneur l'a sauvé.	• Er ist fast ertrunken, ein Schwimmer hat ihn gerettet.

le **blessé**, la **blessée** [blese]	**Verletzte(r)**
• Il y a eu dix blessés dans l'accident de train.	• Bei dem Zugunglück gab es zehn Verletzte.
(la) **police secours** [pɔliss(ə)kuʀ]	**Notruf**
• Le numéro de la police secours en France est le 10.	• Die Notrufnummer ist in Frankreich die 10.
les **pompiers** *mpl* [pɔ̃pje]	**Feuerwehr**
• Les pompiers ont éteint un feu en forêt.	• Die Feuerwehr hat ein Feuer im Wald gelöscht.
le **S.A.M.U.** [samy] (Service d'aide médicale d'urgence)	**ärztlicher Rettungsdienst; Notarzt**
• Le S.A.M.U. est arrivé très vite sur les lieux de l'accident.	• Der Notarzt ist sehr schnell zum Unfallort gekommen.
l'**urgence** *f* [yʀʒɑ̃s]	**Notfall; Dringlichkeit**
• les urgences	• Notaufnahme
• la borne d'appel d'urgence	• Notrufsäule
• Dépêchez-vous, c'est une urgence !	• Beeilen Sie sich, es ist ein Notfall!
se blesser [səblese]	**sich verletzen**
• Marc s'est blessé au doigt.	• Mark hat sich am Finger verletzt.
blessé, e [blese]	**verletzt, verwundet**
• grièvement blessé	• schwer verletzt
• Le conducteur est blessé à la tête.	• Der Fahrer ist am Kopf verletzt.
la **blessure** [blesyʀ]	**Verletzung**
• Heureusement, ce ne sont que de légères blessures.	• Zum Glück sind es nur leichte Verletzungen.
la **plaie** [plɛ]	**Wunde**
• Il faut nettoyer la plaie.	• Man muss die Wunde reinigen.
le **bleu** [blø]	**blauer Fleck**
• Il tombe souvent et a des bleus partout.	• Er fällt oft hin und hat überall blaue Flecken.
l'**hématome** *m* [ematom]	**Bluterguss**
• Elle a un gros hématome sur le bras.	• Sie hat einen großen Bluterguss am Arm.
l'**entorse** *f* [ɑ̃tɔʀs]	**Verstauchung**
• Aline souffre d'une entorse à la cheville.	• Aline hat sich den Knöchel verstaucht.
se brûler [səbʀyle]	**sich verbrennen**
• Il s'est brûlé avec le fer à repasser.	• Er hat sich mit dem Bügeleisen verbrannt.
la **brûlure** [bʀylyʀ]	**Verbrennung**
• C'est une brûlure au premier degré.	• Es ist eine Verbrennung ersten Grades.
le **coup de soleil** [kud(ə)sɔlɛj]	**Sonnenbrand**
• Attention, tu vas attraper un coup de soleil !	• Achtung, du wirst einen Sonnenbrand bekommen!
se couper [səkupe]	**sich schneiden**
• Martine s'est coupée en épluchant les pommes de terre.	• Martine hat sich beim Kartoffelschälen geschnitten.

la coupure [kupyʀ]	**Schnitt(wunde)**
· Ce n'est qu'une petite coupure, mais il faut la désinfecter.	· Es ist nur eine kleine Schnittwunde, aber man muss sie desinfizieren.
saigner [seɲe]	**bluten**
· Jean saigne souvent du nez.	· Jean hat oft Nasenbluten.
l'hémorragie *f* [emɔʀaʒi]	**Blutung**
· Le chanteur a eu une hémorragie cérébrale.	· Der Sänger hatte eine Hirnblutung.
se casser qc [səkɑse]	**sich etw brechen**
· Son frère s'est cassé la jambe.	· Sein Bruder hat sich das Bein gebrochen.
la cicatrice [sikatʀis]	**Narbe**
· Il gardera une cicatrice au visage.	· Er wird eine Narbe im Gesicht zurückbehalten.
avoir un malaise [avwaʀœ̃malɛz]	**ohnmächtig werden**
· Elle a eu un malaise avant de passer son examen.	· Vor ihrer Prüfung wurde sie ohnmächtig.
s'évanouir [sevanwiʀ], **perdre connaissance** [pɛʀdʀ(ə)kɔnɛsɑ̃s]	**in Ohnmacht fallen, bewusstlos werden**
· Elle s'est sentie faible puis s'est évanouie.	· Sie fühlte sich (erst) schwach und fiel dann in Ohnmacht.
évanoui, e [evanwi]	**ohnmächtig**
· On l'a trouvé évanoui dans son jardin.	· Man fand ihn bewusstlos in seinem Garten.
sans connaissance [sɑ̃kɔnɛsɑ̃s]	**bewusstlos**
· Mon voisin était sans connaissance lorsque les ambulanciers sont arrivés.	· Mein Nachbar war (bereits) ohne Bewusstsein, als der Krankenwagen eintraf.

24

Beim Arzt und im Krankenhaus

Beim Arzt

le médecin [medsɛ̃]	**Arzt, Ärztin**
· aller chez le médecin	· zum Arzt gehen
· le médecin de famille	· Hausarzt, -ärztin
· Ils ont fait venir le médecin.	· Sie haben den Arzt kommen lassen.
le docteur [dɔktœʀ]	**Doktor, Arzt**
· Appelle le docteur, je crois que j'ai de la fièvre.	· Ruf den Arzt an, ich glaube, ich habe Fieber.
le, la dentiste [dɑ̃tist]	**Zahnarzt, -ärztin**
· Sonia a mal aux dents, elle va chez le dentiste.	· Sonia hat Zahnschmerzen, sie geht zum Zahnarzt.
la consultation [kɔ̃syltasjɔ̃]	**Sprechstunde, (ärztliche) Untersuchung**
· Nous n'avons pas de consultation le vendredi après-midi.	· Wir haben freitagnachmittags keine Sprechstunde.
examiner [ɛgzamine]	**untersuchen**
· Le docteur a examiné ma blessure.	· Der Arzt hat meine Verletzung untersucht.

Französisch	Deutsch
l'**ordonnance** *f* [ɔʀdɔnɑ̃s]	**Rezept**
• Le médecin t'a fait une ordonnance pour les médicaments ?	• Hat dir der Arzt/die Ärztin ein Rezept für die Medikamente ausgestellt?
le **médicament** [medikamɑ̃]	**Medikament**
• prendre un médicament	• ein Medikament einnehmen
• Ces médicaments me rendent malade!	• Diese Medikamente machen mich krank!
le **rendez-vous** [ʀɑ̃devu]	**Termin**
• sur rendez-vous	• nach Vereinbarung
• J'ai rendez-vous chez le médecin à 10 heures.	• Ich habe um 10 Uhr einen Termin beim Arzt/bei der Ärztin.
consulter [kɔ̃sylte]	**Sprechstunde haben**
• consulter un médecin	• einen Arzt aufsuchen
• Le médecin ne consulte pas le lundi.	• Der Arzt hat montags keine Sprechstunde.
le **cabinet (du médecin)** [kabinɛ(dymedsɛ̃)]	**(Arzt)praxis**
• Dans le cabinet de mon dentiste, il y a une grande salle d'attente.	• In der Praxis meines Zahnarztes gibt es ein großes Wartezimmer.
la **salle d'attente** [saldatɑ̃t]	**Wartezimmer**
• Prenez place un instant dans la salle d'attente.	• Nehmen Sie einen Augenblick im Wartezimmer Platz.
la **visite à domicile** [vizitadɔmisil]	**Hausbesuch**
• Dr Martin fait même des visites à domicile!	• Dr. Martin macht sogar Hausbesuche!
l'**examen** *m* [ɛgzamɛ̃]	**Untersuchung**
• Vous avez les résultats de vos examens?	• Haben Sie/Habt ihr die Ergebnisse Ihrer/eurer Untersuchungen?
le **patient,** la **patiente** [pasjɑ̃, ɑ̃t]	**Patient(in)**
• Dr Leroy est très gentil avec ses patients.	• Dr. Leroy ist sehr nett zu seinen Patienten.
le **pansement** [pɑ̃smɑ̃]	**Verband, Pflaster**
• Je me suis coupé le doigt, est-ce que tu as un pansement ?	• Ich habe mir in den Finger geschnitten, hast du ein Pflaster?
le, la **généraliste** [ʒeneʀalist]	**Arzt/Ärztin für Allgemeinmedizin**
• Pour une grippe, allez chez le généraliste.	• Gehen Sie bei einer Grippe zum Allgemeinmediziner.
le, la **spécialiste** [spesjalist]	**Spezialist(in), Facharzt, -ärztin**
• Le docteur m'a envoyé voir un spécialiste.	• Der Arzt hat mich zu einem Facharzt überwiesen.

Verwechseln Sie nicht **l'ordonnance** – *das Rezept* (für Medikamente) mit **la recette** – *das Rezept* (für Kuchen)!

le, la **pédiatre** [pedjatʀ]	**Kinderarzt, -ärztin**
· J'emmène mon fils chez le pédiatre pour l'examen scolaire.	· Ich bringe meinen Sohn für die Schuluntersuchung zum Kinderarzt.
le, la **gynécologue** [ʒinekɔlɔg], le, la **gynéco** [ʒineko] *(fam)*	**Frauenarzt, -ärztin**
· Elle est enceinte et va régulièrement chez le gynécologue.	· Sie ist schwanger und geht regelmäßig zum Frauenarzt.
l'**O.R.L.** *m, f* [oɛʀɛl] *(otorhino-laryngologiste)*	**HNO-Arzt, -Ärztin**
· Thomas a mal aux oreilles, il doit aller voir l'O.R.L.	· Thomas hat Ohrenschmerzen, er muss zum HNO-Arzt gehen.
l'**ophtalmologiste** *m, f* [ɔftalmɔlɔʒist], l'**ophtalmo** [ɔftalmo] *(fam)*	**Augenarzt, -ärztin**
· L'ophtalmologiste m'a conseillé des lunettes de lecture.	· Der Augenarzt/Die Augenärztin hat mir eine Lesebrille empfohlen.
le, la **dermatologue** [dɛʀmatɔlɔg], le, la **dermato** [dɛʀmato] *(fam)*	**Hautarzt, -ärztin**
· Le dermatologue traite les problèmes de peau.	· Der Hautarzt behandelt Hautprobleme.
soigner [swaɲe]	**behandeln, pflegen**
· se faire soigner	· sich behandeln lassen
· À l'hôpital, une infirmière a soigné ma blessure.	· Im Krankenhaus hat eine Krankenschwester meine Verletzung versorgt.
prescrire qc à qn [pʀɛskʀiʀ]	**jdm etw verschreiben**
· Le médecin m'a prescrit plusieurs médicaments.	· Der Arzt/Die Ärztin hat mir mehrere Medikamente verschrieben.
le **comprimé** [kɔ̃pʀime]	**Tablette**
· Prenez un comprimé par jour.	· Nehmen Sie eine Tablette am Tag.
guérir [geʀiʀ]	**heilen**
· Les médecins ont réussi à le guérir malgré sa maladie grave.	· Trotz seiner schweren Krankheit haben die Ärzte es geschafft, ihn zu heilen.
soulager [sulaʒe]	**lindern**
· Ces médicaments ne soulagent pas mes douleurs.	· Diese Medikamente lindern meine Schmerzen nicht.
calmer [kalme]	**beruhigen**
· Le médecin tente de la calmer.	· Der Arzt/Die Ärztin versucht sie zu beruhigen.
vacciner [vaksine]	**impfen**
· Elle ne veut pas se faire vacciner.	· Sie will sich nicht impfen lassen.
le **vaccin** [vaksɛ̃]	**Impfung; Impfstoff**
· Le nouveau vaccin est en vente dans les pharmacies.	· Der neue Impfstoff ist in den Apotheken erhältlich.

Im Krankenhaus

l'**hôpital***m*, les **hôpitaux** [ɔpital, ɔpito]	**Krankenhaus**
•être à l'hôpital	•im Krankenhaus sein
•Mon mari est médecin, il travaille à l'hôpital.	•Mein Mann ist Arzt, er arbeitet im Krankenhaus.
le **C.H.U.**[seaʃy] (Centre Hospitalier Universitaire)	**Universitätskrankenhaus, -klinik(um)**
•Le C.H.U. est le plus grand hôpital de la ville.	•Das Universitätskrankenhaus ist das größte Krankenhaus der Stadt.
l'**infirmier***m*, l'**infirmière***f* [ɛ̃fiʀmje, jɛʀ]	**Krankenpfleger, Krankenschwester**
•L'infirmière s'occupe des patients à l'hôpital.	•Die Krankenschwester versorgt die Patienten im Krankenhaus.
la **clinique** [klinik]	**Klinik**
•Nous connaissons une très bonne clinique privée.	•Wir kennen eine sehr gute Privatklinik.
le **chirurgien**, la **chirurgienne** [ʃiʀyʀʒjɛ̃, jɛn]	**Chirurg(in)**
•Le chirurgien qui a opéré ma mère était vraiment très jeune.	•Der Chirurg, der meine Mutter operiert hat, war wirklich sehr jung.
le **soin** [swɛ̃]	**Behandlung, Pflege**
•L'infirmière a donné les premiers soins au bébé.	•Die Schwester hat bei dem Baby die Erstversorgung gemacht.
hospitalier, -ière [ɔspitalje, jɛʀ]	**Krankenhaus-, zum Krankenhaus gehörig**
•Il suit un traitement dans un centre hospitalier.	•Er lässt sich in einer Klinik ärztlich behandeln.
la **piqûre** [pikyʀ]	**Spritze**
•faire une piqûre à qn	•jdm eine Spritze geben
•À l'hôpital, ma fille avait très peur des piqûres.	•Meine Tochter hatte im Krankenhaus große Angst vor den Spritzen.
l'**opération***f* [ɔpeʀasjɔ̃]	**Operation**
•subir une opération	•sich einer Operation unterziehen
•Une opération du cœur est une opération très complexe.	•Eine Herzoperation ist eine sehr komplizierte Operation.
opérer [ɔpeʀe]	**operieren**
•se faire opérer	•sich operieren lassen
•Ils vont l'opérer de la main la semaine prochaine.	•Sie werden ihn/sie nächste Woche an der Hand operieren.
l'**hospitalisation***f* [ɔspitalizasjɔ̃]	**Krankenhausaufenthalt; Einweisung ins Krankenhaus**
•Son état nécessite une hospitalisation.	•Sein Zustand macht einen Krankenhausaufenthalt erforderlich.

Französisch	Deutsch
l'**anesthésie** *f* [anɛstezi] • l'anesthésie générale • Cette intervention se fait sous anesthésie locale.	**Narkose** • Vollnarkose • Dieser Eingriff erfolgt unter örtlicher Betäubung.
la **perfusion** [pɛʀfyzjɔ̃] • Le patient a été mis sous perfusion.	**Infusion** • Der Patient bekam eine Infusion.
la **transfusion** [tʀɑ̃sfyzjɔ̃] • On lui a fait une transfusion sanguine.	**(Blut)transfusion** • Er hat eine Bluttransfusion bekommen.
la **radio(graphie)** [ʀadjɔ(gʀafi)] • Le médecin lui a fait passer une radiographie.	**Röntgen; Röntgenaufnahme** • Der Arzt/Die Ärztin hat eine Röntgenaufnahme von ihm gemacht.
le **scanner** [skanɛʀ] • Cette opération se fait à l'aide d'un scanner.	**Computertomografie** • Diese Operation wird mithilfe einer Computertomografie durchgeführt.
l'**échographie** *f* [ekɔgʀafi] • Elle a passé plusieurs échographies.	**Ultraschalluntersuchung** • Sie hat mehrere Ultraschalluntersuchungen gemacht.
la **fécondation artificielle/in vitro** [fekɔ̃dasjɔ̃aʀtifisjɛl/invitʀo] • Jacqueline est tombée enceinte grâce à une fécondation artificielle.	**künstliche Befruchtung** • Jacqueline ist dank künstlicher Befruchtung schwanger geworden.
accoucher [akuʃe] • Elle vient d'accoucher d'une petite fille.	**entbinden** • Sie hat gerade ein kleines Mädchen zur Welt gebracht.
l'**accouchement** *m* [akuʃmɑ̃] • L'accouchement a été long et difficile.	**Entbindung** • Es war eine schwierige und lange Geburt.
la **maternité** [matɛʀnite] • Elle est restée une semaine à la maternité.	**Entbindungsstation** • Sie blieb eine Woche auf der Entbindungsstation.

LERNEN UND ARBEITEN

Im Klassenzimmer

25

Schulen und Klassen	
l'école *f* [ekɔl]	**Schule**
· l'école primaire	· Grundschule
· l'école privée	· Privatschule
· Les enfants vont à l'école à pied.	· Die Kinder gehen zu Fuß zur Schule.
le cours préparatoire (CP) [kuʀpʀepaʀatwaʀ, sepe]	**1. Klasse**
· La première année d'école s'appelle le cours préparatoire.	· Das erste Schuljahr heißt *cours préparatoire* *(Vorbereitungskurs).*
le cours élémentaire (CE1 et CE2) [kuʀelemɑ̃tɛʀ, seøœ̃/seødø]	**2. und 3. Klasse**
· La deuxième et la troisième années d'école font partie du cours élémentaire.	· Das zweite und dritte Schuljahr bilden den *cours élémentaire*.
le cours moyen (CM1 et CM2) [kuʀmwajɛ̃, seɛmœ̃/seɛmdø]	**4. und 5. Klasse**
· Le cours moyen regroupe les deux dernières années de primaire.	· Der *cours moyen* umfasst die beiden letzten Grundschuljahre.

Die französischen Kinder kommen mit sechs Jahren in die **école primaire**, die fünf Klassen hat. Mit elf Jahren wechseln sie aufs **collège** über, das vier Jahre dauert. Erst nach Abschluss des **collège** gabelt sich der gemeinsame Bildungsweg. Die Jugendlichen haben dann verschiedene Möglichkeiten zu einer Berufsausbildung **(formation professionnelle)** oder sie durchlaufen die drei Klassen des **lycée**, was in etwa unserer Oberstufe Gymnasium entspricht.

le **collège** [kɔlɛʒ]	*weiterführende Schule, entspricht der Sekundarstufe I*
•aller au collège	•auf das Collège gehen
•Après le primaire, tous les enfants vont au collège.	•Nach der Grundschule gehen alle Kinder ins Collège.
la **sixième** [sizjɛm]	≈ **6. Klasse** *(1. Klasse des Collège)*
•À onze ans, les élèves entrent en sixième.	•Mit elf Jahren kommen die Schülerinnen und Schüler in die sechste Klasse.
la **cinquième** [sɛ̃kjɛm]	≈ **7. Klasse** *(2. Klasse des Collège)*
•Elle a redoublé sa cinquième.	•Sie hat die siebte Klasse wiederholt.
la **quatrième** [katʀijɛm]	≈ **8. Klasse** *(3. Klasse des Collège)*
•Les élèves de quatrième font un voyage de classe.	•Die Schülerinnen und Schüler der achten Klasse machen eine Klassenfahrt.
la **troisième** [tʀwɑzjɛm]	≈ **9. Klasse** *(4. Klasse des Collège)*
•La troisième est la dernière année du collège.	•Die neunte Klasse ist das letzte Jahr im Collège.
les **vacances (scolaires)***fpl* [vakɑ̃s(skɔlɛʀ)]	**Schulferien**
•être en vacances	•Ferien haben
•Les vacances scolaires d'été durent plus de deux mois en France.	•Die Sommerferien dauern in Frankreich länger als zwei Monate.
le **lycée** [lise]	*weiterführende Schule, entspricht der Sekundarstufe II bzw. Oberstufe des Gymnasiums*
•le lycée professionnel	•≈ Fachoberschule *(Schule, die eine abgeschlossene Berufsausbildung vermittelt)*
•Ma fille a dix-sept ans, elle est au lycée.	•Meine Tochter ist siebzehn, sie ist in der Oberstufe.
l'**enseignement***m* [ɑ̃sɛɲ(ə)mɑ̃]	**Unterricht; Unterrichtswesen, Schulwesen**
•l'enseignement élémentaire/primaire	•Grundschulunterricht/Primarstufe
•l'enseignement secondaire	•weiterführender Unterricht/Sekundarstufe
•Ma cousine travaille dans l'enseignement, elle est institutrice.	•Meine Cousine arbeitet im Schulwesen, sie ist Grundschullehrerin.
la **crèche** [kʀɛʃ]	**Kinderhort, Krippe**
•Elle emmène ses enfants à la crèche avant d'aller travailler.	•Sie bringt ihre Kinder in die Krippe, bevor sie arbeiten geht.

Im Anschluss an das **collège** – mit 15 oder 16 Jahren – können die französischen Schülerinnen und Schüler das **lycée** besuchen. Es umfasst die drei Klassen **seconde**, **première** und **terminale** und endet mit dem **baccalauréat**, dem *Abitur*.

l'école maternelle *f*, la **maternelle** [(ekɔl)matɛʀnɛl] • Léon a cinq ans et va à l'école maternelle.	**Vorschulunterricht, Kindergarten** • Léon ist fünf Jahre alt und geht in den Kindergarten.
l'école élémentaire *f* [ekɔlelemɑ̃tɛʀ], **l'école primaire** *f* [ekɔlpʀimɛʀ] • L'école élémentaire commence à six ans.	**Grundschule** • Die Grundschule fängt mit sechs Jahren an.
passer (en) [pɑse] • passer en seconde • Si tu ne travailles pas davantage, tu ne passeras pas en troisième.	**versetzt werden (in)** • in die *seconde* versetzt werden • Wenn du nicht mehr lernst, wirst du nicht in die neunte Klasse *(troisième)* versetzt werden.
la **seconde** [s(ə)gɔ̃d] • Après la troisième, elle va en seconde au lycée.	≈ **10. Klasse** *(1. Klasse des Lycée)* • Nach der neunten Klasse geht sie in die zehnte aufs Gymnasium.
la **première** [pʀəmjɛʀ] • La classe de première est une classe qui prépare déjà au bac.	≈ **11. Klasse** *(2. Klasse des Lycée)* • Die elfte Klasse bereitet schon auf das Abitur vor.
la **terminale** [tɛʀminal] • Après la terminale, elle ira à l'université.	≈ **12. Klasse** *(3. und letzte Klasse des Lycée; schließt mit dem Abitur ab)* • Nach der zwölften Klasse wird sie an die Universität gehen.
le **collégien**, la **collégienne** [kɔleʒjɛ̃, jɛn] • Les collégiens ont organisé une boum.	**Schüler(in) eines Collège** • Die Schüler des Collège haben eine Fete organisiert.
le **lycéen**, la **lycéenne** [liseɛ̃, ɛn] • Des milliers de lycéens ont manifesté ce matin à Paris.	**Schüler(in) eines Lycée** • Tausende von Oberstufenschülern haben heute Morgen in Paris demonstriert.
le **directeur**, la **directrice** [diʀɛktœʀ, tʀis] • Le directeur du collège a convoqué sa mère.	**Rektor(in), Schulleiter(in)** • Der Rektor des Collège hat seine/ihre Mutter zum Gespräch bestellt.
l'éducation *f* [edykasjɔ̃] • Ses parents essaient de lui offrir la meilleure éducation possible.	**Erziehung; Bildung** • Ihre/Seine Eltern versuchen, ihr/ihm die bestmögliche Bildung zukommen zu lassen.
la **scolarité** [skɔlaʀite] • la scolarité obligatoire • Elle n'a fait qu'une partie de sa scolarité en France.	**Schulzeit, Schulbesuch** • Schulpflicht • Sie hat nur einen Teil ihrer Schulzeit in Frankreich verbracht.

In Frankreich können Kinder ab dem Alter von zwei bzw. drei Jahren eine **maternelle** besuchen, die kostenlos ist und wo allmählich in das Lesen, Schreiben und Rechnen eingeführt wird. Sie essen dort zu Mittag und haben Betten zur Verfügung, um einen Mittagsschlaf zu machen.

scolaire [skɔlɛʀ]	**schulisch**
· l'échange scolaire	· Schüleraustausch
· Les résultats scolaires de son fils ne sont pas brillants.	· Die schulischen Leistungen seines/ihres Sohnes sind nicht überragend.
scolariser [skɔlaʀize]	**einschulen**
· être scolarisé	· eingeschult werden; eine Schule besuchen
· Pascal sera scolarisé à la rentrée.	· Pascal wird zum Schuljahresbeginn eingeschult werden.
la **scolarisation** [skɔlaʀizasjɔ̃]	**Einschulung; Einrichtung von Schulen**
· Les communes doivent participer aux frais de scolarisation.	· Die Kommunen müssen sich an den Kosten für die Einrichtung von Schulen beteiligen.
l'**établissement** *m* [etablismɑ̃]	**Einrichtung, Anstalt**
· l'établissement (scolaire)	· Lehranstalt, Schule
· Sa fille est scolarisée dans un établissement privé.	· Ihre/Seine Tochter besucht eine Privatschule.
l'**internat** *m* [ɛ̃tɛʀna]	**Internat**
· Leurs enfants sont en internat.	· Ihre Kinder sind im Internat.
l'**interne** *m, f* [ɛ̃tɛʀn]	**Internatsschüler(in)**
· Les internes ont deux heures d'étude surveillées après les cours.	· Die Internatsschülerinnen und -schüler haben zwei Stunden Hausaufgabenbetreuung nach dem Unterricht.
l'**externe** *m, f* [ɛkstɛʀn]	**Externe(r)**
· Les externes quittent le collège après le dernier cours.	· Die Externen verlassen das Collège nach der letzten Unterrichtsstunde.
le **proviseur** [pʀɔvizœʀ]	**Schulleiter(in) (im Lycée)**
· Le proviseur a félicité les élèves pour leur travail.	· Der Schulleiter hat den Schülerinnen und Schülern zu ihrer Arbeit gratuliert.
la **rentrée (scolaire/des classes)** [ʀɑ̃tʀe(skɔlɛʀ/deklɑs)]	**Schuljahresbeginn**
· le jour de la rentrée	· erster/am ersten Schultag
· La rentrée scolaire est en septembre.	· Der Schulanfang ist im September.

Unterricht und Unterrichtsfächer

la **classe** [klɑs]	**Klasse; Klassenzimmer**
· en classe	· in der Klasse
· sauter une classe	· eine Klasse überspringen
· Il y a 29 élèves dans leur classe.	· In ihrer Klasse sind 29 Schülerinnen und Schüler.
le **cours** [kuʀ]	**Unterrichtsstunde**
· une heure de cours	· eine Stunde Unterricht
· avoir (un cours de) maths *(fam)*	· Mathe(stunde) haben
· Les élèves ont eu un contrôle en cours d'anglais.	· Die Schüler haben im Englischunterricht einen Test geschrieben.

la **leçon** [l(ə)sɔ̃] • Jean n'a pas compris la dernière leçon de grammaire.	**Lektion; (Unterrichts)stunde** • Jean hat die letzte Grammatiklektion nicht verstanden.
l'**élève** *m, f* [elɛv] • Les élèves font du bruit dans la classe.	**Schüler(in)** • Die Schüler machen Krach im Klassenraum.
le, la **professeur** [pʀɔfesœʀ] • le professeur d'allemand • le professeur des écoles • Voici notre professeur principal.	**Lehrer(in)** • Deutschlehrer • Grundschullehrer • Das ist unser(e) Klassenlehrer(in).
le, la **prof** [pʀɔf] *(fam)* • Les élèves ont encore un nouveau prof d'anglais.	**Lehrer(in)** • Die Schüler haben schon wieder einen neuen Englischlehrer.
les **mathématiques** *fpl* [matematik] • En mathématiques, on fait de la géométrie en ce moment.	**Mathematik** • Im Mathematikunterricht nehmen wir zurzeit Geometrie durch.
les **maths** *fpl* [mat] *(fam)* • Les exercices de maths ne sont pas faciles.	**Mathe** • Die Matheaufgaben sind nicht einfach.
la **géographie** [ʒeɔgʀafi] • En géographie, les élèves apprennent les capitales de l'Europe.	**Erdkunde, Geografie** • In Erdkunde lernen die Schüler die Hauptstädte Europas.
la **géo** [ʒeo] *(fam)* • l'histoire-géo *(fam)* • Elle a de bonnes notes en géo, elle adore cette matière!	**Erdkunde** • Geschichte-Erdkunde • Sie hat gute Noten in Erdkunde, sie liebt dieses Fach!
le **français** [fʀɑ̃sɛ] • avoir français • apprendre le français • Le cours de français sur Molière était très intéressant.	**Französisch** • Französisch haben • Französisch lernen • Die Französischstunde über Molière war sehr interessant.
l'**anglais** *m* [ɑ̃glɛ] • En anglais, ils font beaucoup de grammaire.	**Englisch** • Im Englischunterricht machen sie viel Grammatik.
la **physique** [fizik] • En physique, nous avons appris les différents systèmes de mesure des températures.	**Physik** • Im Physikunterricht haben wir die unterschiedlichen Temperaturmesssysteme gelernt.
la **chimie** [ʃimi] • Anne est forte en chimie.	**Chemie** • Anne ist gut in Chemie.
la **biologie** [bjɔlɔʒi] • Leur professeur de biologie est très sévère.	**Biologie** • Ihr Biologielehrer ist sehr streng.
les **sciences naturelles** *fpl* [sjɑ̃snatyʀɛl] • Lili s'intéresse aux sciences naturelles.	**Naturwissenschaften** • Lili interessiert sich für Naturwissenschaften.

le **latin** [latɛ̃] • Mon fils doit réviser son latin.	**Latein** • Mein Sohn muss Latein üben.
le **grec** [gʀɛk] • Il a perdu son classeur de grec.	**Griechisch** • Er hat seinen Griechischordner verloren.
les **travaux manuels** *mpl* [tʀavomanɥɛl] • Elle n'est pas douée pour les travaux manuels.	**Handarbeit** • Sie ist in Handarbeit nicht begabt.
la **gymnastique** [ʒimnastik] • Nos filles détestent la gymnastique.	**Gymnastik** • Unsere Töchter können den Gymnastikunterricht nicht ausstehen.
l'**E.P.S.** *m* [øpeɛs] (éducation physique et sportive) • Il a 3 heures de cours d'E.P.S. par semaine.	**Sport** • Er hat drei Stunden Sportunterricht in der Woche.
l'**exercice** *m* [ɛgzɛʀsis] • Faites l'exercice trois, page vingt-cinq !	**Übung** • Macht die Übung drei, Seite fünfundzwanzig!
le **texte** [tɛkst] • L'exercice est un texte à trous.	**Text** • Die Übung ist ein Lückentext.
lire [liʀ] • lire à haute voix • Tu as lu l'article sur la violence dans le journal ?	**lesen** • laut lesen, vorlesen • Hast du den Zeitungsartikel über Gewalt gelesen?
écrire [ekʀiʀ] • par écrit • Mon fils doit écrire un poème pour demain.	**schreiben** • schriftlich • Mein Sohn muss für morgen ein Gedicht schreiben.
l'**écriture** *f* [ekʀityʀ] • Il a une écriture de chat.	**Schrift, Handschrift** • Er hat eine Sauklaue. *(ugs)*
l'**alphabet** *m* [alfabɛ] • B est la deuxième lettre de l'alphabet.	**Alphabet** • B ist der zweite Buchstabe im Alphabet.
le **nombre** [nɔ̃bʀ] • Les petits apprennent les nombres.	**Zahl** • Die Kleinen lernen die Zahlen.
compter [kɔ̃te] • Luc ne sait pas compter.	**zählen** • Luc kann nicht zählen.
calculer [kalkyle] • Il faut calculer plus rapidement.	**rechnen** • Man muss schneller rechnen.
le **calcul** [kalkyl] • Le calcul mental n'est pas son fort.	**(das) Rechnen** • Kopfrechnen ist nicht seine Stärke.
le **problème** [pʀɔblɛm] • le problème de maths *(fam)* • Francine n'arrive pas à résoudre le problème.	**Problem; Textaufgabe** • Matheaufgabe • Francine schafft es nicht, die Aufgabe zu lösen.

dessiner [desine] • Il a dessiné un portrait de sa mère.	**zeichnen** • Er hat ein Portrait seiner Mutter gezeichnet.
noter [nɔte] • Il n'a pas noté ses devoirs dans son cahier de textes.	**notieren** • Er hat sich die Hausaufgaben nicht in seinem Aufgabenheft notiert.
le **devoir** [d(ə)vwaʀ] • Théo n'a pas de devoirs pour demain.	**(Haus)aufgabe** • Théo hat keine Hausaufgaben für morgen auf.
la **récréation,** la **récré** *(fam)* [ʀekʀe(asjɔ̃)] • Pendant la récréation, ils jouent dehors.	**Pause** • Während der Pause spielen sie draußen.
la **cour** [kuʀ] • la cour de récréation • Ils jouent au foot dans la cour.	**Schulhof** • Pausenhof • Sie spielen Fußball auf dem Schulhof.
la **cantine** [kɑ̃tin] • Mes enfants mangent tous les midis à la cantine.	**(Schul)kantine** • Meine Kinder essen jeden Mittag in der Kantine.
la **bibliothèque** [biblijɔtɛk] • Au lycée, ils ont une bibliothèque bien fournie.	**Bibliothek** • Im Gymnasium haben sie eine gut ausgestattete Bibliothek.
la **matière** [matjɛʀ] • Quelle est ta matière préférée ?	**(Schul)fach** • Was ist dein Lieblingsfach?
le **résumé** [ʀezyme] • Elle doit faire un résumé du texte pour demain.	**Zusammenfassung, Resümee** • Sie muss für morgen eine Zusammenfassung des Textes schreiben.
surveiller [syʀveje] • M. Michaud surveille les élèves cet après-midi.	**überwachen** • Herr Michaud beaufsichtigt die Schülerinnen und Schüler heute Nachmittag.
l'**instituteur** *m*, l'**institutrice** *f* [ɛ̃stitytœʀ, tʀis] • Mon cousin est instituteur de CP.	**Grundschullehrer(in)** • Mein Cousin ist Grundschullehrer in der ersten Klasse.
l'**instit** *m, f* [ɛ̃stit] *(fam)* • Elle est instit à Poitiers.	**Grundschullehrer(in)** • Sie ist Grundschullehrerin in Poitiers.
le **surveillant,** la **surveillante** [syʀvɛjɑ̃, ɑ̃t] • Le surveillant est dans la cour avec les élèves pendant la récréation.	**Aufsicht, Aufsichtsperson** • Die Aufsicht ist während der Pause mit den Schülerinnen und Schülern zusammen auf dem Schulhof.
la **permanence** [pɛʀmanɑ̃s] • Le prof de physique n'est pas là, les élèves ont une permanence à 10 heures.	**beaufsichtigte Freistunde** • Der Physiklehrer ist nicht da, die Schüler haben um 10 Uhr eine Freistunde.
l'**emploi du temps** *m* [ɑ̃plwadytɑ̃] • L'emploi du temps de Marie est très chargé, elle a 30 heures de cours.	**Stundenplan** • Maries Stundenplan ist sehr voll, sie hat 30 Unterrichtsstunden.

la **langue** [lɑ̃g]	**Sprache**
· le cours de langue	· Sprachunterricht, -kurs
· Ma fille a choisi allemand comme deuxième langue (étrangère).	· Meine Tochter hat Deutsch als zweite Fremdsprache gewählt.
résumer [ʀezyme]	**zusammenfassen**
· Vous pouvez résumer ce que le professeur a dit ?	· Können Sie/Könnt ihr zusammenfassen, was der Lehrer/die Lehrerin gesagt hat?
traduire [tʀadɥiʀ]	**übersetzen**
· Il a traduit le texte en anglais.	· Er hat den Text ins Englische übersetzt.
le **chiffre** [ʃifʀ]	**Ziffer, Zahl**
· Je leur apprends les chiffres en anglais.	· Ich bringe ihnen die Zahlen auf Englisch bei.
le **rang** [ʀɑ̃]	**Platz; Reihe**
· (se mettre) en rang par deux	· (sich) in Zweierreihen (aufstellen)
· Victor s'assoit toujours au premier rang pour mieux voir.	· Victor setzt sich immer in die erste Reihe, um besser zu sehen.
l'**enseignant** *m*, l'**enseignante** *f* [ɑ̃sɛɲɑ̃, ɑ̃t]	**Lehrer(in); Lehrkraft**
· Dans cette école, les enseignants sont très motivés.	· An dieser Schule sind die Lehrer sehr motiviert.
enseigner [ɑ̃seɲe]	**unterrichten**
· enseigner qc à qn	· jdn in etw unterrichten
· Danièle enseigne le latin et le grec.	· Danièle unterrichtet Latein und Griechisch.
présent, e [pʀezɑ̃, ɑ̃t]	**anwesend**
· La plupart des parents étaient présents à la réunion parents-professeurs.	· Die meisten Eltern waren beim Elternabend anwesend.
la **présence** [pʀezɑ̃s]	**Anwesenheit**
· Les professeurs notent les présences des élèves.	· Die Lehrer führen eine Anwesenheitsliste der Schüler.
absent, e [apsɑ̃, ɑ̃t]	**abwesend**
· Il était absent toute la semaine.	· Er hat die ganze Woche gefehlt.
l'**absence** *f* [absɑ̃s]	**Abwesenheit, Fehlen**
· Les absences des élèves sont comptabilisées et mentionnées sur le bulletin.	· Die Fehlzeiten der Schüler werden erfasst und im Zeugnis erwähnt.
le **mot d'excuse** [modɛkskyz]	**Entschuldigung**
· Il a demandé à sa mère de lui écrire un mot d'excuse.	· Er hat seine Mutter gebeten, ihm eine Entschuldigung zu schreiben.

Unterrichtsmaterial

le **tableau,** les **tableaux** [tablo] · Le professeur écrit l'exercice au tableau.	**(Wand)tafel** · Der Lehrer schreibt die Übung an die Tafel.
le **livre** [livʀ] · emprunter un livre · Luc a oublié son livre d'anglais, il ne peut pas faire l'exercice.	**Buch** · ein Buch ausleihen · Luc hat sein Englischbuch vergessen, er kann die Übung nicht machen.
le **cahier** [kaje] · le cahier de textes · Ouvrez vos cahiers !	**Heft** · Hausaufgabenheft · Schlagt eure Hefte auf!
le **carnet** [kaʀnɛ] · Il prend des notes dans son carnet.	**Heft** · Er macht sich Notizen in sein Heft.
la **page** [paʒ] · La photo se trouve à la page 31 dans le livre d'histoire.	**Seite** · Das Foto ist im Geschichtsbuch auf Seite 31.
la **ligne** [liɲ] · Écrivez quelques lignes sur vos vacances d'été.	**Linie, Zeile** · Schreibt ein paar Zeilen über eure Sommerferien.
le **cartable** [kaʀtabl] · Zoé range ses livres et ses cahiers dans son cartable.	**Schulranzen, -tasche** · Zoé räumt ihre Bücher und Hefte in ihren Schulranzen ein.
la **trousse** [tʀus] · Ses crayons sont dans sa trousse.	**Federmäppchen, Etui** · Seine/Ihre Stifte sind in seinem/ihrem Federmäppchen.

Lernen, Denken und Verstehen

26

demander qc à qn [d(ə)mɑ̃de] · Demande au professeur qu'il t'explique l'exercice.	**jdn nach etw fragen** · Frag den Lehrer, ob er dir die Aufgabe erklärt.
la **question** [kɛstjɔ̃] · poser une question à qn · répondre à une question · Vous pouvez répéter la question, s'il vous plaît ?	**Frage** · jdm eine Frage stellen · eine Frage beantworten · Können Sie die Frage bitte wiederholen?
répondre à qn [ʀepɔ̃dʀ] · Il m'a répondu que cela ne l'intéressait pas.	**jdm antworten** · Er hat mir geantwortet, dass ihn das nicht interessiert.
la **réponse** [ʀepɔ̃s] · Il a trouvé la bonne réponse au problème.	**Antwort** · Er hat die richtige Antwort zu der Textaufgabe gefunden.
expliquer [ɛksplike] · La professeur lui a expliqué le problème de maths, il était difficile.	**erklären** · Die Lehrerin hat ihm/ihr die Matheaufgabe erklärt, sie war schwierig.

décrire [dekRiR] • Ils doivent écrire un texte où ils décrivent leur famille.	**beschreiben** • Sie müssen einen Text schreiben, in dem sie ihre Familie beschreiben.
répéter [Repete] • Le professeur répète les questions.	**wiederholen** • Der Lehrer wiederholt die Fragen.
comprendre [kɔ̃pRɑ̃dR] • faire comprendre qc à qn • Elle n'a pas compris l'exercice, elle a fait beaucoup de fautes.	**verstehen** • jdm etw begreiflich machen • Sie hat die Übung nicht verstanden, sie hat viele Fehler gemacht.
l'exemple *m* [ɛgzɑ̃pl] • par exemple • Je vous donne un exemple, c'est plus simple.	**Beispiel** • zum Beispiel • Ich gebe euch/Ihnen ein Beispiel, das ist einfacher.
savoir [savwaR] • savoir parler allemand • Il a bien appris son poème, il le sait par cœur.	**wissen; können, beherrschen** • Deutsch können • Er hat sein Gedicht gut gelernt, er kann es auswendig.
oublier [ublije] • Marc a oublié son livre au collège.	**vergessen** • Marc hat sein Buch im Collège vergessen.
l'attention *f* [atɑ̃sjɔ̃] • faire attention à qc • S'il vous plaît, faites attention!	**Aufmerksamkeit** • auf etw aufpassen, auf etw achtgeben • Aufpassen, bitte!
apprendre [apRɑ̃dR] • apprendre par cœur • apprendre qc à qn • Ils apprennent le français.	**lernen, erfahren** • auswendig lernen • jdm etw beibringen • Sie lernen Französisch.
connaître [kɔnɛtR] • Carine est une nouvelle élève, je ne la connais pas.	**kennen** • Carine ist eine neue Schülerin, ich kenne sie nicht.
aider [ede] • aider qn à faire qc • Je suis nulle en maths, je ne peux pas t'aider.	**helfen** • jdm helfen etw zu tun • Ich habe keine Ahnung von Mathe, ich kann dir nicht helfen.
la culture [kyltyR] • la culture générale • Cet élève a une grande culture.	**Bildung, Wissen; Kultur** • Allgemeinbildung • Dieser Schüler hat eine gute Allgemeinbildung.
la compréhension [kɔ̃pReɑ̃sjɔ̃] • la compréhension orale/écrite • Le test se composera d'une dictée et d'un exercice de compréhension orale.	**Verständnis** • Hör-/Textverständnis • Der Test wird sich aus einem Diktat und einer Hörverständnisübung zusammensetzen.

saisir [seziʀ] • Certains élèves n'ont pas saisi le problème.	**begreifen** • Einige Schülerinnen und Schüler haben die Aufgabe nicht begriffen.
la **solution** [sɔlysjɔ̃] • Stéphanie ne trouve pas la solution au problème.	**Lösung** • Stéphanie findet die Lösung für die Aufgabe nicht.
la **règle** [ʀɛgl] • respecter les règles • En français, les élèves doivent apprendre beaucoup de règles de grammaire.	**Regel** • die Regeln beachten • Im Französischunterricht müssen die Schülerinnen und Schüler viele Grammatikregeln lernen.
la **difficulté** [difikylte] • avoir des difficultés • Elle a des difficultés en physique.	**Schwierigkeit** • Schwierigkeiten haben • Sie hat Schwierigkeiten im Physikunterricht.
le **piège** [pjɛʒ] • tomber dans un piège • Attention au piège, ne vous trompez pas!	**Falle** • in eine Falle tappen • Vorsicht, Falle! Lasst euch nicht täuschen!
réfléchir [ʀefleʃiʀ] • réfléchir à qc • Lisa doit s'appliquer et réfléchir davantage.	**nachdenken** • über etw nachdenken • Lisa muss sich Mühe geben und mehr überlegen.
le **savoir** [savwaʀ] • Il ne sait pas transmettre son savoir.	**Wissen** • Er kann sein Wissen nicht vermitteln.
les **connaissances** *fpl* [kɔnɛsɑ̃s] • rafraîchir ses connaissances • Le professeur fera un petit test pour contrôler leurs connaissances.	**Kenntnisse** • sein Wissen auffrischen • Der Lehrer wird einen kleinen Test machen, um ihr Wissen zu überprüfen.
assimiler [asimile] • Les élèves ont bien assimilé la leçon.	**aufnehmen, sich aneignen** • Die Schülerinnen und Schüler habe die Lektion gut verinnerlicht.
perfectionner [pɛʀfɛksjɔne] • perfectionner son anglais • Jean doit encore perfectionner sa maîtrise de la langue écrite.	**verbessern** • sein Englisch verbessern • Jean muss seinen schriftlichen Ausdruck noch verbessern.
l'**intérêt** *m* [ɛ̃teʀɛ] • montrer de l'intérêt pour qc • avec grand intérêt • Ils ont écouté l'exposé avec beaucoup d'intérêt.	**Interesse** • Interesse an etw haben • mit großem Interesse • Sie haben das Referat mit großem Interesse verfolgt.

Vorsicht! **La règle** kann *die Regel*, aber auch *das Lineal* bedeuten.

approfondir [apʀɔfɔ̃diʀ]	**vertiefen**
· approfondir ses connaissances	· sein Wissen vertiefen
· Nous approfondirons le sujet demain.	· Wir werden das Thema morgen eingehender behandeln.
se concentrer [s(ə)kɔ̃sɑ̃tʀe]	**sich konzentrieren**
· se concentrer sur qc	· sich auf etw konzentrieren
· Concentre-toi davantage !	· Konzentriere dich besser!

Prüfungen und Zeugnisse

le contrôle [kɔ̃tʀol]	**Test, Klassenarbeit**
· le contrôle de géographie	· Erdkundetest
· Mardi prochain, nous ferons un contrôle d'allemand.	· Nächsten Dienstag schreiben wir einen Deutschtest.
corriger [kɔʀiʒe]	**korrigieren, verbessern**
· Le professeur n'a pas encore corrigé les contrôles de maths.	· Der Lehrer hat die Mathearbeiten noch nicht korrigiert.
correct, e [kɔʀɛkt]	**richtig**
· Tu as raison, ta réponse est correcte.	· Du hast recht, deine Antwort ist richtig.
faux, fausse [fo, fos]	**falsch**
· Il a tort, ce qu'il dit est complètement faux !	· Er hat unrecht. Das, was er sagt, ist völlig falsch!
juste [ʒyst]	**richtig, genau**
· Oui, c'est tout à fait juste !	· Ja, das ist absolut richtig!
la faute [fot]	**Fehler**
· faire moins de fautes	· weniger Fehler machen
· plein de fautes *(fam)*	· voller Fehler
· Il a fait dix fautes dans la dictée.	· Er hat zehn Fehler im Diktat (gemacht).
rater [ʀate]	**nicht schaffen**
· rater un contrôle	· bei einer Klassenarbeit durchfallen, eine Klassenarbeit verhauen
· Vincent a peur de rater son examen.	· Vincent hat Angst, durch die Prüfung zu fallen.
réussir [ʀeysiʀ]	**gut bewältigen, gelingen, fertigbringen**
· réussir (à) l'examen	· die Prüfung bestehen
· qn réussit à faire qc	· es gelingt jdm etw zu tun
· Ton exposé n'était pas très réussi.	· Dein Referat war nicht sehr gelungen!

arriver à faire qc [aʀiveafɛʀ] + *être*	**gelingen etw zu tun**
· Elle n'arrive pas à se concentrer.	· Es gelingt ihr nicht, sich zu konzentrieren.
la moyenne [mwajɛn]	**Durchschnitt**
· avoir la moyenne	· eine Durchschnittsnote, eine ausreichende Note haben
· avoir au-dessus de la moyenne	· eine gute Note haben
· Ses résultats sont en dessous de la moyenne.	· Seine/Ihre Ergebnisse liegen unter dem Durchschnitt.

la **note** [nɔt]	**Note, Zensur**
• mettre une note à qn	• jdm eine Note geben
• Géraldine travaille bien à l'école, elle a toujours de bonnes notes.	• Géraldine ist gut in der Schule, sie hat immer gute Noten.
noter [nɔte]	**benoten**
• Mme Talourd note durement ses élèves.	• Frau Talourd benotet ihre Schülerinnen und Schüler streng.
le **niveau,** les **niveaux** [nivo]	**Niveau**
• Cette classe a un bon niveau, la prof est satisfaite.	• Diese Klasse hat ein gutes Niveau, die Lehrerin ist zufrieden.
fort, e [fɔʀ, fɔʀt]	**gut**
• Sylvain est fort en maths, il adore les problèmes difficiles.	• Sylvain ist gut in Mathe, er liebt schwierige Sachaufgaben.
faible [fɛbl]	**schwach**
• Christelle est une élève faible et a de grosses difficultés à suivre.	• Christelle ist eine schwache Schülerin und hat große Schwierigkeiten mitzukommen.
le **baccalauréat** [bakalɔʀea]	**Abitur**
• Elle passe son baccalauréat et après elle veut aller à l'université.	• Sie macht ihr Abitur und dann will sie auf die Universität gehen.
le **bac** [bak] *(fam)*	**Abi**
• le bac professionnel	• berufliches Abi
• réussir le bac/être reçu au bac, avoir son bac	• das Abi bestehen/schaffen, das/sein Abi haben
• Raphaël a raté son bac.	• Raphaël ist beim Abi durchgefallen.
le **brevet des collèges** [bʀəvɛdekɔlɛʒ]	**Abschlussprüfung, Abschlusszeugnis nach dem Collège**
• À la fin du collège, les élèves passent un examen : le brevet des collèges.	• Am Ende des Collège machen die Schülerinnen und Schüler eine Abschlussprüfung: das *brevet des collèges.*
le **sujet** [syʒɛ]	**Thema**
• Pierre, quel sujet as-tu choisi pour ton exposé ?	• Welches Thema hast du für dein Referat gewählt, Pierre?

In Frankreich werden Noten von 0 bis 20 vergeben, wobei 0 eine katastrophale Note ist, 10 eine Durchschnittsnote und 20 eine ausgezeichnete **note** ist.

Das **baccalauréat** ist die Abschlussprüfung des **lycée** und berechtigt zum Hochschulstudium. Termin und Inhalt der Abiturprüfung werden in Frankreich vom Staat einheitlich für das ganze Land festgelegt. Es gibt verschiedene Abiturfachrichtungen zur Auswahl: eine literarische, wirtschaftliche, wissenschaftliche oder technische.

l'interrogation *f* [ɛ̃teʀɔɡasjɔ̃] • En anglais, ils ont eu une interrogation écrite et une interrogation orale.	**Test, Leistungsüberprüfung** • In Englisch hatten sie eine schriftliche und eine mündliche Prüfung.
l'interro *f* [ɛ̃teʀo] *(fam)* • Tu as eu quelle note à l'interro de biologie ?	**Test** • Welche Note hattest du im Biotest?
oral, e [ɔʀal] • À la fin de l'année, les élèves auront une interrogation orale en espagnol.	**mündlich** • Am Ende des Jahres werden die Schülerinnen und Schüler einen mündlichen Test in Spanisch haben.
écrit, e [ekʀi, it] • L'interrogation écrite était une catastrophe.	**schriftlich** • Die schriftliche Prüfung war eine Katastrophe!
redoubler [ʀ(ə)duble] • Malheureusement, mon fils doit redoubler sa sixième.	**sitzen bleiben, die Klasse wiederholen** • Leider muss mein Sohn die sechste Klasse wiederholen.
le certificat [sɛʀtifika] • Elle a obtenu son certificat d'études primaires.	**Zeugnis** • Sie hat ihr Grundschulzeugnis erhalten.

Im Hörsaal

27

le cours [kuʀ] • le cours magistral • le cours par correspondance • Elle donne des cours à l'université.	**Kurs** • Vorlesung • Fernkurs • Sie hält Kurse an der Universität.
suivre [sɥivʀ] • suivre un cours • Il a suivi un séminaire de linguistique.	**teilnehmen, besuchen** • an einem Kurs teilnehmen, einen Kurs besuchen • Er hat an einem Linguistikseminar teilgenommen.
le, la professeur [pʀɔfesœʀ] • le professeur de lettres • Il est professeur de droit à l'université.	**(Universitäts)professor(in)** • Professor für französische Literatur • Er ist Professor für Recht(swissenschaft) an der Universität.
l'université *f* [ynivɛʀsite] • Claire étudie à l'université de Marseille.	**Universität** • Claire studiert an der Universität von Marseille.
les études *fpl* [etyd] • faire des études • faire des études de médecine • Ses parents lui paient ses études.	**Studium** • studieren • Medizin studieren • Seine/Ihre Eltern zahlen ihm/ihr das Studium.
l'étudiant *m*, **l'étudiante** *f* [etydjɑ̃, jɑ̃t] • Elle est étudiante à la faculté de droit.	**Student(in)** • Sie ist Studentin an der Fakultät für Rechtswissenschaften.

étudier [etydje]	**studieren**
• étudier les langues	• Sprachen studieren
• Elle a étudié aux États-Unis.	• Sie hat in den Staaten studiert.
arrêter [aʀete]	**aufhören, unterbrechen**
• arrêter ses études	• das Studium abbrechen
• Elle vient d'arrêter l'université.	• Sie hat gerade ihr Studium abgebrochen.
la **faculté** [fakylte]	**Fakultät, Fachbereich; Universität**
• La faculté de médecine est très moderne.	• Die medizinische Fakultät ist sehr modern.
la **fac** [fak] *(fam)*	**Uni**
• la fac de droit/lettres	• juristische/philologische Fakultät
• Pour aller à la fac, il me faut dix minutes.	• Zur Uni brauche ich zehn Minuten.
la **grande école** [gʀɑ̃dekɔl]	**(Elite)hochschule**
• Elle a choisi d'aller dans une grande école pour devenir ingénieur.	• Sie hat sich für eine Elitehochschule entschieden, um Ingenieurin zu werden.
l'**université populaire** *f* [yniveʀsitepɔpylɛʀ]	**Volkshochschule**
• Olivia donne des cours d'italien à l'université populaire.	• Olivia gibt Italienischkurse an der Volkshochschule.
s'inscrire [sɛ̃skʀiʀ]	**sich einschreiben**
• Il s'est inscrit à l'université.	• Er hat sich an der Universität eingeschrieben.
l'**inscription** *f* [ɛ̃skʀipsjɔ̃]	**Einschreibung, Immatrikulation**
• L'inscription à la fac est la semaine prochaine entre 8 et 17 heures.	• Die Immatrikulation an der Uni ist nächste Woche zwischen 8 und 17 Uhr.

In der Ausbildung und im Job

28

Lehrstellen und Berufsausbildung

la **formation** [fɔʀmasjɔ̃]	**Ausbildung**
• la formation professionnelle	• Berufsausbildung
• la formation continue/permanente	• Weiterbildung
• Nicolas suit une formation de vendeur.	• Nicolas macht eine Ausbildung als Einzelhandelskaufmann.
devenir [dəv(ə)niʀ] + *être*	**werden**
• devenir boulanger	• Bäcker werden
• Que veut-il devenir plus tard ?	• Was will er später einmal werden?
apprendre [apʀɑ̃dʀ]	**lernen**
• apprendre qc à qn	• jdm etw beibringen, jdn etw lehren
• Sa mère lui conseille d'apprendre un bon métier.	• Seine Mutter rät ihm, einen anständigen Beruf zu lernen.
le **stage** [staʒ]	**Praktikum**
• faire un stage	• ein Praktikum machen
• À la fin de son stage en entreprise, elle doit rédiger un mémoire.	• Am Ende des Praktikums muss sie einen Bericht schreiben.

l'**atelier** *m* [atəlje]	**Werkstatt; Workshop**
· Il travaille dans un atelier.	· Er arbeitet in einer Werkstatt.
le **professionnel**, la **professionnelle** [pʀɔfesjɔnɛl]	**Fachmann, -frau, Profi**
· C'est un vrai professionnel, il a suivi une formation.	· Er ist ein echter Profi, er hat eine Ausbildung durchlaufen.
professionnel, le [pʀɔfesjɔnɛl]	**Berufs-, beruflich**
· Quelle formation professionnelle suit-elle ?	· Welche Berufsausbildung macht sie?
spécialisé, e [spesjalize]	**spezialisiert**
· Il faut suivre une formation spécialisée pour devenir pilote.	· Um Pilot(in) zu werden, braucht man eine Fachausbildung.
la **spécialité** [spesjalite]	**Spezialgebiet, Spezialität**
· Il souhaite s'orienter vers une autre spécialité.	· Er möchte sich einem anderen Spezialgebiet zuwenden.
l'**apprentissage** *m* [apʀɑ̃tisaʒ]	**Lehre**
· faire un apprentissage de coiffeur	· eine Lehre als Friseur machen
· Étienne est entré en apprentissage.	· Étienne hat seine Ausbildung angefangen.
le **projet** [pʀɔʒɛ]	**Plan, Projekt**
· Il n'a aucun projet professionnel.	· Er hat keinerlei Berufswunsch.
l'**apprenti** *m*, l'**apprentie** *f* [apʀɑ̃ti]	**Auszubildende(r), Lehrling**
· la place d'apprenti	· Lehrstelle
· Il est apprenti mécanicien.	· Er ist Mechanikerlehrling.

Berufe und Berufsgruppen

travailler [tʀavaje]	**arbeiten**
· travailler dans l'industrie/le commerce	· in der Industrie/im Handel arbeiten
· travailler dans l'administration	· in der Verwaltung arbeiten
· Elle ne travaille plus, elle a pris sa retraite.	· Sie arbeitet nicht mehr, sie ist in Rente.
le **métier** [metje]	**Beruf**
· le métier d'avenir	· Zukunftsberuf
· exercer un métier	· einen Beruf ausüben
· Qu'est-ce que vous faites comme métier ?	· Was machen Sie beruflich?
la **profession** [pʀɔfesjɔ̃]	**Beruf**
· la profession libérale	· selbstständiger/freier Beruf
· Quelle est votre profession ?	· Was sind Sie von Beruf?
le **travailleur**, la **travailleuse** [tʀavajœʀ, øz]	**Arbeitnehmer(in)**
· le travailleur social	· Sozialarbeiter
· Les travailleurs sont descendus dans la rue pour protester.	· Die Arbeitnehmer sind auf die Straße gegangen, um zu protestieren.

réussir [ʀeysiʀ] • Mon frère a bien réussi dans la vie, il est médecin.	**Erfolg haben** • Mein Bruder ist recht erfolgreich im Leben, er ist Arzt.
le **policier,** la **policière** [pɔlisje, jɛʀ] • Mon ami d'enfance est aujourd'hui policier.	**Polizist(in)** • Mein Freund aus Kindertagen ist heute Polizist.
l'**inspecteur** *m*, l'**inspectrice** *f* [ɛ̃spɛktœʀ, tʀis] • Elle travaille comme inspectrice de police au commissariat.	**Inspektor(in)** • Sie arbeitet als Polizeiinspektorin auf dem Polizeirevier.
le, la **gendarme** [ʒɑ̃daʀm] • Mon fils veut devenir gendarme.	**Gendarm, (Militär)polizist(in)** • Mein Sohn will später einmal Polizist werden.
le, la **comptable** [kɔ̃tabl] • Agathe est comptable dans une entreprise d'informatique.	**Buchhalter(in)** • Agathe ist Buchhalterin in einer EDV-Firma.
le, la **professeur** [pʀɔfesœʀ] • Il est professeur de philosophie à l'université.	**Lehrer(in); Professor(in)** • Er ist Philosophieprofessor an der Universität.
l'**instituteur** *m*, l'**institutrice** *f* [ɛ̃stitytœʀ, tʀis] • Dans sa famille, elles sont toutes institutrices.	**Grundschullehrer(in)** • In ihrer Familie sind sie alle Grundschullehrerinnen.
l'**architecte** *m, f* [aʀʃitɛkt] • Pierre est architecte de formation, mais il travaille dans l'informatique.	**Architekt(in)** • Pierre ist ausgebildeter Architekt, aber er arbeitet in der EDV.
l'**ouvrier** *m*, l'**ouvrière** *f* [uvʀije, jɛʀ] • l'ouvrier spécialisé (OS) • l'ouvrier qualifié • Il est ouvrier à l'usine.	**Arbeiter(in)** • Hilfsarbeiter • Facharbeiter • Er ist Fabrikarbeiter.
le **vendeur,** la **vendeuse** [vɑ̃dœʀ, øz] • Il a toutes les qualités d'un bon vendeur.	**Verkäufer(in)** • Er hat alle Qualitäten eines guten Verkäufers.
le **boucher,** la **bouchère** [buʃe, ɛʀ] • Notre boucher vend de la bonne viande.	**Fleischer(in), Metzger(in)** • Unser Fleischer verkauft gutes Fleisch.
le **charcutier,** la **charcutière** [ʃaʀkytje, jɛʀ] • J'achète du saucisson chez le charcutier.	**Fleischer(in), Metzger(in)** • Ich habe Wurst beim Metzger gekauft.
le **boulanger,** la **boulangère** [bulɑ̃ʒe, ɛʀ] • Notre boulanger fait de délicieuses baguettes.	**Bäcker(in)** • Unser Bäcker macht leckere Baguettes.

Der Unterschied zwischen einem **boucher** und einem **charcutier** ist der, dass der erste alle Fleischsorten außer Schweinefleisch verkauft, während der zweite nur Produkte vom Schwein anbietet.

le **pâtissier,** la **pâtissière** [pɑtisje, jɛʀ]	**Konditor(in)**
• Elle a acheté une tarte aux pommes chez le pâtissier.	• Sie hat einen Apfelkuchen beim Konditor gekauft.
le **coiffeur,** la **coiffeuse** [kwafœʀ, øz]	**Friseur(in)**
• Je dois me faire couper les cheveux, je vais chez le coiffeur mardi.	• Ich muss mir die Haare schneiden lassen, ich gehe am Dienstag zum Friseur.
le **moniteur,** la **monitrice** [mɔnitœʀ, tʀis]	**Betreuer(in)**
• la monitrice d'auto-école	• Fahrlehrerin
• Le moniteur de ski est très gentil avec les enfants.	• Der Skilehrer ist sehr nett zu den Kindern.
le **médecin** [medsɛ̃]	**Arzt, Ärztin**
• Je te recommande le Dr Leroy, notre médecin de famille.	• Ich empfehle dir unseren Hausarzt Dr. Leroy.
le **pharmacien,** la **pharmacienne** [faʀmasjɛ̃, jɛn]	**Apotheker(in)**
• Le pharmacien m'a conseillé un sirop efficace contre la toux.	• Der Apotheker hat mir einen wirksamen Hustensaft empfohlen.
l'**ingénieur** *m, f* [ɛ̃ʒenjœʀ]	**Ingenieur(in)**
• Marc est ingénieur chez Renault.	• Marc ist Ingenieur bei Renault.
l'**informaticien** *m*, l'**informaticienne** *f* [ɛ̃fɔʀmatisjɛ̃, jɛn]	**Informatiker(in)**
• Elle veut devenir informaticienne et développer de nouveaux programmes informatiques.	• Später möchte sie Informatikerin werden und neue EDV-Programme entwickeln.
responsable [ʀɛspɔ̃sabl]	**verantwortlich**
• être responsable de qc	• für etw verantwortlich/zuständig sein
• Il est responsable du service des ventes.	• Er ist für die Verkaufsabteilung verantwortlich.
l'**artisan** *m*, l'**artisane** *f* [aʀtizɑ̃, an]	**Handwerker(in)**
• Ils sont artisans de père en fils.	• Sie sind seit Generationen Handwerker.
l'**électricien** *m*, l'**électricienne** *f* [elɛktʀisjɛ̃, jɛn]	**Elektriker(in)**
• L'électricien est venu et a réparé notre téléviseur.	• Der Elektriker ist gekommen und hat unseren Fernseher repariert.
le **plombier,** la **plombière** [plɔ̃bje, jɛʀ]	**Klempner(in), Installateur(in)**
• Le plombier a réparé la tuyauterie.	• Der Klempner hat die Leitungen repariert.
le **maçon,** la **maçonne** [masɔ̃, ɔn]	**Maurer(in)**
• Mon père est maçon, il construit en ce moment une nouvelle maison.	• Mein Vater ist Maurer, er baut im Moment ein neues Haus.

Zu **médecin** gibt es keine Femininform: **Elle est médecin.** – *Sie ist Ärztin.*

le **gardien**, la **gardienne** [gaʀdjɛ̃, jɛn] · La gardienne de l'immeuble fait la conversation à tout le monde.	**Wärter(in), Wächter(in), Hausmeister(in)** · Die Hausmeisterin plaudert mit jedem.
le **chauffeur** [ʃofœʀ] · Tom est chauffeur de bus à la ville.	**Fahrer(in)** · Tom ist Busfahrer bei der Stadt.
le, la **militaire** [militɛʀ] · Marc travaille dans l'Armée de Terre : il est militaire.	**Soldat(in)** · Marc arbeitet bei der Armee: Er ist Soldat.
le **commercial**, la **commerciale** [kɔmɛʀsjal] · Il est commercial dans une banque.	**kaufmännische(r) Angestellte(r)** · Er ist kaufmännischer Angestellter bei einer Bank.

Arbeitsbedingungen

travailler [tʀavaje] · travailler à mi-temps/à temps partiel · travailler à plein temps/à temps complet · Mireille travaille à la chaîne dans une usine.	**arbeiten** · halbtags/Teilzeit arbeiten · Vollzeit/ganztags arbeiten · Mireille arbeit in einer Fabrik am Fließband.
le **travail**, les **travaux** [tʀavaj, o] · le travail temporaire · le travail au noir · Ses horaires de travail sont très variables.	**Arbeit** · Zeitarbeit · Schwarzarbeit · Seine/Ihre Arbeitszeiten sind sehr unterschiedlich.
le **bureau**, les **bureaux** [byʀo] · Elle travaille dans le même bureau que son chef.	**Büro** · Sie arbeitet im gleichen Büro wie ihr Chef.
l'**entreprise** *f* [ɑ̃tʀəpʀiz] · Ma mère travaille dans une petite entreprise familiale.	**Unternehmen** · Meine Mutter arbeitet in einem kleinen Familienunternehmen.
la **boîte** *(fam)* [bwat] · Dans sa boîte, il y a eu beaucoup de licenciements.	**Firma** · In seiner Firma gab es viele Entlassungen.
l'**employé** *m*, l'**employée** *f* [ɑ̃plwaje] · Elle est employée au bureau de poste.	**Angestellte(r)** · Sie ist Angestellte bei der Post.
payer [peje] · bien/mal payé · Dans ma nouvelle boîte, les heures supplémentaires ne sont pas payées !	**(be)zahlen** · gut/schlecht bezahlt · In meiner neuen Firma werden Überstunden nicht bezahlt!
rentrer [ʀɑ̃tʀe] + *être* · Je travaille beaucoup et ne rentre que tard le soir à la maison.	**nach Hause gehen/kommen** · Ich arbeite viel und komme erst spätabends nach Hause.
terminer [tɛʀmine] · J'ai terminé mon travail tôt aujourd'hui.	**erledigen, beenden** · Heute habe ich früh aufgehört zu arbeiten.

le **congé** [kɔ̃ʒe]	**Urlaub**
· être en congé	· in/im Urlaub sein
· être en congé (de) maladie	· krankgeschrieben sein
· La secrétaire est en congé (de) maladie.	· Die Sekretärin ist krankgeschrieben.
les **vacances** *fpl* [vakɑ̃s]	**Ferien, Urlaub**
· prendre des vacances	· Urlaub nehmen
· Tu travailles trop, tu as besoin de vacances.	· Du arbeitest zu viel, du brauchst Urlaub!
facile [fasil]	**leicht**
· Ce n'est pas facile de travailler avec lui.	· Es ist nicht leicht, mit ihm zu arbeiten.
difficile [difisil]	**schwierig, schwer**
· C'est difficile de trouver du travail.	· Es ist schwer, eine Arbeit zu finden.

le **jour ouvrable** [ʒuʀuvʀabl]	**Werktag**
· Nous effectuerons la réparation dans un délai de 5 jours ouvrables.	· Wir werden die Reparatur innerhalb von 5 Werktagen ausführen.
le **jour ouvré** [ʒuʀuvʀe]	**Arbeitstag**
· Ma semaine compte six jours ouvrés, du lundi au samedi.	· Meine Woche hat sechs Arbeitstage, von Montag bis Samstag.
le **jour férié** [ʒuʀfeʀje]	**Feiertag**
· L'institut est fermé les jours fériés.	· Das Institut ist an Feiertagen geschlossen.
le **salaire** [salɛʀ]	**Gehalt, Lohn**
· Je touche mon salaire à la fin du mois.	· Ich bekomme meinen Lohn am Ende des Monats.
gagner [gaɲe]	**verdienen**
· gagner de l'argent	· Geld verdienen
· gagner sa vie	· seinen Lebensunterhalt verdienen
· Elle gagne beaucoup plus que son mari.	· Sie verdient viel mehr als ihr Mann.
l'**augmentation** *f* [ɔgmɑ̃tasjɔ̃]	**Erhöhung**
· l'augmentation de salaire	· Gehaltserhöhung, Lohnerhöhung
· J'ai voté contre l'augmentation du temps de travail.	· Ich habe gegen die Erhöhung der Arbeitszeiten gestimmt.
les **impôts** *mpl* [ɛ̃po]	**Steuern**
· Les impôts sur le revenu augmentent encore cette année.	· Die Einkommensteuer wird dieses Jahr noch einmal erhöht.
le, la **collègue** [kɔ(l)lɛg]	**Kollege, Kollegin**
· Je m'entends bien avec mes collègues de travail.	· Ich verstehe mich gut mit meinen Arbeitskol-legen.
l'**équipe** *f* [ekip]	**Team**
· l'équipe de nuit	· Nachtschicht
· l'esprit d'équipe	· Teamgeist
· Jean-Marc et moi, nous formons une bonne équipe.	· Jean-Marc und ich, wir sind ein gutes Team.

le **boulot** [bulo] *(fam)*	**Arbeit, Job**
• le boulot de vacances	• Ferienjob
• le petit boulot	• Nebenjob
• Tu es au boulot demain?	• Bist du morgen bei der Arbeit?
les **conditions de travail** *fpl* [kɔ̃disjɔ̃dətʀavaj]	**Arbeitsbedingungen**
• Les conditions de travail dans une usine sont assez dures.	• Die Arbeitsbedingungen in einer Fabrik sind ziemlich hart.
l'**employeur** *m*, l'**employeuse** *f* [ɑ̃plwajœʀ, øz]	**Arbeitgeber(in)**
• Son employeur lui a promis une prime de 1000 €.	• Sein/Ihr Arbeitgeber hat ihm/ihr eine Prämie von 1000 € versprochen.
le **patron,** la **patronne** [patʀɔ̃, ɔn]	**Arbeitgeber(in), Chef(in)**
• Mon patron travaille beaucoup, il arrive le premier et part le dernier.	• Mein Chef arbeitet viel, er kommt als Erster und geht als Letzter.
le **chef,** la **chef** *(fam)* [ʃɛf]	**Chef(in)**
• Francesco est le chef cuisinier du restaurant italien.	• Francesco ist der Chefkoch des italienischen Restaurants.
le **job** [dʒɔb] *(fam)*	**Job**
• le job d'été	• Sommerjob
• Cécile a trouvé un job dans un supermarché.	• Cécile hat einen Job in einem Supermarkt gefunden.
le **contrat** [kɔ̃tʀa]	**Vertrag**
• le contrat de travail	• Arbeitsvertrag
• le contrat à durée indéterminée (CDI) / déterminée (CDD)	• unbefristeter/befristeter Arbeitsvertrag
• Son mari vient de décrocher un gros contrat.	• Ihr Mann hat einen dicken Vertrag an Land gezogen.
le **projet** [pʀɔʒɛ]	**Projekt**
• abandonner un projet	• ein Projekt aufgeben
• Il gère plusieurs projets à la fois.	• Er leitet mehrere Projekte gleichzeitig.
le **directeur,** la **directrice** [diʀɛktœʀ, tʀis]	**Direktor(in); Leiter(in)**
• Il a présenté son projet au directeur.	• Er hat dem Direktor sein Projekt vorgestellt.

Arbeitnehmervertretung

organiser [ɔʀganize]	**organisieren**
• Ils organisent une réunion pour la semaine prochaine.	• Sie organisieren ein Meeting für nächste Woche.
lutter [lyte]	**kämpfen**
• Il faut lutter contre le chômage.	• Man muss die Arbeitslosigkeit bekämpfen.
voter [vɔte]	**abstimmen, wählen**
• J'ai voté contre la suppression de postes.	• Ich habe gegen den Stellenabbau gestimmt.
le **délégué**, la **déléguée (du personnel)** [delege(dypɛʀsɔnɛl)]	**Arbeitnehmervertreter(in)**
• Le délégué du personnel représente les salariés en cas de problèmes.	• Der Arbeitnehmervertreter vertritt die Belegschaft bei Problemen.
le **comité d'entreprise** [kɔmitedɑ̃tʀəpʀiz]	**Betriebsrat**
• Le comité d'entreprise joue un rôle important pour le personnel.	• Der Betriebsrat spielt eine wichtige Rolle für die Belegschaft.
le **syndicat** [sɛ̃dika]	**Gewerkschaft**
• La C.G.T. est un grand syndicat français.	• Die C.G.T. ist eine große französische Gewerkschaft.
l'**action** *f* [aksjɔ̃]	**Handeln; Handlung, Aktion**
• l'action syndicale	• Kampfmaßnahme, Kampf der Gewerkschaft(en)
• mener une action	• eine Kampfmaßnahme durchführen
• L'action des syndicats est nécessaire pour défendre nos intérêts.	• Der Einsatz der Gewerkschaften ist notwendig, um unsere Interessen zu verteidigen.
reprendre [ʀ(ə)pʀɑ̃dʀ]	**wieder aufnehmen**
• reprendre le travail	• die Arbeit wieder aufnehmen
• Les employés ont repris leur poste ce matin.	• Die Arbeitnehmer haben die Arbeit heute Morgen wieder aufgenommen.
la **grève** [gʀɛv]	**Streik**
• la grève générale	• Generalstreik
• être en grève/faire grève	• streiken
• La grève a été suivie par 80 % des travailleurs.	• 80 % der Arbeitnehmer haben gestreikt.

Während ein deutscher Betriebsrat ein Organ der betrieblichen Mitbestimmung ist, hat ein französisches **comité d'entreprise** einen anderen Status. Seine Aufgaben und Befugnisse liegen eher im sozialen und kulturellen Bereich. Es ist z. B. verantwortlich für Fragen der Fortbildung, der Kantinenverpflegung, der Kinderbetreuung und der Freizeitaktivitäten (besonders für die Organisation kultureller Veranstaltungen).

Der Arbeitsmarkt	
recommencer [ʀ(ə)kɔmɑ̃se]	**noch einmal anfangen, es noch einmal versuchen**
·recommencer à zéro	·wieder von vorn/bei null anfangen
·J'ai placé ma fille dans une crèche et je recommence à travailler lundi.	·Ich habe meine Tochter in einer Krippe untergebracht und fange am Montag wieder an zu arbeiten.
l'emploi*m* [ɑ̃plwa]	**Beschäftigung, Arbeitsstelle**
·être sans emploi	·arbeitslos sein
·la recherche d'emploi	·Arbeitssuche
·Tous les matins, elle regarde les offres d'emploi.	·Jeden Morgen sieht sie die Stellenanzeigen durch.
créer [kʀee]	**schaffen**
·créer des emplois	·Arbeitsplätze schaffen
·Notre entreprise a créé sept emplois de comptables cette année.	·Unsere Firma hat dieses Jahr sieben Stellen für Buchhalter geschaffen.
supprimer [sypʀime]	**abschaffen, streichen**
·supprimer des emplois	·Arbeitsplätze streichen
·Dans son entreprise, ils vont supprimer un service entier.	·In seiner Firma werden sie eine ganze Abteilung streichen.
le **licenciement** [lisɑ̃simɑ̃]	**Entlassung**
·l'indemnité de licenciement	·Abfindung
·Depuis son licenciement, mon frère est à la recherche d'un nouvel emploi.	·Seit seiner Entlassung ist mein Bruder auf der Suche nach einer neuen Arbeitsstelle.
licencier [lisɑ̃sje]	**entlassen**
·se faire licencier	·entlassen werden
·À la S.N.C.F., ils ont licencié deux cents personnes.	·Bei der französischen Eisenbahngesellschaft haben sie zweihundert Leute entlassen.
le **chômage** [ʃomaʒ]	**Arbeitslosigkeit**
·être au chômage	·arbeitslos sein
·l'allocation (de) chômage	·Arbeitslosengeld
·Le chômage touche beaucoup de jeunes.	·Die Arbeitslosigkeit trifft viele junge Leute.
le **Pôle emploi** [polɑ̃plwa]	**nationale Arbeitsvermittlung, ≈ Bundesagentur für Arbeit**
·Pôle emploi a pour mission d'aider les chômeurs a retrouver un emploi.	·Die nationale Arbeitsagentur *Pôle emploi* hat die Aufgabe, Arbeitslosen bei der Stellensuche zu helfen.
le **chômeur**, la **chômeuse** [ʃomœʀ, øz]	**Arbeitslose(r)**
·le chômeur de longue durée	·Langzeitarbeitsloser
·le chômeur en fin de droits	·Empfänger von Arbeitslosenhilfe
·La chômeuse que je connais est sans emploi depuis deux ans.	·Die Arbeitslose, die ich kenne, ist seit zwei Jahren ohne Arbeit.

le **dossier** [dosje]	**Akte; (Bewerbungs)mappe mit Arbeitsproben**
• Il a une énorme pile de dossiers sur son bureau.	• Er hat einen riesigen Aktenstapel auf seinem Schreibtisch.
compétent, e [kɔ̃petɑ̃, ɑ̃t]	**kompetent, sachkundig**
• Le nouveau me semble très compétent.	• Der Neue scheint mir sehr kompetent zu sein.
le **marché du travail** [maʀʃedytʀavaj]	**Arbeitsmarkt**
• Il pense qu'il n'a plus aucune chance sur le marché du travail.	• Er denkt, dass er auf dem Arbeitsmarkt keine Chance mehr hat.
le **S.M.I.C.** [smik] (Salaire minimum interprofessionnel de croissance)	**(tariflich festgelegter) Mindestlohn**
• Ce poste est payé au S.M.I.C.	• Bei dieser Stelle wird der Mindestlohn gezahlt.
le **smicard,** la **smicarde** [smikaʀ, aʀd] *(fam)*	**Mindestlohnempfänger(in)**
• La plupart des smicards sont des smicardes !	• Die meisten Mindestlohnempfänger sind Frauen.
renvoyer [ʀɑ̃vwaje]	**entlassen**
• Il s'est fait renvoyer pour absences non justifiées.	• Er wurde entlassen wegen unbegründeten Fehlens.

UNTERWEGS

In der Stadt

29

Auf dem Markt und im Supermarkt

Einkaufen

le **marché** [maʀʃe] • aller au marché • J'achète toujours les fruits et les légumes au marché.	**Markt** • auf den Markt gehen • Ich kaufe Obst und Gemüse immer auf dem Markt.
le **stand** [stɑ̃d] • Nos voisins ont un stand de légumes au marché.	**(Markt)stand** • Unsere Nachbarn haben einen Gemüsestand auf dem Markt.
le **supermarché** [sypɛʀmaʀʃe] • Le supermarché est ouvert jusqu'à 22 heures.	**Supermarkt** • Der Supermarkt hat bis 22 Uhr auf.
le **commerçant**, la **commerçante** [kɔmɛʀsɑ̃, ɑ̃t] • Dans notre ville, il y a beaucoup de petits commerçants: des bouchers, des boulangers, etc.	**(Einzel)händler(in)** • In unserer Stadt gibt es viele kleine Einzelhändler: Fleischer, Bäcker etc.
la **boucherie** [buʃʀi] • Tu peux acheter deux steaks à la boucherie?	**Fleischerei, Metzgerei** • Kannst du in der Fleischerei zwei Steaks kaufen?
la **charcuterie** [ʃaʀkytʀi] • À la charcuterie, je trouve de la bonne viande de porc.	**Fleischerei, Metzgerei** • In der Metzgerei finde ich gutes Schweinefleisch.
la **poissonnerie** [pwasɔnʀi] • Je prends des crevettes et des crabes à la poissonnerie.	**Fischgeschäft** • Ich kaufe Garnelen und Krebse im Fischgeschäft.

la **boulangerie** [bulɑ̃ʒʀi] •Babette a acheté des croissants à la boulangerie.	**Bäckerei** •Babette hat in der Bäckerei Hörnchen gekauft.
l'**épicerie***f* [episʀi] •À l'épicerie, on trouve de tout: yaourts, conserves, nouilles etc.	**Lebensmittelgeschäft** •Im Lebensmittelgeschäft findet man alles: Joghurt, Konserven, Nudeln etc.
ouvrir [uvʀiʀ] •Le magasin ouvre à 9 heures.	**öffnen** •Das Geschäft öffnet um 9 Uhr.
les **heures d'ouverture***fpl* [œʀduvɛʀtyʀ] •Quelles sont les heures d'ouverture du magasin?	**Öffnungszeiten** •Wie sind die Ladenöffnungszeiten?
fermer [fɛʀme] •La boutique ferme à 19 heures.	**schließen** •Die Boutique schließt um 19 Uhr.
les **courses***fpl* [kuʀs] •faire des/les courses •Vous avez encore des courses à faire?	**Einkäufe, Besorgungen** •(die) Einkäufe machen, einkaufen gehen •Habt ihr/Haben Sie noch Besorgungen zu machen?
le **client**, la **cliente** [klijɑ̃, ɑ̃t] •C'est un nouveau magasin, il n'y a pas encore beaucoup de clients.	**Kunde, Kundin** •Der Laden ist neu, er hat noch nicht viele Kunden.
trouver [tʀuve] •J'ai trouvé un parfum très agréable à la parfumerie.	**finden** •Ich habe einen sehr angenehmen Duft in der Parfümerie gefunden.
acheter [aʃ(ə)te] •acheter qc pour pas cher *(fam)* •Sa maman lui a acheté des bonbons.	**kaufen** •etw für wenig Geld einkaufen •Seine/Ihre Mama hat ihm/ihr Bonbons gekauft.
prendre [pʀɑ̃dʀ] •J'ai choisi: je prends ces chaussures-là.	**nehmen** •Ich habe mich entschieden: Ich nehme diese Schuhe.
coûter [kute] •Combien coûte cette veste?	**kosten** •Wie viel kostet diese Jacke?
le **prix** [pʀi] •être hors de prix •Le prix de ces chaussures est trop élevé!	**Preis** •unerschwinglich sein •Der Preis für diese Schuhe ist zu hoch!
payer [peje] •payer par chèque •payer en espèces/liquide •J'ai payé avec ma carte de crédit.	**zahlen, bezahlen** •mit Scheck bezahlen •bar bezahlen •Ich habe mit meiner Kreditkarte bezahlt.
la **monnaie** [mɔnɛ] •avoir de la monnaie •rendre la monnaie •Vous voulez de la monnaie?	**Kleingeld, Wechselgeld; Münze** •Kleingeld haben •(Geld) herausgeben •Wollen Sie Kleingeld haben?

porter [pɔʀte] • Tu peux porter le panier, s'il te plaît?	**tragen** • Kannst du bitte den Korb tragen?
le **sac** [sak] • Est-ce que vous pourriez me donner un sac pour mes courses?	**Tüte, Tasche** • Könnten Sie mir eine Tüte (für meine Einkäufe) geben?
la **boîte** [bwat] • Je vais acheter une boîte de chocolats pour offrir à Célian.	**Dose, Schachtel, Kiste** • Ich werde eine Schachtel Pralinen als Geschenk für Célian kaufen.
le **paquet** [pakɛ] • le paquet de spaghettis • le paquet-cadeau • J'achète deux paquets de biscuits.	**Päckchen** • Päckchen Spaghetti • Geschenkpackung • Ich kaufe zwei Packungen Kekse.
la **bouteille** [butɛj] • la bouteille d'eau • On achète deux bouteilles de vin pour le dîner?	**Flasche** • Flasche Wasser • Wollen wir für das Abendessen zwei Flaschen Wein kaufen?
la **pâtisserie** [pɑtisʀi] • la boulangerie-pâtisserie • J'adore les tartelettes aux fraises de la pâtisserie Dufour.	**Konditorei** • Bäckerei und Konditorei • Ich liebe die Erdbeertörtchen der Konditorei Dufour.
vendre [vɑ̃dʀ] • Dans ce magasin, ils vendent de tout.	**verkaufen** • In diesem Laden verkaufen sie alles.
le **porte-monnaie**, les **porte-monnaies** [pɔʀtmɔnɛ] • Attends, je regarde dans mon porte-monnaie si j'ai assez d'argent.	**Geldbeutel, Portemonnaie** • Warte, ich schaue in meinem Geldbeutel nach, ob ich (noch) genug Geld habe.
le **portefeuille** [pɔʀtəfœj] • Si tu vas faire les courses, prends mon portefeuille.	**Brieftasche** • Wenn du einkaufen gehen willst, nimm meine Brieftasche.
l'**argent** *m* [aʀʒɑ̃] • avoir de l'argent • manquer d'argent • Il m'a prêté de l'argent jusqu'à la fin du mois.	**Geld** • Geld haben • nicht genug Geld haben • Er hat mir bis zum Ende des Monats Geld geliehen.
cher, chère [ʃɛʀ] • Elle s'est acheté des chaussures très chères.	**teuer** • Sie hat sich sehr teure Schuhe gekauft.
bon marché [bɔ̃maʀʃe] *inv* • Dans ce magasin-là, tout est à 1 euro, c'est vraiment bon marché!	**preiswert, billig** • In diesem Laden kostet alles 1 Euro, das ist wirklich billig!
aller chercher qc [aleʃɛʀʃe] *+ être* • Je vais chercher du fromage à l'épicerie.	**etw holen (gehen)** • Ich gehe im Lebensmittelladen Käse holen.

le **pot** [po]	**Topf, Glas** *(Marmelade, Senf etc.)*
· Prends deux pots de confiture.	· Nimm zwei Gläser Konfitüre.
la **caisse** [kɛs]	**Kiste; Kasse**
· la caisse d'oranges/de vin	· Kiste Apfelsinen/Wein
· J'ai fini mes courses, je vais à la caisse.	· Ich bin fertig mit meinen Einkäufen, ich gehe jetzt zur Kasse.
frais, fraîche [fʀɛ, fʀɛʃ]	**frisch**
· Le poisson est tout frais, il a été pêché ce matin.	· Der Fisch ist ganz frisch, er wurde heute Morgen gefangen.
la **queue** [kø]	**Schlange**
· faire la queue	· Schlange stehen
· Il y a une longue queue devant la nouvelle boulangerie.	· Vor der neuen Bäckerei ist eine lange Schlange.
envelopper [ɑ̃vlɔpe]	**einwickeln**
· Je vous enveloppe le vase dans du papier cadeau?	· Soll ich Ihnen die Vase in Geschenkpapier einpacken?
l'**hypermarché** *m* [ipɛʀmaʀʃe]	**großer Supermarkt**
· Un hypermarché est un grand supermarché avec une galerie marchande.	· Ein Hypermarché ist ein großer Supermarkt mit einer Einkaufspassage.
la **grande surface** [gʀɑ̃dsyʀfas]	**Supermarkt**
· Ma mère fait toujours toutes ses courses en grande surface.	· Meine Mutter macht immer alle ihre Einkäufe im Supermarkt.
le **libre-service**, les **libres-services** [libʀəsɛʀvis]	**Selbstbedienungsladen**
· C'est un libre-service, on peut se servir soi-même.	· Das ist ein Selbstbedienungsladen, man darf sich selbst bedienen.
le **chariot** [ʃaʀjo], le **caddie** [kadi]	**Einkaufswagen**
· Tu as une pièce pour le chariot?	· Hast du eine Münze für den Einkaufswagen?

Warenhäuser, Geschäfte und Boutiquen

le **magasin** [magazɛ̃]	**Geschäft, Laden**
· le grand magasin	· Warenhaus, Kaufhaus
· le magasin de chaussures	· Schuhgeschäft
· Elles sont parties faire les magasins.	· Sie sind unterwegs beim Shoppen.
la **boutique** [butik]	**Boutique, Laden**
· la boutique de mode	· (Mode)boutique
· Cette boutique est trop chère pour moi.	· Diese Boutique ist zu teuer für mich.
la **parfumerie** [paʀfymʀi]	**Parfümerie**
· À la parfumerie, j'ai acheté un gel douche pour ma copine.	· In der Parfümerie habe ich ein Duschgel für meine Freundin gekauft.
ouvert, e [uvɛʀ, ɛʀt]	**geöffnet**
· Viens, on entre, le magasin est ouvert.	· Komm, lass uns reingehen, der Laden ist geöffnet.

fermé, e [fɛʀme] • Le dimanche, les magasins sont fermés.	**geschlossen** • Sonntags sind die Geschäfte geschlossen.
l'étiquette *f* [etikɛt] • Regarde le prix sur l'étiquette.	**Schild** • Schau auf das Preisschild!
le coiffeur [kwafœʀ] • Ce coiffeur est très sympathique.	**Friseur(salon)** • Dieser Friseur ist sehr sympathisch.
la pharmacie [faʀmasi] • la pharmacie de garde • Je dois encore passer à la pharmacie pour acheter de l'aspirine.	**Apotheke** • Notdienstapotheke • Ich muss noch zur Apotheke, um Aspirin® zu kaufen.
la vitrine [vitʀin] • faire du lèche-vitrine/faire les vitrines • Je voudrais essayer la robe rouge qui est en vitrine.	**Schaufenster** • einen Schaufensterbummel machen • Ich möchte das rote Kleid aus dem Schaufenster anprobieren.
la sortie [sɔʀti] • la sortie de secours • Je ne trouve pas la sortie de l'hypermarché !	**Ausgang** • Notausgang • Ich finde den Ausgang im Hypermarché nicht!
la librairie [libʀeʀi] • J'adore les livres, je pourrais rester des heures dans la librairie.	**Buchhandlung** • Ich liebe Bücher, ich könnte stundenlang in der Buchhandlung bleiben.
le marchand de journaux [maʀʃɑ̃d(ə)ʒuʀno] • J'achète le journal chez le marchand de journaux.	**Zeitungshändler** • Ich kaufe die Zeitung am Kiosk.
la maison de la presse [mɛzɔ̃d(ə)lapʀɛs] • Elle achète des magazines dans une maison de la presse.	**Zeitschriftengeschäft** • Sie kauft Zeitschriften in einem Zeitungsladen.
la papeterie [papɛtʀi] • À la papeterie, Louise s'est acheté du beau papier à lettres.	**Schreibwarengeschäft** • Im Schreibwarengeschäft hat sich Louise schönes Briefpapier gekauft.
le bureau de tabac [byʀod(ə)taba] • Elle achète ses cigarettes au bureau de tabac.	**Tabak(waren)laden** • Sie kauft ihre Zigaretten im Tabakladen.

Zigaretten und andere Tabakwaren werden in Frankreich ausschließlich in den **bureaux de tabac** verkauft. Diese Verkaufsstellen sind an einem großen roten Zeichen zu erkennen, der sogenannten **carotte**. Sie stellt ein gerolltes Tabakblatt dar.

Kleidung und Accessoires

Kleidung

le **vêtement** [vɛtmɑ̃]	**Kleidungsstück**
• les vêtements	• Kleidung, Kleider
• Il a besoin de nouveaux vêtements pour l'hiver.	• Er braucht neue Winterbekleidung.
le **pantalon** [pɑ̃talɔ̃]	**Hose**
• Il porte souvent des pantalons noirs.	• Er trägt oft schwarze Hosen.
le **jean** [dʒin]	**Jeans**
• Vous pouvez venir en jean, un costume n'est pas nécessaire.	• Sie können in Jeans kommen, ein Anzug ist nicht notwendig.
le **t-shirt,** le **tee-shirt,** les **tee-shirts** [tiʃœʀt]	**T-Shirt**
• Pour les vacances d'été, je n'emmène que des t-shirts et des shorts.	• Ich nehme nur T-Shirts und kurze Hosen mit in den Sommerurlaub.
la **chemise** [ʃ(ə)miz]	**Hemd**
• Sa cravate ne va pas avec sa chemise.	• Seine Krawatte passt nicht zu seinem Hemd.
le **chemisier** [ʃ(ə)mizje]	**Bluse**
• J'ai choisi un chemisier à fleurs et une jupe bleue.	• Ich habe eine geblümte Bluse und einen blauen Rock gewählt.
le **pull-over,** les **pull-overs** [pylɔvɛʀ]	**Pullover**
• Mets un pull-over, il fait froid.	• Zieh einen Pullover an, es ist kalt.
le **pull** [pyl] *(fam)*	**Pulli**
• Je prends ces deux pulls bleus.	• Ich nehme die beiden blauen Pullis.
le **sweat-shirt,** les **sweat-shirts,** le **sweat** *(fam)* [swit(ʃœʀt)]	**Sweatshirt**
• Il adore porter des grands sweat-shirts et une casquette.	• Er liebt es, große Sweatshirts und eine Mütze zu tragen.
la **robe** [ʀɔb]	**Kleid**
• la robe du soir	• Abendkleid
• J'achète toutes mes robes dans cette boutique.	• Ich kaufe alle meine Kleider in dieser Boutique.
la **jupe** [ʒyp]	**Rock**
• En été, elle porte souvent des jupes.	• Im Sommer trägt sie oft Röcke.
la **minijupe** [miniʒyp]	**Minirock**
• Tu as vu cette minijupe, elle est un peu courte, non?	• Hast du diesen Minirock gesehen, er ist ein bisschen kurz, oder?
la **veste** [vɛst]	**Jacke, Jackett; Strickjacke**
• La veste de mon costume est trop courte.	• Die Jacke meines Anzugs ist zu kurz.
le **blouson** [bluzɔ̃]	**Jacke, Blouson**
• J'ai une veste d'hiver et un blouson de printemps.	• Ich habe eine Winter- und eine Frühjahrsjacke.

les **chaussettes** *fpl* [ʃosɛt] • Dans ce magasin, ils ne vendent que des chaussettes.	**Socken; (Knie)strümpfe** • In diesem Geschäft verkaufen sie nur Strümpfe.
la **taille** [taj] • La vendeuse lui demande quelle taille elle fait.	**(Kleider)größe** • Die Verkäuferin fragt sie nach ihrer Kleidergröße.
la **mode** [mɔd] • à la mode • à la dernière mode • Cette année, la mode est au jaune.	**Mode** • modisch, in Mode • nach der neuesten Mode • Dieses Jahr ist gelb in Mode.
s'habiller [sabije] • Je m'habille chic pour sortir ce soir.	**sich anziehen** • Ich ziehe mich schick an, um heute Abend auszugehen.
enlever [ɑ̃lve] • Enlève ton écharpe et ton bonnet, il fait beau maintenant.	**ausziehen, abnehmen** • Zieh deinen Schal und deine Mütze aus, jetzt ist das Wetter schön.
essayer [eseje] • Vous pouvez essayer le pantalon dans la cabine.	**anprobieren** • Sie können die Hose in der Umkleidekabine anprobieren.
se déshabiller [s(ə)dezabije] • J'achète cette robe sans l'essayer, je n'ai pas envie de me déshabiller.	**sich ausziehen** • Ich kaufe dieses Kleid ohne es anzuprobieren, ich habe keine Lust, mich auszuziehen.
la **culotte** [kylɔt] • la petite culotte • Mélina a fait pipi dans sa culotte.	**Unterhose** • Höschen • Mélina hat Pipi in die Hose gemacht.
le **short** [ʃɔʀt] • Il fait chaud, je vais enlever mon pantalon et me mettre en short.	**Shorts** • Es ist warm, ich werde meine lange Hose ausziehen und Shorts anziehen.
le **manteau,** les **manteaux** [mɑ̃to] • Prends ton manteau, il fait 0° C !	**Mantel** • Nimm deinen Mantel, es sind 0° C!
les **chaussures** *fpl* [ʃosyʀ] • Mets tes chaussures, nous partons !	**Schuhe** • Zieh deine Schuhe an, wir fahren!
la **pointure** [pwɛ̃tyʀ] • Quelle pointure faites-vous ?	**(Schuh)größe** • Welche Schuhgröße haben Sie?
mettre [mɛtʀ] • mettre un pull • Quelle robe est-ce que tu mets, la bleue ou la rouge ?	**anziehen** • einen Pulli anziehen • Welches Kleid ziehst du an, das blaue oder das rote?
porter [pɔʀte] • Les vendeurs portent tous la même cravate.	**tragen** • Die Verkäufer haben alle die gleiche Krawatte an.

se couvrir [s(ə)kuvʀiʀ]	**sich (warm) anziehen**
• Il neige, couvrons-nous avant d'aller dehors.	• Es schneit, ziehen wir uns warm an, bevor wir rausgehen.
changer [ʃɑ̃ʒe]	**wechseln**
• changer de chaussettes	• die Socken wechseln
• Attends-moi, je change de pantalon et j'arrive.	• Warte auf mich, ich wechsle die Hose und komme gleich!
se changer [səʃɑ̃ʒe]	**sich umziehen**
• Je préfère me changer pour aller en ville.	• Ich ziehe mich lieber um, um in die Stadt zu gehen.

Accessoires

le **sac** [sak]	**Sack; Tasche**
• le sac à main	• Handtasche
• le sac à dos	• Rucksack
• J'ai des mouchoirs dans mon sac.	• Ich habe Taschentücher in meiner Tasche.
les **lunettes de soleil** *fpl* [lynɛtdəsɔlɛj]	**Sonnenbrille**
• Je mets mes lunettes de soleil, car le soleil me gêne.	• Ich setze meine Sonnenbrille auf, denn die Sonne stört mich.
le **chapeau**, les **chapeaux** [ʃapo]	**Hut**
• Il me faut un chapeau pour l'été.	• Ich brauche einen Hut für den Sommer.
le **bijou**, les **bijoux** [biʒu]	**Schmuckstück**
• le bijou fantaisie	• Modeschmuck
• Il veut m'offrir un bijou pour notre anniversaire de mariage.	• Er will mir zum Hochzeitstag ein Schmuckstück schenken.
le **parapluie** [paʀaplɥi]	**Regenschirm**
• Il pleut, prenons nos parapluies.	• Es regnet, lass(t) uns unsere Regenschirme mitnehmen.
la **cravate** [kʀavat]	**Krawatte**
• Pour la soirée, il faut mettre un costume et une cravate.	• Für den Abend muss man Anzug und Krawatte anziehen.
le **foulard** [fulaʀ]	**Halstuch**
• Je vais mettre un foulard, car j'ai un peu mal à la gorge.	• Ich werde ein Halstuch anziehen, denn ich habe leichte Halsschmerzen.
l'**écharpe** *f* [eʃaʀp]	**Schal**
• En hiver, il ne faut pas oublier son écharpe et son bonnet.	• Im Winter darf man Schal und Mütze nicht vergessen.

Materialien, Muster und Eigenschaften

le tissu [tisy] • Qu'est-ce que c'est comme tissu, de la soie ou du velours ?	**Stoff** • Was ist das für ein Stoff, Seide oder Samt?
le plastique [plastik] • en plastique • Vous avez des sacs plastiques ?	**Kunststoff, Plastik** • aus Kunststoff • Haben Sie Plastiktüten?
nouveau, nouvel, nouvelle [nuvo, nuvɛl] • Regarde ces nouveaux tissus !	**neu** • Sieh dir nur diese neuen Stoffe an!
long, longue [lɔ̃, lɔ̃g] • Je marche sur mon pantalon, il est trop long pour moi.	**lang** • Ich laufe auf meiner Hose, sie ist zu lang für mich.
court, e [kuʀ, kuʀt] • Cette jupe me va jusqu'au genou, elle est un peu courte.	**kurz** • Dieser Rock geht mir bis zum Knie, er ist etwas kurz.
large [laʀʒ] • Je n'aime pas les pantalons larges des années 70.	**weit, breit** • Ich mag die weiten Hosen aus den Siebzigerjahren nicht.

chic [ʃik] *inv* • Ces robes d'été sont très chic.	**schick** • Diese Sommerkleider sind sehr schick!
la qualité [kalite] • Nous ne vendons que des vêtements de marque de bonne qualité !	**Qualität** • Wir verkaufen nur Markenbekleidung von guter Qualität!
le coton [kɔtɔ̃] • C'est un t-shirt 100 % coton.	**Baumwolle** • Das ist ein T-Shirt aus 100 % Baumwolle.
léger, -ère [leʒe, ɛʀ] • C'est du coton, léger et facile à repasser.	**leicht** • Das ist leichte, einfach zu bügelnde Baumwolle.
épais, se [epɛ, epɛs] • Prends plutôt une veste plus épaisse pour l'hiver.	**dick** • Nimm für den Winter lieber eine dickere Jacke.
fin, e [fɛ̃, fin] • J'ai craqué pour ces sandales à fines brides ! *(fam)*	**dünn** • Ich war hin und weg von den Sandalen mit den feinen Riemchen.
l'étoffe *f* [etɔf] • Dans cette boutique, ils ont de magnifiques étoffes.	**Stoff** • In dieser Boutique gibt es herrliche Stoffe.

Die männliche Singularform **nouvel** steht an Stelle von **nouveau** vor Vokalen oder stummem **h: un nouveau costume –** *ein neuer Anzug;* **un nouvel appartement –** *eine neue Wohnung;* **ce nouvel hôtel –** *dieses neue Hotel.*

le **cuir** [kɥiʀ]	**Leder**
• Marie vient de s'acheter un sac en cuir brun.	• Marie hat sich eben eine braune Ledertasche gekauft.
la **laine** [lɛn]	**Wolle**
• Ce pull en laine est très joli.	• Dieser Wollpulli ist sehr hübsch.

Reinigung und Pflege

le **trou** [tʀu]	**Loch**
• Aux puces, j'ai trouvé un jean de bonne qualité et sans trous.	• Ich habe auf dem Flohmarkt eine hochwertige Jeans ohne Löcher gefunden.
la **tache** [taʃ]	**Fleck**
• enlever une tache	• einen Fleck entfernen
• Il me faut un produit pour faire disparaître ces taches.	• Ich brauche ein Mittel, um diese Flecken herauszubekommen.
déchirer [deʃiʀe]	**zerreißen**
• J'ai déchiré la manche de ma veste avec la poignée de la porte.	• Ich habe mir den Ärmel meiner Jacke an der Türklinke aufgerissen.
nettoyer [netwaje]	**reinigen**
• faire nettoyer un pantalon	• eine Hose reinigen lassen
• Ces taches se nettoient avec du savon.	• Diese Flecken lassen sich mit Seife reinigen.
le **nettoyage à sec** [netwajaʒasɛk]	**chemische Reinigung**
• Il apporte son manteau au nettoyage à sec.	• Er bringt seinen Mantel zur chemischen Reinigung.
le **pressing** [pʀesiŋ]	**Reinigung**
• N'oublie pas d'aller chercher ton costume au pressing.	• Vergiss nicht, deinen Anzug aus der Reinigung zu holen!
repasser [ʀ(ə)pɑse]	**bügeln**
• le fer à repasser	• Bügeleisen
• Ton pantalon est froissé, tu aurais dû le repasser.	• Deine Hose ist zerknittert, du hättest sie bügeln sollen!

30

Im Restaurant und Café

Bei Tisch

le **restaurant** [ʀɛstɔʀɑ̃]	**Restaurant**
• Nous sommes invités au restaurant dimanche midi.	• Sonntagmittag sind wir in ein Restaurant eingeladen.
le **café** [kafe]	**Kneipe; Café**
• On fait une pause et on va s'asseoir dans un café ?	• Machen wir eine Pause und setzen uns in ein Café?
le **self-service**, les **self-services** [sɛlfsɛʀvis]	**Selbstbedienungsrestaurant**
• Au self-service, il faut prendre un plateau.	• Im Selbstbedienungsrestaurant muss man ein Tablett nehmen.

le **self** [sɛlf] *(fam)* · On n'a pas beaucoup de temps, on va au self.	**Selbstbedienungskantine, -restaurant** · Wir haben nicht viel Zeit, gehen wir in ein Selbstbedienungsrestaurant.
le **bar** [baʀ] · Viens, on va dans ce bar, ils font des cocktails formidables.	**(Steh)kneipe, Bar** · Komm, wir gehen in diese Bar, hier machen sie tolle Cocktails!
le **verre** [vɛʀ] · prendre un verre · Je voudrais un verre de limonade, s'il vous plaît.	**Glas** · ein Gläschen trinken · Ich möchte ein Glas Limonade, bitte.
payer [peje] · Je t'invite, c'est moi qui paie.	**bezahlen** · Ich zahle, ich lade dich ein.
le **salon de thé** [salɔ̃d(ə)te] · Brigitte et ses amies dégustent des pâtisseries au salon de thé.	**≈ Café, Teestube** · Brigitte und ihre Freundinnen essen Kuchen im Café.
le **bar-tabac,** les **bars-tabacs** [baʀtaba], le **café-tabac,** les **café-tabacs** [kafetaba] · J'achète mon journal et bois un apéritif au café-tabac.	*französisches Bistro oder „Café" mit einer Verkaufsstelle für Tabakwaren und Postartikel* · Ich hole meine Zeitung und trinke einen Aperitif im Café.
le **buffet** [byfɛ] · À midi, ils proposent un buffet froid.	**Büfett, Buffet** · Mittags bieten sie ein kaltes Buffet an.
choisir [ʃwaziʀ] · J'ai choisi le steak frites.	**(aus)wählen** · Ich habe das Steak mit Pommes gewählt.
le **menu** [məny] · Nous prenons le menu à 18 euros.	**Menü** · Wir nehmen das Menü zu 18 Euro.
la **carte** [kaʀt] · la carte des vins/des consommations · à la carte · Pouvez-vous nous apporter la carte, s'il vous plaît ?	**Speisekarte** · Weinkarte/Getränkekarte · à la carte, von der Karte · Können Sie uns bitte die Speisekarte bringen?
le **garçon** [gaʀsɔ̃] · Garçon, un café !	**Kellner** · (Herr Ober,) bitte einen Kaffee!

Die französischen **bars** sind kleine, einfache Lokale, in denen man am Tresen oder am Tisch einen Kaffee oder Aperitif trinkt. Es gibt dort nur kleine Imbisse wie Sandwich oder überbackenen Toast, denn die **bars** sind keine Speiselokale.

Im Restaurant kann man entweder ein fertiges **menu** wählen oder man bestellt einzelne Gerichte, die auf der Speisekarte **(à la carte)** stehen. Die **menus** sind zu empfehlen, weil sie häufig sehr gut schmecken und gleichzeitig meist günstiger sind.

l'assiette *f* [asjɛt] • Pascal prend une assiette de charcuterie en entrée.	**Teller** • Pascal nimmt eine Wurstplatte als Vorspeise.
la tasse [tɑs] • Je voudrais une tasse de thé, si c'est possible.	**Tasse** • Ich hätte gern eine Tasse Tee, wenn es möglich ist.
le couteau, les couteaux [kuto] • Mon couteau ne coupe pas!	**Messer** • Mein Messer schneidet nicht!
la fourchette [fuʀʃɛt] • Zut, j'ai un couteau, mais je n'ai pas de fourchette!	**Gabel** • Verdammt, ich habe ein Messer, aber keine Gabel!
la cuillère [kɥijɛʀ] • la cuillère à soupe • la cuillère à café • Pouvez-vous m'apporter une nouvelle cuillère, s'il vous plaît?	**Löffel** • Esslöffel • Tee-/Kaffeelöffel • Können Sie mir bitte einen neuen Löffel bringen?
la serviette [sɛʀvjɛt] • Je n'ai pas de serviette!	**Serviette** • Ich habe keine Serviette!
servir [sɛʀviʀ] • servir qc (à qn) • Vous pouvez nous servir un apéritif, s'il vous plaît?	**bedienen** • (jdm) etw servieren • Können Sie uns bitte einen Aperitif bringen?
le serveur, la serveuse [sɛʀvœʀ, øz] • Vous voulez boire autre chose? J'appelle le serveur.	**Bedienung; Kellner(in)** • Wollen Sie noch etwas trinken? Ich rufe den Kellner.
réserver [ʀezɛʀve] • réserver une table • Nous avons réservé une table pour six personnes.	**reservieren** • einen Tisch reservieren • Wir haben einen Tisch für sechs Personen reserviert.
commander [kɔmɑ̃de] • On commande des pizzas?	**bestellen** • Wollen wir Pizza bestellen?
l'addition *f* [adisjɔ̃] • Apportez-nous l'addition, s'il vous plaît.	**Rechnung** • Bringen Sie uns bitte die Rechnung!
le pourboire [puʀbwaʀ] • J'ai donné cinq euros de pourboire au serveur.	**Trinkgeld** • Ich habe dem Kellner fünf Euro Trinkgeld gegeben.
la réclamation [ʀeklɑmasjɔ̃] • Nous ne sommes pas contents du service, nous avons une réclamation.	**Beschwerde** • Wir sind mit dem Service nicht zufrieden, wir möchten uns beschweren.

Speisen und Getränke	
le **sandwich** [sɑ̃dwitʃ] · le sandwich au jambon · On prend un sandwich?	**Sandwich, belegtes Brot** · Schinkensandwich · Wollen wir ein Sandwich essen?
les **frites** *fpl* [fʀit] · Viens, on s'achète une barquette de frites.	**Pommes frites** · Komm, wir kaufen uns eine Portion Pommes.
les **spaghettis** *mpl* [spageti] · Non, j'ai plutôt envie de spaghettis.	**Spaghetti** · Nein, ich habe eher Lust auf Spaghetti.
la **salade** [salad] · la salade composée · la salade de riz · Pour moi, ce sera une salade niçoise.	**Salat** · gemischter Salat · Reissalat · Für mich bitte einen Nizzasalat.
l'**orangina**® *m* [ɔʀɑ̃ʒina] · Deux bouteilles d'orangina® avec une paille, s'il vous plaît!	**Orangina**® *(Orangenlimonade)* · Zwei Flaschen Orangina® mit Strohhalm, bitte!
bon, ne [bɔ̃, bɔn] · sentir bon · C'est bon.	**gut** · gut riechen · Es schmeckt gut.
mauvais, e [movɛ, ɛz] · Ce restaurant va bientôt fermer, leur cuisine est tellement mauvaise!	**schlecht** · Dieses Restaurant wird bald schließen, so schlecht ist die Küche!
l'**entrée** *f* [ɑ̃tʀe] · En entrée, je prends une assiette de salades.	**Vorspeise** · Als Vorspeise nehme ich einen Salatteller.
le **plat** [pla] · le plat principal/de résistance · comme plat principal · Nous prenons le plat du jour.	**Gericht; Schüssel** · Hauptgericht · als Hauptgericht · Wir nehmen das Tagesgericht.
la **quiche** [kiʃ] · Que dirais-tu d'une quiche lorraine?	**Quiche** · Was hältst du von einer Quiche Lorraine?
la **sauce** [sos] · Cette sauce est trop grasse.	**Soße** · Diese Soße ist zu fett.
le **pain** [pɛ̃] · La corbeille de pain est sur la table.	**Brot** · Der Brotkorb steht auf dem Tisch.
le **fromage** [fʀɔmaʒ] · le plateau de fromages · Tu prends un dessert après le fromage?	**Käse** · Käseplatte · Nimmst du noch einen Nachtisch nach dem Käse?
le **dessert** [desɛʀ] · en être au dessert · En dessert, elle prend toujours une mousse au chocolat.	**Nachtisch, Nachspeise** · beim Nachtisch sein · Als Nachtisch nimmt sie immer eine Mousse au Chocolat.

la **glace** [glas]	**Eis**
· la coupe de glace	· Eisbecher
· Qu'est-ce que vous dites d'une glace comme dessert ?	· Was haltet ihr/halten Sie von einem Eis als Nachtisch?
la **boisson** [bwasɔ̃]	**Getränk**
· Comme boissons, nous prenons du vin blanc et une carafe d'eau.	· Zum Trinken nehmen wir Weißwein und eine Karaffe (mit) Wasser.
le **café** [kafe]	**Kaffee**
· le café au lait/le café crème	· Milchkaffee
· le café décaféiné, le déca *(fam)*	· koffeinfreier Kaffee
· On prend encore un café ?	· Trinken wir noch einen Kaffee?
le **thé** [te]	**(Schwarz)tee**
· le thé nature	· schwarzer Tee
· le thé citron	· Zitronentee, Tee mit Zitrone
· Elle n'aime pas le thé, elle préfère le café.	· Sie mag keinen schwarzen Tee, sie trinkt lieber Kaffee.
l'**infusion** *f* [ɛ̃fyzjɔ̃]	**Kräutertee**
· Désolé, nous n'avons pas d'infusion.	· Tut mir leid, wir haben keinen Kräutertee!
la **tisane** [tizan]	**Kräutertee**
· Je suis un peu enrhumé, je vais boire une tisane.	· Ich bin ein bisschen erkältet, ich werde einen Kräutertee trinken.
le **chocolat (chaud)** [ʃɔkɔla(ʃo)]	**Kakao, heiße Schokolade**
· Un chocolat chaud, s'il vous plaît !	· Eine heiße Schokolade, bitte!
chaud, e [ʃo, ʃod]	**warm**
· Attention, les assiettes sont très chaudes !	· Vorsicht, die Teller sind sehr heiß!
froid, e [fʀwa, fʀwad]	**kalt**
· Je vais prendre l'assiette froide.	· Ich werde die kalte Platte nehmen!
le **coca**® [kɔka]	**Coca-Cola®, Cola** *(ugs)*
· offrir un coca® à qn	· jdm eine Cola spendieren
· Nous aimerions avoir deux cocas®, s'il vous plaît.	· Wir hätten gerne zwei Colas, bitte.
le **jus** [ʒy]	**Saft**
· Je me contenterai d'un jus de pomme.	· Ich begnüge mich mit einem Apfelsaft!
la **limonade** [limɔnad]	**Limonade**
· Cette limonade est très rafraîchissante.	· Diese Limonade ist sehr erfrischend!

Der französische **café** ist ähnlich stark wie ein Espresso und wird in kleinen Tassen serviert. Ein **café crème** ist ein Milchkaffee mit aufgeschäumter Milch in einer größeren Tasse. Ein **café au lait** ist ein Milchkaffee, den man sich selbst zu Hause zubereitet.

l'alcool *m* [alkɔl] • sans alcool • Je ne prends pas d'alcool car je conduis.	**Alkohol** • alkoholfrei • Ich trinke keinen Alkohol, weil ich noch fahren muss.
le vin [vɛ̃] • le vin doux/sec • le vin rouge/blanc/rosé • Nous prenons une carafe de vin blanc sec.	**Wein** • lieblicher/trockener Wein • Rotwein/Weißwein/Rosé • Wir nehmen eine Karaffe trockenen Weißwein.
le champagne [ʃɑ̃paɲ] • Servez-nous une bouteille de champagne !	**Champagner** • Bringen Sie uns eine Flasche Champagner!
le hors-d'œuvre [ˊɔʀdœvʀ] *inv* • Vous prenez un hors-d'œuvre pour commencer ?	**Vorspeise** • Nehmt ihr/Nehmen Sie zu Beginn eine Vorspeise?
la soupe [sup] • Cette soupe est vraiment délicieuse.	**Suppe** • Diese Suppe ist wirklich köstlich!
le potage [pɔtaʒ] • Nous allons goûter votre potage de courgettes.	**Suppe, Eintopf** • Wir werden Ihren/euren Zucchinieintopf probieren!
la consommation [kɔ̃sɔmasjɔ̃] • Les consommations sont chères dans ce café-là !	**Getränk** • In diesem Café sind die Getränke teuer!
l'apéritif *m* [apeʀitif], • À l'apéritif, je prends un pastis.	**Aperitif** • Als Aperitif trinke ich einen Pastis.
l'apéro *m* [apeʀo] *(fam)* • On se retrouve au bistrot pour l'apéro ?	**Aperitif** • Treffen wir uns im Bistro zum Aperitif wieder?

Im Museum

31

le musée [myze] • le musée d'art moderne • Le Louvre est l'un des musées les plus célèbres de Paris.	**Museum** • Museum für moderne Kunst • Der Louvre ist eins der berühmtesten Museen von Paris.
visiter [vizite] • Nous avons visité le musée Grévin.	**besichtigen, besuchen** • Wir haben das Grévin-Museum besichtigt.
l'exposition *f* [ɛkspozisjɔ̃] • l'exposition permanente • l'exposition temporaire • Cette exposition m'intéresse beaucoup.	**Ausstellung** • ständige Ausstellung • Sonderausstellung • Diese Ausstellung interessiert mich sehr!
le tableau, les tableaux [tablo] • C'est un tableau de Monet !	**Bild** • Das ist ein Gemälde von Monet!
l'original *m*, **les originaux** [ɔriʒinal, o] • L'original de Renoir coûte des millions d'euros.	**Original** • Das Original von Renoir kostet Millionen (von Euros).

le **faux** [fo] • Ce n'est pas un original, c'est un faux.	**Fälschung** • Das ist kein Original, das ist eine Fälschung.
le **dessin** [desɛ̃] • Ils exposent également des dessins de l'artiste.	**Zeichnung** • Sie zeigen auch Zeichnungen des Künstlers/der Künstlerin.
l'**écomusée** *m* [ekɔmyse] • À l'écomusée, ils ont reconstitué un village historique.	**Freilichtmuseum** • Im Freilichtmuseum haben sie ein historisches Dorf nachgebaut.
exposer [ɛkspoze] • Sonia a exposé ses tableaux à la salle des fêtes.	**ausstellen** • Sonja hat ihre Bilder in der Stadthalle ausgestellt.
la **collection** [kɔlɛksjɔ̃] • Voici un guide des collections du musée.	**Kollektion, Sammlung** • Hier ist ein Museumsführer mit den Sammlungen des Museums.
créer [kʀee] • Il crée de magnifiques sculptures.	**(er)schaffen, kreieren** • Er kreiert wunderschöne Skulpturen.
l'**atelier** *m* [atəlje] • Il a son atelier de peinture en ville.	**Atelier** • Sein Malatelier ist in der Stadt.
le **modèle** [mɔdɛl] • Elle pose comme modèle pour un peintre.	**Modell** • Sie steht Modell für einen Maler.
l'**art** *m* [aʀ] • l'objet d'art • les arts plastiques • Dimanche, il y a une exposition d'art intéressante à Grenoble.	**Kunst** • Kunstobjekt • die bildenden Künste *(Malerei, Plastik)* • Am Sonntag gibt es eine interessante Kunstausstellung in Grenoble.
artistique [aʀtistik] • Son côté artistique, il l'a de sa mère.	**künstlerisch, Kunst-** • Seine künstlerische Ader hat er von seiner Mutter.
la **culture** [kyltyʀ] • Cette brochure vous fera découvrir l'histoire et la culture de notre région.	**Kultur** • Mit dieser Broschüre werden Sie die Geschichte und Kultur unserer Region entdecken.
l'**avant-garde** *f* [avɑ̃gaʀd] • L'exposition présente des œuvres majeures de l'avant-garde russe.	**Avantgarde** • Die Ausstellung zeigt die größten Werke der russischen Avantgardekünstler.
l'**œuvre (d'art)** *f* [œvʀə(daʀ)] • Le musée abrite une riche collection d'œuvres contemporaines.	**(Kunst)werk** • Das Museum beherbergt eine reiche Sammlung zeitgenössischer Kunstwerke.
le **portrait** [pɔʀtʀɛ] • l'autoportrait • Il a composé de nombreux portraits de sa femme.	**Porträt** • Selbstporträt • Er hat zahlreiche Porträts von seiner Frau kreiert.

célèbre [selɛbʀ] · Elle possède un tableau d'un peintre célèbre.	**berühmt** · Sie besitzt ein Gemälde eines berühmten Malers.
inconnu, e [ɛ̃kɔny] · Notre galerie expose des tableaux d'artistes encore inconnus.	**unbekannt** · Unsere Galerie stellt Bilder von noch unbekannten Künstlern aus.
la **peinture** [pɛ̃tyʀ] · Je m'intéresse à la peinture du XIXe siècle.	**Malerei; Gemälde** · Ich interessiere mich für die Malerei des 19. Jahrhunderts.
la **sculpture** [skyltyʀ] · Ce sont des sculptures de Giacometti.	**Bildhauerei; Skulptur** · Das sind Giacometti-Skulpturen.

Im Theater und Kino

le **théâtre** [teɑtʀ] · la pièce de théâtre · Ce soir, nous allons au théâtre.	**Theater** · Theaterstück · Heute Abend gehen wir ins Theater.
le **cinéma** [sinema] · le billet/la place (de cinéma) · passer dans un cinéma · On va au cinéma ?	**Kino** · Kinokarte · in einem Kino laufen · Gehen wir ins Kino?
la **scène** [sɛn] · entrer en scène · mettre en scène · La scène où il revient est très émouvante.	**Szene; Bühne; Bühnenbild** · (auf der Bühne) auftreten · inszenieren · Die Szene, wo er wiederkommt, ist sehr ergreifend.
le **metteur en scène** [metœʀɑ̃sɛn] · Ce metteur en scène est très connu.	**Regisseur(in)** · Dieser Regisseur ist sehr bekannt.
la **vedette** [vədɛt] · Gérard Depardieu est la vedette du film.	**Hauptdarsteller(in); Star** · Gérard Depardieu ist der Hauptdarsteller des Films.
le **clown** [klun] · Au cirque, le clown avait ses chaussures à l'envers.	**Clown** · Im Zirkus hatte der Clown seine Schuhe verkehrt herum an.
le **numéro** [nymeʀo] · le numéro exceptionnel · Le numéro des clowns nous a fait beaucoup rire.	**Nummer** · Sondernummer · Die Nummer der Clowns hat uns sehr zum Lachen gebracht.

La vedette wird auch auf männliche Personen angewandt: **C'est une vedette de cinéma.** – *Er ist ein Filmstar.*

jouer [ʒwe] • Qu'est-ce qu'ils jouent au théâtre?	**spielen** • Was spielen sie im Theater?
la **pantomime** [pɑ̃tɔmim] • Dans la rue, nous avons vu un spectacle de pantomime.	**Pantomime** • Auf der Straße haben wir eine Pantomimevorführung gesehen.
le **silence** [silɑ̃s] • Le rideau se lève et le silence se fait dans la salle.	**Stille, Ruhe** • Der Vorhang hebt sich und es wird still im Saal.
le **public** [pyblik] • le grand public • Le public est enchanté par le film.	**Publikum** • das breite Publikum • Das Publikum ist von dem Film begeistert.
le **film** [film] • tourner/passer un film • le film muet/parlant • Ils passent le film en version originale.	**Film** • einen Film drehen/zeigen • Stumm-/Tonfilm • Sie zeigen den Film in der Originalfassung.
le **spectacle** [spɛktakl] • La troupe de théâtre donne un spectacle la semaine prochaine.	**Vorstellung** • Die Theatergruppe gibt nächste Woche eine Vorstellung.
l'**acteur,** l'**actrice** [aktœʀ, tʀis] • Juliette Binoche est une bonne actrice.	**Schauspieler(in)** • Juliette Binoche ist eine gute Schauspielerin.
le **spectateur,** la **spectatrice** [spɛktatœʀ, tʀis] • Ce spectacle attire beaucoup de spectateurs.	**Zuschauer(in)** • Diese Vorstellung zieht sehr viele Zuschauer an.
le **sketch** [skɛtʃ] • J'adore les sketchs des comiques.	**Sketch** • Ich liebe die Sketche der Komiker.

Öffentliche Ämter

le **commissariat (de police)** [kɔmisaʀja(d(ə)pɔlis)] • Ils ont arrêté le voleur et l'ont emmené au commissariat.	**Polizeirevier** • Sie haben den Dieb gefasst und mit aufs Polizeirevier genommen.
la **gendarmerie** [ʒɑ̃daʀməʀi] • J'ai déclaré le vol de mes papiers à la gendarmerie.	**Gendarmerie** • Ich habe den Diebstahl meiner Papiere bei der Gendarmerie gemeldet.
le **bureau,** les **bureaux** [byʀo] • (le bureau de) l'état civil • le bureau des objets trouvés • Où est le bureau de poste le plus proche?	**Dienststelle** • Standesamt • Fundbüro • Wo ist die nächste Post?
le **questionnaire** [kɛstjɔnɛʀ] • Je ne comprends pas la question 4 du questionnaire.	**Fragebogen** • Ich verstehe die Frage 4 auf dem Fragebogen nicht.

les **papiers** *mpl* [papje] • les papiers d'identité • J'ai été contrôlé par deux policiers et j'ai dû leur montrer mes papiers.	**Papiere** • (Ausweis)papiere • Ich wurde von zwei Polizisten kontrolliert und musste ihnen meine Papiere zeigen.
administratif, -ive [administʀatif, iv] • Je vais me renseigner auprès d'un employé administratif.	**Verwaltungs-, administrativ** • Ich werde mich bei einem Verwaltungsangestellten informieren.
le **service (administratif)** [sɛʀvis(administʀatif)] • le service des ordures ménagères • Je dois remettre ce document au service administratif de la mairie.	**Behörde, Dienststelle** • Müllabfuhr • Ich muss dieses Dokument (beim Bürgerservice) im Rathaus abgeben.
la **mairie** [meʀi] • Je dois aller à la mairie chercher des formulaires.	**Rathaus** *(in kleinen Ortschaften)* • Ich muss ins Rathaus Formulare holen.
l'**Hôtel de ville** *m* [ɔtɛl/otɛldəvil] • L'Hôtel de ville de Paris est un bâtiment magnifique.	**Rathaus** *(in großen Städten)* • Das Rathaus von Paris ist ein wunderschönes Gebäude.
le **maire** [mɛʀ] • M. le maire, Mme le maire • Le maire de la ville a fait un discours devant les citoyens.	**Bürgermeister** • Bürgermeister(in) • Der Bürgermeister der Stadt hat eine Rede vor den Bürgern gehalten.
la **préfecture** [pʀefɛktyʀ] • La préfecture délivre les cartes d'identité.	**Präfektur** • Die Präfektur stellt die Personalausweise aus.
la **démarche** [demaʀʃ] • faire des démarches • Cette lettre permettra peut-être d'accélérer les démarches.	**Vorgehen, Methode** • etwas/Schritte unternehmen • Dieser Brief wird das Vorgehen möglicherweise etwas beschleunigen.
la **commune** [kɔmyn] • Nous habitons dans une petite commune de 100 habitants.	**Gemeinde** • Wir wohnen in einer kleinen Gemeinde mit 100 Einwohnern.
communal, e [kɔmynal] • C'est un terrain communal, il appartient à la commune.	**kommunal, Gemeinde-** • Es ist ein Gemeindegrundstück, es gehört der Gemeinde.
la **municipalité** [mynisipalite] • La municipalité a décidé de construire un nouveau rond-point.	**(Stadt)gemeinde** • Die Stadtverwaltung hat beschlossen, einen neuen Kreisverkehr zu errichten.

Die **préfecture** ist die Vertretung des Staates auf der Ebene der Departements. Sie ist zuständig für die öffentliche Ordnung.

municipal, e [mynisipal] • Je vais rapporter mes livres à la bibliothèque municipale.	**Stadt-, städtisch** • Ich bringe meine Bücher zur Stadtbibliothek zurück.
l'**arrondissement** *m* [aʀɔ̃dismɑ̃] • À Paris, il y a vingt arrondissements.	**Arrondissement** • In Paris gibt es zwanzig Arrondissements.
l'**administration** *f* [administʀasjɔ̃] • Il faut que j'envoie ces documents à l'administration.	**Verwaltung(sbehörde)** • Ich muss diese Unterlagen an die Verwaltung schicken.
public, -ique [pyblik] • La réunion du maire est une réunion publique.	**öffentlich** • Die Sitzung des Bürgermeisters ist eine öffentliche Sitzung.
le, la **fonctionnaire** [fɔ̃ksjɔnɛʀ] • J'ai rencontré une amie d'enfance qui est aujourd'hui fonctionnaire.	**Beamter, Beamtin** • Ich habe eine alte Jugendfreundin wiedergetroffen, die heute Beamtin ist.
la **demande** [d(ə)mɑ̃d] • faire une demande auprès de qn • Leur demande de permis de construire a été refusée.	**Antrag, Anfrage** • bei jdm einen Antrag stellen • Ihr Bauantrag ist abgelehnt worden.
le **formulaire** [fɔʀmylɛʀ] • remplir un formulaire • Vous avez oublié de signer votre formulaire d'inscription.	**Formular** • ein Formular ausfüllen • Sie haben vergessen, Ihr Anmeldeformular zu unterschreiben.

32

Im Verkehr

Straßenverkehr

Auf der Straße

la **rue** [ʀy] • aller dans la rue • jouer dans la rue • Ils font des travaux dans la rue des Lilas.	**Straße** • auf die Straße gehen • auf der Straße spielen • In der Rue des Lilas führen sie Bauarbeiten durch.

In Paris, Lyon und Marseille heißen die Stadtbezirke **arrondissements**. Aber auch die Verwaltungsbezirke eines Departements werden so genannt. Paris ist in zwanzig durchnummerierte Arrondissements unterteilt.

la **route** [ʀut]	**(Land)straße**
· la (route) nationale	· Nationalstraße, Bundesstraße
· la route départementale	· Landstraße *(vom Departement unterhalten)*
· C'est la route pour aller à Marseille.	· Das ist die Straße nach Marseille.
le **boulevard** [bulvaʀ]	**Boulevard**
· Le boulevard qui mène à la mairie est à trois voies.	· Der Boulevard, der zum Rathaus führt, ist dreispurig.
le **virage** [viʀaʒ]	**Kurve**
· prendre un virage	· eine Kurve nehmen
· rater un virage	· aus der Kurve fliegen
· Cette route de montagnes est pleine de virages !	· Diese Bergstraße ist voller Kurven!
la **direction** [diʀɛksjɔ̃]	**Richtung**
· prendre la direction de Paris	· in Richtung Paris fahren
· Tu roules en direction de Nantes.	· Du fährst in Richtung Nantes!
aller [ale] + *être*	**gehen, fahren**
· aller à pied	· zu Fuß gehen
· aller en voiture/en bus	· mit dem Auto/mit dem Bus fahren
· Nous allons à Bordeaux en train.	· Wir fahren mit dem Zug nach Bordeaux.
rentrer dans qc [ʀɑ̃tʀe] + *être*	**gegen etw fahren, gegen etw prallen**
· Il est rentré dans une voiture en stationnement.	· Er ist gegen ein parkendes Auto gefahren.
vite [vit] *adv*	**schnell**
· Il a eu un accident, il roulait beaucoup trop vite.	· Er hatte einen Unfall, er ist viel zu schnell gefahren.
le **conducteur**, la **conductrice** [kɔ̃dyktœʀ, tʀis]	**Fahrer(in)**
· Il ne faut pas parler au conducteur de bus.	· Man darf nicht mit dem Busfahrer sprechen.
l'**autobus** *m* [otobys], le **bus** [bys]	**(Omni)bus**
· l'arrêt de bus	· Bushaltestelle
· le ticket de bus	· (Bus)fahrschein
· L'autobus s'arrête juste devant notre maison.	· Der Bus hält direkt vor unserem Haus.
attendre [atɑ̃dʀ]	**warten, abwarten**
· attendre qn/qc	· auf jdn/etw warten
· Elle a attendu le bus plus de vingt minutes.	· Sie hat über zwanzig Minuten auf den Bus gewartet.

Mit **rue** wird eine Straße bezeichnet, die sich innerhalb einer Ortschaft befindet. Sie ist nicht mit **route** zu verwechseln, einer Straße, die Ortschaften miteinander verbindet.

plein, e [plɛ̃, plɛn] • Le bus était plein, toutes les places assises étaient prises!	**voll** • Der Bus war voll, alle Sitzplätze waren besetzt!
le **carnet (de tickets)** [kaʀnɛ(dətikɛ)] • Je voudrais un carnet de tickets pour le métro.	**Fahrkartenblock, Fahrscheinheft** • Ich möchte ein Fahrscheinheft für die U-Bahn.
l'**autoroute** *f* [otoʀut] • prendre l'autoroute • quitter l'autoroute • La vitesse est limitée à 130 km/h sur l'autoroute en France.	**Autobahn** • die Autobahn nehmen, auf der Autobahn fahren • von der Autobahn abfahren • Die Geschwindigkeit auf der Autobahn ist in Frankreich auf 130 Stundenkilometer begrenzt.
l'**entrée** *f* [ɑ̃tʀe] • J'ai raté l'entrée de l'autoroute!	**Auffahrt; Einfahrt, Eingang** • Ich habe die Autobahnauffahrt verpasst!
la **sortie** [sɔʀti] • Prenez la sortie d'autoroute n° 27.	**Ausfahrt, Ausgang** • Fahren Sie bei der Ausfahrt Nr. 27 von der Autobahn herunter!
la **circulation** [siʀkylasjɔ̃] • la circulation dense/fluide • Il y a beaucoup de circulation aujourd'hui.	**Verkehr** • dichter/flüssiger Verkehr • Heute ist viel Verkehr.
les **travaux** *mpl* [tʀavo] • Nous avons dû ralentir à cause des travaux.	**(Straßen)bauarbeiten** • Wir mussten wegen der Bauarbeiten langsamer fahren.
l'**accident** *m* [aksidɑ̃] • avoir un accident • Il y a eu trois blessés dans l'accident.	**Unfall** • einen Unfall haben • Es gab drei Verletzte bei dem Unfall.
le **bouchon** [buʃɔ̃] • Il y a un bouchon de 10 km sur l'A11.	**(Verkehrs)stau** • Es gibt einen 10-kilometerlangen Stau auf der A11.
le **garage** [gaʀaʒ] • Notre voiture est au garage, car elle est en panne.	**(Kfz-)Werkstatt** • Unser Auto ist in der Werkstatt, da es kaputt ist.
partir [paʀtiʀ] + *être* • partir pour Paris • Nous sommes partis ce matin à 6 heures.	**weggehen; weg-, losfahren; aufbrechen** • nach Paris gehen/fahren • Wir sind heute früh um sechs Uhr losgefahren.

Die französischen **autoroutes** sind gebührenpflichtig. Wer sie nur gelegentlich benutzt, kann die Gebühr in bar an den Zahlstellen entrichten; wer sie häufig benutzt, kann eine Abonnementkarte kaufen. Die Höhe der Gebühr hängt davon ab, wie lang die befahrene Strecke ist und wie oft man sie benutzt.

venir [v(ə)niʀ] + *être*	**kommen**
• Elle est venue à pied.	• Sie ist zu Fuß gekommen.
s'arrêter [saʀete]	**anhalten**
• Arrête-toi à la boulangerie et achète deux croissants, s'il te plaît.	• Halt bei der Bäckerei an und kauf bitte zwei Hörnchen.
retourner [ʀ(ə)tuʀne] + *être*	**zurückkehren, zurückgehen, -fahren; wieder hingehen, -fahren**
• Je ne retournerai jamais en Angleterre, il a plu tout le temps !	• Ich werde nie wieder nach England fahren, es hat die ganze Zeit geregnet!
conduire [kɔ̃dɥiʀ]	**fahren**
• le permis (de conduire)	• Führerschein
• Qui conduit aujourd'hui ? Toi ou moi ?	• Wer fährt heute? Du oder ich?
klaxonner [klaksɔne]	**hupen**
• Klaxonne, il ne nous voit pas !	• Hup mal, er sieht uns nicht!
l'**automobiliste** *m, f* [otomɔbilist]	**Autofahrer(in)**
• Les automobilistes doivent faire attention aux piétons.	• Die Autofahrer müssen auf die Fußgänger achten.
la **vitesse** [vitɛs]	**Geschwindigkeit**
• la vitesse maximale	• Höchstgeschwindigkeit
• la limitation de vitesse	• Geschwindigkeitsbegrenzung
• Il a eu une amende pour excès de vitesse.	• Er hat eine Verwarnung wegen Geschwindigkeitsüberschreitung erhalten.
le **contrôle** [kɔ̃tʀol]	**Kontrolle**
• Ici, la police fait souvent des contrôles de vitesse.	• Hier führt die Polizei oft Geschwindigkeitskontrollen durch.
le **tunnel** [tynɛl]	**Tunnel**
• Le tunnel du Mont-Blanc fait plus de 11 km.	• Der Mont-Blanc-Tunnel ist über 11 km lang.
le **carrefour** [kaʀfuʀ]	**(Verkehrs)kreuzung**
• Au carrefour, vous allez tourner à droite.	• Biegen Sie an der Kreuzung rechts ab.
le **trottoir** [tʀɔtwaʀ]	**Gehsteig, Bürgersteig**
• Sa maman lui a dit de marcher sur le trottoir, pas sur la route.	• Seine Mutter hat ihm/ihr gesagt, dass er/sie auf dem Bürgersteig gehen soll, nicht auf der Straße.
le **panneau**, les **panneaux** [pano]	**Schild**
• Il n'a pas vu le panneau « sens interdit ».	• Er hat das Schild mit dem Durchfahrtsverbot nicht gesehen.
stationner [stasjɔne]	**parken**
• Mais vous ne pouvez pas stationner devant mon garage !	• Sie können doch nicht vor meiner Garage parken!
se garer [s(ə)gaʀe]	**parken**
• Il est de plus en plus difficile de se garer en ville.	• Es wird immer schwieriger, in der Stadt zu parken.

le **parking** [paʀkiŋ]	**Parkplatz, Parkhaus**
• le parking souterrain	• Tiefgarage
• Il a garé sa voiture dans un parking payant.	• Er hat sein Auto auf einem kostenpflichtigen Parkplatz abgestellt.
le **taxi** [taksi]	**Taxi**
• Prenons un taxi pour aller à l'aéroport !	• Lass(t) uns ein Taxi zum Flughafen nehmen!
l'**autocar** *m* [otokaʀ], le **car** [kaʀ]	**Reisebus**
• Ils sont allés à Rome en autocar.	• Sie sind mit dem Reisebus nach Rom gefahren.
la **gare routière** [gaʀʀutjɛʀ]	**Busbahnhof**
• À la gare routière, tu prendras le bus 11.	• Am Busbahnhof nimmst du den Bus Nr. 11.
la **voie express/rapide** [vwaɛkspʀɛs/ʀapid]	**Schnellstraße**
• Je vous conseille de prendre la voie express en direction de Brest.	• Ich rate Ihnen/euch, die Schnellstraße in Richtung Brest zu nehmen!
le **(boulevard) périphérique** [(bulvaʀ)peʀifeʀik], le **périph** [peʀif] *(fam)*	**Ringautobahn** *(um eine Stadt)*
• À Paris, il y a souvent des bouchons sur le boulevard périphérique.	• In Paris gibt es oft Staus auf dem Autobahnring.
le **péage** [peaʒ]	**Mautstelle**
• Au péage de l'autoroute, les automobilistes doivent s'arrêter et payer.	• An der Mautstelle müssen die Autofahrer anhalten und zahlen.
l'**échangeur** *m* [eʃɑ̃ʒœʀ]	**Autobahnkreuz**
• On arrive à l'échangeur de Nîmes.	• Wir sind am Autobahnkreuz Nîmes angekommen!
l'**aire de repos** *f* [ɛʀdəʀ(ə)po]	**Rastplatz**
• On fait une pause à la prochaine aire de repos.	• Wir machen an der nächsten Raststätte eine Pause.
la **station-service,** les **stations-services** [stasjɔ̃sɛʀvis]	**Tankstelle**
• Le réservoir est vide, je vais prendre de l'essence à la station-service.	• Der Tank ist leer, ich werde an der Tankstelle tanken.
faire le plein [fɛʀləplɛ̃]	**volltanken**
• Tu dois faire le plein ou il te reste encore assez d'essence ?	• Musst du volltanken oder hast du noch genug Benzin?
le **carburant** [kaʀbyʀɑ̃]	**Kraftstoff, Treibstoff**
• Les prix des carburants sont plus élevés sur les autoroutes.	• Die Kraftstoffpreise sind auf den Autobahnen höher.
l'**essence** *f* [esɑ̃s]	**Benzin**
• prendre de l'essence	• tanken
• L'essence pour ma voiture est de plus en plus chère.	• Das Benzin für mein Auto wird immer teurer.
l'**embouteillage** *m* [ɑ̃butɛjaʒ]	**Stau**
• J'ai perdu du temps dans les embouteillages en ville.	• Ich habe durch die Staus in der Stadt viel Zeit verloren.

la **déviation** [devjasjɔ̃]	**Umleitung**
• Il y a une déviation à cause des travaux.	• Es gibt eine Umleitung wegen der Bauarbeiten.
le **rond-point,** les **ronds-points** [ʀɔ̃pwɛ̃]	**Kreisverkehr**
• Prends la deuxième sortie du rond-point pour aller sur l'autoroute.	• Um auf die Autobahn zu gelangen, nimm die zweite Ausfahrt am Kreisel.
le **feu (tricolore)** [fø(tʀikɔlɔʀ)]	**Ampel**
• le feu rouge	• rote Ampel
• Tu viens de brûler un feu rouge.	• Du bist bei Rot über die Ampel gefahren!
rouler [ʀule]	**rollen, fahren**
• rouler à 30 à l'heure	• (mit) 30 (km/h) fahren
• Dans cette zone, on doit rouler au pas.	• In dieser Zone muss man Schrittgeschwindigkeit fahren.
doubler [duble], **dépasser** [depɑse]	**überholen**
• Il est interdit de doubler dans les virages.	• Es ist verboten, in den Kurven zu überholen.

Auto, Motorrad, Fahrrad

la **voiture** [vwatyʀ]	**Auto**
• la voiture de location	• Leihwagen, Mietwagen
• la voiture d'occasion	• Gebrauchtwagen
• Nous ferons le voyage en voiture.	• Wir werden die Reise mit dem Auto machen.
la **moto** [moto]	**Motorrad**
• Il m'emmène faire un tour à moto.	• Er nimmt mich auf eine Motorradtour mit.
le **vélo** [velo]	**Fahrrad**
• à vélo	• mit dem Fahrrad
• Prends ton vélo, ce sera plus simple.	• Nimm dein Rad, das geht einfacher!
la **bicyclette** [bisiklɛt]	**Fahrrad**
• Nous faisons une promenade à bicyclette avec des amis.	• Wir machen eine Fahrradtour mit Freunden.
le **casque** [kask]	**Sturzhelm, Schutzhelm**
• N'oublie pas ton casque pour faire du vélo !	• Vergiss nicht deinen Fahrradhelm!
le **camion** [kamjɔ̃]	**LKW, Lastwagen**
• À cette heure-ci, il y a beaucoup de camions sur l'autoroute.	• Um diese Zeit gibt es immer viele Lastwagen auf der Autobahn.
le **volant** [vɔlɑ̃]	**Steuer, Lenkrad**
• au volant	• am Steuer
• prendre le volant	• sich ans Steuer setzen
• Je fais une pause avant de reprendre le volant.	• Ich mache eine Pause, bevor ich mich wieder ans Lenkrad setze.
le **phare** [faʀ]	**Scheinwerfer**
• allumer les phares	• die Scheinwerfer einschalten
• Allumez vos phares dans le tunnel !	• Machen Sie im Tunnel das Licht an!

le **feu arrière** [føaʀjɛʀ]	**Rückleuchte, Schlussleuchte**
• Le feu arrière de sa Golf est cassé.	• Das Rücklicht seines Golfs ist kaputt.
la **roue** [ʀu]	**Rad**
• la roue de secours	• Reserverad, Ersatzrad
• Il a freiné trop brusquement, les roues se sont bloquées.	• Er hat zu schnell gebremst, seine Räder haben blockiert.
le **pneu**, les **pneus** [pnø]	**Reifen**
• les pneus d'hiver/neige	• Winterreifen
• Vous avez encore les pneus neige sur la voiture ?	• Habt ihr/Haben Sie immer noch die Winterreifen am Auto?
la **portière** [pɔʀtjɛʀ]	**Wagentür**
• La portière de la voiture ne ferme plus.	• Die Wagentür geht nicht mehr zu.
la **remorque** [ʀ(ə)mɔʀk]	**Anhänger**
• Ils transportent les meubles dans une remorque.	• Sie transportieren die Möbel im Anhänger.
la **vitesse** [vitɛs]	**Gang**
• la boîte de vitesses	• Getriebe
• passer une vitesse	• einen Gang einlegen
• Elle apprend à conduire et se trompe parfois de vitesse.	• Sie lernt das Autofahren erst und verwechselt gelegentlich noch die Gänge.
la **panne** [pan]	**Panne**
• tomber en panne	• eine Panne haben
• Zut, on est en panne !	• Verdammt, wir haben eine Panne!
le **service de dépannage** [sɛʀvisdədepanaʒ]	**Abschleppdienst**
• Si tu es en panne, tu peux appeler le service de dépannage.	• Wenn du eine Panne hast, kannst du den Abschleppdienst rufen.
le **chasse-neige**, les **chasse-neige(s)** [ʃasnɛʒ]	**Schneepflug**
• En hiver, le chasse-neige enlève la neige des routes.	• Der Schneepflug befreit im Winter die Straßen vom Schnee.
le **contrôle technique** [kɔ̃tʀoltɛknik]	**≈ TÜV**
• Dans deux mois, je dois emmener ma voiture au contrôle technique.	• In zwei Monaten muss ich mein Auto zum TÜV bringen.

In Frankreich muss ein Kraftfahrzeug alle zwei Jahre auf seine Fahrtüchtigkeit und seine Abgasemissionen hin überprüft werden. Dies geschieht im Rahmen der **contrôles techniques**.

33

Schienenverkehr	
le **train** [tʀɛ̃] · le train de banlieue · le train de voyageurs/marchandises · Je prends le train pour aller de Lyon à Chambéry.	**Zug** · Nahverkehrszug · Reisezug/Güterzug · Ich fahre mit dem Zug von Lyon nach Chambéry.
le **T.G.V.** [teʒeve] (Train à grande vitesse) · Le T.G.V. roule à plus de 200 km à l'heure.	**TGV** *(frz. Hochgeschwindigkeitszug, ähnlich dem ICE)* · Der TGV fährt mit über 200 Stundenkilometer.
la **locomotive** [lɔkɔmɔtiv] · Les trains avaient autrefois des locomotives à vapeur.	**Lokomotive** · Früher hatten die Züge Dampflokomotiven.
le **conducteur**, la **conductrice** [kɔ̃dyktœʀ, tʀis] · Le conducteur de train a demandé aux passagers de monter.	**Lokführer(in)** · Der Lokführer hat die Passagiere gebeten, einzusteigen.
la **gare** [gaʀ] · Le train va bientôt entrer en gare.	**Bahnhof** · Der Zug wird bald in den Bahnhof einfahren.
la **ligne** [liɲ] · les grandes lignes · Je fais tous les jours la ligne Paris-Lille pour aller au travail.	**Linie** · Fernlinien, Fernstrecken; Fernzüge · Ich fahre jeden Tag die Strecke Paris-Lille, um zur Arbeit zu fahren.
le **billet** [bijɛ] · le billet de train · un (billet) aller-retour · Je vais acheter un billet au guichet.	**Fahrkarte, Ticket** · (Zug)fahrkarte · eine Hin- und Rückfahrkarte · Ich werde am Schalter eine Fahrkarte kaufen.
le **contrôle des billets** [kɔ̃tʀoldebijɛ] · Le contrôle des billets se fait dans le train.	**Fahrkartenkontrolle** · Die Fahrkarten kontrollieren sie im Zug.
la **place** [plas] · la place assise/debout · J'ai réservé une place en seconde classe.	**Platz** · Sitz-/Stehplatz · Ich habe einen Platz in der zweiten Klasse reserviert.
le **tram(way)** [tʀam(wɛ)] · Tu prends le bus et ensuite le tramway.	**Straßenbahn** · Du nimmst den Bus und danach die Straßenbahn.
le **R.E.R.** [ɛʀøɛʀ] (Réseau express régional) · Le R.E.R. circule entre le centre de Paris et la banlieue.	**≈ S-Bahn, regionale Schnellbahn** *(in Paris und Umgebung)* · Die R.E.R verkehrt zwischen dem Zentrum von Paris und den Vororten.
le **métro** [metʀo] · en métro · la ligne de métro · Le moyen de transport le plus rapide à Paris est le métro.	**Metro, U-Bahn** · mit der Metro · Metrolinie · Das schnellste Verkehrsmittel in Paris ist die U-Bahn.

la **station** [stasjɔ̃]	**Station, Haltestelle**
• la station de métro	• U-Bahnstation, Metrostation
• À quelle station est-ce que je dois descendre?	• Bei welcher Station soll ich aussteigen?
le **ticket** [tikɛ]	**Ticket, Fahrschein**
• le ticket de métro	• Metrofahrschein
• Ton ticket est encore valable?	• Ist dein Fahrschein noch gültig?
monter [mɔ̃te] + *être*	**einsteigen**
• Vous pouvez m'aider à monter dans le bus?	• Können Sie mir beim Einsteigen in den Bus helfen?
descendre [desɑ̃dʀ] + *être*	**aussteigen**
• Descendez au prochain arrêt.	• Steigen Sie/Steigt an der nächsten Haltestelle aus!
changer [ʃɑ̃ʒe]	**umsteigen**
• changer à Paris	• in Paris umsteigen
• changer de train	• umsteigen
• Vous devrez changer à la station suivante.	• Sie müssen/Ihr müsst an der nächsten Haltestelle umsteigen.
arriver [aʀive] + *être*	**ankommen**
• Le T.G.V. vient juste d'arriver en gare.	• Der T.G.V. ist gerade im Bahnhof angekommen.
le **guichet** [giʃɛ]	**(Fahrkarten)schalter**
• Au guichet, j'ai acheté deux tickets.	• Ich habe am Schalter zwei Fahrscheine gekauft.
le **départ** [depaʀ]	**Abfahrt**
• l'heure de départ	• Abfahrtszeit
• Le départ du train pour Bruxelles est dans une heure.	• Die Abfahrt des Zuges nach Brüssel ist in einer Stunde.
l'**arrivée** *f* [aʀive]	**Ankunft**
• l'heure d'arrivée	• Ankunftszeit
• L'arrivée du train est prévue pour 19 heures.	• Die Ankunft des Zuges ist für 19 Uhr vorgesehen.
le **quai** [ke]	**Bahnsteig**
• Je t'attendrai sur le quai de la gare.	• Ich werde dich am Bahnsteig erwarten.
la **voie** [vwa]	**Gleis**
• Le train est bloqué sur la voie.	• Der Zug wurde auf der Strecke aufgehalten.
l'**horaire** *m* [ɔʀɛʀ]	**Fahrplan**
• Je vais me renseigner sur les horaires de trains.	• Ich werde mich nach dem Zugfahrplan erkundigen.
le **supplément** [syplemɑ̃]	**Zuschlag**
• Dans le T.G.V., il faut payer un supplément.	• Im TGV muss man einen Zuschlag bezahlen.
la **réservation** [ʀezɛʀvasjɔ̃]	**Reservierung**
• Je me charge de la réservation des billets.	• Ich kümmere mich um die Reservierung der Fahrkarten!
lent, e [lɑ̃, lɑ̃t]	**langsam**
• Le bus est plus lent que le train.	• Der Bus ist langsamer als der Zug.

la **bouche (de métro)** [buʃ(dəmetʀo)]	**(Metro)eingang**
• La bouche de métro se trouve à cent mètres d'ici.	• Der U-Bahneingang befindet sich 100 m von hier.

Schiffsverkehr

le **bateau,** les **bateaux** [bato]	**Schiff**
• Viens, on va faire un tour de bateau sur le lac.	• Komm, wir machen eine Bootstour auf dem See.
à bord [abɔʀ]	**an Bord**
• monter à bord	• an Bord gehen
• Le capitaine nous a invités à bord de son bateau.	• Der Kapitän hat uns an Bord seines Schiffs eingeladen.
traverser [tʀavɛʀse]	**überqueren**
• J'aimerais bien traverser l'Atlantique en bateau.	• Ich würde den Atlantik gern per Schiff überqueren.
la **mer** [mɛʀ]	**Meer**
• partir en mer	• aufs Meer (hinaus)fahren
• avoir le mal de mer	• seekrank sein
• Nous avons passé dix heures sur un bateau en pleine mer.	• Wir haben auf einem Boot zehn Stunden auf dem offenen Meer verbracht.
le **port** [pɔʀ]	**Hafen**
• le port de plaisance	• Jachthafen
• le port de pêche	• Fischereihafen
• Vous devez absolument visiter le port du Havre, il est très impressionnant.	• Sie müssen unbedingt den Hafen von Le Havre besuchen, er ist sehr beeindruckend!
le **ferry** [feʀi]	**Fähre**
• Ils ont pris le ferry pour traverser la Manche.	• Sie haben den Ärmelkanal mit der Fähre überquert.
le **marin** [maʀɛ̃]	**Matrose, Seemann**
• Les marins attendent le départ du bateau.	• Die Matrosen warten darauf, dass das Schiff ausläuft.
le **capitaine** [kapitɛn]	**Kapitän**
• Gwénael est un vrai capitaine avec sa casquette et sa pipe.	• Gwénael ist ein echter Kapitän mit seiner Mütze und seiner Pfeife!

Flugverkehr

l'**avion** *m* [avjɔ̃]	**Flugzeug**
• prendre l'avion	• das Flugzeug nehmen, fliegen
• Son avion vient juste de décoller.	• Sein/Ihr Flugzeug ist gerade gestartet!
l'**aéroport** *m* [aeʀopɔʀ]	**Flughafen**
• les taxes d'aéroport	• Flughafengebühr
• L'aéroport de Roissy est un des plus grands aéroports d'Europe.	• Der Flughafen von Roissy ist einer der größten Flughäfen Europas.

le **billet (d'avion)** [bijɛ(davjɔ̃)]	**Flugschein, -ticket**
• As-tu déjà réservé tes billets d'avion?	• Hast du deine Flugtickets schon gebucht?
le, la **pilote** [pilɔt]	**Pilot(in)**
• Le pilote nous a salués quand nous sommes montés dans l'avion.	• Der Pilot hat uns begrüßt, als wir ins Flugzeug gestiegen sind.
la **piste** [pist]	**Startbahn; Landebahn**
• la piste d'atterrissage	• Landebahn
• Avant le décollage, l'avion a roulé environ cinq minutes sur la piste.	• Vor dem Start ist das Flugzeug ca. fünf Minuten über die Startbahn gerollt.
le **vol** [vɔl]	**Flug**
• le vol régulier	• Linienflug
• le (vol) charter	• Charterflug
• Le vol entre Paris et Berlin n'a pas duré très longtemps.	• Der Flug von Paris nach Berlin hat nicht sehr lange gedauert.
voler [vɔle]	**fliegen**
• Notre avion vole au-dessus des Alpes.	• Unser Flugzeug fliegt über die Alpen.
la **montgolfière** [mɔ̃gɔlfjɛʀ], le **ballon** [balɔ̃]	**Heißluftballon**
• Nous ferons un voyage en montgolfière le jour de mon anniversaire.	• An meinem Geburtstag werden wir eine Fahrt mit dem Heißluftballon machen.
le **passager,** la **passagère** [pɑsaʒe, ɛʀ]	**Passagier(in)**
• Les passagers sont priés de s'attacher avant le décollage.	• Die Fluggäste werden gebeten, sich vor dem Abflug anzuschnallen.
les **bagages** *mpl* [bagaʒ]	**Gepäck**
• les bagages à mains	• Handgepäck
• l'arrivée des bagages	• Gepäckausgabe
• Je n'emporte que deux bagages: une valise et un sac.	• Ich nehme nur zwei Gepäckstücke mit: einen Koffer und eine Tasche.
la **douane** [dwan]	**Zoll**
• Ils ont été interceptés par la douane à l'aéroport.	• Sie wurden vom Flughafenzoll abgefangen.
déclarer [deklaʀe]	**verzollen**
• Elle n'a rien à déclarer à la douane.	• Sie hat nichts zu verzollen.
l'**hôtesse de l'air** *f* [otɛsdəlɛʀ]	**Stewardess, Flugbegleiterin**
• L'hôtesse de l'air nous a apporté des cafés pendant le vol.	• Die Stewardess hat uns während des Fluges Kaffee gebracht.
l'**embarquement** *m* [ɑ̃baʀkəmɑ̃]	**Anbordgehen, Einsteigen**
• la carte d'embarquement	• Bordkarte
• la porte d'embarquement	• Flugsteig
• L'embarquement pour le vol n° 756 est immédiat.	• Das Boarding für den Flug Nr. 756 erfolgt jetzt.

embarquer [ɑ̃baʀke]	**an Bord gehen**
• Les passagers peuvent embarquer dans l'avion.	• Die Fluggäste können an Bord des Flugzeugs gehen.
le **décollage** [dekɔlaʒ]	**Start**
• Le décollage de l'avion est retardé de vingt minutes.	• Der Start der Maschine verspätet sich um zwanzig Minuten.
l'**atterrissage** *m* [ateʀisaʒ]	**Landung**
• L'atterrissage de l'avion a fait beaucoup de bruit, nous avons eu peur.	• Die Landung des Flugzeugs war sehr laut, wir bekamen Angst.
annulé, e [anyle]	**gestrichen, annulliert**
• Le vol à destination de Marseille est annulé pour cause de mauvais temps.	• Der Flug nach Marseille ist wegen schlechten Wetters gestrichen.
à l'heure [alœʀ]	**pünktlich**
• L'avion a décollé à l'heure.	• Das Flugzeug ist pünktlich gestartet.
retardé, e [ʀ(ə)taʀde]	**verspätet**
• Le vol en provenance de Bordeaux est retardé d'au moins une heure.	• Der Flug aus Bordeaux hat mindestens eine Stunde Verspätung.

Auf Reisen

34

Länder und Sprachen

la **France** [fʀɑ̃s]	**Frankreich**
• Ils passent toutes leurs vacances d'été en France.	• Sie verbringen all ihre Sommerferien in Frankreich.
français, e [fʀɑ̃sɛ, ɛz]	**französisch**
• Mon plat français préféré est la mousse au chocolat.	• Mein französisches Lieblingsgericht ist Mousse au Chocolat.
le **Français**, la **Française** [fʀɑ̃sɛ, ɛz]	**Franzose, Französin**
• Je passe les fêtes chez des amis de la famille, des Français.	• Ich verbringe die Feiertage bei Freunden der Familie, Franzosen.
le **français** [fʀɑ̃sɛ]	**die französische Sprache**
• Le français est une langue très mélodieuse.	• Französisch ist eine sehr melodische Sprache.
l'**Allemagne** *f* [almaɲ]	**Deutschland**
• L'Allemagne compte plus de 80 millions d'habitants.	• Deutschland hat über 80 Millionen Einwohner.
allemand, e [almɑ̃, ɑ̃d]	**deutsch**
• Mon père adore la bière allemande.	• Mein Vater liebt das deutsche Bier.
l'**Allemand** *m*, l'**Allemande** *f* [almɑ̃, ɑ̃d]	**Deutsche(r)**
• C'est une Allemande, elle s'appelle Renate.	• Sie ist Deutsche, sie heißt Renate.
l'**allemand** *m* [almɑ̃]	**die deutsche Sprache**
• en allemand	• auf Deutsch
• Il ne parle pas un mot d'allemand.	• Er spricht kein Wort Deutsch.

l'étranger *m* [etʀɑ̃ʒe]	**Ausland**
· à l'étranger	· im Ausland
· Nous faisons souvent des voyages à l'étranger.	· Wir machen oft Reisen ins Ausland.
étranger, -ère [etʀɑ̃ʒe, ɛʀ]	**fremd, ausländisch**
· C'était la première fois que Jean était seul dans une ville étrangère.	· Es war das erste Mal, dass Jean allein in einer fremden Stadt war.
le **pays** [pei]	**Land**
· L'Allemagne est le pays le plus peuplé d'Europe.	· Deutschland ist das bevölkerungsreichste Land Europas.
la **région** [ʀeʒjɔ̃]	**Gegend, Region**
· La Normandie est une belle région.	· Die Normandie ist eine schöne Region.
l'**Angleterre** *f* [ɑ̃glətɛʀ]	**England**
· En Angleterre, je ne connais que Londres.	· Von England kenne ich nur London.
anglais, e [ɑ̃glɛ, ɛz]	**englisch**
· J'aime bien la musique anglaise, surtout les Beatles.	· Ich mag gern englische Musik, vor allem die Beatles.
l'**Anglais** *m*, l'**Anglaise** *f* [ɑ̃glɛ, ɛz]	**Engländer(in)**
· John est Anglais, mais il habite à New York.	· John ist Engländer, aber er wohnt in New York.
l'**anglais** *m* [ɑ̃glɛ]	**die englische Sprache**
· Amandine parle couramment anglais.	· Amandine spricht fließend Englisch.

la **province** [pʀɔvɛ̃s]	**Provinz**
· Ils ont passé le week-end en province.	· Sie haben das Wochenende in der Provinz verbracht.
lointain, e [lwɛ̃tɛ̃, ɛn]	**fern**
· Marc rêve de faire un voyage dans un pays lointain.	· Marc träumt von einer Reise in ein fernes Land.
la **langue** [lɑ̃g]	**Sprache**
· la langue officielle	· Amtssprache
· Tu parles combien de langues ?	· Wie viele Sprachen sprichst du?
francophone [fʀɑ̃kɔfɔn]	**französischsprachig, Französisch sprechend**
· Il y a 200 millions de francophones dans le monde.	· Es gibt 200 Millionen französischsprachige Menschen auf der Welt.
le **Nord de la France** [nɔʀdəlafʀɑ̃s]	**Nordfrankreich**
· Elle a grandi dans le Nord de la France.	· Sie ist in Nordfrankreich aufgewachsen.
la **Lorraine** [lɔʀɛn]	**Lothringen**
· La Lorraine est une région riche en histoire.	· Lothringen ist eine geschichtsträchtige Region.
le **Midi** [midi]	**Südfrankreich**
· Cet été, nous passerons nos vacances dans le Midi.	· Diesen Sommer verbringen wir unsere Ferien in Südfrankreich.

la **Belgique** [bɛlʒik] • Le romancier vit et travaille en Belgique.	**Belgien** • Der Romanschriftsteller lebt und arbeitet in Belgien.
belge [bɛlʒ] • Les bières belges sont très appréciées dans le monde.	**belgisch** • Belgisches Bier wird auf der ganzen Welt sehr geschätzt.
le, la **Belge** [bɛlʒ] • Les Belges sont toujours sans gouvernement.	**Belgier(in)** • Die Belgier haben immer noch keine Regierung.
la **Flandre,** les **Flandres** [flɑ̃dʀ] • Ils ont acheté une maison de vacances en Flandre.	**Flandern** • Sie haben ein Ferienhaus in Flandern gekauft.
le **Luxembourg** [lyksɑ̃buʀ] • Durant notre séjour, nous visiterons les châteaux du Luxembourg.	**Luxemburg** • Während unseres Aufenthalts werden wir die Schlösser in Luxemburg besichtigen.
les **Pays-Bas** *mpl* [peiba] • Julie passe le week-end aux Pays-Bas.	**Niederlande** • Julie verbringt das Wochenende in den Niederlanden.
néerlandais, e [neɛʀlɑ̃dɛ, ɛz] • Il photographie le paysage néerlandais.	**niederländisch** • Er fotografiert die niederländische Landschaft.
l'**Espagne** *f* [ɛspaɲ] • Sa fille est partie comme fille au-pair en Espagne.	**Spanien** • Seine/Ihre Tochter ist als Au-pair-Mädchen nach Spanien gegangen.
espagnol, e [ɛspaɲɔl] • Ils ont vu un spectacle de danse espagnole.	**spanisch** • Sie haben eine spanische Tanzvorstellung gesehen.
l'**Espagnol** *m,* l'**Espagnole** *f* [ɛspaɲɔl] • Hier, les Espagnols ont manifesté leur mécontentement dans les rues de Madrid.	**Spanier(in)** • Gestern haben die Spanier ihre Unzufriedenheit auf den Straßen von Madrid demonstriert.
l'**Italie** *f* [itali] • Cet été, nous partons en Italie.	**Italien** • Diesen Sommer fahren wir nach Italien.
italien, ne [italjɛ̃, jɛn] • Nous raffolons tous de la cuisine italienne.	**italienisch** • Wir sind alle ganz versessen auf die italienische Küche.
l'**Italien** *m,* l'**Italienne** *f* [italjɛ̃, jɛn] • Les Italiens ont déjà dit non au nucléaire en 1987.	**Italiener(in)** • Die Italiener haben schon 1987 nein zur Kernenergie gesagt.
le **Portugal** [pɔʀtygal] • Elle est partie au Portugal avec une amie.	**Portugal** • Sie ist mit einer Freundin nach Portugal gereist.
portugais, e [pɔʀtygɛ, ɛz] • Nous vous avons rapporté quelques spécialités portugaises.	**portugiesisch** • Wir haben Ihnen/euch wieder einige portugiesische Spezialitäten mitgebracht.

la **Grèce** [gʀɛs]	**Griechenland**
· Ils projettent de partir en Grèce.	· Sie planen, nach Griechenland zu fahren.
la **Turquie** [tyʀki]	**Türkei**
· Je t'ai apporté un guide touristique sur la Turquie.	· Ich habe dir einen Reiseführer über die Türkei mitgebracht.
l'**Europe** *f* [øʀɔp]	**Europa**
· L'Europe a un passé historique riche.	· Europa hat eine reiche historische Vergangenheit.
européen, ne [øʀɔpeɛ̃, ɛn]	**europäisch**
· Le Parlement européen se trouve à Strasbourg.	· Das europäische Parlament befindet sich in Straßburg.
l'**Européen** *m*, l'**Européenne** *f* [øʀɔpeɛ̃, ɛn]	**Europäer(in)**
· Tu te sens plutôt Allemand ou Européen ?	· Fühlst du dich eher als Deutscher oder eher als Europäer?
l'**habitant** *m*, l'**habitante** *f* [abitɑ̃, ɑ̃t]	**Einwohner(in), Bewohner(in)**
· La Belgique compte environ dix millions et demi d'habitants.	· Belgien hat ungefähr zehneinhalb Millionen Einwohner.
la **frontière** [fʀɔ̃tjɛʀ]	**Grenze**
· franchir la frontière	· die Grenze überschreiten
· le poste frontière	· Grenzübergang
· Il n'y a plus de contrôles à la frontière franco-allemande.	· Es gibt keine Kontrollen mehr an der deutsch-französischen Grenze.

Reisevorbereitungen

préparer [pʀepaʀe]	**vorbereiten**
· Elle prépare ses bagages pour les vacances.	· Sie bereitet ihr Gepäck für die Ferien vor.
les **vacances** *fpl* [vakɑ̃s]	**Ferien, Urlaub**
· en vacances	· in Ferien, im Urlaub
· Bonnes vacances !	· Schönen Urlaub!, Schöne Ferien!
le, la **touriste** [tuʀist]	**Tourist(in)**
· À Saint-Malo, il y a beaucoup de touristes anglais et allemands.	· In Saint-Malo gibt es viele englische und deutsche Touristen.
le **pique-nique** , les **pique-niques** [piknik]	**Picknick**
· J'adore les pique-niques sur l'herbe au bord d'un lac.	· Ich liebe Picknicks auf der Wiese an einem See.
le **sac à dos** [sakado]	**Rucksack**
· Pour mon voyage, je ne prends qu'un sac à dos.	· Ich nehme nur einen Rucksack mit auf meine Reise.
la **liste** [list]	**Liste**
· Il vaut mieux faire une liste des choses à emporter en voyage.	· Es ist besser, man macht sich eine Liste mit den Dingen, die man auf die Reise mitnehmen möchte.

le groupe [gʀup] • Nous voyageons avec un groupe de dix personnes environ.	**Gruppe** • Wir reisen mit einer Gruppe von ca. zehn Leuten.
le plan [plɑ̃] • Regarde sur le plan de la ville, tu trouveras le chemin le plus court !	**Plan** • Wenn du auf dem Stadtplan nachsiehst, findest du den kürzesten Weg!
le tour [tuʀ] • le tour du monde • Nous commençons par un tour de la ville en autocar.	**Rundfahrt, -reise; Ausflug** • Weltreise • Wir beginnen mit einer Stadtrundfahrt im Reisebus.
l'arrêt *m* [aʀɛ] • Nous ferons un arrêt à Marseille avant de reprendre la route.	**Halt; Anhalten** • Wir werden in Marseille Halt machen, bevor wir weiterfahren.
la préparation [pʀepaʀasjɔ̃] • Les voyages linguistiques exigent une certaine préparation.	**Vorbereitung** • Sprachreisen bedürfen einer gewissen Vorbereitung.
le tourisme [tuʀism] • Le tourisme est un facteur économique important pour le pays.	**Tourismus** • Der Tourismus ist ein wichtiger Wirtschaftsfaktor für das Land.
l'office du tourisme *m* [ɔfisdytuʀism] • Si tu veux des prospectus sur la ville, va à l'office du tourisme.	**Fremdenverkehrsamt** • Wenn du Prospekte über die Stadt willst, geh zum Fremdenverkehrsamt.
le renseignement [ʀɑ̃sɛɲmɑ̃] • Excusez-moi, vous pouvez m'aider, j'ai besoin d'un renseignement ?	**Auskunft** • Entschuldigung, können Sie mir helfen, ich brauche eine Auskunft.
le voyage [vwajaʒ] • le voyage organisé • partir en voyage • Notre voyage en Australie était inoubliable !	**Reise** • Gruppenreise • verreisen, auf die Reise gehen • Unsere Reise nach Australien war unvergesslich!
l'excursion *f* [ɛkskyʀsjɔ̃] • On fait une excursion à la campagne ?	**Ausflug** • Wollen wir einen Ausflug aufs Land machen?
emporter [ɑ̃pɔʀte] • J'emporte toujours une bouteille d'eau quand je vais me promener.	**mitnehmen** • Ich nehme immer eine Flasche Wasser mit, wenn ich spazieren gehe.
le guide (touristique) [gid(tuʀistik)] • Il cherche un bon hôtel dans son guide touristique.	**Reiseführer** *(Buch)* • Er sucht in seinem Reiseführer nach einem guten Hotel.
la carte (routière) [kaʀt(ʀutjɛʀ)] • Il étudie la carte routière avant de se mettre en route.	**(Land)karte** • Er studiert die Straßenkarte, bevor er losfährt.

voyager [vwajaʒe] • Je voyage souvent à l'étranger.	**reisen** • Ich reise oft ins Ausland.
l'**agence de voyage** *f* [aʒɑ̃sdəvwajaʒ] • Elle feuillette les catalogues des agences de voyage.	**Reisebüro** • Sie blättert die Kataloge der Reisebüros durch.
le **syndicat d'initiative** [sɛ̃dikadinisjativ] • Au syndicat d'initiative, ils donnent des renseignements sur les excursions possibles.	**Fremdenverkehrsamt** • Beim Fremdenverkehrsamt geben sie Auskünfte über mögliche Ausflüge.
s'informer [sɛ̃fɔʀme] • s'informer de qc • s'informer sur qn • J'irai m'informer à l'office du tourisme.	**sich informieren** • sich über etw informieren • sich über jdn informieren • Ich werde mich im Fremdenverkehrsamt informieren.
l'**information** *f* [ɛ̃fɔʀmasjɔ̃] • Vous trouverez toutes les informations utiles dans ce catalogue.	**Auskunft, Information** • Sie finden/Ihr findet alle nützlichen Informationen in diesem Katalog.
la **valise** [valiz] • faire sa valise • Ma valise est lourde, elle pèse plus de vingt kilos!	**Koffer** • seinen Koffer packen • Mein Koffer ist schwer, er wiegt über zwanzig Kilo!
le **passeport** [pɑspɔʀ] • le contrôle des passeports • Pour voyager à l'étranger, il me faut un passeport.	**Reisepass** • Passkontrolle • Um ins Ausland reisen zu können, brauche ich einen Reisepass.
la **carte d'identité** [kaʀtdidɑ̃tite] • Tu ne peux pas prendre le train sans carte d'identité!	**Personalausweis** • Du kannst nicht ohne Personalausweis mit dem Zug fahren!

Übernachtung und Verpflegung

la **maison de vacances** [mɛzɔ̃d(ə)vakɑ̃s] • Nous avons loué une maison de vacances dans un village de Provence.	**Ferienhaus** • Wir haben ein Ferienhaus in einem provenzalischen Dorf gemietet.
l'**hôtel** *m* [ɔtɛl, otɛl] • l'hôtel deux étoiles • l'hôtel de luxe • C'est un hôtel quatre étoiles, les chambres sont très confortables!	**Hotel** • Zwei-Sterne-Hotel • Luxushotel • Es ist ein Vier-Sterne-Hotel, die Zimmer sind sehr komfortabel!
la **réception** [ʀesɛpsjɔ̃] • Je vais chercher la clé à la réception de l'hôtel.	**Rezeption, Empfang** • Ich gehe den Schlüssel an der Rezeption abholen.

la chambre [ʃɑ̃bʀ]	**Zimmer**
• réserver une chambre	• ein Zimmer reservieren
• la chambre d'hôte	• Gästezimmer
• L'hôtel est complet, il n'y a plus aucune chambre de libre.	• Das Hotel ist ausgebucht, es gibt kein einziges freies Zimmer mehr.
la salle de bains [saldəbɛ̃]	**Badezimmer**
• avec/sans salle de bains	• mit/ohne Bad
• La salle de bains est commune et se trouve au bout du couloir.	• Das Gemeinschaftsbad befindet sich am Ende des Flurs.
le jour d'arrivée [ʒuʀdaʀive]	**Ankunftstag**
• Notre jour d'arrivée à l'hôtel est un lundi.	• Unser Ankunftstag im Hotel ist ein Montag.
rester [ʀɛste] + *être*	**bleiben**
• Ils restent trois semaines dans les Alpes.	• Sie bleiben drei Wochen in den Alpen.
la clé, la clef [kle]	**Schlüssel**
• Tu me donnes la clé pour ouvrir la porte ?	• Gibst du mir den Schlüssel, damit ich die Tür aufmachen kann?
le lit [li]	**Bett**
• le grand lit	• französisches (Doppel)bett
• le lit supplémentaire	• Zusatzbett, Zustellbett
• J'ai réservé une chambre avec deux lits jumeaux.	• Ich habe ein Zimmer mit zwei Einzelbetten reserviert.
la vue [vy]	**Aussicht**
• avec vue sur (la) mer	• mit Meerblick
• D'ici, nous avons une vue panoramique sur la ville.	• Von hier aus haben wir eine schöne Aussicht über die ganze Stadt.
le camping [kɑ̃piŋ]	**Camping**
• le (terrain de) camping	• Campingplatz
• faire du camping	• zelten
• Mon voisin a une tente au camping de la plage.	• Mein Nachbar hat ein Zelt auf dem Campingplatz am Strand.
la tente [tɑ̃t]	**Zelt**
• En camping, quand on dort dans une tente, on entend tous les bruits.	• Auf einem Campingplatz hört man jedes Geräusch, wenn man in einem Zelt schläft.
le départ [depaʀ]	**Abreise**
• Le jour du départ, j'ai toujours le cafard.	• Am Abreisetag bin ich immer traurig.

la pension [pɑ̃sjɔ̃]	**Pension**
• la demi-pension/la pension complète	• Halbpension/Vollpension
• en demi-pension/pension complète	• mit Halbpension/Vollpension
• Nous chercherons une petite pension pour dormir en route.	• Wir werden uns unterwegs eine kleine Pension zum Schlafen suchen.
calme [kalm]	**ruhig**
• Le camping est calme, on n'entend aucun bruit.	• Der Campingplatz ist ruhig, man hört keinerlei Lärm.

compris, e [kɔ̃pʀi, iz] · petit-déjeuner compris · Le petit-déjeuner n'est pas compris dans le prix de la chambre.	**inbegriffen, inklusive** · Frühstück (im Zimmerpreis) inbegriffen · Das Frühstück ist im Zimmerpreis nicht enthalten.
tranquille [tʀɑ̃kil] · J'aime être tranquille, lire et me reposer.	**ruhig, still** · Ich habe gern meine Ruhe - zum Lesen und um mich auszuruhen.
libre [libʀ] · Il n'y a plus aucune chambre de libre dans cette auberge.	**frei** · Es gibt kein einziges freies Zimmer mehr in diesem Landgasthof.
complet, -ète [kɔ̃plɛ, ɛt] · L'Hôtel Continental est complet, nous devons chercher ailleurs.	**ausgebucht, belegt** · Das Hotel Continental ist ausgebucht, wir müssen woanders suchen.
le **refuge** [ʀ(ə)fyʒ] · chercher refuge · Arrivés en haut de la montagne, ils ont dormi dans un refuge.	**(Schutz)hütte** · Zuflucht suchen · Oben am Berg angekommen, haben sie in einer Hütte übernachtet.
la **caravane** [kaʀavan] · Nos amis partent toujours en vacances en caravane.	**Wohnwagen** · Unsere Freunde machen immer Urlaub mit dem Wohnwagen.
l'**accueil** *m* [akœj] · la famille d'accueil · L'accueil était chaleureux et le cadre magnifique.	**Empfang, Aufnahme** · Gastfamilie · Der Empfang war herzlich und das ganze Ambiente einfach großartig!
la **note (d'hôtel)** [nɔt(dotɛl)] · La note d'hôtel a été très élevée, nous avons payé 500 euros!	**(Hotel)rechnung** · Die Hotelrechnung ist sehr hoch gewesen, wir haben 500 Euro bezahlt!
le **personnel** [pɛʀsɔnɛl] · Le personnel était fort aimable.	**Personal** · Das Personal war sehr zuvorkommend.

35

Wegbeschreibung und Zielort

la **ville** [vil] · en ville · le plan de ville · Toulouse est une ville très intéressante.	**Stadt** · in der Stadt · Stadtplan · Toulouse ist eine sehr interessante Stadt.
la **capitale** [kapital] · Rome est la capitale de l'Italie.	**Hauptstadt** · Rom ist die Hauptstadt von Italien.
la **rue** [ʀy] · la rue commerçante · la rue piétonne · Il flâne dans les petites rues.	**Straße** · Geschäftsstraße · Fußgängerzone, autofreie Straße · Er schlendert durch die kleinen Straßen.

le **chemin** [ʃ(ə)mɛ̃] · demander son chemin (à qn) · Je ne sais pas quel chemin prendre : à gauche ou à droite ?	**Weg** · (jdn) nach dem Weg fragen · Ich weiß nicht, welchen Weg ich nehmen soll: links oder rechts?
la **direction** [diʀɛksjɔ̃] · prendre la direction de Lyon · Vous pouvez nous indiquer la direction de la cathédrale ?	**Richtung** · in Richtung Lyon gehen/fahren · Können Sie uns die Richtung zur Kathedrale zeigen?
où [u] · Où partez-vous en vacances cet été ?	**wo; wohin** · Wohin fahrt ihr/fahren Sie diesen Sommer in den Urlaub?
ici [isi] · On se retrouve ici demain à la même heure.	**hier** · Wir treffen uns morgen hier um die gleiche Uhrzeit.
là [la] · Il nous attend là, tout près de l'église.	**da; dort** · Er wartet dort (drüben) auf uns, ganz nah bei der Kirche.
gauche [goʃ] · Prenez la première route à main gauche, après le feu.	**linke(r, s)** · Nehmen Sie/Nehmt die erste Straße linker Hand, nach der Ampel!
la **gauche** [goʃ] · à gauche · sur votre gauche · La cathédrale se trouve à votre gauche.	**Linke, linke Seite** · (nach) links · zu Ihrer/eurer Linken, auf der linken Seite · Die Kathedrale befindet sich zu Ihrer/eurer Linken.
droit, e [dʀwa, dʀwat] · Aujourd'hui, on peut se garer du côté droit de la route.	**rechte(r, s)** · Heute darf man auf der rechten Straßenseite parken.
la **droite** [dʀwat] · à droite · Sur votre droite, vous voyez le Rhône.	**Rechte, rechte Seite** · (nach) rechts · Auf Ihrer/eurer Rechten sehen Sie/seht ihr die Rhône.
tout droit [tudʀwa] · Pour aller à la mairie, c'est toujours tout droit.	**geradeaus** · Zum Rathaus geht es immer geradeaus.
loin [lwɛ̃] · loin de · au loin · Je l'ai aperçu de loin près de la tour Eiffel.	**weit** · weit entfernt von · in der Ferne · Ich habe ihn/sie von Weitem gesehen, in der Nähe des Eiffelturms.
à [a] · à Paris · Il est actuellement aux États-Unis.	**in, nach** *(+ Ziel)* · in/nach Paris · Er ist momentan in den Vereinigten Staaten.

chez [ʃe]	**bei; zu**
· Viens passer le week-end chez nous !	· Komm am Wochenende zu uns!
en [ɑ̃]	**in**
· en France	· in Frankreich
· Pauline passe une semaine chez des amis en Bretagne.	· Pauline verbringt eine Woche bei Freunden in der Bretagne.
dans [dɑ̃]	**in**
· Ils se reposent à la montagne dans un chalet.	· Sie ruhen sich im Gebirge in einer Hütte aus.
devant [d(ə)vɑ̃]	**vor**
· Les enfants jouent devant la maison.	· Die Kinder spielen vor dem Haus.
derrière [dɛʀjɛʀ]	**(da)hinter**
· par derrière	· von hinten
· Il s'est caché derrière un arbre.	· Er hat sich hinter einem Baum versteckt.
depuis [dəpɥi]	**von ... aus**
· Depuis la ferme, il vous faudra dix minutes à pieds.	· Vom Bauernhof aus werden Sie/werdet ihr zehn Minuten zu Fuß brauchen.
jusque [ʒysk]	**bis**
· Le chemin mène jusqu'au lac.	· Der Weg führt bis zum See.
en face (de) [ɑ̃fas(də)]	**gegenüber (von)**
· Ma grand-mère habitait en face de la pharmacie.	· Meine Großmutter wohnte gegenüber der Apotheke.
sur [syʀ]	**auf; über**
· Je suis assise sur un banc.	· Ich sitze auf einer Bank.
sous [su]	**unter**
· Élise essaie d'attraper le chat, mais il est sous le lit.	· Élise versucht, die Katze zu fangen, aber sie ist unter dem Bett.
chercher [ʃɛʀʃe]	**suchen**
· Nous cherchons le chemin qui mène à la chapelle.	· Wir suchen den Weg, der zur Kapelle führt.
traverser [tʀavɛʀse]	**überqueren**
· Il faut traverser le pont pour aller chez nos amis.	· Man muss die Brücke überqueren, um zu unseren Freunden zu kommen.
tourner [tuʀne]	**abbiegen, drehen**
· tourner en rond	· im Kreis laufen/fahren
· tourner à droite	· rechts abbiegen, nach rechts gehen
· Tourne avant la librairie.	· Bieg vor der Buchhandlung ab.
le **village** [vilaʒ]	**Dorf**
· Notre village n'a que cinquante habitants.	· Unser Dorf hat nur fünfzig Einwohner.
la **position** [pozisjɔ̃]	**Lage, Platz, Stelle**
· La maison a une position exceptionnelle, elle est juste au bord de l'eau.	· Das Haus hat eine außerordentliche Lage, es liegt direkt am Wasser.

la **route** [ʀut]	**Weg**
· En route vers...!	· Auf nach/in ...!
· être sur la bonne route	· auf dem richtigen Weg sein
· Tu peux m'indiquer la route pour aller à Deauville ?	· Kannst du mir den Weg nach Deauville zeigen?
le **côté** [kote]	**Seite**
· à côté	· nebenan, daneben
· à côté de	· neben
· Gare-toi sur le côté de la route, je voudrais faire une pause.	· Halt mal am Straßenrand an, ich möchte eine Pause machen.
le **coin** [kwɛ̃]	**Ecke**
· Il y a une boulangerie au coin de la rue.	· An der Ecke ist eine Bäckerei.
le **milieu** [miljø]	**Mitte**
· au milieu de qc	· in der Mitte von etw
· au milieu de la place	· in der Mitte des Platzes, mitten auf dem Platz
· Un vieil homme déambulait au milieu de la route.	· Ein alter Mann lief mitten auf der Straße.
se trouver [s(ə)tʀuve]	**sich befinden**
· Notre hôtel se trouve à 2 km de la plage.	· Unser Hotel befindet sich 2 km vom Strand entfernt.
là-bas [labɑ]	**da hinten, dort (drüben)**
· Regarde qui est là-bas ! C'est Caroline !	· Schau mal, wer dort ist! Es ist Caroline!
là-haut [lao]	**da oben**
· Tu ne veux pas monter là-haut sur la colline ?	· Willst du nicht da auf den Hügel hochgehen?
là-dedans [lad(ə)dɑ̃]	**da drin**
· Quel désordre là-dedans ! On ne trouve plus rien !	· Was für eine Unordnung da drin! Man findet nichts mehr!
partout [paʀtu]	**überall**
· J'ai regardé partout mais je n'ai pas trouvé le guide touristique.	· Ich habe überall nachgesehen, aber ich kann nirgends den Reiseführer finden.
nulle part [nylpaʀ]	**nirgends**
· Cela n'a aucun sens, cela ne mène nulle part !	· Das hat keinen Sinn, das führt nirgends hin!
près [pʀɛ]	**nah(e), in der Nähe**
· près de	· nahe bei, neben
· de près	· von nahem, aus der Nähe
· Le musée est tout près, on peut y aller à pied.	· Das Museum ist ganz in der Nähe, man kann zu Fuß hingehen.
auprès de [opʀɛdə]	**bei**
· Sa fille a eu un malaise, elle reste auprès d'elle.	· Ihre Tochter hatte eine Ohnmacht, sie bleibt bei ihr.

autour de [oturdə]	**um ... herum**
• Il y avait des arbres tout autour du lac.	• Um den ganzen See herum gab es Bäume.
entre [ɑ̃tʀ]	**zwischen**
• Nous viendrons entre trois et quatre heures.	• Wir kommen zwischen drei und vier Uhr.
par [paʀ]	**durch**
• par là	• in der Gegend (dort)
• passer par là	• dort vorbeikommen
• Ils sont passés par la nationale.	• Sie sind über die Landstraße gefahren.
vers [vɛʀ]	**in Richtung von, nach; gegen**
• Ils sont en route vers le sud du pays.	• Sie fahren gen Süden.
le **mètre** (m) [mɛtʀ]	**Meter**
• à 100 mètres	• in/nach 100 Metern
• Il faut gravir une pente escarpée de 800 mètres.	• Man muss einen steilen 800-Meter-Berg hinaufklettern.
le **kilomètre** (km) [kilɔmɛtʀ]	**Kilometer**
• être long de 50 km	• 50 km lang sein
• 30 kilomètres à l'heure	• 30 Kilometer pro Stunde
• Paris est à 400 kilomètres de Nantes.	• Paris ist 400 Kilometer von Nantes entfernt.
le **retour** [ʀ(ə)tuʀ]	**Rückkehr**
• Il est parti depuis six mois, j'attends son retour avec impatience.	• Er ist seit sechs Monaten weg, ich warte ungeduldig auf seine Rückkehr.
revenir [ʀ(ə)vəniʀ]	**zurückkommen; wiederkommen**
• Vous êtes déjà revenus de vacances?	• Seid ihr/Sind Sie schon aus dem Urlaub zurückgekommen?
le **centre** [sɑ̃tʀ]	**Zentrum**
• Ce bus dessert le centre-ville.	• Dieser Bus fährt ins Stadtzentrum.
l'**endroit** *m* [ɑ̃dʀwa]	**Ort, Stelle**
• Nous sommes déjà venus à cet endroit.	• Wir sind schon einmal an diesem Ort gewesen.
la **banlieue** [bɑ̃ljø]	**Vorort, Vorstadtbereich**
• Elle vit en banlieue.	• Sie lebt in der Vorstadt.
parisien, ne [paʀizjɛ̃, jɛn]	**Pariser** *adj*
• la région parisienne	• Großraum Paris
• Julie s'est perdue dans les couloirs du métro parisien.	• Julie hat sich in den Gängen der Pariser Metro verlaufen.
l'**intérieur** *m* [ɛ̃teʀjœʀ]	**das Innere**
• à l'intérieur de	• im Innern von; (innen) in
• Nous visiterons l'intérieur de la cathédrale de Reims.	• Wir werden das Innere der Kathedrale von Reims besichtigen.
le **bout** [bu]	**Ende**
• au bout de	• am Ende von
• Ils sont partis au bout du monde.	• Sie sind ans Ende der Welt aufgebrochen.

le **nord** [nɔʀ]	**Norden**
· au nord (de)	· im Norden (von); nördlich (von)
· dans le Nord de la France	· in Nordfrankreich, im Norden Frankreichs
· Elle vit dans le nord de l'Italie.	· Sie lebt in Norditalien.
le **sud** [syd]	**Süden**
· Il faut prendre l'autoroute du Sud.	· Man muss die Autobahn nach Süden nehmen.
l'**est** *m* [ɛst]	**Osten**
· L'est du pays est faiblement peuplé.	· Der Osten des Landes ist wenig bevölkert.
l'**ouest** *m* [wɛst]	**Westen**
· Il me faut une carte de l'Afrique de l'ouest.	· Ich brauche eine Karte von Westafrika.
le **point de départ** [pwɛ̃d(ə)depaʀ]	**Ausgangspunkt**
· On se retrouve demain matin au point de départ du circuit.	· Wir treffen uns morgen früh am Ausgangspunkt der Rundreise.
se perdre [s(ə)pɛʀdʀ]	**sich verlaufen; sich verirren**
· À Paris, elle se perd tout le temps.	· In Paris verläuft sie sich ständig.

Sehenswürdigkeiten

le **pont** [pɔ̃]	**Brücke**
· Notre bateau est passé sous un grand pont.	· Unser Schiff ist unter einer großen Brücke durchgefahren.
la **place** [plas]	**Platz**
· Le marché a lieu sur la place de l'église.	· Der Markt findet auf dem Kirchplatz statt.
le **marché** [maʀʃe]	**Markt**
· le marché couvert	· Markthalle
· J'ai acheté des produits frais au marché.	· Ich habe auf dem Markt frische Lebensmittel gekauft.
le **monument (historique)** [mɔnymɑ̃(istɔʀik)]	**Denkmal, Monument**
· être classé monument historique	· unter Denkmalschutz stehen
· L'Arc de Triomphe est un monument magnifique à Paris.	· Der Triumphbogen ist ein prachtvolles Denkmal in Paris.
l'**église** *f* [egliz]	**Kirche**
· C'est une église romane du XIe siècle.	· Es ist eine romanische Kirche aus dem 11. Jahrhundert.
la **cathédrale** [katedʀal]	**Kathedrale**
· Tu connais la cathédrale de Notre-Dame-de-Paris ?	· Kennst du die Kathedrale Notre-Dame-de-Paris?
le **château** [ʃɑto]	**Schloss**
· le château fort	· Burg
· Ça vaut le coup de visiter le château de Versailles.	· Es lohnt sich, das Schloss von Versailles zu besichtigen.

la **tour** [tuʀ]	**Turm**
· Nous sommes montés dans la tour du château.	· Wir sind in den Burgturm hinaufgestiegen.
le **musée** [myze]	**Museum**
· Ils vont au musée des Beaux-Arts dimanche.	· Sie gehen am Sonntag ins Kunstmuseum.
la **visite** [vizit]	**Besichtigung**
· la visite guidée	· Führung
· La visite de l'église a duré une heure.	· Die Besichtigung der Kirche hat eine Stunde gedauert.
visiter [vizite]	**besichtigen**
· Elle a visité le Louvre.	· Sie hat den Louvre besichtigt.
le **tour** [tuʀ]	**(Spazier)gang, Rundgang**
· Ils ont fait le tour du parc.	· Sie haben einen Rundgang durch den Park gemacht.
montrer (qc à qn) [mɔ̃tʀe]	**(jdm etw) zeigen**
· Le guide nous a montré les principaux monuments de la ville.	· Der Reiseführer hat uns die wichtigsten Denkmäler der Stadt gezeigt.
le, la **guide** [gid]	**(Fremden)führer(in), Reiseführer(in)**
· Le guide touristique leur a parlé de l'histoire de la ville.	· Der Reiseführer hat ihnen die Geschichte der Stadt erzählt.
la **carte postale** [kaʀtpɔstal]	**Postkarte**
· Lisa a acheté des cartes postales de Paris.	· Lisa hat Ansichtskarten von Paris gekauft.
la **station** [stasjɔ̃]	**Ferien-, Urlaubsort**
· la station de sports d'hiver	· Wintersportort
· la station thermale	· (Thermal)kurort
· C'est une petite station de ski située au pied du Mont Blanc.	· Es ist eine kleiner Skiort am Fuße des Mont Blancs.
la **vieille ville** [vjɛjvil]	**Altstadt**
· Il a visité les quartiers anciens de la vieille ville.	· Er hat die alten Viertel der Altstadt besichtigt.
le **centre(-)ville** [sɑ̃tʀəvil]	**Stadtzentrum**
· L'hôtel de ville est situé en plein centre-ville.	· Das Rathaus befindet sich mitten im Stadtzentrum.
le **quartier** [kaʀtje]	**(Stadt)viertel**
· Je me suis baladée dans les quartiers chic de Bordeaux.	· In Bordeaux bin ich in den noblen Vierteln spazieren gegangen.
construit, e [kɔ̃stʀɥi, ɥit]	**gebaut**
· Nous avons visité les quartiers construits vers 1930.	· Wir haben die Viertel aus den 30er Jahren besichtigt.
le **marché aux puces** [maʀʃeopys]	**Flohmarkt**
· Marie se réjouit d'aller au marché aux puces.	· Marie freut sich, über den Flohmarkt gehen zu können.

le phare [faʀ]	**Leuchtturm**
· Le phare est allumé pour que les bateaux puissent s'orienter.	· Der Leuchtturm leuchtet, damit sich die Schiffe orientieren können.
la statue [staty]	**Statue, Standbild**
· À New York, nous avons vu la statue de la Liberté.	· In New York haben wir die Freiheitsstatue gesehen.
le parc [paʀk]	**Park**
· le parc d'attractions	· Vergnügungspark
· le parc national/zoologique	· National-/Tierpark
· Nous avons loué une maison dans un parc naturel.	· Wir haben ein Haus in einem Naturpark gemietet.
le jardin botanique [ʒaʀdɛ̃bɔtanik]	**botanischer Garten**
· Elle s'intéresse aux plantes et va souvent au jardin botanique.	· Sie interessiert sich für Pflanzen und geht oft in den botanischen Garten.
le zoo [z(o)o]	**Zoo**
· Au zoo, les lions ont eu des petits.	· Die Löwen im Zoo haben Junge bekommen.
découvrir [dekuvʀiʀ]	**erkunden; entdecken**
· J'aime découvrir de nouvelles régions.	· Ich erkunde gern neue Gegenden.
la découverte [dekuvɛʀt]	**Erkundung; Entdeckung**
· partir à la découverte de qc	· etw erkunden gehen
· Nous avons fait la découverte d'un petit village charmant.	· Wir haben ein bezauberndes kleines Dorf entdeckt.
le site touristique [sitturistik]	**Sehenswürdigkeit**
· Dans le Périgord, il y a beaucoup de sites touristiques à visiter.	· Im Périgord gibt es viele Sehenswürdigkeiten zu besichtigen.

In der Natur

36

Landschaften

l'île *f* [il]	**Insel**
· Je passe mes vacances sur l'île de Ré, une île dans l'océan Atlantique.	· Ich verbringe meine Ferien auf der Insel Ré, einer Insel im Atlantischen Ozean.
le bord [bɔʀ]	**Ufer**
· au bord de l'eau	· am Wasser
· Son chien a peur de l'eau, il reste au bord.	· Sein/Ihr Hund hat Angst vor Wasser, er bleibt am Ufer.
la forêt [fɔʀɛ]	**Wald**
· Ils ont fait de longues promenades en forêt pour chercher des champignons.	· Sie haben lange Waldspaziergänge gemacht, um Pilze zu suchen.
la nature [natyʀ]	**Natur**
· J'ai besoin de me reposer dans la nature.	· Ich muss mich in der Natur erholen.

le **paysage** [peizaʒ] • Le paysage est digne d'une carte postale.	**Landschaft** • Die Landschaft sieht aus wie eine Postkarte!
la **mer** [mɛʀ] • aller au bord de la mer • la mer du Nord • Élise passe ses vacances à la mer Baltique.	**Meer** • ans Meer gehen/fahren • Nordsee • Élise verbringt ihre Ferien an der Ostsee.
la **côte** [kot] • la côte atlantique • la Côte d'Azur • De la côte, on peut voir les bateaux.	**Küste** • Atlantikküste • Côte d'Azur • Man kann von der Küste aus die Schiffe sehen.
la **plage** [plaʒ] • Sur la plage, les enfants font des châteaux de sable.	**Strand** • Am Strand bauen die Kinder Sandburgen.
la **vague** [vag] • Il y avait tellement de vent que les vagues étaient gigantesques.	**Welle** • Es war so windig, dass die Wellen riesig waren.
le **lac** [lak] • le lac Léman • le lac de Constance • Nous avons fait le tour du lac à vélo.	**See** • Genfer See • Bodensee • Wir haben eine Fahrradtour um den See gemacht.
le **fleuve** [flœv] • La Loire est le plus long fleuve de France.	**Fluss** • Die Loire ist der längste Fluss Frankreichs.
la **rivière** [ʀivjɛʀ] • Pierre a pêché des truites dans la rivière.	**(Neben)fluss; Bach** • Pierre hat Forellen im Bach geangelt.
la **montagne** [mɔ̃taɲ] • à la montagne • la chaîne de montagnes • En hiver, je vais en montagne faire du ski.	**Berg, Gebirge** • in den Bergen • Bergkette • Im Winter fahre ich zum Skifahren in die Berge.
haut, e [ˈo, ˈot] • Les Alpes sont une région de hautes montagnes.	**hoch** • Die Alpen sind eine Region mit hohem Gebirge.
l'**altitude** *f* [altityd] • à 1350 mètres d'altitude • Les matinées sont fraîches à cette altitude.	**Höhe** *(über dem Meeresspiegel)* • auf/in 1350 m Höhe • Morgens ist es kühl in dieser Höhe.

Das Wort **rivière** bezeichnet immer einen Fluss, der in einen anderen mündet, also einen Nebenfluss.

la vallée [vale] • Il y a du soleil en montagne et du brouillard dans la vallée.	**Tal** • Es ist sonnig in den Bergen und nebelig im Tal.
le volcan [vɔlkɑ̃] • En Auvergne, on peut voir des cratères de volcans.	**Vulkan** • In der Auvergne kann man Vulkankrater sehen.
la caverne [kavɛʀn] • Les hommes préhistoriques vivaient dans des cavernes.	**Höhle** • Die Urmenschen lebten in Höhlen.
la campagne [kɑ̃paɲ] • vivre à la campagne • Je préfère la campagne à la ville, c'est plus tranquille.	**Land** • auf dem Land leben • Ich mag das Land lieber als die Stadt, es ist ruhiger.
la marée [maʀe] • la marée haute/basse • Voici un panneau avec les horaires des marées.	**Ebbe und Flut** • Flut/Ebbe • Hier ist ein Schild mit der Gezeitentabelle.
la rive [ʀiv] • Les pêcheurs s'installent sur la rive du lac.	**Ufer** • Die Angler lassen sich am Ufer des Sees nieder.
le sable [sɑbl] • Le sable de la plage est très fin.	**Sand** • Der Sand des Strandes ist sehr fein.
la source [suʀs] • prendre sa source • L'eau minérale que je bois vient d'une source des Vosges.	**Quelle** • entspringen • Das Mineralwasser, das ich trinke, stammt aus einer Quelle in den Vogesen.
le sommet [sɔmɛ] • Les alpinistes ont réussi à atteindre le sommet de la montagne.	**Gipfel** • Die Bergsteiger haben es geschafft, den Berggipfel zu erreichen.
la colline [kɔlin] • Les enfants grimpent en haut de la colline pour faire voler leurs cerfs-volants.	**Hügel** • Die Kinder klettern auf den Hügel, um ihre Drachen steigen zu lassen.
le rocher [ʀɔʃe] • La côte bretonne est pleine de rochers.	**Felsen** • Die bretonische Küste ist voller Felsen.
le terrain [teʀɛ̃] • Autour de leur maison, ils ont un grand terrain avec des arbres.	**Gelände** • Um ihr Haus herum haben sie ein großes Grundstück mit Bäumen.
le champ [ʃɑ̃] • L'agriculteur est dans le champ, il récolte les céréales.	**Feld, Acker** • Der Landwirt ist auf dem Feld, er erntet das Getreide.
sauvage [sovaʒ] • Près de Quimper en Bretagne, la côte est restée sauvage.	**wild** • Bei Quimper in der Bretagne ist die Küste wild geblieben.

l'océan *m* [ɔseɑ̃]	**Ozean**
• l'océan Atlantique	• Atlantik
• Tous les matins, nous faisons de grandes balades au bord de l'océan.	• Jeden Morgen machen wir lange Spaziergänge entlang der Küste.
la Méditerranée [mediteʀane]	**Mittelmeer**
• La Méditerranée attire beaucoup de touristes.	• Das Mittelmeer zieht viele Touristen an.
l'Atlantique *m* [atlɑ̃tik]	**Atlantik**
• Il a fait la traversée de l'Atlantique en solitaire.	• Er hat den Atlantik im Alleingang überquert.
le courant [kuʀɑ̃]	**Strömung**
• Le courant a emporté mon chapeau qui était tombé dans l'eau.	• Die Strömung hat meinen Hut, der ins Wasser gefallen war, mitgerissen.
la falaise [falɛz]	**Felswand; Steilküste**
• À Étretat, il y a des falaises calcaires très connues.	• In Étretat gibt es ganz bekannte Kreidefelswände.
la dune [dyn]	**Düne**
• La dune du Pilat est la plus grande dune de sable d'Europe.	• Die Düne von Pilat ist die größte Sanddüne Europas.
le littoral, les littoraux [litɔʀal, o]	**Küstengebiet**
• Sur le littoral, le climat est rude.	• Im Küstengebiet ist das Klima rau.
la baie [bɛ]	**Bucht**
• Ils ont un bateau dans le port de la baie.	• Sie haben ein Boot im Hafen der Bucht.
le golfe [gɔlf]	**Golf**
• Il est allé observer les oiseaux dans le golfe de Gascogne.	• Er ist die Vögel im Golf von Biskaya beobachten gegangen.
la presqu'île [pʀɛskil]	**Halbinsel**
• Une presqu'île est une île reliée à la terre d'un côté.	• Eine Halbinsel ist an einer Seite mit dem Land verbunden.
l'étang *m* [etɑ̃]	**Teich**
• Les grenouilles sautent dans l'étang.	• Die Frösche hüpfen in den Teich.
le Rhin [ʀɛ̃]	**Rhein**
• Le Rhin coule en France et en Allemagne.	• Der Rhein fließt in Frankreich und in Deutschland.
le Danube [danyb]	**Donau**
• Le Danube est le plus long fleuve d'Europe.	• Die Donau ist der längste Fluss Europas.

Flora und Fauna

Flora

la fleur [flœʀ] • J'adore les fleurs, surtout les roses.	**Blume** • Ich liebe Blumen, vor allem Rosen.
l'arbre *m* [aʀbʀ] • C'est un parc magnifique avec des arbres très vieux.	**Baum** • Es ist ein wunderschöner Park mit sehr alten Bäumen.
le fruit [fʀɥi] • Nous avons cueilli des fruits sauvages.	**Frucht** • Wir haben Wildfrüchte gepflückt.
la plante [plɑ̃t] • Elle a des plantes aromatiques dans son jardin.	**Pflanze** • Sie hat Gewürzpflanzen in ihrem Garten.
la rose [ʀoz] • Il s'est coupé le doigt en voulant tailler les roses.	**Rose** • Er hat sich in den Finger geschnitten, als er die Rosen schneiden wollte.
le bouquet [bukɛ] • Pour la Saint-Valentin, il a offert un bouquet de fleurs à sa femme.	**Strauß** • Zum Valentinstag hat er seiner Frau einen Blumenstrauß geschenkt.
pousser [puse] • Mes rosiers ne poussent pas, je vais devoir acheter de l'engrais.	**wachsen** • Meine Rosensträucher wachsen nicht, ich werde Dünger kaufen müssen.
la feuille [fœj] • En automne, les arbres perdent leurs feuilles.	**Blatt** • Im Herbst verlieren die Bäume ihre Blätter.
la tulipe [tylip] • Les Hollandais sont de grands producteurs de tulipes.	**Tulpe** • Holländer sind große Tulpenzüchter.
l'œillet *m* [œjɛ] • Marie vient de planter des œillets blancs dans le jardin.	**Nelke** • Marie hat gerade weiße Nelken im Garten eingepflanzt.
le marron [maʀɔ̃] • Les enfants adorent ramasser les marrons en automne.	**Marone** • Die Kinder lieben es, im Herbst Kastanien zu sammeln.
la flore [flɔʀ] • Dans cette région, la flore est riche et diversifiée.	**Flora** • In dieser Region ist die Flora üppig und vielfältig.
la végétation [veʒetasjɔ̃] • La végétation est très dense dans la forêt équatoriale.	**Vegetation** • Die Vegetation ist sehr dicht im Regenwald.
se faner [s(ə)fane] • Ces fleurs se fanent vite.	**verwelken** • Diese Blumen verwelken schnell.

la **racine** [ʀasin] • Les racines du platane sont très larges, rien ne pousse autour de l'arbre.	**Wurzel** • Die Wurzeln der Platane sind sehr groß, es wächst nichts um den Baum herum.
la **branche** [bʀɑ̃ʃ] • Regarde le petit écureuil sur la branche de l'arbre !	**Ast, Zweig** • Schau mal das kleine Eichhörnchen auf dem Baumast!
le **tronc** [tʀɔ̃] • Le tronc de ce chêne est énorme, on voit qu'il est très vieux.	**Stamm** • Der Stamm dieser Eiche ist riesig, man sieht, dass der Baum sehr alt ist.
le **feuillage** [fœjaʒ] • L'oiseau a fait son nid au milieu du feuillage.	**Blätter, Laubwerk** • Der Vogel hat sein Nest inmitten der Blätter angelegt.
l'**arbuste** *m* [aʀbyst] • Devant la maison, nous avons une haie d'arbustes.	**Strauch, Busch** • Vor dem Haus haben wir eine Strauchhecke.
le **chêne** [ʃɛn] • Les enfants ramassent les glands qui sont tombés des chênes.	**Eiche** • Die Kinder sammeln die Eicheln auf, die von den Eichen herabgefallen sind.
l'**érable** *m* [eʀabl] • En automne, les feuilles des érables passent du jaune au rouge.	**Ahorn** • Im Herbst färben sich die Ahornblätter von gelb nach rot.
le **platane** [platan] • Une allée de platanes mène au château.	**Platane** • Eine Platanenallee führt zum Schloss.
le **marronnier** [maʀɔnje] • En automne, notre marronnier est plein de marrons.	**Kastanie** • Im Herbst ist unser Kastanienbaum voller Kastanien.
le **hêtre** [ˊɛtʀ] • Le bois de hêtre brûle bien dans la cheminée.	**Buche** • Buchenholz brennt gut im Kamin.
le **tilleul** [tijœl] • Elle fait des tisanes avec des fleurs de tilleul.	**Linde** • Sie macht Tee aus Lindenblüten.
le **peuplier** [pøplije] • La cour de l'école est bordée de hauts peupliers.	**Pappel** • Der Schulhof ist umgeben von hohen Pappeln.
le **bouleau**, les **bouleaux** [bulo] • Ils ont un magnifique bouleau dans leur jardin.	**Birke** • Sie haben eine wunderschöne Birke in ihrem Garten.
le **pin** [pɛ̃] • J'adore l'odeur des pins en été.	**Pinie; Kiefer** • Ich liebe den Duft der Pinien im Sommer!

Fauna	
l'animal *m*, **les animaux** [animal, o] • l'animal domestique • Son fils aime beaucoup les animaux.	**Tier** • Haustier • Sein/Ihr Sohn mag Tiere gern.
le chien, la chienne [ʃjɛ̃, ʃjɛn] • Le chien des voisins aboie dès que le facteur passe.	**Hund, Hündin** • Der Hund der Nachbarn bellt, sobald der Briefträger vorbeikommt.
le chat, la chatte [ʃa, ʃat] • Le chat a bu du lait et dort maintenant dans son panier.	**Katze** • Die Katze hat Milch getrunken und schläft jetzt in ihrem Korb.
la souris [suʀi] • La chatte a attrapé une souris et l'a mangée.	**Maus** • Die Katze hat eine Maus gefangen und sie gefressen.
le perroquet [pɛʀɔkɛ] • Son perroquet est très bavard.	**Papagei** • Sein/Ihr Papagei ist äußerst geschwätzig.
le poisson [pwasɔ̃] • le poisson rouge • Je me suis acheté un petit aquarium et deux poissons.	**Fisch** • Goldfisch • Ich habe mir ein kleines Aquarium und zwei Fische gekauft.
la bête [bɛt] • C'est une grande amie des bêtes, elle aime s'occuper des animaux.	**Tier** • Sie ist eine große Tierfreundin, sie beschäftigt sich gern mit Tieren.
le hamster [ˈamstɛʀ] • Le hamster court et tourne dans sa roue.	**Hamster** • Der Hamster rennt und dreht sich in seinem Rad.
le lapin [lapɛ̃] • Sophie donne des carottes à ses lapins.	**Kaninchen; Hase** • Sophie gibt ihren Kaninchen Möhren.
la cage [kaʒ] • Elle a ouvert la cage de mes oiseaux.	**Käfig** • Sie hat meinen Vogelkäfig aufgemacht.
le coq [kɔk] • Le coq nous réveille tous les matins avec son cocorico.	**Hahn** • Der Hahn weckt uns jeden Morgen mit seinem Kikeriki.
la poule [pul] • Dans le poulailler, toutes les poules suivent le coq.	**Huhn** • Im Hühnerstall folgen alle Hennen dem Hahn.
la vache [vaʃ] • Hélène est allergique au lait de vache.	**Kuh** • Hélène ist gegen Kuhmilch allergisch.
le porc [pɔʀ], **le cochon** [kɔʃɔ̃] • Il ne mange pas de porc.	**Schwein** • Er isst kein Schweinefleisch.
le sanglier [sɑ̃glije] • Le sanglier raffole des truffes.	**Wildschwein** • Das Wildschwein ist ganz versessen auf Trüffel.

le **cheval,** les **chevaux** [ʃ(ə)val, o] • Mon cheval est un cheval de course, il galope très vite.	**Pferd** • Mein Pferd ist ein Rennpferd, es galoppiert sehr schnell.
l'**oiseau** *m*, les **oiseaux** [wazo] • Qu'est-ce que tu as comme oiseau, un canari?	**Vogel** • Was hast du für einen Vogel, einen Kanarienvogel?
le **cochon d'Inde** [kɔʃɔ̃dɛ̃d] • Le cochon d'Inde dort dans sa cage.	**Meerschweinchen** • Das Meerschweinchen schläft in seinem Käfig.
le **rat** [ʀa] • Elle a vu un rat à la cave, elle l'a chassé dehors.	**Ratte** • Sie hat eine Ratte im Keller gesehen, sie hat sie hinausgejagt.
le **poney** [pɔnɛ] • Les enfants font un petit tour de poney.	**Pony** • Die Kinder reiten eine Runde auf dem Pony.
l'**agneau** *m*, les **agneaux** [aɲo] • Les agneaux dorment sur la paille.	**Lamm** • Die Lämmer schlafen auf dem Stroh.
le **mouton** [mutɔ̃] • Le berger et son chien surveillent les moutons.	**Schaf** • Der Schäfer und sein Hund bewachen die Schafe.
la **chèvre** [ʃɛvʀ] • Elle élève des chèvres et fait du fromage.	**Ziege** • Sie zieht Ziegen groß und macht Käse.
le **loup,** la **louve** [lu, luv] • avoir une faim de loup • Les loups sont de retour dans nos régions.	**Wolf, Wölfin** • einen Bärenhunger haben • In unseren Breiten siedeln sich wieder Wölfe an.
le **lion,** la **lionne** [ljɔ̃, ljɔn] • Les lions du zoo ont l'air triste.	**Löwe, Löwin** • Die Löwen im Zoo sehen traurig aus.
le **tigre,** la **tigresse** [tigʀ, ɛs] • Les tigres sont en voie de disparition.	**Tiger, Tigerin** • Tiger sind vom Aussterben bedroht.
le **singe** [sɛ̃ʒ] • faire le singe • Le singe m'a tendu la main pour avoir des cacahuètes.	**Affe** • herumkaspern • Der Affe hat mir die Hand entgegengestreckt, um Erdnüsse zu bekommen.

Das Wetter

37 **beau, bel, belle** [bo, bɛl] • Il fait beau.	**schön** • Es ist schön(es Wetter).
mauvais, e [movɛ, ɛz] • Il fait mauvais (temps).	**schlecht** • Es ist schlechtes Wetter.
la **saison** [sɛzɔ̃] • Il fait encore froid pour la saison.	**Jahreszeit** • Es ist noch kalt für die Jahreszeit.
le **temps** [tɑ̃] • Quel temps fait-il?	**Wetter** • Wie ist das Wetter?

bon, ne [bɔ̃, bɔn]	**angenehm**
• Il fait bon.	• Das Wetter ist angenehm.
le ciel [sjɛl]	**Himmel**
• Le ciel s'éclaircit/se couvre.	• Der Himmel reißt auf/zieht sich zu.
le nuage [nɥaʒ]	**Wolke**
• La météo a annoncé de gros nuages.	• Im Wetterbericht haben sie dichte Wolken angekündigt.
le soleil [sɔlɛj]	**Sonne**
• au lever/coucher du soleil	• bei Sonnenaufgang/Sonnenuntergang
• Le soleil est caché derrière les nuages.	• Die Sonne hat sich hinter den Wolken versteckt.
briller [bʀije]	**scheinen**
• Le soleil brille.	• Die Sonne scheint.
pleuvoir [pløvwaʀ]	**regnen**
• Il pleut tout le temps.	• Es regnet die ganze Zeit.
neiger [neʒe]	**schneien**
• Il a neigé, les toits des maisons sont blancs.	• Es hat geschneit, die Hausdächer sind weiß.
la neige [nɛʒ]	**Schnee**
• le flocon de neige	• Schneeflocke
• Les enfants se lancent des boules de neige.	• Die Kinder bewerfen sich mit Schneebällen.
la glace [glas]	**Eis**
• Pascal et Maurice ont fait du patin sur la glace.	• Pascal und Maurice sind auf dem Eis Schlittschuh gelaufen.
le vent [vɑ̃]	**Wind**
• Il fait du vent. Le vent souffle fort.	• Es ist windig. Der Wind bläst heftig.
la température [tɑ̃peʀatyʀ]	**Temperatur**
• La température est montée, il fait maintenant 20 degrés.	• Die Temperaturen sind gestiegen, jetzt sind es 20 Grad.
chaud, e [ʃo, ʃod]	**warm; heiß**
• Il fait chaud.	• Es ist warm/heiß.
froid, e [fʀwa, fʀwad]	**kalt**
• J'ai froid.	• Mir ist kalt.
frais, fraîche [fʀɛ, fʀɛʃ]	**kühl; frisch**
• Il fait frais.	• Es ist kühl.
le degré [dəgʀe]	**Grad**
• 15°C au-dessus/au-dessous de zéro	• 15°C über/unter Null
• Il fait dix degrés.	• Es sind zehn Grad.
le climat [klima]	**Klima**
• Strasbourg a un climat plus continental que Brest.	• Straßburg hat ein viel kontinentaleres Klima als Brest.

agréable [agʀeabl] • Le temps est agréable toute l'année.	**angenehm** • Das Wetter ist das ganze Jahr über angenehm.
doux, douce [du, dus] • Dans le Sud, le climat est plutôt doux.	**mild** • In Südfrankreich ist das Klima eher mild.
sec, sèche [sɛk, sɛʃ] • Aujourd'hui, le temps est sec et ensoleillé.	**trocken** • Heute bleibt das Wetter trocken und sonnig.
la **pluie** [plɥi] • La course s'est déroulée sous une pluie incessante.	**Regen** • Das Rennen lief bei anhaltendem Regen.
la **tempête** [tɑ̃pɛt] • Les marins ont dû rentrer à cause de la tempête.	**Sturm, Unwetter** • Die Seeleute mussten wegen des Sturms heimkehren.
l'**orage** *m* [ɔʀaʒ] • Le ciel s'assombrit, un orage approche.	**Gewitter** • Der Himmel verdunkelt sich, ein Gewitter naht.
lourd, e [luʀ, luʀd] • Il fait lourd et le ciel est nuageux.	**schwül** • Es ist schwül und der Himmel ist bewölkt.
le **brouillard** [bʀujaʀ] • Sur l'autoroute, je ne voyais rien, le brouillard était trop intense.	**Nebel** • Auf der Autobahn konnte ich überhaupt nichts sehen, der Nebel war zu dicht.
la **rosée** [ʀoze] • Tu as vu les perles de rosée sur les feuilles ? Comme c'est joli !	**Tau** • Hast du die Tautropfen auf den Blättern gesehen? Wie hübsch!
la **chaleur** [ʃalœʀ] • la vague de chaleur • Quelle chaleur !	**Wärme; Hitze** • Hitzewelle • Was für eine Hitze!
le **tonnerre** [tɔnɛʀ] • L'orage arrive, j'entends déjà le tonnerre.	**Donner** • Das Gewitter kommt, ich höre schon den Donner.
l'**éclair** *m* [eklɛʀ] • L'éclair est tombé sur l'arbre et l'a détruit.	**Blitz** • Der Blitz hat den Baum getroffen und ihn zerstört.
la **grêle** [gʀɛl] • La grêle a abîmé beaucoup de voitures.	**Hagel** • Der Hagel hat viele Autos beschädigt.
humide [ymid] • Il fait frais et l'air est humide.	**feucht** • Es ist frisch und die Luft ist feucht.
l'**humidité** *f* [ymidite] • Il faut aérer les pièces régulièrement pour éviter l'humidité.	**Feuchtigkeit** • Die Zimmer müssen regelmäßig gelüftet werden, um Feuchtigkeit zu vermeiden.
trempé, e [tʀɑ̃pe] • Je suis trempée, j'ai été surprise par une averse violente.	**durchnässt** • Ich bin ganz durchnässt, ich bin von einem gewaltigen Regenschauer überrascht worden.

la **brume** [bʀym]	**(leichter) Nebel, Dunst**
• Le matin, il y a un peu de brume au-dessus de la mer.	• In der Früh steht leichter Nebel über dem Meer.
l'**arc-en-ciel** *m*, les **arcs-en-ciel** [aʀkɑ̃sjɛl]	**Regenbogen**
• Il va sûrement y avoir un arc-en-ciel !	• Es wird bestimmt einen Regenbogen geben!
le **courant d'air** [kuʀɑ̃dɛʀ]	**Luftzug**
• Ferme la porte, cela fait courant d'air !	• Mach die Tür zu, es zieht!
la **rafale** [ʀafal]	**Bö(e), Windstoß**
• Vu les violentes rafales de vent, il est impossible de faire du vélo !	• Angesichts der heftigen Windböen ist es unmöglich, Fahrrad zu fahren!
l'**ouragan** *m* [uʀagɑ̃]	**Orkan**
• Un ouragan a détruit tout le village.	• Ein Orkan hat das ganze Dorf zerstört.
le **cyclone** [siklon]	**Zyklon**
• Aux États-Unis, il y a souvent des cyclones qui détruisent tout.	• In den USA gibt es oft Zyklone, die alles zerstören.
le **verglas** [vɛʀglɑ]	**Glatteis**
• Les routes sont glissantes, il y a du verglas.	• Es herrscht Glatteis, die Straßen sind rutschig.
le **froid** [fʀwa]	**Kälte**
• un froid de canard *(fam)*	• Sau-/Hundekälte
• La région est actuellement traversée par une vague de froid.	• Das Gebiet wird derzeit von einer Kaltfront durchzogen.
la **fraîcheur** [fʀɛʃœʀ]	**Kühle, Frische**
• Les campeurs avaient sous-estimé la fraîcheur de la nuit.	• Die Camper hatten die Kühle der Nacht unterschätzt.
glacial, e [glasjal]	**eisig**
• Quel froid glacial, où sont mes gants ?	• Welch eisige Kälte, wo sind meine Handschuhe?
geler [ʒ(ə)le]	**gefrieren, zufrieren**
• Il gèle.	• Es friert.
le **gel** [ʒɛl], la **gelée** [ʒ(ə)le]	**Frost**
• J'ai planté mes légumes en avril après les risques de gel.	• Ich habe mein Gemüse im April gepflanzt, als keine Frostgefahr mehr bestand.
le **givre** [ʒivʀ]	**Raureif**
• Le givre recouvre les arbres et les buissons, c'est magnifique.	• Der Raureif bedeckt die Bäume und Sträucher, es ist wunderschön.
enneigé, e [ɑ̃neʒe]	**verschneit**
• Tout le village est enneigé, on ne peut plus circuler sur les routes.	• Das ganze Dorf ist eingeschneit, auf den Straßen kann man nicht mehr fahren.
l'**avalanche** *f* [avalɑ̃ʃ]	**Lawine**
• En montagne, il faut faire attention aux avalanches de neige.	• In den Bergen muss man auf Schneelawinen achten.

Umwelt und Umweltschutz	
l'eau *f* [o] • l'eau potable • Il récolte l'eau de pluie pour arroser son jardin.	**Wasser** • Trinkwasser • Er sammelt das Regenwasser, um seinen Garten zu gießen.
dangereux, -euse [dɑ̃ʒʀø, øz] • Ce produit est classé comme dangereux pour l'environnement.	**gefährlich** • Dieses Produkt gilt als umweltschädlich.
la nature [natyʀ] • Il est très important de préserver la nature.	**Natur** • Die Natur zu schützen ist sehr wichtig.
le bruit [bʀɥi] • Dans les villes, le bruit est devenu une source de nuisances.	**Lärm** • Der Lärm ist in den Städten zu einer Belastung geworden.
bruyant, e [bʀɥijɑ̃, ɑ̃t] • On ne peut pas ouvrir les fenêtres, la circulation est trop bruyante.	**laut** • Wir können die Fenster nicht öffnen, der Verkehr ist zu laut.
la catastrophe [katastʀɔf] • la catastrophe naturelle • Il s'agit là d'une catastrophe écologique sans précédent.	**Katastrophe** • Naturkatastrophe • Es handelt sich dabei um eine noch nie dagewesene Umweltkatastrophe.
le feu, les feux [fø] • En été, les pompiers doivent souvent lutter contre les feux de forêt.	**Feuer; Brand** • Im Sommer muss die Feuerwehr oft Waldbrände bekämpfen.
l'environnement *m* [ɑ̃viʀɔnmɑ̃] • protéger/respecter l'environnement • Il faut préserver l'environnement.	**Umwelt** • die Umwelt schützen/sich umweltbewusst verhalten • Wir müssen die Umwelt schützen.
l'air *m* [ɛʀ] • Comment éviter de respirer un air pollué ?	**Luft** • Wie kann man es vermeiden, verschmutzte Luft einzuatmen?
la pollution [pɔlysjɔ̃] • Dans les grandes villes, les voitures aggravent la pollution.	**Umweltverschmutzung** • In den Großstädten verschlimmern die Autos noch die Umweltverschmutzung.
protéger [pʀɔteʒe] • Il faut protéger les espèces animales en voie de disparition.	**schützen** • Man muss die vom Aussterben bedrohten Tierarten schützen.
l'écologie *f* [ekɔlɔʒi] • Bernadette s'intéresse beaucoup à l'écologie, elle est membre de Greenpeace.	**Ökologie** • Bernadette interessiert sich sehr für Ökologie, sie ist Mitglied bei Greenpeace.

écologique [ekɔlɔʒik] • Le maire veut s'occuper des problèmes écologiques.	**ökologisch** • Der Bürgermeister will die ökologischen Probleme angehen.
l'**écologiste** *m, f* [ekɔlɔʒist], l'**écolo** *m, f* [ekɔlo] *(fam)* • Les écologistes ont protesté contre la construction de la nouvelle autoroute.	**Umweltschützer(in), Öko** *(ugs)* • Die Umweltschützer haben gegen den Bau der neuen Autobahn protestiert.
la **protection de l'environnement** [pʀɔtɛksjɔ̃dəlɑ̃viʀɔnmɑ̃] • La protection de l'environnement est un sujet de la campagne électorale.	**Umweltschutz** • Der Umweltschutz ist ein Wahlkampfthema.

IN DER GESELLSCHAFT LEBEN

38

Politik und Staat

Staatsform und Verfassung

la nation [nasjɔ̃] • Le président de la République a fait un discours devant la nation.	**Nation** • Der Staatspräsident hat eine Rede vor der Nation gehalten.
national, e [nasjɔnal] • la fête nationale • Le gouvernement veut d'abord traiter les problèmes nationaux.	**national** • Nationalfeiertag • Die Regierung will sich zuerst mit den nationalen Problemen befassen.
le système [sistɛm] • le système politique • La France et l'Allemagne ont des systèmes de santé différents.	**System** • politisches System; Regime • Deutschland und Frankreich haben ein unterschiedliches Gesundheitssystem.
le régime [ʀeʒim] • le régime totalitaire • La France a un régime démocratique parlementaire.	**Regierungsform; Regime** • totalitäres Regime • Frankreich hat eine demokratische parlamentarische Regierungsform.
la patrie [patʀi] • Le comité municipal a décidé d'ériger un monument aux morts pour la patrie.	**Vaterland** • Das Gremium der Gemeinde hat beschlossen, den gefallenen Soldaten ein Denkmal zu errichten.
le citoyen, la citoyenne [sitwajɛ̃, jɛn] • Tous les citoyens de plus de dix-huit ans peuvent voter.	**(Staats)bürger(in)** • Alle Bürger über achtzehn Jahre dürfen wählen.
le drapeau, les drapeaux [dʀapo] • Le drapeau français est tricolore: bleu, blanc, rouge.	**Fahne** • Die Fahne Frankreichs ist dreifarbig: blau, weiß, rot.

l'État *m* [eta]	**Staat**
· l'État fédéral	· Bundesstaat
· Le sommet a réuni de nombreux chefs d'État.	· Der Gipfel hat viele Staatschefs zusammengeführt.
le pouvoir [puvwaʀ]	**Macht, (Staats)gewalt**
· Les partis politiques aimeraient tous avoir le pouvoir.	· Die politischen Parteien möchten alle die Macht haben.
le droit [dʀwa]	**Recht**
· les droits de l'homme	· Menschenrechte
· Les jeunes ont manifesté pour revendiquer leurs droits.	· Die Jugendlichen haben demonstriert, um ihre Rechte einzufordern.
la république [ʀepyblik]	**Republik**
· Dans une république, les citoyens sont représentés par les hommes politiques.	· In einer Republik werden die Bürger durch Politiker vertreten.
la démocratie [demɔkʀasi]	**Demokratie**
· Dans une démocratie, on respecte chaque individu.	· In einer Demokratie respektiert man jeden Einzelnen.
le président, la présidente [pʀezidɑ̃, ɑ̃t]	**Präsident(in)**
· le président de la République	· Staatspräsident
· Le président de l'Assemblée nationale est élu au début de la législature.	· Der Präsident der Nationalversammlung wird am Anfang der Legislaturperiode gewählt.
le chancelier (fédéral) [ʃɑ̃səlje(fedeʀal)], **la chancelière (fédérale)** [ʃɑ̃səljɛʀ (fedeʀal)]	**(Bundes)kanzler(in)**
· La chancelière fédérale gouverne l'Allemagne.	· Die Bundeskanzlerin regiert Deutschland.
le land, les länder [lɑ̃d, lɛndœʀ]	**(deutsches) Bundesland**
· L'Allemagne est composée de seize länder.	· Deutschland besteht aus 16 Bundesländern.

Regierung und Opposition

la politique [pɔlitik]	**Politik**
· faire de la politique	· politisch engagiert/aktiv sein
· Il s'intéresse beaucoup à la politique et lit beaucoup de journaux.	· Er interessiert sich sehr für Politik und liest viele Zeitungen.
politique [pɔlitik]	**politisch**
· l'homme politique/la femme politique	· Politiker(in)
· Aux réunions de famille, nous avons toujours de grandes discussions politiques.	· Bei Familienfesten führen wir immer große politische Diskussionen.

Der **président de la République** ist das Staatsoberhaupt Frankreichs und wird vom Volk per Direktwahl für eine Amtszeit von fünf Jahren nach dem Mehrheitswahlrecht gewählt.

le **parti (politique)** [paʀti(pɔlitik)]	**Partei**
· Les partis politiques ont déjà commencé la campagne électorale.	· Die politischen Parteien haben schon mit dem Wahlkampf begonnen.
le **parlement** [paʀləmɑ̃]	**Parlament**
· Le parlement a voté contre la proposition de loi.	· Das Parlament hat gegen die Gesetzesvorlage gestimmt.
l'**assemblée** *f* [asɑ̃ble]	**Versammlung**
· Le ministre de l'Intérieur a parlé devant une grande assemblée.	· Der Innenminister hat vor einer großen Versammlung gesprochen.
l'**Assemblée nationale** [asɑ̃blenasjɔnal]	**Nationalversammlung**
· L'Assemblée nationale discute aujourd'hui d'un projet de loi sur la Sécurité sociale.	· Die Nationalversammlung diskutiert heute einen Gesetz(es)entwurf zur Sozialversicherung.
le **député,** la **députée** [depyte]	**Abgeordnete(r)**
· Pendant les vacances, il n'y avait pas beaucoup de députés à l'Assemblée.	· In der Urlaubszeit waren nicht viele Abgeordnete im Parlament.
le **Sénat** [sena]	**Senat**
· Le Sénat n'est pas d'accord avec la décision de l'Assemblée nationale.	· Der Senat ist mit dem Beschluss der Nationalversammlung nicht einverstanden.
voter [vɔte]	**wählen, abstimmen**
· voter pour qn	· für jdn stimmen
· Dimanche, ce sont les élections municipales, nous allons aller voter.	· Am Sonntag sind Kommunalwahlen, wir werden wählen gehen.
la **majorité** [maʒɔʀite]	**Mehrheit**
· la majorité absolue/relative	· absolute/relative Mehrheit
· Ils ont gagné les élections avec une grande majorité.	· Sie haben die Wahl mit einer großen Mehrheit gewonnen.
le **gouvernement** [guvɛʀnəmɑ̃]	**Regierung**
· Le gouvernement a adopté une nouvelle loi sur les retraites.	· Die Regierung hat ein neues Rentengesetz verabschiedet.
l'**opposition** *f* [ɔpozisjɔ̃]	**Opposition**
· L'opposition espère bien accéder au pouvoir bientôt.	· Die Opposition hofft, bald an die Macht zu kommen.
le, la **ministre** [ministʀ]	**Minister(in)**
· le Premier ministre	· Premierminister
· Le ministre des Affaires étrangères est en voyage en Asie.	· Der Außenminister befindet sich auf einer Asienreise.

Die **Assemblée nationale** ist die erste Kammer des französischen Parlaments.

Sozialstaat und Steuern

social, e [sɔsjal]	**sozial**
• la politique sociale	• Sozialpolitik
• Les banlieues parisiennes ont de graves problèmes sociaux.	• Die Pariser Vororte haben gravierende soziale Probleme.
l'impôt *m*, **les impôts** [ɛ̃po]	**Steuer(n)**
• l'impôt sur le revenu	• Einkommenssteuer
• la déclaration d'impôts	• Steuererklärung
• L'État a décidé d'augmenter les impôts.	• Der Staat hat entschieden, die Steuern zu erhöhen.
augmenter [ɔgmɑ̃te]	**steigen; erhöhen**
• Le taux de chômage a augmenté dans l'Union Européenne.	• Die Arbeitslosenquote der Europäischen Union ist angestiegen.
baisser [bese]	**sinken; senken**
• Dans certains secteurs, les revenus ont considérablement baissé.	• In bestimmten Bereichen ist das Einkommen beachtlich gesunken.
diminuer [diminɥe]	**senken, kürzen; sinken**
• Les revenus des ménages ont diminué de 5 %.	• Die Einkommen der Haushalte sind um 5 % gesunken.
la contribution [kɔ̃tʀibysjɔ̃]	**Beitrag, Anteil**
• Le gouvernement envisage d'augmenter les contributions sociales.	• Die Regierung beabsichtigt, die Sozialbeiträge zu erhöhen.
dépenser [depɑ̃se]	**ausgeben**
• Les ménages français dépensent trop pour leur logement.	• Die französischen Haushalte geben zu viel (Geld) für das Wohnen aus.
le logement social [lɔʒmɑ̃sɔsjal]	**Sozialwohnung**
• Ils vivent dans un logement social.	• Sie wohnen in einer Sozial(bau)wohnung.
la Sécurité sociale [sekyʀitesɔsjal], **la Sécu** [seky] *(fam)*	*staatliche französische Sozial- und Krankenversicherung*
• En France, tout le monde doit cotiser à la Sécurité sociale.	• In Frankreich muss jeder in die staatliche Kranken- und Sozialversicherung einzahlen.
le salaire minimum [salɛʀminimɔm]	**Mindestlohn**
• Mon frère travaille chez un maraîcher et touche le salaire minimum.	• Mein Bruder arbeitet bei einem Gemüsebauer und bekommt den Mindestlohn.
le R.S.A. [ɛʀɛsa] (revenu de solidarité active)	≈ **Sozialhilfe** *(Sozialleistung in Frankreich, ähnlich Hartz IV in Deutschland)*
• Les personnes démunies peuvent demander le R.S.A.	• Mittellose Personen können Sozialhilfe beantragen.
la retraite [ʀ(ə)tʀɛt]	**Ruhestand, Rente, Pension**
• Mon mari ne travaille plus depuis trois ans, il est en retraite.	• Mein Mann arbeitet seit drei Jahren nicht mehr, er ist in Rente.

Innen- und Außenpolitik

Innenpolitik

l'étranger *m*, **l'étrangère** *f* [etʀɑ̃ʒe, ɛʀ]	**Ausländer(in)**
• Mes voisins sont des étrangers, ils viennent du Maroc.	• Meine Nachbarn sind Ausländer, sie kommen aus Marokko.
l'origine *f* [ɔʀiʒin]	**Herkunft**
• Mon ami Manuel est d'origine espagnole.	• Mein Freund Manuel ist spanischer Herkunft.
l'immigration *f* [imigʀasjɔ̃]	**Einwanderung**
• l'immigration clandestine	• illegale Einwanderung
• Ce nouveau projet de loi sur l'immigration est très controversé.	• Das neue Gesetzesvorhaben zur Einwanderungsregelung ist sehr umstritten.
l'immigré *m*, **l'immigrée** *f* [imigʀe]	**Einwanderer, Einwanderin**
• le travailleur immigré	• Gastarbeiter
• Les immigrés ont souvent du mal à trouver du travail.	• Die Einwanderer haben oft Schwierigkeiten, Arbeit zu finden.
le racisme [ʀasism]	**Rassismus**
• Beaucoup d'immigrés sont victimes de racisme.	• Viele Einwanderer sind Opfer von Rassismus.
la nationalité [nasjɔnalite]	**Staatsangehörigkeit, Nationalität**
• la double nationalité	• doppelte Staatsangehörigkeit
• Il a la nationalité française.	• Er hat die französische Staatsangehörigkeit.

Landesverteidigung

la défense [defɑ̃s]	**Verteidigung**
• Le gouvernement veut augmenter le budget de la Défense de plusieurs millions.	• Die Regierung hat beschlossen, den Verteidigungshaushalt um einige Millionen aufzustocken.
l'armée *f* [aʀme]	**Armee**
• Son père est commandant dans l'armée.	• Sein Vater ist Major bei der Armee.
militaire [militɛʀ]	**militärisch**
• le service militaire	• Wehrpflicht, Militärdienst
• Il y a eu une explosion dans un camp militaire français.	• In einem französischen Militärcamp hat es eine Explosion gegeben.
le, la militaire [militɛʀ]	**Soldat(in)**
• Dans le train, il y avait plein de militaires en permission.	• Im Zug waren viele Soldaten, die auf Urlaub waren.
la guerre [gɛʀ]	**Krieg**
• faire la guerre (à qn)	• (gegen jdn) Krieg führen
• La Seconde Guerre mondiale s'est terminée le 8 mai 1945.	• Der Zweite Weltkrieg wurde am 8. Mai 1945 beendet.
l'ennemi *m*, **l'ennemie** *f* [en(ə)mi]	**Feind(in)**
• Dans les camps militaires, les soldats apprennent à lutter contre l'ennemi.	• In den Militärcamps lernen die Soldaten, gegen den Feind zu kämpfen.

Die Gesellschaft

39

Bevölkerung

les **gens** *mpl* [ʒɑ̃] • Les voisins d'en face sont des gens riches.	**Leute** • Die Nachbarn von gegenüber sind reiche Leute.
les **jeunes** *mpl* [ʒœn] • Voici les résultats du sondage sur les jeunes d'aujourd'hui.	**Jugendliche** • Hier sind die Umfrageergebnisse über die heutigen Jugendlichen.
la **classe** [klɑs] • la classe sociale • Le chômage touche toutes les classes de la société.	**Klasse, Schicht** • soziale Klasse, Gesellschaftsschicht • Die Arbeitslosigkeit trifft alle gesellschaftlichen Schichten.
social, e [sɔsjal] • la couche sociale • Il décrit les graves problèmes sociaux qui frappent la société dans son pays.	**sozial** • Gesellschaftsschicht • Er beschreibt die schwerwiegenden sozialen Probleme, von denen die Gesellschaft seines Landes betroffen ist.
pauvre [povʀ] • Ils sont pauvres et peuvent à peine payer leur loyer.	**arm** • Sie sind arm und können kaum ihre Miete bezahlen.
riche [ʀiʃ] • Le fossé entre riches et pauvres s'accentue.	**reich** • Der Graben zwischen Arm und Reich verstärkt sich.
la **population** [pɔpylasjɔ̃] • la population active • La population est de plus en plus âgée.	**Bevölkerung** • erwerbstätige Bevölkerung • Die Bevölkerung wird immer älter.
l'**augmentation** *f* [ɔgmɑ̃tasjɔ̃] • L'augmentation de la population dans le monde est plutôt inquiétante.	**Erhöhung, Steigerung, Zunahme** • Der Zuwachs der Weltbevölkerung ist eher beunruhigend.
la **réduction** [ʀedyksjɔ̃] • On constate une forte réduction des naissances en Europe de l'ouest.	**Verringerung** • Man stellt einen starken Rückgang der Geburten in Westeuropa fest.
la **solitude** [sɔlityd] • Ce vieil homme habite seul, il souffre souvent de solitude.	**Einsamkeit** • Dieser alte Mann lebt alleine, er leidet oft unter der Einsamkeit.
seul, e [sœl] • Beaucoup de gens se sentent très seuls.	**allein** • Viele Leute fühlen sich sehr allein.

Das Wort **gens** kommt nur in der Mehrzahl vor. Es ist männlich (**tous les gens** - *alle Leute*), aber wenn es mit einem Adjektiv verwendet wird, das vorangestellt wird, steht dieses in der weiblichen Form (**les vieilles gens** - *die alten Leute*).

la **société** [sɔsjete]	**Gesellschaft**
· Le racisme est un grand problème de société.	· Rassismus ist ein großes gesellschaftliches Problem.
le **milieu** [miljø]	**Milieu**
· le milieu social	· (soziales) Milieu, gesellschaftliches Umfeld
· le milieu défavorisé	· unterprivilegierte soziale Schicht
· Sur Internet, tu peux discuter avec des gens de tous les milieux.	· Im Internet kannst du dich mit Leuten aus allen Schichten unterhalten.
aisé, e [eze]	**wohlhabend, gut situiert**
· Ses parents étaient très aisés et habitaient dans une magnifique villa.	· Seine Eltern waren sehr wohlhabend und wohnten in einer wunderschönen Villa.
la **fortune** [fɔʀtyn]	**Vermögen**
· Sandrine a hérité de la fortune de sa tante.	· Sandrine hat das Vermögen ihrer Tante geerbt.
le **bourgeois,** la **bourgeoise** [buʀʒwa, waz]	**Bürger(in)**
· C'est une famille de bourgeois, ils gagnent bien leur vie.	· Es sind gutbürgerliche Leute, sie verdienen gut.
populaire [pɔpylɛʀ]	**Volks-; gewöhnlich**
· Il a grandi dans un quartier populaire de Marseille.	· Er ist in einem Arbeiterviertel in Marseille aufgewachsen.
la **misère** [mizɛʀ]	**Not, Elend**
· En Afrique, de nombreuses familles vivent dans la misère.	· In Afrika leben zahlreiche Familien im Elend.
les **ménages** *mpl* [menaʒ]	**Haushalte**
· Les coûts des ménages ont encore augmenté.	· Die Kosten der Haushalte sind wieder gestiegen.

Sicherheit und Kriminalität

Polizei und Straftaten

la **police** [pɔlis]	**Polizei**
· la police judiciaire	· Kriminalpolizei
· La police a arrêté deux suspects.	· Die Polizei hat zwei Verdächtige festgenommen.
le **policier,** la **policière** [pɔlisje, jɛʀ]	**Polizist(in)**
· Un policier a été blessé lors de la manifestation.	· Ein Polizist wurde während der Demonstration verletzt.
le **flic** [flik] *(fam)*	**Polizist, Bulle** *(ugs)*
· Attention ! Voilà les flics ! *(fam)*	· Achtung, die Bullen!
l'**agent de police** *m* [aʒɑ̃d(ə)pɔlis]	**Polizeibeamter, -beamtin**
· Un agent de police règle la circulation au carrefour.	· Ein Polizeibeamter/Eine Polizeibeamtin regelt den Verkehr an der Kreuzung.
l'**inspecteur de police** *m* [ɛ̃spɛktœʀd(ə)pɔlis]	**Polizeiinspektor(in)**
· L'inspecteur de police nous a interrogés sur l'accident.	· Der Polizeiinspektor/Die Polizeiinspektorin hat uns zu dem Unfall befragt.

le **commissariat (de police)** [kɔmisaʀja(d(ə)pɔlis)]	**Polizeirevier**
· Je vais au commissariat pour déclarer le vol de mes papiers.	· Ich gehe zum Polizeirevier, um den Diebstahl meiner Papiere zu melden.
le **poste (de police)** [pɔst(d(ə)pɔlis)]	**Polizeiwache, Polizeistation**
· Ils ont emmené le voleur au poste de police.	· Sie haben den Dieb zur Polizeiwache gebracht.
policier, -ière [pɔlisje, jɛʀ]	**polizeilich, Polizei-**
· Des chiens policiers ont reniflé des sachets de drogue.	· Polizeihunde haben Drogentütchen gewittert.
la **gendarmerie** [ʒɑ̃daʀməʀi]	**Gendarmerie**
· Le père d'Arnaud travaille à la gendarmerie, il porte toujours son képi.	· Arnauds Vater arbeitet bei der Gendarmerie, er trägt immer seine Polizeimütze.
le, la **gendarme** [ʒɑ̃daʀm]	**Gendarm; (Militär)polizist(in)**
· Les gendarmes arrêtent les voitures pour faire un contrôle d'alcoolémie.	· Die Polizisten halten die Autos an, um eine Alkoholkontrolle durchzuführen.
le **contrôle** [kɔ̃tʀol]	**Kontrolle**
· le contrôle d'identité	· Ausweiskontrolle
· Lors du contrôle de vitesse, vous rouliez beaucoup trop vite.	· Gemäß Geschwindigkeitskontrolle sind Sie viel zu schnell gefahren.
dangereux, -euse [dɑ̃ʒʀø, øz]	**gefährlich**
· Ils ont arrêté un individu considéré comme particulièrement dangereux.	· Man hat eine als besonders gefährlich eingeschätzte Person festgenommen.
les **C.R.S.** *mpl* [seɛʀɛs] (Compagnie Républicaine de Sécurité)	**≈ Bereitschaftspolizei**
· Les C.R.S. ont dispersé la manifestation.	· Die Bereitschaftspolizei hat die Demonstration aufgelöst.
le, la **commissaire (de police)** [kɔmisɛʀ(dəpɔlis)]	**Kommissar(in)**
· Le commissaire de police enquête sur un meurtre.	· Der Kommissar ermittelt in einem Mord.
la **criminalité** [kʀiminalite]	**Kriminalität**
· Le gouvernement veut lutter contre la criminalité dans les banlieues.	· Die Regierung will die Kriminalität in den Vororten bekämpfen.
le **vol** [vɔl]	**Diebstahl**
· Il y a eu un vol de tableaux au musée.	· Es gab einen Bilderdiebstahl im Museum.
voler [vɔle]	**stehlen**
· Plus de deux cent mille euros ont été volés.	· Mehr als zweihunderttausend Euro wurden gestohlen.

Die **C.R.S.** wurden 1945 als mobile Bereitschaftspolizei gegründet. Sie werden hauptsächlich zur Bewachung öffentlicher Gebäude und bei Demonstrationen eingesetzt.

le **voleur,** la **voleuse** [vɔlœʀ, øz]	**Dieb(in)**
• Au voleur !	• Haltet den Dieb!
• Le voleur a disparu dans la nuit.	• Der Dieb ist in der Dunkelheit entschwunden.
tuer [tɥe]	**töten**
• Les kidnappeurs ont tué un otage.	• Die Kidnapper haben eine Geisel getötet.
le **danger** [dɑ̃ʒe]	**Gefahr**
• Depuis les derniers attentats terroristes, beaucoup de gens se sentent en danger.	• Seit den letzten terroristischen Anschlägen fühlen sich viele Leute in Gefahr.
le, la **ministre de l'Intérieur** [ministʀdəlɛ̃teʀjœʀ]	**Innenminister(in)**
• Le ministre de l'Intérieur veut créer de nouveaux postes de police.	• Der Innenminister will neue Stellen bei der Polizei schaffen.
la **sécurité** [sekyʀite]	**Sicherheit**
• La police veille à la sécurité pendant les matchs de foot.	• Die Polizei sorgt bei den Fußballspielen für Sicherheit.
sûr, e [syʀ]	**sicher**
• Le monde n'est pas plus sûr depuis l'arrestation des terroristes.	• Die Welt ist nicht sicherer geworden, seitdem die Terroristen gefasst wurden.
se protéger [səpʀɔteʒe]	**sich schützen**
• Les policiers se protègent des coups avec leurs casques.	• Die Polizisten schützen sich vor Schlägen mit ihren Helmen.
interroger [ɛ̃teʀɔʒe]	**befragen, vernehmen**
• Les gendarmes ont interrogé notre voisine pendant deux heures.	• Die Polizisten haben unsere Nachbarin zwei Stunden lang vernommen.
l'**interrogatoire** *m* [ɛ̃teʀɔgatwaʀ]	**Vernehmung**
• Les interrogatoires des criminels peuvent durer plusieurs jours.	• Die Vernehmungen von Kriminellen können mehrere Tage dauern.
interdit, e [ɛ̃tɛʀdi, it]	**verboten**
• Ils lui ont interdit de quitter le pays.	• Man hat ihm/ihr verboten, das Land zu verlassen.
illégal, e [i(l)legal]	**illegal, ungesetzlich**
• La consommation de drogue est illégale.	• Drogenkonsum ist illegal.
la **violence** [vjɔlɑ̃s]	**Gewalt**
• La violence dans les rues est difficile à combattre.	• Die Gewalt auf den Straßen ist schwer zu bekämpfen.
violent, e [vjɔlɑ̃, ɑ̃t]	**gewalttätig**
• Il a été jugé parce qu'il avait été violent envers sa femme.	• Er wurde verurteilt, weil er seiner Frau gegenüber gewalttätig gewesen war.
le **crime** [kʀim]	**Verbrechen**
• commettre un crime	• ein Verbrechen begehen
• Il est poursuivi pour crime contre l'humanité.	• Er wird wegen Verbrechens gegen die Menschlichkeit (gerichtlich) verfolgt.

Vor Gericht

juste [ʒyst] • C'est un homme profondément juste qui lutte pour une bonne cause.	**gerecht** • Er ist ein äußerst gerechter Mann, der für eine gute Sache kämpft.
injuste [ɛ̃ʒyst] • Il trouve le jugement injuste.	**ungerecht** • Er findet das Urteil ungerecht.
l'**accusation** *f* [akyzasjɔ̃] • Le magasin a maintenu son accusation de vol.	**Anschuldigung; Anklage** • Der Laden hat die Anschuldigung wegen Diebstahls aufrechterhalten.
la **justice** [ʒystis] • poursuivre en justice • La justice fait tout son possible pour trouver les coupables.	**Justiz; Gerechtigkeit** • verklagen, gerichtlich verfolgen • Die Justiz tut ihr Möglichstes, um die Schuldigen zu finden.
le **droit** [dʀwa] • avoir droit à qc • Mon chef n'a aucune notion du droit du travail.	**(Rechts)anspruch; Recht; Jura** • (das/ein) Recht auf etw haben • Mein Chef/Meine Chefin hat überhaupt keine Ahnung von Arbeitsrecht.
le **tort** [tɔʀ] • être dans son tort • Il a eu un accident et il était en tort.	**Unrecht** • im Unrecht sein • Er hatte einen Unfall und war dabei im Unrecht.
le **tribunal**, les **tribunaux** [tʀibynal, o] • Le procès a lieu au tribunal de Nanterre.	**Gericht** • Der Prozess findet im Gericht von Nanterre statt.
le **procès** [pʀɔsɛ] • Le procès est reporté, car le témoin principal n'est pas venu.	**Prozess** • Der Prozess wurde vertagt, weil der Hauptzeuge nicht gekommen ist.
le, la **juge** [ʒyʒ] • La juge a lu le verdict.	**Richter(in)** • Die Richterin hat das Urteil verlesen.
l'**avocat** *m*, l'**avocate** *f* [avɔka, at] • Je voudrais parler à mon avocat avant de faire ma déposition.	**Rechtsanwalt, Rechtsanwältin** • Ich möchte meinen Anwalt sprechen, bevor ich meine Aussage mache.
le **jury** [ʒyʀi] • Le jury est parvenu à un jugement.	**die Geschworenen** • Die Geschworenen sind zu einem Urteil gelangt.
le **juré**, la **jurée** [ʒyʀe] • Les jurés sont impressionnés par les arguments de l'avocat.	**Geschworene(r)** • Die Geschworenen sind von den Argumenten des Anwalts beeindruckt.
le **témoin** [temwɛ̃] • L'inspecteur interrogera les témoins demain matin.	**Zeuge, Zeugin** • Der Inspektor wird die Zeugen morgen früh befragen.

juger [ʒyʒe]	**urteilen; verurteilen**
• juger qn	• das Urteil über jdn sprechen
• juger qn coupable	• jdn für schuldig befinden
• L'accusé a été jugé durement, il a eu dix ans de prison.	• Der Angeklagte ist hart verurteilt worden, er hat zehn Jahre Gefängnis bekommen.
le **jugement** [ʒyʒmɑ̃]	**Urteil**
• prononcer le jugement	• das Urteil verkünden
• L'accusé attend son jugement avec impatience.	• Der Angeklagte wartet ungeduldig auf sein Urteil.
la **loi** [lwa]	**Gesetz**
• la loi en vigueur	• geltendes Gesetz, geltendes Recht
• La police fait respecter la loi.	• Die Polizei sorgt dafür, dass das Gesetz befolgt wird.
légal, e [legal]	**gesetzlich**
• Ce que vous proposez n'est pas du tout légal !	• Das, was Sie vorschlagen, ist keineswegs legal!

Gruppen und Vereine

le **groupe** [gʀup]	**Gruppe**
• Nous voyageons avec un groupe de dix personnes environ.	• Wir reisen mit einer Gruppe von ca. zehn Personen.
organiser [ɔʀganize]	**organisieren, veranstalten**
• Ils organisent une réunion pour la semaine prochaine.	• Sie organisieren ein Meeting für nächste Woche.
ensemble [ɑ̃sɑ̃bl]	**gemeinsam**
• Ensemble, ils ont fondé une association pour la protection de l'environnement.	• Sie haben gemeinsam eine Umweltschutzorganisation gegründet.
aider qn [ede]	**jdm helfen**
• Ils nous ont aidé à organiser cette manifestation.	• Sie haben uns geholfen, diese Demonstration zu veranstalten.
le **club** [klœb]	**Klub, Verein**
• David fait partie du club de foot depuis deux ans.	• David gehört dem Fußballverein seit zwei Jahren an.
créer [kʀee]	**gründen**
• Ils ont créé une fondation en Afrique.	• Sie haben in Afrika eine Stiftung gegründet.
manifester [manifɛste]	**demonstrieren**
• Les étudiants manifestent dans les rues pour obtenir plus de fonds.	• Die Studenten demonstrieren auf den Straßen, um mehr Mittel zu bekommen.
la **manifestation** [manifɛstasjɔ̃]	**Demonstration**
• La manifestation des infirmiers a duré tout l'après-midi.	• Die Demonstration des Pflegepersonals hat den ganzen Nachmittag gedauert.
la **manif** [manif] *(fam)*	**Demo**
• Tu viens avec nous à la manif, demain ?	• Kommst du morgen mit uns zur Demo?

soutenir [sut(ə)niʀ]	**unterstützen**
• Je soutiens les manifestants, ils ont raison de se battre ainsi.	• Ich unterstütze die Demonstranten, sie haben Recht, so zu kämpfen.

Wirtschaft und Finanzen

40

Industrie und Handwerk

la **stratégie** [stʀateʒi]	**Strategie**
• Les managers veulent définir une nouvelle stratégie de vente.	• Die Manager wollen eine neue Verkaufsstrategie festlegen.
la **machine** [maʃin]	**Maschine**
• L'entreprise a acheté de nouvelles machines pour accroître sa productivité.	• Das Unternehmen hat zur Erhöhung der Produktivität neue Maschinen gekauft.
l'**activité** *f* [aktivite]	**Tätigkeit, Aktivität**
• l'activité économique	• Wirtschaftstätigkeit, Konjunktur
• Le groupe veut étendre ses activités à l'étranger.	• Der Konzern will seine Aktivitäten auf das Ausland ausdehnen.
l'**entreprise** *f* [ɑ̃tʀəpʀiz]	**Unternehmen, Firma**
• l'entreprise publique/privée	• öffentliches/privates Unternehmen
• le chef d'entreprise	• Firmenchef
• Il travaille dans une grande entreprise.	• Er arbeitet in einem großen Unternehmen.
l'**usine** *f* [yzin]	**Fabrik, Werk**
• Mon père a travaillé à l'usine pendant des années.	• Mein Vater hat jahrelang in einer Fabrik gearbeitet.

la **production** [pʀɔdyksjɔ̃]	**Produktion, Herstellung**
• Cette entreprise est spécialisée dans la production de puces électroniques.	• Dieses Unternehmen ist auf die Produktion von elektronischen Chips spezialisiert.
le **produit** [pʀɔdɥi]	**Produkt, Erzeugnis**
• Les produits sont vendus directement aux particuliers.	• Die Produkte werden direkt an die Endkunden verkauft.
la **marque** [maʀk]	**Marke**
• Paul porte toujours des vêtements de marque.	• Paul trägt immer Markenkleidung.
la **qualité** [kalite]	**Qualität**
• de qualité	• Qualitäts-
• La qualité et le prix des produits jouent un rôle important.	• Die Qualität und der Preis der Produkte spielen eine wichtige Rolle.
l'**économie** *f* [ekɔnɔmi]	**Wirtschaft**
• L'économie est menacée par une crise financière.	• Die Wirtschaft ist von einer Finanzkrise bedroht.
économique [ekɔnɔmik]	**Wirtschafts-, wirtschaftlich**
• la crise économique	• Wirtschaftskrise
• Mon mari lit souvent des magazines économiques pour s'informer.	• Mein Mann liest oft Wirtschaftsmagazine, um sich zu informieren.

le **développement** [devlɔpmɑ̃]	**Entwicklung; Steigerung, Wachstum**
• Mon frère est ingénieur, il est responsable du développement de nouvelles technologies.	• Mein Bruder ist Ingenieur, er ist zuständig für die Entwicklung neuer Technologien.
la **société** [sɔsjete]	**Gesellschaft, Firma**
• la société anonyme, la S.A.	• Aktiengesellschaft, AG
• la société à responsabilité limitée, la S.A.R.L.	• Gesellschaft mit beschränkter Haftung, GmbH
• Elle travaille dans une société financière.	• Sie arbeitet bei einer Finanzgesellschaft.
l'**industrie** *f* [ɛ̃dystʀi]	**Wirtschaftszweig; Industrie**
• l'industrie automobile	• Automobilindustrie
• Les industries chimiques sont les seules industries de la région.	• Die Chemieindustrie ist der einzige Industriezweig in der Region.
la **branche** [bʀɑ̃ʃ]	**Branche**
• Tu travailles dans quelle branche ?	• In welcher Branche arbeitest du?
le **secteur** [sɛktœʀ]	**Sektor, Bereich**
• Le secteur automobile connaît une crise très importante.	• Der Automobilsektor erlebt eine sehr große Krise.
l'**artisanat** *m* [aʀtizana]	**Handwerk**
• Michel suit une formation dans l'artisanat, il veut devenir maçon.	• Michel macht ein Handwerkslehre, er will Maurer werden.

Landwirtschaft, Fischerei, Bergbau

l'**agriculture** *f* [agʀikyltyʀ]	**Landwirtschaft**
• Il fait des études d'agriculture pour pouvoir reprendre la ferme de son père.	• Er studiert Landwirtschaft, um den Hof seines Vaters übernehmen zu können.
l'**agriculteur** *m*, l'**agricultrice** *f* [agʀikyltœʀ, tʀis]	**Landwirt(in)**
• Les agriculteurs demandent une augmentation du prix du lait.	• Die Landwirte verlangen eine Erhöhung des Milchpreises.
le **paysan**, la **paysanne** [peizɑ̃, an]	**Bauer, Bäuerin**
• Jean-Michel est paysan. Il cultive surtout du maïs.	• Jean-Michel ist Bauer. Er baut vor allem Mais an.
la **ferme** [fɛʀm]	**Bauernhof**
• Elle a décidé d'acheter des terres et de reprendre une ferme.	• Sie hat beschlossen, Land zu kaufen und einen Bauernhof zu übernehmen.
l'**étable** *f* [etabl]	**Stall**
• En hiver, les vaches restent dans l'étable.	• Im Winter bleiben die Kühe im Stall.
le **troupeau**, les **troupeaux** [tʀupo]	**Herde**
• Le chien garde les troupeaux.	• Der Hund bewacht die Herden.
la **matière première** [matjɛʀpʀəmjɛʀ]	**Rohstoff**
• Les matières premières se font de plus en plus rares dans la nature.	• Die Rohstoffe werden immer knapper in der Natur.

la **culture** [kyltyʀ] • Dans la région, on trouve des cultures de tournesols.	**Anbau** • In der Region findet man Sonnenblumenfelder.
cultiver [kyltive] • Dans notre ferme, nous cultivons du maïs biologique.	**anbauen, anpflanzen; bebauen, bestellen** • Auf unserem Bauernhof bauen wir Biomais an.
l'**élevage** *m* [el(ə)vaʒ] • Il est spécialisé dans l'élevage de truites.	**(Auf)zucht** • Er ist auf Forellenzucht spezialisiert.
la **mine** [min] • la mine de charbon • Il a travaillé autrefois dans les mines du Nord et du Pas-de-Calais.	**Bergwerk, Mine** • Kohlenbergwerk, Zeche • Er hat früher in den Minen von Nord-Pas-de-Calais gearbeitet.
le **cultivateur,** la **cultivatrice** [kyltivatœʀ, tʀis] • Il est cultivateur dans un petit village.	**Landwirt(in)** • Er ist Landwirt in einem kleinen Dorf.
le **charbon** [ʃaʀbɔ̃] • Les mines de charbon sont fermées.	**Kohle** • Die Kohleminen sind geschlossen.
le **fer** [fɛʀ] • le minerai de fer • Le portail de la mine est en fer.	**Eisen** • Eisenerz • Das Tor des Bergwerks ist aus Eisen.
le **pétrole** [petʀɔl] • Dans le nord de la France, les mines de pétrole sont aujourd'hui fermées.	**(Erd)öl** • Heutzutage sind die Ölminen in Nordfrankreich geschlossen.
le **gaz naturel** [gaznatyʀɛl] • La Russie est un gros exportateur de gaz naturel.	**Erdgas** • Russland ist ein großer Erdgasexporteur.
le **fermier,** la **fermière** [fɛʀmje, jɛʀ] • Le fermier va nourrir les vaches.	**Bauer, Bäuerin; Pächter(in)** • Der Bauer geht die Kühe füttern.
la **coopérative** [kɔ(ɔ)peʀativ] • Les fermiers font partie d'une coopérative, c'est plus rentable.	**Genossenschaft** • Die Bauern gehören einer Genossenschaft an, das ist rentabler.
agricole [agʀikɔl] • Mon cousin est ouvrier agricole, il travaille chez un agriculteur très sympa.	**landwirtschaftlich** • Mein Cousin ist Arbeiter in der Landwirtschaft, er arbeitet bei einem sehr netten Landwirt.
rural, e [ʀyʀal] • Le monde rural a beaucoup évolué.	**landwirtschaftlich, ländlich** • Das Landleben hat sich sehr gewandelt.
la **terre** [tɛʀ] • cultiver la terre • Pierre adore sa terre natale.	**Erde, Boden; Land** • das Land bewirtschaften • Pierre liebt sein Heimatland.
fertile [fɛʀtil] • La terre est fertile dans cette région, on y cultive beaucoup de choses.	**fruchtbar** • Die Erde in dieser Gegend ist fruchtbar, hier wird viel angebaut.

le **vignoble** [viɲɔbl]	**Weinberg; Weinbaugebiet**
• Mes parents habitent au milieu des vignobles dans la région de Bordeaux.	• Meine Eltern wohnen in der Region von Bordeaux mitten in den Weinbergen.
le **viticulteur,** la **viticultrice** [vitikyltœʀ, tʀis]	**Winzer(in)**
• Les viticulteurs sont contents de leurs vins cette année.	• Dieses Jahr sind die Winzer mit ihren Weinen zufrieden.

Handel und Dienstleistung

le **marché** [maʀʃe]	**Markt**
• Les marchés financiers font la une des journaux.	• Die Finanzmärkte sind auf den Titelseiten der Zeitungen.
le **commerçant,** la **commerçante** [kɔmɛʀsɑ̃, ɑ̃t]	**Händler(in); Geschäftsmann/-frau**
• le petit commerçant	• Einzelhändler
• Les commerçants sont contents des ventes de fin d'année.	• Die Händler sind mit ihren Verkäufen zum Jahresende zufrieden.
l'**euro** *m* **(€)** [øʀo]	**Euro**
• La monnaie européenne est l'euro.	• Die europäische Währung ist der Euro.
le **centime** [sɑ̃tim]	**Cent**
• Tu as une pièce de cinquante centimes?	• Hast du ein 50-Cent-Stück?
le **franc (F)** [fʀɑ̃]	**Franc**
• En France, l'euro a remplacé le franc.	• In Frankreich hat der Euro den Franc ersetzt.
le **billet (de banque)** [bijɛ(d(ə)bɑ̃k)]	**(Geld)schein**
• le billet de 50 euros	• Fünfzigeuroschein
• Je n'ai pas de monnaie, tu peux changer un billet de cinquante euros?	• Ich habe kein Kleingeld, kannst du einen 50-Euro-Schein wechseln?
la **pièce (de monnaie)** [pjɛs(dəmɔnɛ)]	**Münze, Geldstück**
• la pièce de 2 euros	• Zweieurostück
• Ces pièces n'ont plus aucune valeur.	• Diese Münzen haben keinen Wert mehr!
placer [plase]	**anlegen**
• placer de l'argent	• Geld anlegen
• Elle place son capital en bourse.	• Sie legt ihr Geld an der Börse an.
régler [ʀegle]	**bezahlen**
• Je règle en liquide.	• Ich zahle bar.
l'**argent** *m* [aʀʒɑ̃]	**Geld**
• changer de l'argent	• Geld wechseln
• retirer de l'argent	• Geld abheben
• J'ai dû emprunter une grosse somme d'argent.	• Ich musste mir eine hohe Geldsumme leihen.
la **carte bancaire** [kaʀtbɑ̃kɛʀ], la **carte de crédit** [kaʀtdəkʀedi]	**Kreditkarte**
• Vous acceptez les cartes bancaires?	• Nehmen Sie auch Kreditkarten an?

le **(code) PIN** [(kɔd)pin], le **code secret** [kɔdsəkʀɛ]	**PIN-Nummer, Geheimzahl**
• Veuillez entrer le code secret de votre carte.	• Bitte geben Sie Ihre Geheimzahl ein.
le **chèque** [ʃɛk]	**Scheck**
• À la caisse, elle a fait un chèque.	• An der Kasse hat sie mit Scheck bezahlt.
l'**assurance** *f* [asyʀɑ̃s]	**Versicherung; Versicherungsgesellschaft**
• l'assurance maladie	• Krankenversicherung
• l'assurance (sur la) vie	• Lebensversicherung
• Notre assurance nous a remboursé les réparations de la voiture.	• Unsere Versicherung hat uns die Kosten der Autoreparatur zurückerstattet.
le **commerce** [kɔmɛʀs]	**Handel**
• la chambre de commerce et d'industrie	• Industrie- und Handelskammer
• Le commerce équitable est l'un des piliers du développement durable.	• Der faire Handel ist eine der Säulen einer nachhaltigen Entwicklung.
commercial, e [kɔmɛʀsjal]	**kaufmännisch; Handels-; Geschäfts-**
• l'activité commerciale	• Handelsgewerbe, kaufmännische Tätigkeit
• les relations commerciales	• Handelsbeziehungen
• La France veut développer ses échanges commerciaux avec la Chine.	• Frankreich will seine Handelsgeschäfte mit China weiter ausbauen.
importer [ɛ̃pɔʀte]	**importieren, einführen**
• L'Europe importe des ananas de Thaïlande.	• Europa importiert Ananasfrüchte aus Thailand.
exporter [ɛkspɔʀte]	**exportieren, ausführen**
• L'Allemagne exporte beaucoup d'automobiles à l'étranger.	• Deutschland exportiert viele Autos ins Ausland.
le **consommateur,** la **consommatrice** [kɔ̃sɔmatœʀ, tʀis]	**Verbraucher(in)**
• Les consommateurs sont inquiets vu l'augmentation des prix.	• Die Verbraucher sind angesichts der Preissteigerungen beunruhigt.
l'**offre** *f* [ɔfʀ]	**Angebot**
• Le magasin propose une grande offre de produits de marque.	• Das Geschäft bietet ein großes Angebot an Markenartikeln an.
la **demande** [d(ə)mɑ̃d]	**Nachfrage**
• La demande est en baisse, car les ménages ont moins d'argent.	• Die Nachfrage sinkt, weil die Haushalte immer weniger Geld haben.
la **vente** [vɑ̃t]	**Verkauf**
• Dans ce secteur, les ventes sont en baisse.	• In dieser Branche sinken die Verkaufszahlen.
le **paiement** [pɛmɑ̃]	**Bezahlung**
• Le paiement par carte n'est pas accepté.	• Die Bezahlung mit Karte ist nicht möglich.
la **somme** [sɔm]	**Summe**
• la somme d'argent	• Geldbetrag
• Il a perdu une somme importante en bourse.	• Er hat eine bedeutende Summe an der Börse verloren.

le **fric** [fʀik] *(fam)* • Je n'ai plus de fric du tout.	**Kohle, Knete** *(ugs)* • Ich habe überhaupt keine Kohle mehr.
la **banque** [bɑ̃k] • Ma banque m'a refusé un crédit.	**Bank, Geldinstitut** • Meine Bank hat meinen Kreditantrag abgelehnt.
l'**agence** *f* [aʒɑ̃s] • Il veut monter sa propre agence de publicité.	**Geschäftsstelle, Zweigstelle; Agentur** • Er will seine eigene Werbeagentur gründen.
le **distributeur (de billets)** [distʀibytœʀ(dəbijɛ)] • Je vais retirer de l'argent au distributeur de billets.	**Geldautomat** • Ich gehe zum Geldautomaten Geld abheben.
le **compte** [kɔ̃t] • le compte en banque • le compte courant • Je viens d'ouvrir un compte.	**Konto** • Bankkonto • Girokonto • Ich habe gerade ein Konto eröffnet.
prêter [pʀete] • prêter de l'argent à qn • Une banque leur a prêté des capitaux.	**(aus)leihen; verleihen** • jdm Geld (aus)leihen • Eine Bank hat ihnen das Kapital geliehen.
emprunter [ɑ̃pʀɛ̃te] • emprunter de l'argent à qn • Notre entreprise doit emprunter pour financer ses investissements.	**leihen, ausleihen; ein Darlehen aufnehmen** • sich von jdm Geld leihen/borgen • Unser Unternehmen muss ein Darlehen aufnehmen, um die Investitionen zu finanzieren.

Globalisierung

l'**importation** *f* [ɛ̃pɔʀtasjɔ̃] • Les États-Unis ont diminué leurs importations européennes.	**Import, Einfuhr** • Die USA haben ihre europäischen Importe verringert.
l'**exportation** *f* [ɛkspɔʀtasjɔ̃] • L'exportation d'armes est rigoureusement contrôlée.	**Export, Ausfuhr** • Der Export von Waffen wird streng kontrolliert.
le **monde** [mɔ̃d] • Cent millions d'albums ont été vendus à travers le monde.	**Welt** • Hundert Millionen Alben wurden weltweit verkauft.
mondial, e [mɔ̃djal] • l'économie mondiale • Une étude mondiale a révélé les méfaits de la malbouffe.	**weltweit, Welt-** • Weltwirtschaft • Eine weltweit durchgeführte Studie zeigt die schädlichen Auswirkungen schlechter Ernährung auf.
l'**Europe** *f* [øʀɔp] • Vous trouverez un compte-rendu du développement durable en Europe sur le site de l'UE.	**Europa** • Sie finden/Ihr findet einen Bericht über die nachhaltige Entwicklung Europas auf der Website der EU.

européen, ne [øʀɔpeɛ̃, ɛn]	**europäisch**
• Il ne s'agit plus d'un problème européen mais d'un problème mondial.	• Es handelt sich hierbei nicht mehr um ein europäisches Problem, sondern um ein weltweites.
le **sous-développement** [sudev(ə)lɔpmɑ̃]	**Unterentwicklung**
• Le sous-développement touche de nombreux pays dans le monde.	• Die Unterentwicklung trifft viele Länder in der ganzen Welt.

Wissenschaft und Forschung

41

Geschichte

l'**histoire** *f* [istwaʀ]	**Geschichte**
• L'histoire de l'Égypte me passionne.	• Die Geschichte Ägyptens fasziniert mich.
le **peuple** [pœpl]	**Volk**
• Dans une démocratie, le peuple élit ses représentants.	• In einer Demokratie wählt das Volk seine Vertreter.
l'**époque** *f* [epɔk]	**Epoche, Zeit(alter)**
• Le XVIIIe siècle est une époque passionnante.	• Der 18. Jahrhundert ist eine spannende Epoche.
le **siècle** [sjɛkl]	**Jahrhundert**
• le siècle des lumières	• (Zeitalter der) Aufklärung
• Le XXe siècle a été le siècle des grandes inventions modernes.	• Das 20. Jahrhundert ist das Jahrhundert der großen modernen Erfindungen gewesen.
historique [istɔʀik]	**historisch, geschichtlich**
• l'événement historique	• historisches Ereignis
• La chute du mur de Berlin reste un événement historique.	• Der Fall der Berliner Mauer bleibt ein historisches Ereignis.
autrefois [otʀəfwɑ]	**früher**
• Autrefois, les femmes ne portaient pas de pantalons.	• Früher trugen Frauen keine Hosen.
se passer [səpɑse]	**geschehen, sich ereignen**
• Que s'est-il passé le 2 décembre 1804? - Napoléon est devenu Empereur.	• Was ist am 2. Dezember 1804 passiert? - Napoleon wurde Kaiser.
le **fait** [fɛ]	**Tatsache; Ereignis**
• L'article de journal relate les faits en détail.	• Der Zeitungsartikel schildert die Fakten im Detail.
arriver [aʀive] *+ être*	**geschehen**
• Napoléon est mort en exil sur l'île Sainte-Hélène. Qu'est-ce qui était arrivé?	• Napoleon starb im Exil auf der Insel Sankt Helena. Was war geschehen?
avoir lieu [avwaʀljø]	**stattfinden**
• La prise de la Bastille a eu lieu en 1789.	• Der Sturm auf die Bastille fand 1789 statt.
marquer [maʀke]	**kennzeichnen, prägen**
• Les deux guerres mondiales ont marqué le siècle dernier.	• Die beiden Weltkriege haben das letzte Jahrhundert geprägt.

la **révolution** [ʀevɔlysjɔ̃]	**Revolution**
• la Révolution française	• Französische Revolution
• Il a publié plusieurs ouvrages sur la révolution de 1848.	• Er hat mehrere Werke über die Revolution von 1848 veröffentlicht.
la **guerre** [gɛʀ]	**Krieg**
• la Première/Seconde Guerre mondiale	• Erster/Zweiter Weltkrieg
• La guerre d'Irak a fait beaucoup de victimes.	• Der Krieg im Irak hat viele Opfer gekostet.
la **préhistoire** [pʀeistwaʀ]	**Vorgeschichte**
• C'est un grand spécialiste de la préhistoire.	• Er ist ein großer Kenner der Vorgeschichte.
l'**Antiquité** *f* [ɑ̃tikite]	**Antike, Altertum**
• Je m'intéresse beaucoup à l'Antiquité, surtout à l'Empire romain.	• Ich interessiere mich sehr für die Antike, vor allem für das Römische Kaiserreich.
le **Moyen(-)Âge** [mwajɛnɑʒ]	**Mittelalter**
• Les châteaux forts datent du Moyen Âge.	• Die Ritterburgen stammen aus dem Mittelalter.
occuper [ɔkype]	**besetzen**
• La Belgique était occupée par les forces allemandes.	• Belgien war von deutschen Truppen besetzt.
l'**occupation** *f* [ɔkypasjɔ̃]	**Besetzung; Besatzung**
• l'Occupation	• *Besetzung Frankreichs durch die Deutschen während des 2. Weltkriegs*
• L'occupation de la France par les Allemands a été une période difficile.	• Die Besatzung Frankreichs durch die Deutschen war eine schwierige Zeit.
la **collaboration** [kɔ(l)labɔʀasjɔ̃]	**Zusammenarbeit**
• la collaboration	• Kollaboration *(mit den deutschen Besatzern während des 2. Weltkriegs)*
• Certains Français se sont mis du côté des Allemands et ont choisi la collaboration.	• Einige Franzosen haben sich auf die Seite der Deutschen gestellt und sich entschieden zu kollaborieren.
la **résistance** [ʀezistɑ̃s]	**Widerstand(sbewegung)**
• la Résistance	• Résistance *(im 2. Weltkrieg)*
• Charles de Gaulle était à la tête de la Résistance française.	• Charles de Gaulle stand an der Spitze des französischen Widerstands.
le **résistant**, la **résistante** [ʀezistɑ̃, ɑ̃t]	**Widerstandskämpfer(in)**
• Les résistants ont lutté jusqu'au bout contre l'ennemi.	• Die Widerstandskämpfer haben bis zum Schluss gegen den Feind gekämpft.
résister [ʀeziste]	**sich wehren; widerstehen**
• résister à qn	• sich gegen jdn wehren/zur Wehr setzen
• résister à qc	• einer Sache widerstehen
• Quelquefois des familles entières ont résisté et risqué leur vie.	• Manchmal haben ganze Familien Widerstand geleistet und ihr Leben dadurch riskiert.
l'**antisémitisme** *m* [ɑ̃tisemitism]	**Antisemitismus**
• Au début du XXe siècle, l'antisémitisme était très répandu.	• Am Anfang des 20. Jahrhunderts war der Antisemitismus sehr verbreitet.

le **national-socialisme** [nasjɔnalsɔsjalism]	**Nationalsozialismus**
· Hitler a développé le national-socialisme en Allemagne.	· Hitler hat den Nationalsozialismus in Deutschland entwickelt.
la **libération** [libeʀasjɔ̃]	**Befreiung**
· La libération de la France par les Alliés a commencé en 1944.	· Die Befreiung Frankreichs durch die Alliierten hat 1944 begonnen.
le **débarquement** [debaʀkəmɑ̃]	*Landung der Alliierten 1944 in der Normandie*
· Le débarquement des Alliés en Normandie a marqué un tournant dans la guerre.	· Die Landung der Alliierten in der Normandie war ein Wendepunkt im Krieg.
l'**indépendance** *f* [ɛ̃depɑ̃dɑ̃s]	**Unabhängigkeit**
· Le 4 juillet, les États-Unis fêtent leur indépendance.	· Am 4. Juli feiern die USA ihre Unabhängigkeit.
la **réunification** [ʀeynifikasjɔ̃]	**Wiedervereinigung**
· La réunification de l'Allemagne a eu lieu en 1990.	· 1990 erfolgte die Wiedervereinigung Deutschlands.

Philosophie und Religion

Ethik und Philosophie

penser [pɑ̃se]	**denken**
· « Je pense donc je suis », disait Descartes.	· „Ich denke, also bin ich", sagte Descartes.
l'**idée** *f* [ide]	**Idee; Anschauung**
· Cette idée me semble très juste.	· Diese Vorstellung scheint mir sehr richtig zu sein.
le **symbole** [sɛ̃bɔl]	**Symbol**
· La philosophie utilise souvent des symboles pour illustrer des idées.	· Die Philosophie verwendet oft Symbole, um Gedanken bildlich darzustellen.
le **principe** [pʀɛ̃sip]	**Prinzip, Grundsatz**
· Notre principe, c'est de respecter les autres.	· Unser Grundsatz ist es, andere zu respektieren.
l'**esprit** *m* [ɛspʀi]	**Geist**
· Beaucoup de philosophes se sont posé des questions sur l'esprit humain.	· Viele Philosophen haben sich Gedanken über den menschlichen Geist gemacht.
abstrait, e [apstʀɛ, ɛt]	**abstrakt**
· Tes propos sont un peu abstraits, tu peux me les expliquer ?	· Deine Äußerungen sind etwas abstrakt, kannst du sie mir erklären?
concret, -ète [kɔ̃kʀɛ, ɛt]	**konkret**
· Il fait des propositions concrètes pour résoudre le problème de la pauvreté.	· Er macht konkrete Vorschläge, um das Problem der Armut zu lösen.
le **sens** [sɑ̃s]	**Sinn**
· le bon sens	· gesunder Menschenverstand
· le sens de la vie	· Sinn des Lebens
· Je me demande si ma vie a un sens.	· Ich frage mich, ob mein Leben einen Sinn hat.

la **morale** [mɔʀal] • Il n'a aucune morale! Il vole et il ment!	**Moral** • Er hat keinerlei moralische Grundsätze! Er stiehlt und er lügt!
le **bien** [bjɛ̃] • Mère Thérésa essayait de faire le bien auprès des pauvres.	**Gute** • Mutter Theresa versuchte, den Armen Gutes zu tun.
le **mal** [mal] • Le diable est le symbole du mal.	**Böse, Übel** • Der Teufel ist das Symbol des Bösen.
l'**individu** *m* [ɛ̃dividy] • Chaque individu est différent.	**Individuum, (Einzel)person** • Jedes Individuum ist einzigartig.
la **justice** [ʒystis] • Il se bat pour la justice entre les peuples.	**Gerechtigkeit** • Er kämpft für die Gerechtigkeit zwischen den Völkern.
l'**idéal** *m*, les **idéaux** [ideal, o] • Gandhi avait un idéal: un monde de paix.	**Ideal** • Gandhi hatte ein Ideal: eine friedliche Welt.
respecter [ʀɛspɛkte] • Il faut respecter toutes les créatures.	**respektieren** • Man muss alle Lebewesen achten.
la **philosophie** [filɔzɔfi] • La philosophie est sa passion.	**Philosophie** • Die Philosophie ist ihre/seine Leidenschaft.

Religion

Noël *m* [nɔɛl] • Noël n'est pas seulement une fête religieuse.	**Weihnachten** • Weihnachten ist nicht nur ein religiöses Fest.
Pâques *fpl* [pɑk] • Jésus est ressuscité à Pâques.	**Ostern** • Jesus ist an Ostern auferstanden.
le **paradis** [paʀadi] • Elle prie beaucoup et espère aller au paradis après sa mort.	**Paradies** • Sie betet viel und hofft, dass sie nach ihrem Tod ins Paradies kommt.
l'**enfer** *m* [ɑ̃fɛʀ] • Les méchants vont en enfer, dit la Bible.	**Hölle** • Die Bösen kommen in die Hölle, sagt die Bibel.
croire [kʀwaʀ] • croire à/en qn/qc • croire en Dieu • Pierre ne croit plus en rien.	**glauben** • an jdn/etw glauben • an Gott glauben • Pierre glaubt an gar nichts mehr.
Dieu *m* [djø] • Elle croit en Dieu et va à la messe tous les dimanches.	**Gott** • Sie glaubt an Gott und geht jeden Sonntag zum Gottesdienst.
l'**église** *f* [egliz] • aller à l'église • Ils se sont mariés à l'église Sainte-Marie.	**Kirche** • in die Kirche gehen • Sie haben in der Kirche Sankt Maria geheiratet.

la religion [ʀ(ə)liʒjɔ̃] · De quelle religion êtes-vous ?	**Religion** · Welche Religionszugehörigkeit haben Sie/ habt ihr?
la Pentecôte [pɑ̃tkot] · La Pentecôte est une fête chrétienne.	**Pfingsten** · Pfingsten ist ein christliches Fest.
l'Ascension *f* [asɑ̃sjɔ̃] · L'Ascension est toujours un jeudi.	**Himmelfahrt** · Christi Himmelfahrt ist immer an einem Donnerstag.
la Toussaint [tusɛ̃] · À la Toussaint, les gens vont au cimetière et déposent des fleurs.	**Allerheiligen** · An Allerheiligen gehen die Leute zum Friedhof und legen Blumen nieder.
la croyance [kʀwajɑ̃s] · Il faut respecter les croyances d'autrui.	**Glaube** · Man muss den Glauben anderer respektieren.
la foi [fwa] · Mon oncle est devenu prêtre, il a trouvé la foi.	**Glaube** · Mein Onkel hat zum Glauben gefunden, er ist Pfarrer geworden.
croyant, e [kʀwajɑ̃, ɑ̃t] · Nos voisins sont très croyants et prient avant de manger.	**gläubig** · Unsere Nachbarn sind sehr gläubig und beten vor dem Essen.
pratiquant, e [pʀatikɑ̃, ɑ̃t] · Il croit en Dieu, mais il n'est pas pratiquant.	**praktizierend** · Er glaubt an Gott, aber er ist kein praktizierender Christ.
religieux, -euse [ʀ(ə)liʒjø, jøz] · Pour son enterrement, il y a eu une cérémonie religieuse.	**religiös, fromm; kirchlich** · Bei seiner Beerdigung gab es eine religiöse Zeremonie.
laïc, laïque [laik] · Ils vont dans une école laïque, pas dans une école catholique.	**laizistisch** · Sie gehen in eine laizistische Schule, nicht in eine katholische.
la laïcité [laisite] · La laïcité est un principe fondateur de la République française.	*Trennung von Kirche und Staat* · Die Trennung von Staat und Kirche ist ein Grundprinzip der französischen Republik.
le chrétien, la chrétienne [kʀetjɛ̃, jɛn] · Des milliers de chrétiens célèbrent la naissance du Christ.	**Christ(in)** · Tausende Christen feiern Christi Geburt.
chrétien, ne [kʀetjɛ̃, jɛn] · Nous sommes chrétiens et croyons en Jésus.	**christlich** · Wir sind Christen und glauben an Jesus.

In Frankreich herrscht seit 1905 das Prinzip der **laïcité**, also der gesetzlichen Trennung von Kirche und Staat. Dies bedeutet zum Beispiel, dass es keine Kirchensteuer gibt und dass in den staatlichen Schulen kein Religionsunterricht stattfindet.

le, la **catholique** [katɔlik]	**Katholik(in)**
• Les catholiques se réunissent pour écouter le discours du pape.	• Die Katholiken versammeln sich, um die Rede des Papstes anzuhören.
catholique [katɔlik]	**katholisch**
• Cette église est une église catholique.	• Diese Kirche ist eine katholische Kirche.
le **protestant,** la **protestante** [pʀɔtɛstɑ̃, ɑ̃t]	**Protestant(in)**
• En France, il n'y a pas beaucoup de protestants, beaucoup moins qu'en Allemagne.	• In Frankreich gibt es nicht viele Protestanten, viel weniger als in Deutschland.
protestant, e [pʀɔtɛstɑ̃, ɑ̃t]	**protestantisch, evangelisch**
• Les pasteurs protestants peuvent se marier.	• Die evangelischen Pfarrer dürfen heiraten.
le **Juif,** la **Juive** [ʒɥif, iv]	**Jude, Jüdin**
• Les Juifs ont été persécutés pendant la Seconde Guerre mondiale.	• Die Juden wurden im Zweiten Weltkrieg verfolgt.
juif, -ive [ʒɥif, iv]	**jüdisch**
• Une nouvelle synagogue juive a été construite.	• Eine neue jüdische Synagoge wurde gebaut.
le **musulman,** la **musulmane** [myzylmɑ̃, an]	**Moslem(in), Muslim(a)**
• Les musulmans font le ramadan pendant 29 jours.	• Während des Ramadans fasten Muslime 29 Tage lang.
musulman, e [myzylmɑ̃, an]	**moslemisch, muslimisch**
• Mon ami Mohammed est musulman.	• Mein Freund Mohammed ist Moslem.
l'**Islam** *m* [islam]	**Islam**
• L'Islam est une des plus grandes religions du monde.	• Der Islam ist eine der größten Religionen der Welt.
le **bouddhisme** [budism]	**Buddhismus**
• Le bouddhisme est très répandu en Inde.	• Der Buddhismus ist in Indien sehr verbreitet.
(le, la) **bouddhiste** [budist]	**Buddhist(in); buddhistisch**
• Pendant notre voyage en Thaïlande, nous avons visité des temples bouddhistes.	• Auf unserer Thailandreise haben wir buddhistische Tempel besichtigt.
l'**hindou** *m*, l'**hindoue** *f* [ɛ̃du]	**Hindu**
• Au Népal, les hindous vénèrent de nombreux dieux.	• Die Hindus in Nepal verehren zahlreiche Götter.
l'**athée** *m, f* [ate]	**Atheist(in)**
• Il ne croit en aucun dieu, c'est un athée.	• Er glaubt an keinen Gott, er ist Atheist.
athée [ate]	**atheistisch**
• Voici une question qui s'adresse aux personnes athées.	• Hier eine Frage, die sich an atheistische Menschen richtet.

42

Sprachwissenschaft und Literatur

Sprachwissenschaft

le **français** [fʀɑ̃sɛ]	**Französisch**
• en français	• auf Französisch
• C'est un spécialiste de l'ancien français.	• Er ist ein Spezialist für Altfranzösisch.

le vocabulaire [vɔkabylɛʀ]	**Wortschatz, Vokabular**
• Elle utilise un vocabulaire très riche.	• Sie hat einen sehr reichen Wortschatz.
le mot [mo]	**Wort**
• le mot composé	• zusammengesetztes Wort, Kompositum
• mot à mot	• wortwörtlich
• Je ne connais pas le sens de ce mot.	• Ich kenne die Bedeutung dieses Wortes nicht.
le nom [nɔ̃]	**Substantiv, Nomen**
• En français, « animal » est un nom et un adjectif.	• „Animal" ist im Französischen zugleich ein Substantiv und ein Adjektiv.
l'article *m* [aʀtikl]	**Artikel**
• « Un, une, des » sont des articles indéfinis en français.	• „Un, une, des" sind unbestimmte Artikel im Französischen.
l'adjectif *m* [adʒɛktif]	**Adjektiv**
• L'adjectif s'accorde en genre et en nombre avec le nom qu'il accompagne.	• Das Adjektiv richtet sich in Geschlecht und Zahl nach dem Substantiv, bei dem es steht.
l'adverbe *m* [advɛʀb]	**Adverb**
• Les adverbes sont invariables et complètent le verbe.	• Adverbien sind unveränderlich und ergänzen das Verb.
le verbe [vɛʀb]	**Verb**
• Les conjugaisons des verbes irréguliers sont à revoir.	• Die Konjugationen der unregelmäßigen Verben sind zu wiederholen.
le temps [tɑ̃]	**Zeit**
• la concordance des temps	• Zeitenfolge
• Le passé composé est un temps du passé.	• Das Passé composé ist eine Zeit der Vergangenheit.
la phrase [fʀɑz]	**Satz**
• La syntaxe de cette phrase ne me semble pas correcte.	• Die Syntax dieses Satzes scheint mir nicht korrekt zu sein.
l'expression *f* [ɛkspʀesjɔ̃]	**Ausdruck**
• Je ne connaissais pas cette expression, j'ai appris quelque chose de nouveau.	• Ich kannte diesen Ausdruck nicht, ich habe etwas Neues gelernt.
commencer par qc [kɔmɑ̃sepaʀ]	**mit etw beginnen**
• Elle a commencé par le texte, puis elle a répondu aux questions.	• Sie hat mit dem Text begonnen, dann hat sie die Fragen beantwortet.
se terminer par qc [sətɛʀminepaʀ]	**mit etw enden**
• Les cours de langue se terminent par un examen.	• Die Sprachkurse enden mit einer Prüfung.
masculin, e [maskylɛ̃, in]	**männlich, maskulin**
• « Le » est l'article défini masculin.	• „Le" ist der bestimmte männliche Artikel.
féminin, e [feminɛ̃, in]	**weiblich, feminin**
• « La » est l'article défini féminin.	• „La" ist der bestimmte weibliche Artikel.

le **singulier** [sɛ̃gylje]	**Singular**
• Pour former le pluriel, ajoutez un -s au singulier.	• Um den Plural zu bilden, hängen Sie/hängt an den Singular ein -s.
le **pluriel** [plyʀjɛl]	**Plural**
• Certains noms ont un pluriel irrégulier.	• Einige Substantive haben einen unregelmäßigen Plural.
le **présent** [pʀezɑ̃]	**Präsens**
• Conjugue-moi le verbe « aller » au présent.	• Konjugiere das Verb „aller" im Präsens.
le **futur** [fytyʀ]	**Futur**
• Le futur n'est pas difficile à apprendre.	• Das Futur ist nicht schwer zu lernen.
le **passé** [pɑse]	**Vergangenheit**
• Dans l'exercice, il faut mettre les verbes au passé.	• In dieser Übung muss man die Verben in die Vergangenheit setzen.
la **langue** [lɑ̃g]	**Sprache**
• la langue maternelle	• Muttersprache
• Je parle deux langues couramment, l'anglais et l'italien.	• Ich spreche zwei Sprachen fließend, Englisch und Italienisch.
la **linguistique** [lɛ̃gɥistik]	**Sprachwissenschaft, Linguistik**
• Elle a suivi des cours de linguistique.	• Sie hat Linguistikkurse besucht.
le **dictionnaire** [diksjɔnɛʀ]	**Wörterbuch**
• Si tu ne connais pas un mot, regarde dans le dictionnaire.	• Wenn du ein Wort nicht kennst, schlag im Wörterbuch nach.

Literatur

le **livre** [livʀ]	**Buch**
• Je vais emprunter un livre à la bibliothèque.	• Ich werde ein Buch in der Bibliothek ausleihen.
la **page** [paʒ]	**Seite**
• C'est un roman de plus de 800 pages.	• Das ist ein Roman mit über 800 Seiten.
le **titre** [titʀ]	**Titel**
• le titre du livre	• Buchtitel
• Quel est le titre de ta thèse de doctorat ?	• Wir lautet der Titel deiner Doktorarbeit?
l'**histoire** *f* [istwaʀ]	**Geschichte**
• Ce livre raconte l'histoire d'une jeune fille au siècle dernier.	• Dieses Buch erzählt die Geschichte eines jungen Mädchens im letzten Jahrhundert.
la **suite** [sɥit]	**Fortsetzung**
• C'est la suite du premier tome.	• Das ist die Fortsetzung des ersten Bands.
le **roman** [ʀɔmɑ̃]	**Roman**
• le roman policier, le polar *(fam)*	• Kriminalroman, Krimi
• Céline ne lit que des romans d'amour.	• Céline liest nur Liebesromane.
la **B.D.** [bede] *inv fam*, la **bande dessinée** [bɑ̃ddesine]	**Comic(heft)**
• Mon fils a lu toutes les B.D. d'Astérix.	• Mein Sohn hat alle Asterixhefte gelesen.

le poème [pɔɛm] • Son petit ami lui a écrit un poème pour son anniversaire.	**Gedicht** • Ihr Freund hat ihr ein Gedicht zu ihrem Geburtstag geschrieben.
rimer [ʀime] • Tu entends bien que ces vers ne riment pas.	**sich reimen** • Du hörst doch selbst, dass sich diese Verse nicht reimen!
le chapitre [ʃapitʀ] • Le premier chapitre de mon livre est un des plus ennuyeux.	**Kapitel** • Das erste Kapitel meines Buchs ist eines der langweiligsten.
la littérature [liteʀatyʀ] • Arielle adore la littérature du XIXe siècle: Zola, Balzac, etc.	**Literatur** • Arielle liebt die Literatur des 19. Jahrhunderts: Zola, Balzac usw.
l'œuvre *f* [œvʀ] • J'ai lu toutes les œuvres de Flaubert.	**Werk** • Ich habe alle Werke von Flaubert gelesen.
l'ouvrage *m* [uvʀaʒ] • C'est un ouvrage très complet.	**Werk** • Das ist ein sehr umfassendes Werk.
le lecteur, la lectrice [lɛktœʀ, tʀis] • Les lecteurs ont adoré le dernier livre de Pennac.	**Leser(in)** • Die Leser haben das letzte Buch von Pennac geliebt.
l'auteur *m* [otœʀ] • L'auteur a écrit un livre très émouvant.	**Autor(in)** • Der Autor/Die Autorin hat ein sehr bewegendes Buch geschrieben.
le portrait [pɔʀtʀɛ] • L'auteur dresse le portrait du héros dès le premier chapitre.	**Porträt, Beschreibung** • Der Autor/Die Autorin zeichnet das Porträt des Helden ab dem ersten Kapitel.
le détail [detaj] • Il décrit ses personnages dans les moindres détails.	**Detail, Einzelheit** • Er beschreibt seine Figuren bis in die kleinsten Einzelheiten.
le héros, l'héroïne *f* [ˈeʀo, eʀɔin] • Lucky Luke est un héros de B.D. connu.	**Held(in)** • Lucky Luke ist ein bekannter Comicheld.
la version [vɛʀsjɔ̃] • Il s'agit là d'une première version du conte de Flaubert.	**Fassung, Version** • Hierbei handelt es sich um die erste Fassung der Flaubert'schen Erzählung.
la traduction [tʀadyksjɔ̃] • La traduction anglaise de son roman vient de paraître.	**Übersetzung** • Die englische Übersetzung ihres/seines Romans ist gerade erschienen.
la poésie [pɔezi] • Vous aimez la poésie de Baudelaire?	**Poesie; Gedicht** • Mögen Sie/Mögt ihr die Poesie Baudelaires?
le conte [kɔ̃t] • le conte de fées • Elle lit des contes de Grimm à ses enfants.	**Erzählung** • Märchen • Sie liest ihren Kindern die Grimm'schen Märchen vor.

le **vers** [vɛʀ]	**Vers, Verszeile**
· Cette pièce de théâtre de Molière est écrite en vers.	· Dieses Theaterstück von Molière ist in Versform geschrieben.
la **rime** [ʀim]	**Reim**
· À l'école, j'entraîne mes élèves à écrire des poèmes en rimes.	· In der Schule bringe ich meinen Schülerinnen und Schülern bei, wie man Gedichte, die sich reimen, schreibt.
la **strophe** [stʀɔf]	**(Gedicht)strophe**
· Ce poème a trois strophes de quatre vers.	· Dieses Gedicht hat drei Strophen mit je vier Versen.
les **lettres** *fpl* [lɛtʀ]	**Sprach- und Literaturwissenschaft; Geisteswissenschaften**
· Elle fait des études de lettres à la Sorbonne.	· Sie studiert Philologie an der Universität La Sorbonne.
littéraire [liteʀɛʀ]	**literarisch**
· Ce texte est très littéraire.	· Dieser Text ist sehr literarisch.
le **genre** [ʒɑ̃ʀ]	**Art, Gattung**
· La poésie n'est vraiment pas mon genre littéraire préféré.	· Die Lyrik ist wirklich nicht meine bevorzugte literarische Gattung.
l'**écrivain** *m* [ekʀivɛ̃]	**Schriftsteller(in)**
· C'est un grand écrivain contemporain.	· Er ist ein großer zeitgenössischer Schriftsteller.
le **romancier**, la **romancière** [ʀɔmɑ̃sje, jɛʀ]	**(Roman)schriftsteller(in)**
· Georges Simenon est l'un des romanciers les plus lus au monde.	· Georges Simenon ist weltweit einer der am meisten gelesenen Romanschriftsteller.

Forschung und Technik

la **découverte** [dekuvɛʀt]	**Entdeckung**
· Les biologistes viennent de faire une découverte sensationnelle.	· Biologen haben soeben eine sensationelle Entdeckung gemacht.
découvrir [dekuvʀiʀ]	**entdecken**
· Les scientifiques ont découvert un vaccin contre le cancer de l'utérus.	· Die Wissenschaftler haben einen Impfstoff gegen Gebärmutterhalskrebs entdeckt.
la **technique** [tɛknik]	**Technik**
· la technique de pointe	· Spitzentechnik
· Cette entreprise utilise une technique très moderne pour fabriquer ses pièces.	· Diese Firma wendet eine sehr moderne Technik an, um ihre Teile herzustellen.
technique [tɛknik]	**technisch**
· Ce mode d'emploi est trop technique pour moi, je ne comprends rien.	· Diese Gebrauchsanweisung ist zu technisch für mich, ich verstehe nichts.
le **high-tech** ['ajtɛk] *inv*, la **haute technologie** [hottɛknɔlɔʒi]	**Hightech, Hochtechnologie**
· Pierre est responsable des ventes dans une entreprise de high tech.	· Pierre ist in einem Hightechunternehmen verantwortlich für den Verkauf.

l'inventeur *m*, **l'inventrice** *f* [ɛ̃vɑ̃tœʀ, tʀis] • Gutenberg est l'inventeur de l'imprimerie moderne.	**Erfinder(in)** • Gutenberg ist der Erfinder des modernen Buchdrucks.
inventer [ɛ̃vɑ̃te] • Elle a inventé une technique tout à fait révolutionnaire.	**erfinden** • Sie hat eine völlig revolutionäre Technik erfunden.
le **développement** [devlɔpmɑ̃] • Ils travaillent au développement de nouvelles technologies de pointe.	**Entwicklung** • Sie arbeiten an der Entwicklung neuer Spitzentechnologien.
le **domaine** [dɔmɛn] • Cette société essaie d'être performante dans tous les domaines.	**Bereich, Domäne** • Diese Gesellschaft versucht in allen Bereichen wettbewerbsfähig zu sein.
électronique [elɛktʀɔnik] • Ma voiture est en panne, je crois que c'est un problème électronique.	**elektronisch** • Mein Auto ist liegen geblieben, ich glaube es ist ein Problem mit der Elektronik.
la **recherche** [ʀ(ə)ʃɛʀʃ] • faire de la recherche • Ces recherches scientifiques sont subventionnées par l'État.	**Forschung** • forschen, Forschung betreiben • Diese wissenschaftlichen Forschungsprojekte werden vom Staat gefördert.
le **chercheur**, la **chercheuse** [ʃɛʀʃœʀ, øz] • Il est chercheur dans un institut médical.	**Forscher(in)** • Er ist Forscher in einem medizinischen Institut.
la **science** [sjɑ̃s] • Il est impératif de développer le goût des élèves pour les sciences.	**Wissenschaft** • Es ist dringend erforderlich, bei den Schülern Freude an den Wissenschaften zu wecken.
le, la **scientifique** [sjɑ̃tifik] • Des scientifiques du monde entier se sont réunis pour discuter de génétique.	**Wissenschaftler(in)** • Wissenschaftlerinnen und Wissenschaftler aus der ganzen Welt haben sich getroffen, um über Gentechnik zu diskutieren.
scientifique [sjɑ̃tifik] • À la télé, j'ai vu un reportage scientifique sur le fonctionnement du cerveau.	**wissenschaftlich** • Im Fernsehen habe ich eine wissenschaftliche Reportage über die Funktionsweise des Gehirns gesehen.
le **savant**, la **savante** [savɑ̃, ɑ̃t] • Einstein était un vrai savant!	**Wissenschaftler(in)** • Einstein war ein echter Wissenschaftler!
le **prix Nobel** [pʀinɔbɛl] • Le prix Nobel est attribué aux scientifiques qui ont fait des recherches importantes.	**Nobelpreis; Nobelpreisträger** • Der Nobelpreis wird denjenigen Wissenschaftlern verliehen, die wichtige Forschungsarbeiten geleistet haben.
le **laboratoire** [labɔʀatwaʀ], le **labo** [labo] *(fam)* • Ma mère travaille dans un laboratoire et fabrique des couronnes dentaires.	**Labor(atorium)** • Meine Mutter arbeitet in einem Labor und fertigt Zahnkronen an.

43

Mathematik

les **mathématiques** *fpl* [matematik] • Tu es vraiment fort en mathématiques, surtout en calcul mental.	**Mathematik** • Du bist wirklich gut in Mathematik, vor allem im Kopfrechnen.
plus [plys] • Deux plus deux égale quatre.	**plus** • Zwei plus zwei ist (gleich) vier.
moins [mwɛ̃] • Sept moins trois égale quatre.	**minus** • Sieben minus drei ist (gleich) vier.
le **chiffre** [ʃifʀ] • Je n'ai pas la mémoire des chiffres.	**Ziffer, Zahl** • Ich habe überhaupt kein Zahlengedächtnis!
additionner [adisjɔne] • Pour trouver la solution au problème, il suffit d'additionner les sommes obtenues.	**addieren, zusammenzählen** • Für die Lösung der Aufgabe reicht es, wenn man die erhaltenen Summen zusammenzählt.
soustraire [sustʀɛʀ] • Il faut soustraire les dépenses pour savoir combien il nous reste d'argent.	**subtrahieren, abziehen** • Wir müssen die Ausgaben abziehen, um zu wissen, wie viel Geld uns übrig bleibt.
multiplier [myltiplije] • multiplier par trois • Pour passer de l'euro au franc, tu multiplies le montant par 6,55.	**multiplizieren; vervielfachen** • mit drei multiplizieren • Um von Euro in Franc umzurechnen, multiplizierst du den Betrag mit 6,55.
diviser [divize] • Le montant a été divisé par dix.	**dividieren, teilen** • Der Betrag wurde durch zehn geteilt.
le **tableau**, les **tableaux** [tablo] • Le tableau montre le nombre des naissances en France depuis vingt ans.	**Tabelle** • Die Tabelle zeigt die Zahl der Geburten der letzten zwanzig Jahre in Frankreich.
le **graphique** [gʀafik] • Je fais un graphique qui montre l'évolution du taux de chômage.	**Grafik** • Ich erstelle eine Grafik, die die Entwicklung der Arbeitslosenquote zeigt.

Naturwissenschaften

Physik

l'**électricité** *f* [elɛktʀisite] • Soudain, la lumière s'est éteinte, il y a eu une panne d'électricité.	**Elektrizität; Strom** • Plötzlich ging das Licht aus, es gab einen Stromausfall.
conduire [kɔ̃dɥiʀ] • L'eau conduit le courant électrique.	**leiten** • Wasser leitet Strom.
la **force** [fɔʀs] • la force d'attraction • Elle tente de m'expliquer la différence entre la force électrique et la force gravitationnelle.	**Kraft** • Anziehungskraft • Sie versucht, mir den Unterschied zwischen der elektrischen Kraft und der Gravitationskraft zu erklären.

la **puissance** [pɥisɑ̃s] • Comment peut-on mesurer la puissance électrique d'un appareil ?	**Leistung** • Wie lässt sich die Stromleistung eines Gerätes messen?
électriquc [clɛktʀik] • Dans notre maison, il a fallu changer tous les fils électriques.	**elektrisch** • In unserem Haus mussten alle Stromleitungen ausgetauscht werden.
les **sciences naturelles** *fpl* [sjɑ̃snatyʀɛl] • Il est titulaire d'un doctorat en sciences naturelles.	**Naturwissenschaften** • Er ist Doktor der Naturwissenschaften.
la **physique** [fizik] • En physique, ils apprennent les différents systèmes de mesure des températures.	**Physik** • Im Physikunterricht lernen sie die unterschiedlichen Temperaturmesssysteme.
la **mécanique** [mekanik] • Cyril s'intéresse beaucoup à la mécanique, surtout au fonctionnement des moteurs.	**Mechanik** • Cyril interessiert sich sehr für Mechanik, vor allem für die Funktionsweise von Motoren.

Chemie

plastique [plastik] • Ils produisent des matières plastiques biodégradables.	**Plastik-** • Sie produzieren biologisch abbaubare Kunststoffe.
la **formation** [fɔʀmasjɔ̃] • Elle étudie la formation de molécules très complexes.	**Bildung** • Sie untersucht die Bildung sehr komplexer Moleküle.
la **chimie** [ʃimi] • La chimie est une science expérimentale.	**Chemie** • Die Chemie ist eine experimentelle Wissenschaft.
chimique [ʃimik] • le produit chimique • Un grand nombre de substances chimiques nocives sont encore autorisées aujourd'hui.	**chemisch** • Chemikalie, chemisches Erzeugnis • Eine große Anzahl schädlicher chemischer Substanzen sind heutzutage nach wie vor zugelassen.
la **substance** [sypstɑ̃s] • On a trouvé des substances toxiques dans la viande sous cellophane.	**Stoff** • Man hat toxische Stoffe in abgepacktem Fleisch gefunden.
l'**atome** *m* [atom] • L'atome est la plus petite unité d'un élément chimique.	**Atom** • Das Atom ist die kleinste Einheit eines chemischen Elements.
la **molécule** [mɔlekyl] • La molécule d'eau contient deux atomes d'hydrogène et un d'oxygène.	**Molekül** • Das Wassermolekül besteht aus zwei Wasserstoffatomen und einem Sauerstoffatom.
l'**électron** *m* [elɛktʀɔ̃] • L'atome est formé d'un noyau et d'un nuage d'électrons.	**Elektron** • Das Atom besteht aus einem Kern und einer Elektronenwolke.

le **proton** [pʀɔtɔ̃]	**Proton**
• Le noyau de l'atome d'hydrogène est formé d'un seul proton.	• Der Kern des Wasserstoffatoms besteht aus einem einzigen Proton.
le **neutron** [nøtʀɔ̃]	**Neutron**
• La bombe à neutrons peut détruire tous les organismes vivants.	• Die Neutronenbombe kann alle lebenden Organismen zerstören.
l'**ion** *m* [jɔ̃]	**Ion**
• L'ion est un atome qui a perdu sa neutralité électrique.	• Das Ion ist ein Atom, das seine elektrische Neutralität verloren hat.
la **réaction** [ʀeaksjɔ̃]	**Reaktion**
• la réaction chimique	• chemische Reaktion
• En chimie, il fallait expliquer la réaction observée entre l'ammoniac et l'eau.	• Im Chemieunterricht mussten wir die beobachtete Reaktion von Ammoniak und Wasser erklären.

Astronomie

le **ciel** [sjɛl]	**Himmel**
• Le ciel est plein d'étoiles.	• Der Himmel ist voller Sterne!
le **soleil** [sɔlɛj]	**Sonne**
• La Terre tourne autour du soleil.	• Die Erde dreht sich um die Sonne.
l'**astronomie** *f* [astʀɔnɔmi]	**Astronomie**
• L'astronomie est la science des astres.	• Die Astronomie ist die Wissenschaft der Himmelskörper.
l'**espace** *m* [ɛspas]	**Weltraum**
• Les astronautes sont dans l'espace pour trois mois.	• Die Astronauten sind für drei Monate im Weltraum.
l'**univers** *m* [ynivɛʀ]	**Universum**
• L'homme a toujours rêvé de voyager dans l'univers.	• Der Mensch hat immer davon geträumt, durchs Universum zu reisen.
l'**étoile** *f* [etwal]	**Stern**
• Les étoiles brillent de mille feux.	• Die Sterne funkeln.
solaire [sɔlɛʀ]	**Sonnen-, Solar-**
• le système solaire	• Sonnensystem
• La Terre est une planète en orbite autour de l'astre solaire.	• Die Erde ist ein Planet auf der Umflaubahn, der die Sonne umkreist.
la **planète** [planɛt]	**Planet**
• Mercure est la planète la plus proche du soleil.	• Merkur ist der Planet, der der Sonne am nächsten ist.
la **Terre** [tɛʀ]	**Erde**
• La Terre est aussi appelée la planète bleue.	• Die Erde wird auch der blaue Planet genannt.

la **lune** [lyn]	**Mond**
• la pleine lune	• Vollmond
• En 1969, Neil Armstrong a posé le pied sur la lune.	• 1969 hat Neil Armstrong seinen Fuß auf den Mond gesetzt.
l'**astre** *m* [astʀ]	**Gestirn**
• Elle lit l'avenir dans les astres.	• Sie liest die Zukunft aus den Sternen.
l'**éclipse** *f* [eklips]	**Sonnenfinsternis; Mondfinsternis**
• Une éclipse lunaire se produit quand la lune se trouve dans l'ombre de la Terre.	• Eine Mondfinsternis geschieht, wenn der Mond im Schatten der Erde steht.
la **comète** [kɔmɛt]	**Komet**
• La comète de Halley revient tous les 76 ans.	• Der Halleysche Komet kommt alle 76 Jahre wieder.
l'**atmosphère** *f* [atmɔsfɛʀ]	**Atmosphäre**
• L'atmosphère est la couche autour de la Terre.	• Die Atmosphäre ist die Schicht, die die Erde umgibt.

Biologie

la **biologie** [bjɔlɔʒi]	**Biologie**
• La biologie est la science de la vie.	• Die Biologie die Wissenschaft des Lebens.
la **microbiologie** [mikrobjɔlɔʒi]	**Mikrobiologie**
• Jean-Claude fait des études de microbiologie, il est spécialiste en biochimie.	• Jean-Claude studiert Mikrobiologie, er ist Spezialist in Biochemie.
la **cellule** [selyl]	**Zelle**
• Les cellules de la peau se régénèrent très vite.	• Die Hautzellen erneuern sich sehr schnell.

Kommunikation und Medien

44

Post

la **lettre** [lɛtʀ]	**Brief**
• Ma fille a écrit une longue lettre à sa correspondante.	• Meine Tochter hat einen langen Brief an ihre Brieffreundin geschrieben.
la **carte** [kaʀt]	**Karte**
• la carte postale	• Postkarte
• la carte d'anniversaire	• Geburtstagskarte
• Nos amis nous ont envoyé une carte de vœux.	• Unsere Freunde haben uns eine Neujahrskarte geschickt.
le **paquet** [pakɛ]	**Paket; Päckchen**
• Ma mère m'a envoyé un paquet pour mon anniversaire.	• Meine Mutter hat mir ein Paket zu meinem Geburtstag geschickt.
signer [siɲe]	**unterschreiben**
• Il faut signer le formulaire en bas à droite.	• Man muss das Formular unten rechts unterschreiben.

l'**adresse** *f* [adʀɛs]	**Adresse**
• Veuillez nous communiquer votre adresse postale.	• Bitte teilen Sie uns Ihre Postanschrift mit.
la **poste** [pɔst]	**Post**
• le bureau de poste	• Postamt
• Je vais à la poste pour acheter des timbres.	• Ich gehe zur Post, um Briefmarken zu kaufen.
le **guichet** [giʃɛ]	**Schalter**
• L'employé au guichet était très aimable.	• Der Angestellte am Schalter war sehr freundlich.
la **boîte aux lettres** [bwatolɛtʀ]	**Briefkasten**
• Excusez-moi, je cherche une boîte aux lettres pour poster mes cartes !	• Entschuldigung, ich suche einen Briefkasten, um meine Karten einzuwerfen!
le **courrier** [kuʀje]	**Post** *(Briefe)*
• J'attends un courrier important.	• Ich erwarte wichtige Post.
l'**enveloppe** *f* [ɑ̃vlɔp]	**(Brief)umschlag**
• Je mets toujours mes cartes dans des enveloppes.	• Ich stecke meine Karten immer in Briefumschläge.
le **timbre** [tɛ̃bʀ]	**Briefmarke**
• Deux timbres pour l'Allemagne, s'il vous plaît.	• Zwei Briefmarken (für eine Sendung) nach Deutschland, bitte.
la **signature** [siɲatyʀ]	**Unterschrift**
• Ce document a été édité électroniquement et est sans signature.	• Dieses Dokument wurde automatisch erstellt und ist ohne Unterschrift gültig.
coller [kɔle]	**kleben**
• Le timbre colle mal !	• Die Briefmarke klebt schlecht!
envoyer qc à qn [ɑ̃vwaje]	**jdm etw schicken**
• Tu leur envoies une carte pour le nouvel an ?	• Schickst du ihnen eine Neujahrskarte?
distribuer [distʀibɥe]	**verteilen, austragen**
• Le facteur a fini de distribuer le courrier.	• Der Briefträger hat alle Post ausgetragen.
le **facteur**, la **factrice** [faktœʀ, tʀis]	**Postbote, -botin, Briefträger(in)**
• Le facteur vient juste de passer, nous n'avons pas de courrier aujourd'hui.	• Der Briefträger kam gerade vorbei, wir haben heute keine Post bekommen.
recevoir [ʀəs(ə)vwaʀ]	**erhalten, bekommen**
• Je viens de recevoir une lettre d'une amie d'enfance.	• Ich habe gerade einen Brief von einer alten Jugendfreundin bekommen.
le **recommandé** [ʀ(ə)kɔmɑ̃de]	**Einschreiben**
• en recommandé	• per Einschreiben
• la lettre recommandée	• Einschreib(e)brief
• Il faut envoyer un recommandé à la propriétaire de l'appartement.	• Wir müssen der Wohnungseigentümerin ein Einschreiben schicken.
par avion [paʀavjɔ̃]	**per Luftpost**
• Par avion, le courrier va plus vite.	• Per Luftpost wird die Post schneller befördert.

postal, e [pɔstal]	**Post-, postalisch**
• Olga travaille au centre postal, elle trie des paquets toute la journée.	• Olga arbeitet im Postzentrum, sie sortiert den ganzen Tag Pakete.
le **code postal** [kɔdpɔstal]	**Postleitzahl**
• Le code postal de Paris est 75 000.	• Die Postleitzahl von Paris ist 75 000.
la **boîte postale** [bwatpɔstal]	**Postfach**
• Les entreprises vont chercher leur courrier dans une boîte postale.	• Die Firmen holen ihre Post aus einem Postfach.
le **colis** [kɔli]	**Paket**
• Ce colis est fragile, il y a des bouteilles dedans.	• Dieses Paket ist zerbrechlich, es sind Flaschen darin.
l'**expéditeur** *m*, l'**expéditrice** *f* [ɛkspeditœʀ, tʀis]	**Absender(in)**
• Il faut indiquer l'expéditeur au dos de la lettre.	• Der Absender muss auf der Briefrückseite vermerkt sein.
le, la **destinataire** [dɛstinatɛʀ]	**Empfänger(in)**
• Le destinataire doit être noté de manière lisible.	• Der Empfänger muss gut lesbar sein.
le **port** [pɔʀ]	**Porto**
• Les frais de port s'élèvent à 14,80 euros.	• Die Portokosten betragen 14,80 Euro.
fragile [fʀaʒil]	**zerbrechlich**
• Le paquet est fragile, il contient des vases.	• Das Paket ist zerbrechlich, es enthält Vasen.
la **distribution** [distʀibysjɔ̃]	**Zustellung**
• La distribution du courrier se fait le matin vers 10 heures.	• Die Postzustellung erfolgt vormittags gegen 10 Uhr.
le **service de coursier** [sɛʀvisd(ə)kuʀsje]	**Kurierdienst**
• L'entreprise fait appel au service de coursier pour envoyer ses documents.	• Die Firma beauftragt Kurierdienste für die Zustellung von Dokumenten.

Telefon

le **téléphone** [telefɔn]	**Telefon**
• par/au téléphone	• telefonisch/am Telefon
• le téléphone sans fil	• schnurloses Telefon
• Le téléphone sonne, tu réponds ?	• Das Telefon klingelt, gehst du dran?
le **portable** [pɔʀtabl], le **mobile** [mɔbil]	**Handy**
• Appelez-moi sur mon portable, vous me joindrez plus facilement.	• Rufen Sie mich auf meinem Handy an, dort erreichen Sie mich besser!
le **coup de téléphone** [kud(ə)telefɔn]	**(Telefon)anruf**
• donner un coup de téléphone à qn	• jdn anrufen, mit jdm telefonieren
• Je dois passer un coup de téléphone, je reviens tout de suite.	• Ich muss einen Anruf tätigen, ich komme gleich wieder.

téléphoner [telefɔne]	**telefonieren**
· téléphoner à qn	· jdn anrufen
· Elle téléphone pendant des heures.	· Sie telefoniert stundenlang.
appeler [aple]	**anrufen**
· Il voulait m'appeler hier soir.	· Er wollte mich gestern Abend anrufen.
rappeler [ʀaple]	**zurückrufen; nochmals anrufen**
· Madame Véron n'est pas là, elle peut vous rappeler ?	· Frau Véron ist nicht da, kann sie Sie zurückrufen?
le **numéro (de téléphone)** [nymeʀo(d(ə)telefɔn)]	**Telefonnummer**
· composer/faire le numéro	· (die Nummer) wählen
· se tromper de numéro	· sich verwählen
· Quel est votre numéro de téléphone ?	· Wie ist Ihre/eure Telefonnummer?
sonner [sɔne]	**klingeln**
· Le téléphone sonne mais personne ne répond.	· Das Telefon klingelt, aber keiner geht ran.
occupé, e [ɔkype]	**besetzt, belegt**
· C'est occupé, j'essaierai à nouveau dans une heure.	· Es ist besetzt, ich werde es in einer Stunde noch einmal versuchen.
répondre [ʀepɔ̃dʀ]	**abnehmen; sich melden**
· répondre au téléphone	· einen Anruf annehmen
· Ça ne répond pas.	· Es meldet sich keiner.
Allô ? [alo]	**Hallo?**
le **numéro de portable** [nymeʀodəpɔʀtabl]	**Handynummer**
· Attendez, je vais vous donner mon numéro de portable.	· Warten Sie, ich gebe Ihnen meine Handynummer.
l'**appareil** *m* [apaʀɛj]	**Apparat**
· Qui est à l'appareil ?	· Wer ist am Apparat?
Au revoir ! [oʀ(ə)vwaʀ]	**Auf Wiederhören!** *(am Telefon)*
· Merci de votre appel ! Au revoir !	· Danke für Ihren Anruf! Auf Wiederhören!
la **ligne** [liɲ]	**Leitung**
· Toutes les lignes sont occupées.	· Alle Leitungen sind besetzt.
l'**appel** *m* [apɛl]	**(Telefon)anruf**
· recevoir un appel	· einen Anruf bekommen
· Monsieur Le Roy, il y a eu deux appels pour vous.	· Herr Le Roy, es gab zwei Anrufe für Sie!

Allô wird nur am Telefon benutzt, wenn man jemanden anruft oder selbst angerufen wird.

les **renseignements** *mpl* [ʀɑ̃sɛɲmɑ̃] • Je vais appeler les renseignements pour avoir le numéro du musée.	**(Telefon)auskunft** • Ich rufe die Auskunft an, um die Nummer des Museums zu bekommen.
passer [pase] • Je vous le passe.	**geben, reichen** • Ich verbinde Sie (mit ihm).
la **carte de téléphone** [kaʀtdətelefɔn] • Bonjour, je voudrais acheter une carte de téléphone à 15 euros.	**Telefonkarte** • Guten Tag, ich möchte eine Telefonkarte zu 15 Euro kaufen.
le **(télé)fax** [(tele)faks], la **télécopie** [telekɔpi] • envoyer par fax • J'ai envoyé la confirmation par fax.	**(Tele)fax** • per Fax schicken • Ich habe die Bestätigung per Fax geschickt.
le **coup de fil** [kudfil] *(fam)* • passer un coup de fil à qn • Je te donne un coup de fil cette semaine.	**Telefonanruf** • jdn anrufen, mit jdm telefonieren • Ich rufe dich diese Woche an.
le **SMS** [ɛsɛmɛs], le **texto** [tɛksto] • écrire des textos • Alex m'a envoyé un SMS sur mon portable.	**SMS** • SMS schreiben • Alex hat mir eine SMS auf mein Handy geschickt.
la **messagerie** [mesaʒʀi] • Si je suis absent, parlez sur ma messagerie.	**Mailbox** • Wenn ich abwesend bin, sprechen Sie auf meine Mailbox!
le **message** [mesaʒ] • laisser un message • J'ai trois messages sur le répondeur.	**Nachricht** • eine Nachricht hinterlassen • Ich habe drei Nachrichten auf dem Anrufbeantworter.
le **bip sonore** [bipsɔnɔʀ] • Veuillez laisser un message après le bip sonore.	**Piep-, Signalton** • Bitte hinterlassen Sie eine Nachricht nach dem Piepton!
le **répondeur** [ʀepɔ̃dœʀ] • Quand nous sommes revenus, il y avait beaucoup de messages sur le répondeur.	**Anrufbeantworter** • Als wir zurückgekommen sind, waren viele Nachrichten auf dem Anrufbeantworter.
le **combiné** [kɔ̃bine] • Cela sonne occupé, le combiné doit être décroché.	**Telefonhörer** • Man hört nur das Besetztzeichen, der Hörer ist vermutlich falsch aufgelegt.
décrocher [dekʀɔʃe] • Personne ne décroche, ils doivent être absents.	**abheben** • Niemand hebt ab, sie sind vermutlich nicht da.
raccrocher [ʀakʀɔʃe] • Raccroche enfin, j'ai besoin du téléphone !	**auflegen** • Leg endlich auf, ich brauche das Telefon!

l'**indicatif** *m* [ɛ̃dikatif] • L'indicatif de l'Allemagne est +49.	**Vorwahl(nummer)** • Die internationale Vorwahl für Deutschland ist +49.
la **sonnerie** [sɔnʀi] • Je n'ai pas entendu la sonnerie du téléphone.	**Klingelton** • Ich habe das Telefon nicht klingeln hören.
la **carte SIM** [kaʀtsim] • J'ai oublié le code de ma carte SIM.	**SIM-Karte** • Ich habe die PIN-Nummer meiner SIM-Karte vergessen.
le **kit mains libres** [kitmɛ̃libʀ] • En voiture, il est interdit de téléphoner avec son portable, à moins de posséder un kit mains libres.	**Freisprechanlage** • Im Auto ist es verboten, mit dem Handy zu telefonieren, es sei denn, man ist im Besitz einer Freisprechanlage.
le **réseau** [ʀezo] • le réseau fixe/de téléphonie mobile • le réseau social • Malheureusement je n'ai pas de réseau dans ce petit village de campagne.	**Netz** • Festnetz/Mobilfunknetz • soziales Netzwerk • Leider habe ich in diesem kleinen Dorf auf dem Land kein Netz.
le **forfait illimité** [fɔʀfɛi(l)limite] • J'ai un forfait illimité pour mon portable, cela revient beaucoup moins cher !	**Flatrate** • Ich habe eine Flatrate für mein Handy, das ist viel günstiger!

Internet, Multimedia und Computer

45 l'**ordinateur** *m* [ɔʀdinatœʀ] • l'ordinateur de bureau • Laisse l'ordinateur allumé, je veux encore envoyer un mail.	**Computer** • Desktop-Computer • Lass den Computer an, ich will noch eine E-Mail verschicken.
la **souris** [suʀi] • Il s'est acheté une nouvelle souris à infrarouge pour son ordinateur.	**Maus** • Er hat sich eine neue Infrarotmaus für seinen Computer gekauft.
Internet *m*, l'**internet** *m* [ɛ̃tɛʀnɛt], le **Net** [nɛt] *(fam)* • se connecter à/sur Internet • se déconnecter d'Internet • Je vais regarder sur Internet si je trouve quelque chose sur le sujet.	**Internet** • sich (ins Internet) einloggen • die Verbindung zum Internet trennen • Ich werde im Internet schauen, ob ich etwas über das Thema finde.
installer [ɛ̃stale] • J'essaie d'installer un nouveau logiciel.	**installieren** • Ich versuche, eine neue Software zu installieren.

Das französische Wort **Internet** kann mit und ohne Artikel verwendet werden.

l'**informatique** *f* [ɛ̃fɔʀmatik]	**Informatik, EDV**
· Mon cousin fait des études d'informatique et s'y connaît en ordinateurs.	· Mein Cousin studiert Informatik und kennt sich mit Computern aus.
le **fichier** [fiʃje]	**Datei**
· ouvrir/fermer un fichier	· eine Datei öffnen/schließen
· Je ne trouve plus le fichier avec toute ma correspondance.	· Ich finde die Datei mit meiner ganzen Korrespondenz nicht mehr.
le **portable** [pɔʀtabl]	**Laptop**
· Dans le train, j'emmène mon portable pour pouvoir travailler.	· Ich nehme meinen Laptop mit in den Zug, um arbeiten zu können.
le **traitement** [tʀɛtmɑ̃]	**Verarbeitung, Weiterverarbeitung**
· Le traitement de texte est aujourd'hui un outil de base.	· Die Textverarbeitung gilt heutzutage als Basistool.
le **site (Internet / web)** [sit(ɛ̃tɛʀnɛt/wɛb)] *inv*	**Website**
· Tu connais un site Internet où je peux trouver des locations de vacances?	· Kennst du eine Website, wo ich Ferienwohnungen finden kann?
l'**e-mail** *m* [imɛjl], le **mél** [mɛl]	**E-Mail**
· l'adresse e-mail	· E-Mail-Adresse
· envoyer un e-mail	· eine E-Mail schicken
· Martin a envoyé un e-mail avec deux pièces jointes.	· Martin hat eine E-Mail mit zwei Anhängen geschickt.
le **courrier électronique** [kuʀjeelɛktʀɔnik]	**E-Mail**
· Aujourd'hui, il est quasiment impossible de travailler sans courrier électronique.	· Heutzutage ist es quasi unmöglich, ohne E-Mail zu arbeiten.
taper [tape]	**tippen**
· Elle sait taper avec ses dix doigts.	· Sie kann mit dem 10-Finger-System tippen.
cliquer [klike]	**klicken**
· Ne clique pas n'importe où! *(fam)*	· Klick nicht einfach irgendwo drauf!
copier [kɔpje]	**kopieren**
· Pour copier rapidement, on peut appuyer sur CTRL-C.	· Um schnell zu kopieren, kann man auf STRG-C drücken.
coller [kɔle]	**einfügen**
· C'est juste une affaire de copier-coller.	· Es ist nur eine Copy-Paste-Aufgabe.
arrêter l'ordinateur [aʀɛtelɔʀdinatœʀ]	**den Rechner herunterfahren**
· Au bureau, je n'arrête l'ordinateur que le vendredi soir.	· Im Büro fahre ich den Rechner nur freitagabends herunter.
l'**adresse** *f* **électronique** [adʀɛselɛktʀɔnik]	**E-Mail-Adresse**
· Tu peux me donner ton adresse électronique?	· Kannst du mir deine E-Mail-Adresse geben?
le **smartphone** [smaʀtfɔn]	**Smartphone**
· Mon smartphone se décharge vite, c'est énervant.	· Mein Smartphone entlädt sich ganz schnell, das ist ärgerlich.

surfer sur Internet [sœʀfesyʀɛ̃tɛʀnɛt]	**im Internet surfen**
• Il passe tout son temps libre à surfer sur Internet au lieu de réviser ses cours.	• Er verbringt all seine Freizeit damit, im Internet zu surfen, anstatt für die Schule zu lernen.
chercher sur Google® [ʃɛʀʃesyʀgugœl]	**auf Google® suchen**
• Vous ne savez pas où se trouve la Loire Atlantique ? Cherchez donc sur Google®.	• Sie wissen nicht, wo sich das Département Loire Atlantique befindet? Suchen Sie doch auf Google®!
le **lien** [ljɛ̃]	**Link**
• Pour avoir plus de détails, vous pouvez cliquer sur le lien suivant: www...	• Um mehr Details zu erfahren, können Sie auf den folgenden Link klicken: www....
la **page web** [paʒwɛb]	**Webseite**
• Leur page web n'est pas moderne du tout.	• Ihre Webseite ist überhaupt nicht modern.
le **programme** [pʀɔgʀam]	**Programm, Software**
• Les programmes de base sont déjà préinstallés sur l'ordinateur.	• Die Standardprogramme sind bereits auf dem PC vorinstalliert.
le **menu** [məny]	**Menü**
• La fenêtre gestion de l'ordinateur se trouve dans le menu Démarrer.	• Das Fenster Computersteuerung befindet sich im Startmenü.
entrer [ɑ̃tʀe]	**eingeben**
• Les corrections sont à entrer dans le formulaire ci-joint.	• Die Korrekturen sind in das beigefügte Formular einzugeben.
le **livre électronique** [livʀelɛktʀɔnik]	**E-Book**
• Je finis de lire mon livre électronique et j'arrive !	• Ich lese mein E-Book zu Ende und komme dann!

le **clavier** [klavje]	**Tastatur**
• Sais-tu comment changer le mode du clavier français en anglais ?	• Weißt du, wie man die Tastatur vom Französischen aufs Englische umstellt?
le **moniteur** [mɔnitœʀ]	**Monitor, Bildschirm**
• Il veut s'acheter un moniteur de 23 pouces.	• Er will sich einen 23-Zoll-Monitor kaufen.
naviguer [navige]	**surfen**
• naviguer sur le Web	• im Netz surfen
• Quand il s'ennuie, il passe des heures à naviguer sur Internet.	• Wenn er sich langweilt, surft er stundenlang im Internet.
le **micro(-ordinateur)** [mikʀo(ɔʀdinatœʀ)]	**Mikrocomputer; PC**
• Vous trouverez le rayon des micro-ordinateurs derrière celui des téléviseurs.	• Sie finden die PC-Abteilung hinter der Abteilung mit den Fernsehern.
le **P.C.** [pese]	**Personalcomputer, PC**
• Luc, Jules et Jérôme se retrouvent pour jouer sur leur P.C.	• Luc, Jules und Jérôme treffen sich, um am PC zu spielen.
le **matériel** [mateʀjɛl]	**Hardware**
• Le matériel a été touché par un virus.	• Die Hardware wurde von einem Virus befallen.

le logiciel [lɔʒisjɛl]	**Software, Programm**
• À la comptabilité, ils ont un nouveau logiciel.	• In der Buchhaltung haben sie eine neue Software.
l'imprimante *f* [ɛ̃pʀimɑ̃t]	**Drucker**
• Il n'y a plus de papier dans l'imprimante.	• Es ist kein Papier mehr im Drucker.
le moteur de recherche [mɔtœʀdəʀəʃɛʀʃ]	**Suchmaschine**
• Quel moteur de recherche utilisez-vous le plus souvent sur Internet ?	• Welche Suchmaschine benutzen Sie/benutzt ihr am häufigsten im Internet?
l'internaute *m, f* [ɛ̃tɛʀnot]	**Internet(be)nutzer(in)**
• De plus en plus d'internautes redoutent que leurs données personnelles soient diffusées.	• Immer mehr Internetnutzer befürchten, dass ihre persönlichen Daten (im Netz) verbreitet werden.
chatter [tʃate]	**chatten**
• Ils chattent pendant des heures.	• Sie chatten stundenlang.
l'ar(r)obas *m* [aʀɔbas], **l'ar(r)obase** *f* [aʀɔbɑz]	**At, Klammeraffe** *(@-Symbol)*
• Mon adresse e-mail est leroux, arrobas, info, point, fr. (leroux@info.fr)	• Meine E-Mail-Adresse ist leroux, at, info, dot, fr. (leroux@info.fr)
la pièce jointe [pjɛsʒwɛ̃t]	**Anlage**
• Veuillez trouver mon CV en pièce jointe.	• Mein Lebenslauf ist als Anlage beigefügt.
l'écran *m* [ekʀɑ̃]	**Bildschirm**
• l'écran tactile	• Touchscreen
• la capture d'écran	• Screenshot
• Il s'est acheté un ordinateur avec un écran de 19 pouces.	• Er hat sich einen Computer mit einem 19 Zoll-Bildschirm gekauft.
le bouton marche-arrêt [butɔ̃maʀʃaʀɛ]	**Ein-/Aus-Schalter**
• Le bouton marche-arrêt se trouve sur le côté de l'écran.	• Der Ein-/Aus-Schalter befindet sich an der Bildschirmseite.
la clé USB [kleyɛsbe]	**USB-Stick**
• Je vais sauvegarder mes photos sur une clé USB.	• Ich werde meine Fotos auf einem USB-Stick speichern.
le scanner [skanɛʀ]	**Scanner**
• J'ai un scanner à la maison, c'est pratique pour envoyer des documents.	• Ich habe einen Scanner zu Hause, das ist praktisch, um Dokumente zu versenden.
l'imprimante *f* **laser** [ɛ̃pʀimɑ̃tlazɛʀ]	**Laserdrucker**
• Il faut que je rachète des cartouches de toner pour mon imprimante laser.	• Ich muss neue Tonerkartuschen für meinen Laserdrucker kaufen.
faire défiler [fɛʀdefile]	**scrollen**
• Dans ce grand tableau sur Excel, il faut faire défiler l'écran pour arriver à la dernière ligne avec les résultats.	• In dieser großen Excel-Tabelle muss man scrollen, um bis zur Ergebniszeile zu gelangen.
sauvegarder [sovgaʀde]	**speichern**
• Avez-vous pensé à sauvegarder votre travail ?	• Haben Sie daran gedacht, Ihre Arbeit zu speichern?

effacer [efase]	**löschen**
• Vous pouvez effacer ces documents-là, nous n'en aurons plus besoin.	• Sie können diese Dateien löschen, wir werden sie nicht mehr brauchen.
(faire) démarrer l'ordinateur [(fɛʀ)demaʀelɔʀdinatœʀ]	**den Rechner hochfahren**
• Le lundi matin, je fais démarrer l'ordinateur à nouveau.	• Montagmorgens fahre ich den Rechner wieder hoch.
les **paramètres** *mpl* [paʀamɛtʀ]	**Einstellungen**
• Pour changer le langage de l'ordinateur, il faut aller voir les paramètres.	• Um die Sprache des Computers zu ändern, muss man in die Einstellungen gehen.
la **police de caractères** [pɔlisd(ə)kaʀaktɛʀ]	**Schriftart**
• J'utilise toujours la même police de caractères dans tous mes documents.	• Ich benutze immer die gleiche Schriftart in allen meinen Dokumenten.
annuler [anyle]	**rückgängig machen**
• Tu as commis une erreur. Le mieux, c'est d'annuler tout et de recommencer.	• Du hast einen Fehler gemacht. Am besten ist es, alles rückgängig zu machen und neu anzufangen.
rétablir [ʀetabliʀ]	**wiederherstellen**
• Est-ce que vous pouvez rétablir ce que nous venons d'effacer ?	• Können Sie das wiederherstellen, was wir gerade gelöscht haben?
le/la **wifi** [wifi]	**WLAN**
• Beaucoup d'hôtels et de campings offrent la wifi gratuite à leurs clients.	• Viele Hotels und Campingplätze bieten ihren Kunden freies WLAN an.
le **routeur** [ʀutœʀ]	**Router**
• Je me suis acheté un nouveau routeur wifi à quatre antennes.	• Ich habe mir einen neuen WLAN-Router mit vier Antennen gekauft.
le **navigateur** [navigatœʀ]	**Browser**
• Un navigateur est déjà préinstallé sur votre ordinateur portable.	• Ein Browser ist bereits auf Ihrem Notebook vorinstalliert.
le **téléchargement** [teleʃaʀʒəmɑ̃]	**Download**
• En France, il y a de plus en plus de téléchargements illégaux.	• In Frankreich gibt es immer mehr illegale Downloads.
l'**appli** *f* [apli]	**App**
• J'ai une vingtaine d'applis installées sur mon smartphone.	• Ich habe ungefähr 20 Apps auf meinem Smartphone installiert.
la **tablette (tactile)** [tablɛt(taktil)]	**Tablet-Computer**
• J'utilise ma tablette tactile pour consulter des recettes de cuisine.	• Ich benutze mein Tablet, um Kochrezepte anzusehen.
la **liseuse (électronique)** [lizøz(elɛktʀɔnik)]	**E-Book-Reader**
• Depuis que j'ai une liseuse électronique, je lis beaucoup plus.	• Seitdem ich einen E-Book-Reader habe, lese ich viel mehr.

en ligne [ɑ̃liɲ]	**online**
• la boutique en ligne	• Onlineshop
• la conversation en ligne	• Chat
• La plupart des supermarchés français offrent la vente de marchandises en ligne.	• Die meisten französischen Supermärkte bieten den Verkauf von Waren online an.
la **connexion** [kɔnɛksjɔ̃]	**Verbindung**
• être hors connexion	• offline sein
• La connexion wifi de l'aéroport est gratuite.	• Die WLAN-Verbindung am Flughafen ist kostenlos.
le **serveur** [sɛʀvœʀ]	**Server**
• Nos serveurs sont malheureusement très encombrés, veuillez réessayer de vous connecter plus tard.	• Unsere Server sind leider überlastet, bitte versuchen Sie es später wieder, sich einzuloggen.
tweeter [twite]	**twittern, tweeten**
• Frédéric ne fait que tweeter toute la journée.	• Frédéric twittert den ganzen Tag.
le **fournisseur (d'accès Internet)** [fuʀnisœʀ(daksɛɛ̃tɛʀnɛt)]	**Internetprovider**
• Je suis très mécontent de mon fournisseur d'accès internet, je vais en changer bientôt.	• Ich bin mit meinem Internetprovider sehr unzufrieden und werde ihn bald wechseln.
le **blog** [blɔg]	**Blog**
• J'adore lire les blogs de recettes de cuisine ou les blogs de mode.	• Ich liebe es, Kochrezepte-Blogs oder Mode-Blogs zu lesen.
bavarder en ligne [bavaʀdeɑ̃liɲ]	**chatten**
• Dès qu'elle rentre de l'école, ma fille bavarde en ligne avec ses copines.	• Sobald sie aus der Schule kommt, chattet meine Tochter mit ihren Freundinnen.
l'**utilisateur** *m*, l'**utilisatrice** *f* [ytilizatœʀ, tʀis]	**Benutzer(in), User(in)**
• le nom d'utilisateur	• Benutzername
• Ce site Internet compte de plus en plus d'utilisateurs.	• Diese Website hat immer mehr User.
le **mot-dièse** [modjɛz]	**Hashtag**
• Le mot-dièse est le symbole que l'on trouve surtout sur twitter.	• Hashtag ist das Symbol, das man vor allem auf Twitter findet.
imprimer [ɛ̃pʀime]	**drucken**
• Est-ce que tu peux m'imprimer ce document en couleur, s'il te plaît?	• Kannst Du mir dieses Dokument bitte in Farbe ausdrucken?
la **touche** [tuʃ]	**Taste**
• Appuyez sur la touche Num pour entrer les chiffres.	• Drücken Sie auf die Num-Taste, um Ziffern einzugeben.
le **curseur** [kyʀsœʀ]	**Cursor**
• Le curseur se trouve en haut à droite de l'écran.	• Der Cursor ist oben rechts am Bildschirm.

les **données** *fpl* [dɔne]	**Daten**
· la base de données	· Datenbank
· Toutes les données sont classifiées dans une banque de données.	· Alle Daten sind in einer Datenbank sortiert.
le **dossier** [dosje]	**Ordner**
· Ouvrez le dossier que je vous ai envoyé par e-mail.	· Öffnen Sie den Ordner, den ich Ihnen per E-Mail geschickt habe.
le **pavé tactile** [pavetaktil]	**Touchpad**
· Je déteste travailler avec le pavé tactile de mon ordinateur portable, je préfère avoir une souris.	· Ich hasse es, mit dem Touchpad meines Notebooks zu arbeiten, ich habe lieber eine Maus.
l'**icône** *f* [ikon]	**Icon**
· Là où est l'icône de la corbeille, vous pouvez retrouver tous les documents que vous avez effacés.	· Alle Dokumente, die Sie gelöscht haben, können Sie dort wiederfinden, wo das Papierkorb-Icon ist.
le **système d'exploitation** [sistɛmdɛksplwatasjɔ̃]	**Betriebssystem**
· Quel système d'exploitation avez-vous sur votre ordinateur ?	· Welches Betriebssystem ist auf Ihrem Computer installiert?
numérique [nymeʀik]	**digital**
· Elle a un nouvel appareil photo numérique depuis la semaine dernière.	· Sie hat seit letzter Woche eine neue Digitalkamera.
la **sauvegarde** [sovgaʀd]	**Speicherung**
· Nous recommandons une sauvegarde hebdomadaire de toutes les données.	· Wir empfehlen eine wöchentliche Speicherung aller Daten.
redémarrer [ʀ(ə)demaʀe]	**neu starten**
· Après avoir fait la nouvelle mise à jour, il faut redémarrer l'ordinateur.	· Nach dem Update muss der Computer neu gestartet werden.
le **mot de passe** [modəpɑs]	**Passwort**
· Ne laissez pas vos mots de passe à la portée d'autrui.	· Machen Sie Ihre Passwörter nicht für andere zugänglich.
le **message d'erreur** [mesaʒdeʀœʀ]	**Fehlermeldung**
· À chaque fois que j'ouvre le programme, j'ai un message d'erreur qui apparaît.	· Jedes Mal, wenn ich das Programm öffne, erscheint eine Fehlermeldung.
le **virus** [viʀys]	**Virus**
· Plus rien ne marche, je crois que j'ai un virus sur mon ordinateur.	· Nichts funktioniert mehr, ich glaube, ich habe einen Virus auf meinem PC.
le, la **pirate (informatique)** [piʀat(ɛ̃fɔʀmatik)]	**Hacker(in)**
· Des pirates informatiques se sont introduits dans le système informatique de la banque.	· Hacker haben sich in das EDV-System der Bank eingehackt.

46

Radio und Fernsehen

la radio [ʀadjo] • à la radio • Le matin, j'allume la radio et je prépare le petit-déjeuner.	**Radio** • im Radio • Morgens schalte ich das Radio ein und bereite das Frühstück zu.
écouter [ekute] • écouter la radio • Il écoute toujours la radio dans sa voiture.	**(an)hören; zuhören** • Radio hören • Er hört immer Radio im Auto.
la télévision [televizjɔ̃], **la télé** [tele] *(fam)* • regarder la télé(vision) • à la télé • Qu'est-ce qui passe à la télévision ce soir ?	**Fernsehen** • fernsehen • im Fernsehen • Was läuft heute Abend im Fernsehen?
la vedette [vədɛt] • la vedette du petit écran • Beaucoup de vedettes participent à cette émission.	**Star; Hauptdarsteller(in)** • Fernsehstar • Viele Stars nehmen an dieser Sendung teil.
les nouvelles *fpl* [nuvɛl] • Aujourd'hui, je ne veux pas manquer les nouvelles.	**Nachrichten** • Heute will ich die Nachrichten nicht verpassen.
les actualités *fpl* [aktɥalite] • À vingt heures, c'est l'heure des actualités.	**Nachrichten** • Um zwanzig Uhr ist es Zeit für die Nachrichten.
les informations *fpl* [ɛ̃fɔʀmasjɔ̃], **les infos** *fpl* [ɛ̃fo] *(fam)* • les informations routières • Les informations de 22 heures sont plus complètes.	**Nachrichten** • Verkehrsnachrichten, Verkehrsbericht • Die 22-Uhr-Nachrichten sind ausführlicher.
l'interview *f* [ɛ̃tɛʀvju] • Le ministre a accordé une interview aux journalistes.	**Interview** • Der Minister hat den Journalisten ein Interview gegeben.
le téléviseur [televizœʀ] • Ils viennent de s'acheter un téléviseur tout neuf.	**Fernseher** • Sie haben sich gerade einen ganz neuen Fernseher gekauft.
l'antenne *f* [ɑ̃tɛn] • Vous êtes à l'antenne !	**Antenne** • Sie sind live!
le câble [kɑbl] • À la maison, nous avons la télévision par câble.	**Kabel** • Zu Hause haben wir Kabelfernsehen.
la station (de radio) [stasjɔ̃(d(ə)ʀadjo)] • changer de (station de) radio • Ma station de radio préférée, c'est France Bleu.	**(Radio)sender** • umschalten, den Sender wechseln • Mein Lieblingsradiosender ist France Bleu.

recevoir [ʀəs(ə)vwaʀ]	**empfangen**
• Dans les montagnes, on ne peut pas recevoir beaucoup de stations de radio.	• Im Gebirge kann man nicht viele Radiosender empfangen.
l'**auditeur** *m*, l'**auditrice** *f* [oditœʀ, tʀis]	**Hörer(in)**
• Chers auditeurs, vous allez entendre maintenant de la musique classique.	• Liebe Hörer, Sie hören nun klassische Musik.
le **téléspectateur**, la **téléspectatrice** [telespɛktatœʀ, tʀis]	**Fernsehzuschauer(in)**
• Le téléfilm a attiré des millions de téléspectateurs devant leur petit écran.	• Der Fernsehfilm hat Millionen von Fernsehzuschauern vor den Fernseher gelockt.
l'**émission** *f* [emisjɔ̃]	**Sendung**
• C'est une émission intéressante sur les animaux.	• Das ist eine interessante Sendung über Tiere.
en direct [ɑ̃diʀɛkt]	**live**
• être en direct	• direkt/live übertragen werden
• l'émission en direct	• Livesendung
• Le concert a lieu en direct de Paris.	• Das Konzert ist live aus Paris.
passer [pɑse]	**bringen, spielen; zeigen**
• passer à la radio	• im Radio kommen
• Ce soir, ils passent un film d'horreur, tu veux le regarder avec moi ?	• Heute Abend zeigen sie einen Horrorfilm, willst du ihn dir mit mir ansehen?
la **publicité** [pyblisite], la **pub** [pyb] *(fam)*	**Werbung; Werbespot**
• faire de la publicité	• werben, Werbung machen
• Cette chaîne est financée par la publicité.	• Dieser Sender finanziert sich durch Werbung.
allumer [alyme]	**einschalten**
• Tu peux allumer la télé ? Je veux voir le film policier.	• Kannst du den Fernseher einschalten? Ich will den Krimi sehen.
éteindre [etɛ̃dʀ]	**ausschalten**
• Tu peux éteindre la télé avec la télécommande.	• Du kannst den Fernseher mit der Fernbedienung ausschalten.
le **poste** [pɔst]	**Gerät, Apparat**
• Le poste de télévision est en panne.	• Der Fernsehapparat ist defekt.
la **chaîne** [ʃɛn]	**(Fernseh)sender**
• la chaîne publique/privée	• öffentlich-rechtlicher/privater Fernsehsender
• Nous regardons un film sur la troisième chaîne.	• Wir sehen uns einen Film im dritten Programm an.
la **télécommande** [telekɔmɑ̃d]	**Fernbedienung**
• Passe-moi la télécommande, s'il te plaît !	• Bitte, gib mir die Fernbedienung!
zapper [zape]	**zappen**
• Arrête de zapper, je veux absolument voir ce documentaire.	• Hör auf rumzuzappen, ich will diesen Dokumentarfilm unbedingt sehen.

le **téléfilm** [telefilm]	**Fernsehfilm**
• C'est un téléfilm franco-italien qui passe lundi et mardi à la télé.	• Das ist ein französisch-italienischer Fernsehfilm, der am Montag und Dienstag im Fernsehen läuft.
la **série (télévisée)** [seʀi(televize)]	**(Fernseh)serie**
• Tous les jeudis soirs, il regarde sa série télévisée préférée.	• Jeden Donnerstagabend schaut er sich seine Lieblingsfernsehserie an.
le **feuilleton** [fœjtɔ̃]	**Serie, Sendereihe**
• Je n'ai pas manqué un épisode du feuilleton de l'été !	• Ich habe keine einzige Folge der Sommerserie verpasst!
l'**épisode** *m* [epizɔd]	**Folge, Episode**
• Nous avons tous les épisodes de la série sur DVD.	• Wir haben alle Folgen der Serie auf DVD.
le **film policier** [filmpɔlisje], le **polar** [pɔlaʀ] *(fam)*	**Kriminalfilm, Krimi**
• J'adore les films policiers allemands !	• Ich liebe die deutschen Krimis!
le **western** [wɛstɛʀn]	**Wildwestfilm, Western**
• Michel aime bien les westerns avec des cowboys et des indiens.	• Michel mag gerne Western mit Cowboys und Indianern.
le **dessin animé** [desɛ̃anime]	**Zeichentrickfilm**
• Les enfants aiment bien regarder des dessins animés à la télé.	• Kinder schauen sich gerne Zeichentrickfilme im Fernsehen an.
le **documentaire** [dɔkymɑ̃tɛʀ]	**Dokumentarfilm**
• Ce documentaire a été tourné en Afrique du Sud.	• Dieser Dokumentarfilm wurde in Südafrika gedreht.
le **jeu télévisé** [ʒøtelevize]	**Quizsendung**
• Mes parents regardent tous les jeux télévisés.	• Meine Eltern schauen sich alle Quizsendungen an.
les **variétés** *fpl* [vaʀjete]	**Unterhaltungssendung**
• Je n'aime pas les émissions de variétés, je préfère un bon film.	• Ich mag die Unterhaltungssendungen nicht, ich ziehe einen guten Film vor.
le **spot publicitaire** [spɔtpyblisitɛʀ]	**Werbespot**
• Je ne supporte pas de regarder un film entrecoupé de spots publicitaires !	• Ich kann es nicht ertragen, einen Film anzusehen, der von Werbespots unterbrochen wird!
le **présentateur**, la **présentatrice** [pʀezɑ̃tatoeʀ, tʀis]	**Sprecher(in), Moderator(in)**
• la présentatrice du journal	• Nachrichtensprecherin
• Le présentateur est assis dans un fauteuil au milieu du plateau.	• Der Moderator sitzt in einem Sessel in der Mitte der Studiobühne.
la **personne interviewée** [pɛʀsɔnɛ̃tɛʀvjuve]	**Interviewpartner(in)**
• La personne interviewée était très émue.	• Der Interviewpartner war sehr gerührt.
le **bulletin météo** [byltɛ̃meteo]	**Wetterbericht**
• Et voici maintenant le bulletin météo pour l'Ouest de la France.	• Und hier noch der Wetterbericht für den Westen Frankreichs.

le **hit-parade** [ˈitpaʀad]	**Hitparade, Charts**
· Le groupe est numéro un du hit-parade depuis six semaines déjà.	· Die Band ist bereits seit sechs Wochen ist die Nummer 1 der Charts.

Bild- und Tonträger

le **CD** [sede] *inv*	**CD**
· J'ai tous les CD de ce chanteur.	· Von diesem Sänger habe ich alle CDs.
le **CD-ROM** [sedeʀɔm] *inv*	**CD-ROM**
· Le livre de français contient également un CD-ROM.	· Dem Französisch-Buch ist auch eine CD-ROM beigefügt.
le **DVD** [devede] *inv*	**DVD**
· Le film est disponible en DVD.	· Der Film ist auf DVD erhältlich.
la **cassette** [kasɛt]	**Kassette**
· la cassette vidéo	· Videokassette
· J'ai encore des vieilles cassettes de Renaud.	· Ich habe noch alte Renaud-Kassetten.
la **vidéo** [video]	**Video**
· On regarde une vidéo ensemble ?	· Schauen wir uns zusammen ein Video an?
le **micro** [mikʀo]	**Mikrofon**
· Le présentateur parlait dans le vide parce que le micro ne marchait pas.	· Der Moderator redete ins Leere, weil das Mikrofon nicht funktionierte.
la **photo** [fɔto]	**Foto**
· En vacances, Cyril prend toujours beaucoup de photos de paysages.	· Im Urlaub macht Cyril immer viele Fotos von Landschaften.
l'**appareil photo** *m* [apaʀɛjfɔto]	**Fotoapparat**
· l'appareil photo numérique	· Digitalkamera
· Pour mon anniversaire, je voudrais un nouvel appareil photo.	· Zu meinem Geburtstag wünsche ich mir eine neue Kamera.
le **disque** [disk]	**Schallplatte**
· Les CD ont remplacé les disques.	· Die CDs haben die Schallplatten ersetzt.
la **chaîne hi-fi** [ʃɛnifi]	**Hi-Fi-/Stereoanlage**
· Les voisins se plaignent quand nous mettons notre chaîne hi-fi à fond.	· Die Nachbarn beschweren sich, wenn wir unsere Stereoanlage aufdrehen.
le **lecteur de CD/DVD** [lɛktœʀdəsede/devede]	**CD-/DVD-Player**
· le lecteur de CD portable	· Diskman®
· Mon lecteur de CD est tout neuf.	· Mein CD-Player ist nagelneu.
le **lecteur MP3** [lɛktoeʀɛmpetʀwɑ]	**MP3-Player**
· Le magasin fait des offres spéciales sur les lecteurs MP3 cette semaine.	· Diese Woche hat das Geschäft Sonderangebote für MP3-Player
la **console (de jeux)** [kɔ̃sɔl(dəʒø)]	**Spielkonsole**
· Les enfants adorent jouer avec leurs consoles de jeux.	· Die Kinder lieben es, mit ihren Spielkonsolen zu spielen.

l'enceinte *f* [ɑ̃sɛ̃t]	**Lautsprecherbox**
• Tu devrais placer une enceinte à gauche de la chaîne.	• Du solltest eine Lautsprecherbox links neben die Anlage stellen.
le baladeur [baladœʀ]	**Walkman®**
• Il est déconseillé de courir avec un baladeur.	• Es empfiehlt sich nicht mit einem Walkman® zu laufen.
le casque [kask]	**Kopfhörer**
• À la maison, j'écoute de la musique avec mon casque.	• Zu Hause höre ich Musik über Kopfhörer.
la pile [pil]	**Batterie**
• Les piles de ma radio ne marchent plus, je dois les changer.	• Die Batterien meines Radios gehen nicht mehr, ich muss sie auswechseln.
la pellicule [pelikyl]	**Film**
• Je ne peux plus faire de photos, ma pellicule est finie !	• Ich kann keine Fotos mehr machen, mein Film ist voll!
le volume (sonore) [vɔlym(sɔnɔʀ)]	**Lautstärke**
• Pourriez-vous baisser un peu le volume ? C'est fort !	• Könnten Sie die Lautstärke etwas herunterdrehen? Es ist laut!
changer de chaîne [ʃɑ̃ʒed(ə)ʃɛn]	**umschalten**
• Arrête donc de changer de chaîne, s'il te plaît !	• Hör doch bitte auf, ständig umzuschalten!
revenir en arrière [ʀəvniʀɑ̃naʀjɛʀ]	**zurückspulen**
• Pouvez-vous revenir en arrière, j'ai vu quelqu'un que je crois connaître.	• Könnten Sie zurückspulen? Ich habe jemanden gesehen, den ich, glaube ich, kenne.

Presse und Verlagswesen

la presse [pʀɛs]	**Presse**
• la presse quotidienne	• Tagespresse
• l'agence de presse	• Presseagentur
• Pour m'informer, je lis régulièrement la presse.	• Um mich zu informieren, lese ich regelmäßig Zeitungen.
la nouvelle [nuvɛl]	**Nachricht**
• D'après les dernières nouvelles, l'UE va adopter des sanctions.	• Den neuesten Nachrichten zufolge wird die EU Sanktionen verhängen.
le numéro [nymeʀo]	**Ausgabe, Nummer**
• Excusez-moi, je cherche le numéro du magazine de février.	• Entschuldigen Sie, ich suche von diesem Magazin die Februarausgabe.
le titre [titʀ]	**Titel**
• faire les gros titres	• Schlagzeilen machen
• Le titre était écrit en grosses lettres.	• Der Titel war in Großbuchstaben geschrieben.
le journal, les journaux [ʒuʀnal, o]	**Zeitung**
• Il y a un long article sur l'environnement dans le journal.	• Es gibt einen langen Umweltartikel in der Zeitung.

Französisch	Deutsch
la **revue** [Rəvy] • la revue spécialisée • Je lis souvent des revues féminines.	**Zeitschrift, Revue** • Fachzeitschrift • Ich lese oft Frauenzeitschriften.
le, la **journaliste** [ʒuRnalist] • Robert est journaliste pour un journal régional.	**Journalist(in)** • Robert ist Journalist einer regionalen Zeitung.
l'**article** *m* [aRtikl] • C'est vraiment un article intéressant sur notre région !	**Artikel** • Das ist wirklich ein interessanter Artikel über unsere Region!
le **magazine** [magazin] • Il est abonné à un magazine littéraire.	**Zeitschrift, Magazin** • Er hat eine Literaturzeitschrift abonniert.
l'**information** *f* [ɛ̃fɔRmasjɔ̃] • Il n'y a pas de nouvelles informations concernant l'enlèvement.	**Information, Meldung** • Es gibt keine neuen Informationen bezüglich der Entführung.
interviewer [ɛ̃tɛRvjuve] • Pour leur enquête, ils ont interviewé beaucoup de gens dans la rue.	**interviewen** • Für ihre Umfrage haben sie viele Leute auf der Straße interviewt.
l'**abonnement** *m* [abɔnmɑ̃] • L'abonnement au magazine est mensuel.	**Abonnement** • Das Zeitschriften-Abo ist monatlich.
la **maison d'édition** [mɛzɔ̃dedisjɔ̃] • Cette maison d'édition publie surtout des livres scientifiques.	**Verlag** • Dieser Verlag veröffentlicht hauptsächlich wissenschaftliche Bücher.
le **rédacteur**, la **rédactrice** [RedaktœR, tRis] • le rédacteur en chef • Le journal cherche un nouveau rédacteur.	**Redakteur(in)** • Chefredakteur • Die Zeitung sucht einen neuen Redakteur.
publier [pyblije] • L'article sera publié mercredi.	**veröffentlichen** • Der Artikel wird am Mittwoch veröffentlicht.
paraître [paRɛtR] • faire paraître • Ce magazine paraît toutes les semaines.	**erscheinen** • veröffentlichen • Diese Zeitschrift erscheint wöchentlich.
sortir [sɔRtiR] + *être* • Le prochain numéro du magazine sortira le 15 mai.	**erscheinen** • Die nächste Ausgabe dieser Zeitschrift erscheint am 15. Mai.
le **sujet** [syʒɛ] • Le journal traite de sujets divers comme la politique, l'économie ou le sport.	**Thema, Gegenstand** • Die Zeitung behandelt diverse Themen wie Politik, Wirtschaft oder Sport.
les **médias** *mpl* [medja] • Les médias influencent beaucoup les jeunes.	**Medien** • Die Medien beeinflussen die Jugendlichen sehr.
l'**actualité** *f* [aktɥalite] • Le problème des retraites est toujours un sujet d'actualité.	**Aktualität; Zeitgeschehen** • Das Rentenproblem ist immer ein aktuelles Thema.

les **faits divers** *mpl* [fɛdivɛʀ]	**vermischte Nachrichten, Vermischtes**
· Dans les journaux, il ne lit que les faits divers comme les accidents.	· In den Zeitungen liest er nur die Rubrik Vermischtes, wie Unfälle.
le **quotidien** [kɔtidjɛ̃]	**Tageszeitung**
· Il achète toujours son quotidien avant d'aller à son travail.	· Er kauft immer seine Tageszeitung, bevor er zur Arbeit fährt.
l'**hebdomadaire** *m* [ɛbdomadɛʀ]	**Wochenzeitschrift**
· Vous connaissez l'hebdomadaire *Le Nouvel Observateur*?	· Kennt ihr/Kennen Sie die Wochenzeitschrift *Le Nouvel Observateur*?
le **mensuel** [mɑ̃sɥɛl]	**Monatszeitschrift**
· Je compte m'abonner à un mensuel économique.	· Ich habe vor, ein Wirtschaftsmagazin, das monatlich erscheint, zu abonnieren.
la **publication** [pyblikasjɔ̃]	**Veröffentlichung**
· La publication du livre est prévue pour cet été.	· Die Veröffentlichung des Buches ist für diesen Sommer vorgesehen.
la **une** [yn]	**Titelseite**
· faire la une des journaux	· Schlagzeilen machen
· La photo de la chancelière était à la une des journaux.	· Das Foto der Kanzlerin war auf den Titelseiten der Zeitungen.
la **colonne** [kɔlɔn]	**Spalte**
· L'article ne fait pas plus d'une colonne.	· Der Artikel ist nicht länger als eine Spalte.
la **rubrique** [ʀybʀik]	**Rubrik, Teil**
· Je lis toujours la rubrique loisirs.	· Ich lese immer die Freizeitrubrik.
l'**éditorial** *m*, les **éditoriaux** [editɔʀjal, o]	**Leitartikel**
· L'éditorial de ce journal est toujours très critique.	· Der Leitartikel dieser Zeitung ist immer sehr kritisch.
l'**annonce** *f* [anɔ̃s]	**Anzeige, Annonce**
· les petites annonces	· Kleinanzeigen
· passer une annonce	· inserieren
· Elle épluche les annonces des journaux locaux pour trouver un job d'été.	· Um einen Sommerjob zu finden, geht sie die Anzeigen der Regionalzeitungen durch.
le **livre de poche** [livʀdəpɔʃ]	**Taschenbuch**
· Malgré l'essor des liseuses, les livres de poche se vendent encore très bien.	· Taschenbücher verkaufen sich immer noch sehr gut, obwohl E-Book-Reader immer wichtiger werden.
le **livre spécialisé** [livʀ(ə)spesjalize]	**Sachbuch; Fachbuch**
· Pour la rentrée à l'université, il faut se procurer plusieurs livres spécialisés.	· Zum Semesterbeginn an der Universität muss man sich mehrere Sachbücher beschaffen.

RAUM UND ZEIT

Uhrzeit und Tageszeit

47

l'heure *f* [œʀ]	**Stunde; Uhrzeit**
• une heure et demie	• anderthalb Stunden
• un quart d'heure	• eine Viertelstunde
• Je n'ai pas vu l'heure passer. Il est déjà minuit !	• Ich habe gar nicht bemerkt, wie die Zeit vergeht. Es ist ja schon Mitternacht!
la **demi-heure,** les **demi-heures** [d(ə)mijœʀ]	**halbe Stunde**
• Je n'ai qu'une demi-heure de pause à midi.	• Ich habe nur eine halbe Stunde Mittagspause.
la **minute** [minyt]	**Minute**
• en avoir pour une minute	• nur eine Minute brauchen
• Deux minutes, s'il vous plaît.	• Zwei Minuten, bitte!
la **seconde** [s(ə)gɔ̃d]	**Sekunde**
• attendre une seconde	• einen kurzen Augenblick warten
• Ce réveil n'affiche pas les secondes.	• Dieser Wecker zeigt die Sekunden nicht an!
à [a]	**um; bis**
• à huit heures	• um acht (Uhr)
• de huit heures à neuf heures	• von acht bis neun Uhr
• Je suis toujours à l'heure.	• Ich bin immer pünktlich!
midi *m* [midi]	**Mittag; zwölf Uhr** *(mittags)*
• à midi	• um zwölf (Uhr)
• ce/hier/demain midi	• heute/gestern/morgen Mittag
• On prendra notre repas de midi ensemble ?	• Gehen wir zusammen (zu) Mittag essen?
minuit *m* [minɥi]	**Mitternacht; zwölf Uhr** *(nachts)*
• Je me suis couchée à minuit pile.	• Ich bin um Punkt Mitternacht ins Bett gegangen.

le matin [matɛ̃]	**Morgen; Vormittag**
• le matin	• morgens; vormittags
• l'autre matin	• neulich morgens
• Je me lève à six heures tous les matins.	• Ich stehe jeden Morgen um sechs Uhr auf.
l'après-midi *m od. f* les **après-midis** [apʀɛmidi]	**Nachmittag**
• en début d'après-midi	• am Frühnachmittag
• en fin d'après-midi	• am Spätnachmittag
• Nous avons passé tout l'après-midi en ville à faire des courses.	• Wir haben den ganzen Nachmittag in der Stadt mit Einkaufen verbracht.
le soir [swaʀ]	**Abend**
• Je vous invite à venir manger samedi soir.	• Ich lade euch ein, am Samstagabend zum Essen zu kommen.
la nuit [nɥi]	**Nacht**
• La nuit tombe.	• Es wird Nacht.
tôt [to]	**früh** *adv*
• plus tôt	• früher
• au plus tôt	• frühestens
• Donnez-moi votre réponse le plus tôt possible.	• Geben Sie mir Ihre Antwort so früh wie möglich!
tard [taʀ]	**spät** *adv*
• Aujourd'hui, je me couche plus tard car je suis en vacances.	• Heute gehe ich später ins Bett, weil ich Urlaub habe.
la matinée [matine]	**Vormittag**
• dans la matinée	• im Laufe des Morgens
• en fin de matinée	• am späten Vormittag
• J'aime faire la grasse matinée.	• Ich stehe gern spät auf!
la journée [ʒuʀne]	**Tag; Tagesablauf**
• dans la journée	• im Laufe des Tages
• pendant la journée	• tagsüber
• Je vous souhaite une bonne journée !	• Ich wünsche euch/Ihnen einen schönen Tag!
la soirée [swaʀe]	**Abend**
• Ils ont passé la soirée au cinéma.	• Sie haben den Abend im Kino verbracht.
pile [pil]	**genau, Punkt ...**
• huit heures pile	• Punkt acht (Uhr)
• Il arrive toujours à l'heure pile.	• Er kommt immer auf die Minute genau!
précis, e [pʀesi, iz]	**genau, Punkt ...**
• à 9 heures précises	• Punkt 9 Uhr
• Pouvez-vous m'indiquer l'heure précise, s'il vous plaît ?	• Können Sie/Könnt ihr mir bitte die genaue Uhrzeit sagen?
vers [vɛʀ]	**gegen**
• vers 8 heures du soir	• gegen 8 Uhr abends
• Il viendra vers midi.	• Er wird gegen Mittag kommen.

la **montre** [mɔ̃tʀ]	**(Armband)uhr**
• Tu as quelle heure à ta montre?	• Wie viel Uhr ist es auf deiner Uhr?
la **pendule** [pɑ̃dyl]	**(Wand)uhr; Standuhr**
• La pendule indique minuit.	• Die Standuhr zeigt Mitternacht an.
l'**horloge** *f* [ɔʀlɔʒ]	**(Turm)uhr**
• Ma grand-mère avait une superbe horloge avec un coucou.	• Meine Großmutter hatte eine wunderschöne Kuckucksuhr.
l'**aiguille** *f* [egɥij]	**Zeiger**
• L'aiguille des secondes ne marche plus.	• Der Sekundenzeiger geht nicht mehr.
avancer [avɑ̃se]	**vorgehen; vorstellen**
• Ma montre avance de dix minutes, on a encore le temps.	• Meine Uhr geht zehn Minuten vor, wir haben noch Zeit.
retarder [ʀ(ə)taʀde]	**nachgehen; zurückstellen**
• Ton réveil retarde, tu dois te lever maintenant!	• Dein Wecker geht nach, du musst jetzt aufstehen!
le **retard** [ʀ(ə)taʀ]	**Verspätung**
• en retard	• zu spät, verspätet
• Le train a une heure de retard.	• Der Zug hat eine Stunde Verspätung.
ponctuel, le [pɔ̃ktɥɛl]	**pünktlich**
• C'est une femme très ponctuelle, elle arrive toujours à l'heure à ses rendez-vous.	• Sie ist eine sehr pünktliche Frau, sie kommt immer rechtzeitig zu ihren Verabredungen.
à l'heure [alœʀ]	**pünktlich**
• Le bus est à l'heure aujourd'hui!	• Der Bus ist heute pünktlich!
l'**avance** *f* [avɑ̃s]	**Vorsprung**
• (être) en avance	• zu früh (dran sein)
• d'avance	• im Voraus, vorher
• Je suis arrivée avec beaucoup d'avance, j'ai pris un café pour patienter.	• Ich bin viel zu früh angekommen, ich habe noch einen Kaffee zur Überbrückung getrunken.
l'**aube** *f* [ob]	**Tagesanbruch**
• Demain, nous partirons en randonnée dès l'aube.	• Wir werden Morgen bei Tagesanbruch zur Wanderung aufbrechen.
de bonne heure [dəbɔnœʀ]	**früh (am Morgen)**
• Il doit se lever de bonne heure pour aller à l'école.	• Er muss früh aufstehen, um zur Schule zu gehen.

Datum

48 le **jour** [ʒuʀ]	**Tag**
• tous les jours	• jeden Tag
• par jour	• täglich, pro Tag, am Tag
• Je serai à Paris dans trois jours.	• Ich werde in drei Tagen in Paris sein.

lundi *m* [lɛ̃di] · lundi · le lundi, tous les lundis · Venez lundi prochain à 15 heures.	**Montag** · am Montag · montags, jeden Montag · Kommt/Kommen Sie nächsten Montag um 15 Uhr!
mardi *m* [maʀdi] · À mardi !	**Dienstag** · Bis Dienstag!
mercredi *m* [mɛʀkʀədi] · Elle va au sauna tous les mercredis.	**Mittwoch** · Sie geht jeden Mittwoch in die Sauna.
jeudi *m* [ʒødi] · Il m'a donné rendez-vous jeudi à 14 heures.	**Donnerstag** · Er hat sich mit mir für Donnerstag um 14 Uhr verabredet.
vendredi *m* [vɑ̃dʀədi] · Vendredi dernier, je suis allé au cinéma.	**Freitag** · Letzten Freitag bin ich ins Kino gegangen.
samedi *m* [samdi] · samedi en huit · Le samedi est jour de marché.	**Samstag, Sonnabend** · Samstag in acht Tagen · Samstags ist Markttag.
dimanche *m* [dimɑ̃ʃ] · le chauffeur du dimanche · Il est chez son père un dimanche sur deux.	**Sonntag** · Sonntagsfahrer · Jeden zweiten Sonntag ist er bei seinem Vater.
la **semaine** [s(ə)mɛn] · à la semaine · en semaine · Marie ne travaille que quatre jours par semaine.	**Woche** · wochenweise · unter der Woche, die Woche über · Marie arbeitet nur vier Tage in der Woche.
le **week-end**, les **week-ends** [wikɛnd] · partir en week-end · Bon week-end !	**Wochenende** · übers Wochenende wegfahren · Schönes Wochenende!
aujourd'hui [oʒuʀdɥi] · ne pas dater d'aujourd'hui · C'est pour aujourd'hui ou pour demain ? *(fam)*	**heute** · nicht neu sein · Wird's bald?
demain [dəmɛ̃] · demain matin · À demain !	**morgen** · morgen früh · Bis morgen!
après-demain [apʀɛdmɛ̃] · On se retrouve après-demain à quatre heures.	**übermorgen** · Wir treffen uns übermorgen um vier Uhr.

la **date** [dat] · l'amie de longue date · Quelle date sommes-nous aujourd'hui ?	**Datum** · langjährige Freundin · Welches Datum haben wir heute?

en... [ɑ̃] • en 2002 • Elle est décédée en l'an 2000.	**im Jahre ...** • (im Jahre) 2002 • Sie ist im Jahr 2000 verstorben.
à partir de [apaʀtiʀdə] • Vous pouvez venir chercher votre colis à partir de quatorze heures.	**ab, von ... an** • Sie können Ihr Paket ab vierzehn Uhr abholen.
hier [jɛʀ] • hier soir • la journée d'hier • Je m'en souviens comme si c'était hier.	**gestern** • gestern Abend • der gestrige Tag • Ich erinnere mich noch, als wäre es erst gestern gewesen!
avant-hier [avɑ̃tjɛʀ] • Hier, il est passé me voir, mais avant-hier, je ne l'ai pas vu.	**vorgestern** • Er hat mich gestern besucht, aber vorgestern habe ich ihn nicht gesehen.
le **lendemain** [lɑ̃dmɛ̃] • le lendemain • le lendemain matin • Il a arrêté de fumer du jour au lendemain.	**nächster Tag** • am nächsten Tag, am Tag danach/darauf • am nächsten/darauffolgenden Morgen • Er hat von einem Tag auf den anderen aufgehört zu rauchen.
la **veille** [vɛj] • la veille, ... • la veille au soir, ... • Il savait qu'elle était malade parce qu'il ne l'avait pas vue la veille au travail.	**Vortag** • am vorhergehenden Tag, am Tag zuvor • am Abend zuvor, am Vorabend • Er wusste, dass sie krank war, weil er sie am Vortag nicht bei der Arbeit gesehen hatte.
d'ici... [disi] • On se verra certainement encore d'ici samedi.	**bis ...** • Bis Samstag werden wir uns sicherlich noch mal sehen!
le **surlendemain** [syʀlɑ̃dmɛ̃] • Le courrier recommandé est arrivé le surlendemain.	**übernächster Tag** • Das Einschreiben kam am übernächsten Tag.
l'**avant-veille** *f* les **avant-veilles** [avɑ̃vɛj] • Je l'avais aperçu l'avant-veille près du lac.	**zwei Tage zuvor** • Ich hatte ihn/sie zwei Tage zuvor in der Nähe des Sees gesehen.
quotidien, ne [kɔtidjɛ̃, jɛn] • Il passe chez ses parents tous les matins après son footing quotidien.	**täglich** • Er kommt jeden Morgen nach seinem täglichen Lauf bei seinen Eltern vorbei.
hebdomadaire [ɛbdomadɛʀ] • Les cours de gymnastique sont hebdomadaires.	**wöchentlich** • Die Gymnastikkurse finden wöchentlich statt.
la **quinzaine (de jours)** [kɛ̃zɛn] • Elle sera de retour dans une quinzaine de jours.	**etwa vierzehn Tage** • Sie wird in ca. vierzehn Tagen zurückkommen.

Kalender 49

le mois [mwa] • le/au mois de juillet • Mon stage dure deux mois.	**Monat** • der/im (Monat) Juli • Mein Praktikum dauert zwei Monate.
janvier *m* [ʒɑ̃vje] • en janvier • début/fin janvier • Il a neigé tout le mois de janvier.	**Januar** • im Januar • Anfang/Ende Januar • Es hat den ganzen Januar über geschneit.
février *m* [fevʀije] • Elle a pris une semaine de vacances en février.	**Februar** • Sie hat sich im Februar eine Woche Urlaub genommen.
mars *m* [maʀs] • Le printemps commence en mars.	**März** • Der Frühling beginnt im März.
avril *m* [avʀil] • Les arbres fruitiers fleurissent en avril.	**April** • Die Obstbäume blühen im April.
mai *m* [mɛ] • J'aime flâner dans Paris au mois de mai.	**Mai** • Ich liebe es, im Mai durch Paris zu flanieren.
juin *m* [ʒɥɛ̃] • à la mi-juin • Les vacances scolaires commencent fin juin.	**Juni** • Mitte Juni • Die Schulferien beginnen Ende Juni.
juillet *m* [ʒɥijɛ] • le 14 juillet • Nous partons en vacances à la fin du mois de juillet.	**Juli** • am 14. Juli • Wir fahren Ende Juli in die Ferien.
août *m* [u(t)] • Au mois d'août, la plupart des Français partent en vacances.	**August** • Im Monat August fahren die meisten Franzosen in Urlaub.
septembre *m* [sɛptɑ̃bʀ] • Septembre est le mois de la rentrée.	**September** • Der September ist der Monat des Schuljahresbeginns.
octobre *m* [ɔktɔbʀ] • Elle fêtera ses vingt ans au mois d'octobre.	**Oktober** • Sie wird ihren 20. Geburtstag im Oktober feiern.
novembre *m* [nɔvɑ̃bʀ] • Elle ne sera pas là du 15 au 30 novembre.	**November** • Sie wird vom 15. bis zum 30. November nicht da sein.
décembre *m* [desɑ̃bʀ] • Au mois de décembre, le chômage était en hausse.	**Dezember** • Im Dezember stieg die Arbeitslosigkeit.
l'an *m* [ɑ̃] • par an • il y a trois ans • Je l'ai perdu de vue au fil des ans.	**Jahr** • jährlich, im Jahr, pro Jahr • vor drei Jahren • Ich habe ihn im Laufe der Jahre aus den Augen verloren.

le **printemps** [pʀɛ̃tɑ̃]	**Frühling**
• au printemps	• im Frühling
• Le printemps est la plus belle des saisons.	• Der Frühling ist die schönste Jahreszeit.
l'**été** *m* [ete]	**Sommer**
• en été	• im Sommer
• cet été	• dieser Sommer; in diesem Sommer
• L'été, nous allons souvent à la plage.	• Im Sommer gehen wir oft zum Strand.
l'**automne** *m* [otɔn]	**Herbst**
• en automne	• im Herbst
• L'automne arrive, les feuilles commencent à tomber.	• Der Herbst kommt, die Blätter fangen an, herunterzufallen.
l'**hiver** *m* [ivɛʀ]	**Winter**
• en hiver	• im Winter
• En hiver, je vais faire du ski.	• Im Winter gehe ich Ski fahren.
l'**année** *f* [ane]	**Jahr**
• cette année	• dieses Jahr
• l'année bissextile	• Schaltjahr
• Bonne année !	• Frohes neues Jahr!
le **siècle** [sjɛkl]	**Jahrhundert**
• Pierre et Martin vivent dans une maison vieille de deux siècles.	• Pierre und Martin leben in einem zweihundert Jahre alten Haus.
le **calendrier** [kalɑ̃dʀije]	**Kalender**
• J'ai noté notre rendez-vous dans le calendrier.	• Ich habe unseren Termin in den Kalender eingetragen.
mensuel, le [mɑ̃sɥɛl]	**monatlich, Monats-**
• Il verse une pension alimentaire mensuelle à son ex-femme.	• Er zahlt seiner Exfrau monatliche Alimente.
annuel, le [anɥɛl]	**jährlich, Jahres-**
• Le festival annuel de la B.D. a lieu à Angoulême.	• Das jährliche Comicfestival findet in Angoulême statt.
saisonnier, -ière [sɛzɔnje, jɛʀ]	**jahreszeitlich, saisonal**
• Pour le moment, elle vit de petits emplois saisonniers.	• Derzeit lebt sie von kleinen Saisonarbeiten.
le **trimestre** [tʀimɛstʀ]	**Vierteljahr, Trimester**
• Ce trimestre scolaire est court, car les vacances commencent bientôt.	• Dieses Schulquartal ist kurz, weil die Ferien bald beginnen.
le **semestre** [s(ə)mɛstʀ]	**Halbjahr, Semester**
• Nous avons travaillé à ce projet pendant tout un semestre.	• An diesem Projekt haben wir ein ganzes Semester lang gearbeitet!

Weitere Zeitbegriffe

50

le **temps** [tɑ̃]	**Zeit**
· pendant ce temps	· während dieser Zeit, währenddessen
· ces derniers temps	· in der letzten Zeit
· Je suis occupé, je n'ai pas le temps de venir vous voir.	· Ich bin beschäftigt, ich habe leider keine Zeit, zu Ihnen/euch zu kommen.
passer [pɑse]	**vergehen**
· passer son temps à faire qc	· seine Zeit damit verbringen etw zu tun
· Le temps passe vite.	· Die Zeit vergeht schnell.
depuis [dəpɥi]	**seit; von ... an**
· depuis peu	· seit kurzem
· depuis que	· seit; seitdem
· Je connais mon amie Christine depuis vingt ans déjà.	· Ich kenne meine Freundin Christine schon seit zwanzig Jahren.
jusque [ʒysk]	**bis**
· jusqu'à ce que + *subj*	· bis
· Tu travailles jusqu'à quelle heure?	· Bis wie viel Uhr arbeitest du?
pour [puʀ]	**für, für die Dauer von**
· pour trois ans	· für drei Jahre
· Elle est en stage pour une durée de trois semaines.	· Sie macht ein Praktikum für die Dauer von drei Wochen.
encore [ɑ̃kɔʀ]	**noch; immer noch**
· Ne m'attends pas, je reste encore quelques heures à la fête.	· Warte nicht auf mich, ich bleibe noch ein paar Stunden auf der Feier.
le **moment** [mɔmɑ̃]	**Moment, Augenblick**
· en ce moment	· im Augenblick, zurzeit
· pour le moment	· vorerst, einstweilen, im Moment
· Un moment, s'il vous plaît!	· Einen Augenblick, bitte!
bref, brève [bʀɛf, bʀɛv]	**kurz**
· Ils ne sont pas restés longtemps à Bruxelles, leur séjour a été bref.	· Sie sind nicht lange in Brüssel geblieben, ihr Aufenthalt war sehr kurz.
tout à coup [tutaku]	**plötzlich**
· Il faisait beau et tout à coup, il s'est mis à pleuvoir.	· Es war schönes Wetter und plötzlich begann es zu regnen.
maintenant [mɛ̃t(ə)nɑ̃]	**nun, jetzt**
· pas maintenant *(fam)*	· nicht jetzt, jetzt nicht
· Maintenant, il est temps de rentrer.	· Jetzt ist es Zeit, nach Hause zu gehen!
bientôt [bjɛ̃to]	**bald**
· J'espère avoir bientôt de vos nouvelles.	· Ich hoffe, bald von euch/Ihnen zu hören.
aller faire qc [alefɛʀ] + *être*	**etw tun werden**
· Il va m'aider.	· Er wird mir helfen.

d'abord [dabɔʀ]	**zuerst, zunächst**
• Tu passes d'abord chez moi ou on se retrouve directement devant le cinéma?	• Kommst du zuerst bei mir vorbei oder treffen wir uns direkt vor dem Kino?
commencer [kɔmɑ̃se]	**anfangen, beginnen**
• commencer à faire qc	• anfangen/beginnen etw zu tun
• Dépêche-toi, le film va commencer!	• Beeil dich, der Film beginnt gleich!
recommencer [ʀ(ə)kɔmɑ̃se]	**wieder/neu anfangen**
• Sylvia a recommencé à fumer.	• Sylvia hat wieder angefangen zu rauchen.
la fin [fɛ̃]	**Ende**
• à la fin (de qc)	• am Ende (von etw), schließlich
• Ne me raconte pas la fin du livre, je veux la lire moi-même!	• Erzähl mir nicht das Ende des Buches, ich will es selbst lesen!
terminer [tɛʀmine]	**beenden**
• Il a terminé ses devoirs, il va jouer dehors.	• Er hat seine Hausaufgaben beendet, er geht hinaus zum Spielen.
déjà [deʒa]	**schon**
• On s'est déjà vus quelque part?	• Haben wir uns schon mal irgendwo gesehen?
après [apʀɛ]	**nach; danach; darauf**
• les uns après les autres	• nacheinander
• Fais d'abord le premier exercice et les autres après.	• Mach zuerst die erste Übung und die anderen danach.
puis [pɥi]	**dann**
• et puis	• und dann, und außerdem
• Vous allez d'abord tout droit, puis vous prenez la deuxième rue à gauche.	• Gehen Sie zuerst geradeaus und dann die zweite Straße nach links.
ensuite [ɑ̃sɥit]	**dann, danach**
• Fais tes devoirs, ensuite tu pourras aller au cinéma.	• Mach deine Hausaufgaben, danach kannst du ins Kino gehen!
remettre [ʀ(ə)mɛtʀ]	**verschieben, verlegen**
• remettre à plus tard	• auf später verschieben
• Nous devons remettre notre rendez-vous à demain.	• Wir müssen unser Treffen auf morgen verschieben.
enfin [ɑ̃fɛ̃]	**endlich**
• Vous voilà enfin!	• Da seid ihr/sind Sie ja endlich!
toujours [tuʒuʀ]	**immer; immer noch**
• Elle raconte toujours la même chose.	• Sie erzählt immer das Gleiche.
la fois [fwa]	**Mal**
• deux fois	• zweimal
• qc coûte trois fois rien	• etw ist spottbillig
• C'est la première fois qu'elle passe ses vacances seule.	• Es ist das erste Mal, dass sie ihre Ferien allein verbringt.

souvent [suvɑ̃] • Marc ne va pas souvent voir ses grands-parents.	**oft** • Marc besucht seine Großeltern nicht oft.
sans arrêt [sɑ̃zaʀɛ] • Il parle sans arrêt de ses problèmes.	**ständig** • Er redet ständig über seine Probleme.
rarement [ʀaʀmɑ̃] • Je vais rarement au théâtre, seulement une ou deux fois par an.	**selten** • Ich gehe selten ins Theater, nur ein oder zwei Mal im Jahr.
jamais [ʒamɛ] • Je n'ai jamais entendu une histoire aussi bizarre !	**nie** • So eine komische Geschichte habe ich noch nie gehört!
pendant [pɑ̃dɑ̃] • pendant des heures/semaines • pendant que • Il fume toujours une cigarette pendant sa pause.	**während** • stunden-/wochenlang • während • Er raucht immer eine Zigarette während seiner Pause.
entre... et... [ɑ̃tʀ e] • Notre bureau est fermé entre midi et quatorze heures.	**zwischen ... und ...** • Unser Büro ist zwischen zwölf und vierzehn Uhr geschlossen.
longtemps [lɔ̃tɑ̃] • ne pas en avoir pour longtemps • Je ne l'ai plus vu depuis longtemps.	**lang(e)** • nicht lang(e) brauchen • Ich habe ihn seit Langem nicht mehr gesehen!
long, longue [lɔ̃, lɔ̃g] • Nous avons eu une longue réunion, elle a duré deux heures.	**lang** • Wir hatten eine lange Besprechung; sie hat zwei Stunden gedauert!
court, e [kuʀ, kuʀt] • Une semaine de vacances, c'est beaucoup trop court !	**kurz** • Eine Woche Urlaub, das ist viel zu kurz!
tout de suite [tudsɥit] • C'est urgent ? J'arrive tout de suite !	**sofort** • Ist es dringend? Ich komme sofort!
soudain [sudɛ̃] • Il dormait quand soudain, un bruit l'a réveillé.	**plötzlich** • Er schlief, als ein Geräusch ihn plötzlich aufweckte.
l'époque *f* [epɔk] • à l'époque • À cette époque-là, on portait des pantalons à pattes d'éléphant.	**Zeit, Epoche** • damals • Zu dieser Zeit trug man Schlaghosen.
prochain, e [pʀɔʃɛ̃, ɛn] • Son correspondant vient chez nous le mois prochain.	**nächste(r, s)** • Sein/Ihr Brieffreund kommt uns nächsten Monat besuchen.

le début [deby]	**Anfang**
· au début (de qc)	· am Anfang/zu Beginn (von etw)
· En ce moment, c'est le début de l'été en Afrique.	· Jetzt ist gerade Sommeranfang in Afrika.
se mettre à faire qc [s(ə)mɛtʀafɛʀ]	**anfangen etw zu tun**
· Tu te mets à faire la vaisselle à cette heure-ci ?	· Fängst du um diese Uhrzeit mit dem Spülen an?
continuer [kɔ̃tinɥe]	**weitermachen**
· continuer à faire qc	· weiterhin etw tun
· Je suis fatigué, je continuerai mon travail demain.	· Ich bin müde, ich werde meine Arbeit morgen fortsetzen.
finir qc [finiʀ]	**etw beenden, mit etw aufhören**
· finir de ranger	· zu Ende aufräumen
· finir par faire qc	· schließlich etw tun
· Tu as fini ton exercice ?	· Hast du deine Übung beendet?
arrêter [aʀete]	**aufhören**
· J'arrête de repasser le linge, je n'en peux plus.	· Ich höre auf, die Wäsche zu bügeln - ich kann nicht mehr.
venir de faire qc [v(ə)niʀdəfɛʀ]	**gerade etw getan haben**
· M. Blain vient juste de partir il y a deux minutes.	· Herr Blain ist gerade vor zwei Minuten gegangen.
avant [avɑ̃]	**vor; vorher**
· avant de faire qc	· bevor man etw tut
· Il faut ranger toute la maison avant qu'ils arrivent.	· Wir müssen das ganze Haus aufräumen, bevor sie kommen.
la période [peʀjɔd]	**Zeit, Zeitraum**
· Vous prenez vos vacances à quelle période ?	· In welchem Zeitraum nehmen Sie Ihren Urlaub?
immédiatement [imedjatmɑ̃] *adv*	**unmittelbar, sofort**
· Je m'occupe de vous immédiatement.	· Ich kümmere mich sofort um Sie.
immédiat, e [imedja, jat]	**unmittelbar, direkt**
· J'ai eu droit à une réponse franche et immédiate.	· Ich habe das Recht auf eine direkte, offene Antwort!
jadis [ʒadis]	**damals, früher**
· Elle aimait se rendre à la villa où elle vivait jadis.	· Sie kehrte gerne zu der Villa zurück, in der sie früher gelebt hatte.
passé, e [pɑse]	**vergangen**
· Quand Éric et Claude se voient, ils parlent toujours du temps passé.	· Wenn Éric und Claude sich treffen, reden sie immer über vergangene Zeiten.
récemment [ʀesamɑ̃]	**vor kurzem**
· Tu as vu Marie récemment ?	· Hast du Marie in letzter Zeit gesehen?

récent, e [ʀesɑ̃, ɑ̃t]	**jüngste(r, s)**
• Cette histoire est tout à fait récente.	• Diese Geschichte ist ganz neu.
le **présent** [pʀezɑ̃]	**Gegenwart**
• à présent	• jetzt, gegenwärtig, zurzeit
• Il faut vivre dans le présent et non dans le passé.	• Man muss in der Gegenwart und nicht in der Vergangenheit leben.
l'**avenir** *m* [av(ə)niʀ]	**Zukunft**
• à l'avenir	• künftig
• Madame Soleil lit l'avenir dans le marc de café.	• Madame Soleil liest die Zukunft aus dem Kaffeesatz.
futur, e [fytyʀ]	**(zu)künftig**
• Ils ont discuté de leur futur voyage de classe.	• Sie haben über ihre zukünftige Klassenreise gesprochen.
suivant, e [sɥivɑ̃, ɑ̃t]	**(nach)folgend**
• Nous avons pris rendez-vous pour la semaine suivante.	• Wir haben für die folgende Woche einen Termin ausgemacht.
auparavant [opaʀavɑ̃]	**vorher, zuvor**
• Auparavant, il vivait en Espagne.	• Zuvor hat er in Spanien gelebt.
l'**origine** *f* [ɔʀiʒin]	**Ursprung**
• À l'origine, il ne pensait rester en France que deux mois.	• Ursprünglich dachte er nicht länger als zwei Monate in Frankreich zu bleiben.
être en train de faire qc [ɛtʀɑ̃tʀɛ̃d(ə)fɛʀ]	**gerade etw tun**
• Laisse-moi tranquille, je suis en train de réfléchir !	• Lass mich in Ruhe, ich denke gerade nach!
ne pas tarder à faire qc [nəpɑtaʀdeafɛʀ]	**bald etw tun**
• Le train ne va pas tarder à partir, je vais monter dans le wagon.	• Der Zug wird bald abfahren, ich steige gleich in den Wagen ein.
se remettre à faire qc [səʀ(ə)mɛtʀafɛʀ]	**wieder anfangen etw zu tun, wieder etw tun**
• Zut, il se remet à pleuvoir !	• Verdammt, es hat schon wieder angefangen zu regnen!
quelquefois [kɛlkəfwa]	**manchmal**
• Cela m'arrive quelquefois de vouloir être seule.	• Manchmal passiert es mir, dass ich allein sein will.
parfois [paʀfwa]	**manchmal**
• Parfois, je prends le bus au lieu de la voiture.	• Manchmal nehme ich den Bus, anstatt mit dem Auto zu fahren.
l'**occasion** *f* [ɔkazjɔ̃]	**Gelegenheit**
• à l'occasion	• bei Gelegenheit
• C'est l'occasion de se remettre au bricolage.	• Das ist (jetzt) die Gelegenheit, wieder mit dem Basteln anzufangen!

la **durée** [dyʀe]	**Dauer**
• Pouvez-vous m'indiquer la durée du voyage?	• Können Sie mir Auskunft geben über die Dauer der Reise?
durer [dyʀe]	**dauern**
• L'examen médical ne dure pas longtemps, juste une vingtaine de minutes.	• Die medizinische Untersuchung dauert nicht lange, nur etwa zwanzig Minuten.
au bout de [obudə]	**nach; am Ende von**
• Au bout de dix minutes, je me suis endormi.	• Nach zehn Minuten bin ich eingeschlafen.
en l'espace de [ɑ̃lɛspasdə]	**innerhalb von**
• J'ai lu ce livre en l'espace d'une soirée.	• Ich habe dieses Buch innerhalb eines Abends gelesen.
tant que [tɑ̃kə]	**solange**
• Nous ne commencerons pas tant que Philippe ne sera pas là.	• Wir werden nicht anfangen, solange Philippe nicht da ist.
le **délai** [delɛ]	**Frist, Zeit**
• Je vous accorde un délai de paiement d'un mois pour votre loyer.	• Ich gewähre Ihnen eine Zahlungsfrist von einem Monat für Ihre Miete.
prolonger [pʀɔlɔ̃ʒe]	**verlängern**
• Nous avons prolongé notre séjour en Italie d'une semaine.	• Wir haben unseren Aufenthalt in Italien um eine Woche verlängert.
l'**instant** *m* [ɛ̃stɑ̃]	**Moment, Augenblick**
• à l'instant	• eben, gerade
• à l'instant où	• in dem Augenblick, als
• Un instant, s'il vous plaît, je suis à vous tout de suite.	• Einen Moment bitte, ich bin gleich für Sie da.
tout à l'heure [tutalœʀ]	**vorhin, eben; gleich, nachher**
• À tout à l'heure!	• Bis nachher!
aussitôt [osito]	**sofort**
• Il est parti aussitôt après notre coup de téléphone.	• Er ist sofort nach unserem Telefonat gegangen.
dès [dɛ]	**bereits/schon (von ... an)**
• dès huit heures	• bereits um 8 Uhr
• dès que	• sobald
• Nous nous mettrons en route dès le lever du soleil.	• Wir werden uns bereits bei Sonnenaufgang auf den Weg machen.
ancien, ne [ɑ̃sjɛ̃, jɛn]	**alt; ehemalig**
• Je te présenterai mon ancien collègue, il est charmant!	• Ich werde dir einen alten Kollegen von mir vorstellen, er ist sehr charmant!
il y a [ilija, ilja, ja]	**vor**
• il y a trois ans	• vor drei Jahren
• Je l'ai rencontré en ville il y a quelques jours.	• Ich habe ihn vor ein paar Tagen in der Stadt getroffen.

présent, e [pʀezɑ̃, ɑ̃t]	**gegenwärtig**
• En ce moment présent, je vous prépare une grosse surprise !	• Gegenwärtig bereite ich eine große Überraschung für euch/Sie vor!
actuellement [aktɥɛlmɑ̃]	**zurzeit**
• Qu'est-ce que vous faites actuellement ?	• Was macht ihr/machen Sie zurzeit?
au cours de [okuʀdə]	**im Laufe von**
• Ils ont fait connaissance au cours du voyage.	• Sie haben sich im Laufe ihrer Reise kennengelernt.
entre-temps [ɑ̃tʀətɑ̃]	**inzwischen, in der Zwischenzeit**
• Ne le cherchez plus, entre-temps il est arrivé.	• Sucht/Suchen Sie ihn nicht mehr, er ist inzwischen angekommen.
final, e [final]	**End-, Schluss-; endgültig**
• Nous sommes satisfaits de la version finale.	• Wir sind mit der Endversion zufrieden.
finalement [finalmɑ̃]	**schließlich**
• Finalement, nous sommes restés plus longtemps que prévu en Inde.	• Schließlich sind wir länger in Indien geblieben als vorgesehen.
cesser [sese]	**aufhören**
• cesser qc	• etw beenden
• cesser de faire qc	• aufhören etw zu tun
• Il a cessé de pleuvoir, je sors le chien.	• Es hat aufgehört zu regnen, ich gehe mit dem Hund raus.
par la suite [paʀlasɥit]	**danach; in der Folge**
• Par la suite, il s'est avéré que l'accusé avait dit la vérité.	• Danach hat sich herausgestellt, dass der Angeklagte die Wahrheit gesagt hatte.
régulièrement [ʀegyljɛʀmɑ̃]	**regelmäßig**
• Je fais du sport régulièrement : tous les lundis et tous les jeudis.	• Ich treibe regelmäßig Sport: jeden Montag und jeden Donnerstag.
à nouveau [anuvo]	**erneut, wieder**
• Le chien a à nouveau sali le fauteuil !	• Der Hund hat schon wieder den Sessel schmutzig gemacht!
de nouveau [d(ə)nuvo]	**nochmals; erneut**
• Laetitia Casta tourne de nouveau un film.	• Laetitia Casta dreht erneut einen Kinofilm.

Zahlen und Mengen

51

le nombre [nɔ̃bʀ]	**Zahl; Anzahl**
• le nombre entier	• ganze Zahl
• le nombre pair/impair	• gerade/ungerade Zahl
• Pouvez-vous m'indiquer le nombre de personnes inscrites ?	• Können Sie mir die Anzahl der angemeldeten Personen nennen?
zéro [zeʀo]	**null**
• Zéro est un nombre un peu ambigu.	• Die Null ist eine etwas mehrdeutige Zahl.

un, e [œ̃, yn] • un élève sur deux • Un et un font deux.	**eins; ein(e)** • jeder zweite Schüler • Eins plus eins macht zwei.
deux [dø] • à deux • Deux est un nombre pair.	**zwei** • zu zweit • Die Zwei ist eine gerade Zahl.
trois [tʀwɑ] • Une personne sur trois est atteinte d'un cancer au cours de sa vie.	**drei** • Eine von drei Personen erkrankt im Laufe ihres Lebens an Krebs.
quatre [katʀ] • Au repas, nous serons quatre.	**vier** • Zum Essen werden wir vier sein.
cinq [sɛ̃k] • La chatte a accouché de cinq chatons.	**fünf** • Die Katze hat fünf Jungen geboren.
six [sis] • Six fois six trente six.	**sechs** • Sechs mal sechs macht sechsunddreißig.
sept [sɛt] • Elle est née le sept juillet deux mille sept.	**sieben** • Sie ist am 7.7.2007 geboren.
huit [ˈɥi(t)] • En Chine, le chiffre huit porte chance.	**acht** • In China bringt die Zahl Acht Glück.
neuf [nœf] • Dans sa famille, ils sont neuf.	**neun** • In seiner/ihrer Familie sind sie neun.
dix [dis] • Marie a dix ans aujourd'hui.	**zehn** • Marie wird heute zehn Jahre alt.
onze [ɔ̃z] • Il aura onze ans dans deux jours.	**elf** • Er wird in zwei Tagen elf Jahre alt.
douze [duz] • Les cloches ont sonné les douze coups de minuit.	**zwölf** • Die Glocken haben zwölf Mal zu Mitternacht geschlagen.
treize [tʀɛz] • C'est vendredi treize aujourd'hui!	**dreizehn** • Heute ist Freitag, der dreizehnte.
quatorze [katɔʀz] • Quatorze ans, c'est un âge difficile.	**vierzehn** • Vierzehn Jahre ist ein schwieriges Alter.
quinze [kɛ̃z] • Il a invité quinze camarades de classe à la maison!	**fünfzehn** • Er hat fünfzehn Klassenkameraden nach Hause eingeladen!
seize [sɛz] • Elle a seize ans et elle est amoureuse.	**sechzehn** • Sie ist sechzehn Jahre alt und verliebt.
dix-sept [dissɛt] • Dix-sept pays africains ont célébré le cinquantième anniversaire de leur indépendance.	**siebzehn** • Siebzehn afrikanische Länder haben den fünften Jahrestag ihrer Unabhängigkeit gefeiert.

dix-huit [dizɥit] · Elle a passé son permis de conduire à dix-huit ans.	**achtzehn** · Sie hat ihren Führerschein mit achtzehn Jahren gemacht.
dix-neuf [diznœf] · Il a quitté sa femme après dix-neuf ans de mariage.	**neunzehn** · Er hat seine Frau nach neunzehn Jahren Ehe verlassen.
vingt [vɛ̃] · Ils arriveront dans vingt minutes environ.	**zwanzig** · Sie werden in ca. zwanzig Minuten kommen.
vingt et un [vɛ̃teœ̃] · J'ai vingt et un élèves dans ma classe.	**einundzwanzig** · Ich habe einundzwanzig Schülerinnen und Schüler in meiner Klasse.
vingt-deux [vɛ̃tdø] · Cela fait vingt-deux ans que nous habitons à l'étranger.	**zweiundzwanzig** · Wir wohnen jetzt (schon) zweiundzwanzig Jahre im Ausland.
trente [tʀɑ̃t] · Elle a eu son premier enfant à trente ans.	**dreißig** · Sie hat ihr erstes Kind mit dreißig Jahren bekommen.
quarante [kaʀɑ̃t] · Voici la liste des quarante joueurs sélectionnés pour le tournoi.	**vierzig** · Hier ist die Liste der vierzig ausgewählten Spieler für das Turnier.
cinquante [sɛ̃kɑ̃t] · Ils font jusqu'à cinquante pour cent de remise sur les vêtements de marque.	**fünfzig** · Sie haben die Markenbekleidung bis zu fünfzig Prozent reduziert.
soixante [swasɑ̃t] · Au grenier, j'ai trouvé des vieux disques des années soixante.	**sechzig** · Ich habe auf dem Dachboden alte Schallplatten aus den Sechzigerjahren gefunden.
soixante-dix [swasɑ̃tdis] · Sur France Bleu, ils passent les grands succès des années soixante-dix.	**siebzig** · Auf France Bleu spielen sie die größten Hits der Siebzigerjahre.
septante [sɛptɑ̃t] · En Belgique et en Suisse, on dit septante pour soixante-dix.	**siebzig** *(in Belgien und der Schweiz)* · In Belgien und in der Schweiz sagt man „septante" für siebzig.
soixante et onze [swasɑ̃teɔ̃z] · Il vient d'avoir soixante et onze ans.	**einundsiebzig** · Er ist gerade einundsiebzig Jahre alt geworden.
soixante-douze [swasɑ̃tduz] · Elle emploie soixante-douze salariés dans son entreprise.	**zweiundsiebzig** · Sie beschäftigt zweiundsiebzig Angestellte in ihrer Firma.
quatre-vingts [katʀəvɛ̃] · Il me doit quatre-vingts euros.	**achtzig** · Er schuldet mir achtzig Euro.
octante [ɔktɑ̃t] · La forme octante n'est pratiquement plus utilisée.	**achtzig** *(in der Schweiz)* · Die Bezeichnung „octante" wird kaum noch verwendet.

huitante [ˈɥitɑ̃t] · Huitante est d'usage en Suisse, dans le canton de Vaud.	**achtzig** *(in der Schweiz)* · „Huitante" sagt man in der Schweiz, im Kanton Waadt.
quatre-vingt-un [katʀəvɛ̃œ̃] · Il est né en quatre-vingt-un.	**einundachtzig** · Er ist einundachtzig geboren.
quatre-vingt-dix [katʀəvɛ̃dis] · Ma mère est morte à quatre-vingt-dix ans.	**neunzig** · Meine Mutter ist mit neunzig Jahren gestorben.
nonante [nɔnɑ̃t] · Il conduisait encore sa voiture à nonante ans.	**neunzig** *(in Belgien und der Schweiz)* · Er fuhr mit neunzig Jahren immer noch sein Auto.
quatre-vingt-onze [katʀəvɛ̃ɔ̃z] · Quatre-vingt-onze personnes ont été blessées dans un accident de car.	**einundneunzig** · Einundneunzig Personen sind bei einem Busunfall verletzt worden.
cent [sɑ̃] · Je cherche un livre sur la guerre de Cent Ans.	**hundert** · Ich suche ein Buch über den Hundertjährigen Krieg.
cent un [sɑ̃œ̃] · On a regardé *Les cent un damaltiens* à la télé.	**hunderteins** · Wir haben „Hundertundein Dalmatiner" im Fernsehen gesehen.
cent dix [sɑ̃dis] · Cent dix personnes en tout ont participé aux ateliers de bricolage.	**hundertzehn** · Insgesamt haben hundertzehn Personen am Bastelworkshop teilgenommen.
deux cents [døsɑ̃] · Dans notre région, plus de deux cents chiens attendent d'être adoptés.	**zweihundert** · In unserer Gegend warten über zweihundert Hunde darauf, adoptiert zu werden.
mille [mil] · Je t'ai déjà dit mille fois de faire plus attention !	**tausend** · Ich habe dir schon Tausend Mal gesagt, du sollst besser aufpassen!
mille un [milœ̃] · Le nombre qui vient après mille est mille un.	**tausendeins** · Die Zahl, die nach tausend kommt ist tausendeins.
deux mille [dømil] · J'ai fêté mes quarante ans en l'an deux mille.	**zweitausend** · Ich habe meinen vierzigsten Geburtstag im Jahr zweitausend gefeiert.
premier, -ière [pʀəmje, jɛʀ] · le premier, la première · Tu es le premier à me dire ça.	**erste(r, s)** · der Erste, die Erste · Du bist der Erste, der mir das sagt.
deuxième [døzjɛm] · Il s'est marié pour la deuxième fois samedi dernier.	**zweite(r, s)** · Er hat letzten Samstag zum zweiten Mal geheiratet.
second, e [s(ə)gɔ̃, ɔ̃d] · La Seconde Guerre mondiale a duré six ans.	**zweite(r, s)** · Der Zweite Weltkrieg hat sechs Jahre gedauert.

troisième [tʀwɑzjɛm] • Elle attend son troisième enfant.	**dritte(r, s)** • Sie erwartet ihr drittes Kind.
dixième [dizjɛm] • Wikipédia vient de fêter son dixième anniversaire.	**zehnte(r, s)** • Wikipedia hat gerade sein zehnjähriges Bestehen gefeiert.
vingtième [vɛ̃tjɛm] • Ils fêtent leur vingtième anniversaire de mariage.	**zwanzigste(r, s)** • Sie feiern ihren zwanzigsten Hochzeitstag.
centième [sɑ̃tjɛm] • Le centimètre est un centième de mètre.	**hundertste(r, s)** • Ein Zentimeter ist der hundertste Teil eines Meters.
millième [miljɛm] • Il était le millième visiteur du nouveau magasin.	**tausendste(r, s)** • Er war der tausendste Besucher des neuen Geschäfts.
premièrement [pʀəmjɛʀmɑ̃] • Premièrement, je vous l'ai interdit.	**erstens** • Erstens habe ich es euch verboten.
deuxièmement [døzjɛmmɑ̃] • Deuxièmement, vous savez que c'est stupide.	**zweitens** • Zweitens wisst ihr, dass es dumm ist.
l'ordre *m* [ɔʀdʀ] • le bon ordre • l'ordre croissant/décroissant • Je trie mes documents par ordre alphabétique.	**Reihenfolge** • richtige Reihenfolge • auf-/absteigende Reihenfolge • Ich sortiere meine Dokumente in alphabetischer Reihenfolge.
combien (de) [kɔ̃bjɛ̃(də)] • Vous avez combien de frères ?	**wie viel(e)** • Wie viele Brüder haben Sie?
beaucoup [boku] • beaucoup (de) • Je n'ai plus beaucoup d'argent, il ne me reste plus que dix euros.	**viel** • viel(e) • Ich habe nicht mehr viel Geld, ich habe nur noch zehn Euro.
tous, toutes [tu(s), tut] • tous les enfants • Ils sont tous venus à ma fête.	**alle** • alle Kinder • Sie sind alle zu meiner Feier gekommen.
tout, e [tu, tut] • tout le monde • Toute personne qui veut entrer doit montrer sa carte d'invitation.	**jede(r, s)** • jeder, alle • Jede Person, die hinein will, muss ihre Einladung vorzeigen.
chaque [ʃak] • chaque matin • Je me trompe de route à chaque fois.	**jede(r, s)** • jeden Morgen • Ich verfahre mich jedes Mal.

chacun, e [ʃakœ̃, yn]	**jede(r, s) (Einzelne)**
• un cadeau pour chacun	• ein Geschenk für jeden
• Chacun d'entre vous recevra un billet d'entrée et un prospectus du musée.	• Jeder Einzelne von euch wird eine Eintrittskarte und einen Prospekt des Museums erhalten.
plus (de) [plys(də)]	**mehr (als)**
• plus de huit heures	• mehr als acht Stunden
• Julie a plus de jouets que Louis.	• Julie hat mehr Spielzeug als Louis.
moins (de) [mwɛ̃(də)]	**weniger (als)**
• (tout) au moins	• wenigstens, zumindest
• au moins	• mindestens
• Elle a moins de place dans sa chambre que moi.	• Sie hat weniger Platz in ihrem Zimmer als ich.
peu (de) [pø(də)]	**wenig(e)**
• un peu de sel	• ein wenig Salz
• Je mange très peu de sucreries.	• Ich esse sehr wenig Süßigkeiten.
rien [ʀjɛ̃]	**nichts**
• plus rien	• nichts mehr
• Rien ne me plaît.	• Mir gefällt nichts.
aucun, e [okœ̃, okyn]	**kein(e), kein(e) einzige(r, s)**
• Les élèves n'ont lu aucun des livres qui figurent sur la liste.	• Die Schüler haben kein einziges der Bücher, die auf der Liste stehen, gelesen.
ne ... pas (de) [nəpɑ (də)]	**nicht; kein(e)**
• Elle ne fume pas.	• Sie raucht nicht.
• Je n'ai pas d'explication.	• Ich habe keine Erklärung.
plein de [plɛ̃də] *adv (fam)*	**viel(e)**
• Dans ma maison de campagne, il y a plein d'araignées.	• In meinem Haus auf dem Land gibt es ganz viele Spinnen.
plusieurs [plyzjœʀ]	**mehrere**
• L'autoroute a été coupée pendant plusieurs heures à cause d'un accident.	• Die Autobahn war aufgrund eines Unfalls für mehrere Stunden gesperrt.
quelques [kɛlk]	**einige (wenige), ein paar**
• quelques jours	• einige Tage
• quelques-uns, quelques-unes	• einige
• J'ai emprunté quelques livres à la bibliothèque.	• Ich habe in der Bibliothek einige Bücher ausgeliehen.
la **pièce** [pjɛs]	**Teil, Stück**
• Regarde dans leur catalogue de pièces détachées.	• Sieh mal in ihrem Ersatzteilekatalog nach!

Rien und **aucun** werden immer mit **ne** verwendet. Aber in der französischen Umgangssprache entfällt das **ne** oft: **elle fume pas** – *sie raucht nicht;* **je vois rien** – *ich sehe nichts.*

le **morceau**, les **morceaux** [mɔʀso] • Il vient de manger trois morceaux de gâteau !	**Stück** • Er hat gerade drei Stück Torte gegessen!
la **tranche** [tʀɑ̃ʃ] • Tu veux une tranche de jambon ?	**Scheibe; Abschnitt** • Möchtest du eine Scheibe Schinken?
la **part** [paʀ] • J'ai mangé une grosse part de gâteau.	**(An)teil** • Ich habe ein großes Stück Torte gegessen.
le **chiffre** [ʃifʀ] • En France, les numéros de téléphone sont composés de 10 chiffres.	**Ziffer; Zahl** • In Frankreich bestehen die Telefonnummern aus 10 Ziffern.
la **quantité** [kɑ̃tite] • Il faut juste mettre une petite quantité d'huile dans la pâte.	**Menge** • Man muss nur eine geringe Menge Öl in den Teig geben.
la **dizaine (de)** [dizɛn(də)] • Je vais prendre une dizaine de pommes.	**etwa zehn** • Ich nehme etwa zehn Äpfel.
la **douzaine (de)** [duzɛn(də)] • Elle a acheté une douzaine d'œufs pour faire une omelette.	**Dutzend; etwa zwölf** • Sie hat ein Dutzend Eier gekauft, um ein Omelett zu machen.
la **centaine (de)** [sɑ̃tɛn(də)] • Plusieurs centaines de personnes ont assisté aux obsèques de l'acteur.	**etwa hundert** • Mehrere Hundert Menschen haben der Beerdigung des Schauspielers beigewohnt.
le **millier (de)** [milje(də)] • Des milliers de personnes ont suivi le match de foot.	**etwa tausend** • Tausende von Leuten haben das Fußballspiel verfolgt.
un pour cent [œ̃puʀsɑ̃] • Le taux de chômage a baissé d'un pour cent.	**ein Prozent** • Die Arbeitslosenquote ist um ein Prozent gesunken.
la **moitié** [mwatje] • Elle a déjà lu la moitié du livre qu'elle s'est acheté ce matin.	**Hälfte** • Sie hat schon die Hälfte des Buches gelesen, das sie sich heute Morgen gekauft hat.
double [dubl] • J'ai gagné et encaissé le double de ma mise.	**doppelt** • Ich habe die doppelte Menge meines Einsatzes gewonnen und eingelöst.
triple [tʀipl] • Le médecin lui a prescrit la triple dose du médicament.	**dreifach** • Der Arzt/Die Ärztin hat ihm/ihr die dreifache Dosis des Medikaments verschrieben.
se multiplier [s(ə)myltiplije] • Dans cette centrale nucléaire, les incidents se multiplient.	**sich vermehren** • In diesem Kernkraftwerk mehren sich die Zwischenfälle.
égal, e [egal] • Dans cette case, tu dois indiquer un chiffre égal ou supérieur à 1.	**gleich** • In diesem Feld musst du eine Zahl, die gleich oder höher ist als 1, angeben.

le **total**, les **totaux** [tɔtal, o]	**Gesamtbetrag**
· au total	· insgesamt
· J'ai calculé le total de mes dépenses et j'ai été très étonnée.	· Ich habe den Gesamtbetrag all meiner Ausgaben errechnet und war sehr erstaunt.
supérieur, e [sypeʀjœʀ]	**obere(r, s), höhere(r, s)**
· C'est un élève d'une intelligence supérieure à la moyenne.	· Das ist ein Schüler mit einer höheren Intelligenz als durchschnittlich.
inférieur, e [ɛ̃feʀjœʀ]	**untere(r, s), geringer, kleiner**
· Les prix indiqués sont de loin inférieurs à ceux pratiqués sur le marché.	· Die angegebenen Preise sind bei Weitem niedriger als die auf dem Markt üblichen.
nombreux, -euse [nɔ̃bʀø, øz]	**zahlreich**
· Ils étaient très nombreux à la fête du village.	· Sie waren sehr zahlreich auf dem Dorffest.
pas mal (de) [pɑmal(də)] *fam)*	**ziemlich viel(e)**
· pas mal de gens	· ziemlich viele Leute
· On a ramassé pas mal de champignons ce matin.	· Heute Morgen haben wir ziemlich viele Pilze gesammelt.
un tas (de) [œ̃ta(də)] *(fam)*	**eine Menge**
· Il y avait des tas d'ordures dans les rues.	· Es gab eine Menge Müll auf den Straßen.
bien du/de la/de l'/des [bjɛ̃dy/dəla/dəl/de]	**viel(e)**
· bien des gens	· viele Leute
· J'ai eu bien du mal à le convaincre.	· Ich hatte Mühe, ihn zu überzeugen.
tant (de) [tɑ̃(də)]	**so viel**
· Après tant d'efforts, il avait bien mérité une récompense.	· Nach so viel Anstrengung hatte er eine Belohnung verdient.
tellement (de) [tɛlmɑ̃(də)]	**so viele**
· Il y avait tellement de chiens que je ne savais pas lequel choisir.	· Es waren so viele Hunde, dass ich nicht wusste, welchen ich nehmen sollte.
énormément (de) [enɔʀmemɑ̃(də)]	**sehr viel, außerordentlich viel**
· Il y avait énormément de monde au marché ce matin.	· Heute früh waren außergewöhnlich viele Leute auf dem Markt.
la plupart (des) [laplypaʀ(de)]	**die Mehrzahl (der), die meisten**
· La plupart des touristes sont repartis samedi.	· Die Mehrzahl der Urlauber ist am Samstag heimgefahren.
davantage [davɑ̃taʒ]	**mehr**
· Le professeur voudrait que ses élèves participent davantage au cours.	· Der Lehrer will, dass seine Schülerinnen und Schüler mehr am Unterricht teilnehmen.
ne... pas grand-chose [nə pɑgʀɑ̃ʃoz]	**nicht viel**
· Je n'ai pas compris grand-chose à cet article.	· Ich habe von diesem Artikel nicht viel verstanden.
le **pourcentage** [puʀsɑ̃taʒ]	**Prozentsatz**
· Tu connais le pourcentage de graisse de ce gâteau ?	· Weißt du, wie viel Prozent Fett diese Torte hat?

Maße und Gewichte

52

le **kilo(gramme)** [kilo(gʀam)]	**Kilo(gramm)**
• un kilo de fraises	• ein Kilo Erdbeeren
• J'ai perdu deux kilos en une semaine.	• Ich habe in einer Woche zwei Kilo abgenommen.
le **gramme** [gʀam]	**Gramm**
• Je vais prendre 500 grammes de viande hachée.	• Ich nehme 500 Gramm Hackfleisch.
peser [pəze]	**wiegen**
• Les légumes sont pesés à la caisse.	• Das Gemüse wird an der Kasse gewogen.
le **kilomètre** [kilɔmɛtʀ]	**Kilometer**
• Mes parents habitent à dix kilomètres de chez nous.	• Meine Eltern wohnen zehn Kilometer von uns entfernt.
le **mètre** [mɛtʀ]	**Meter**
• La mairie se trouve à 200 mètres d'ici.	• Das Rathaus befindet sich 200 Meter von hier entfernt.
le **centimètre** [sɑ̃timɛtʀ]	**Zentimeter**
• Coupez-moi une tranche de viande d'environ un centimètre.	• Schneiden Sie mir eine Scheibe Fleisch von ca. einem Zentimeter ab.
le **millimètre** [milimɛtʀ]	**Millimeter**
• Il me faut un câble de cinq millimètres de diamètre.	• Ich brauche ein Kabel mit fünf Millimeter Durchmesser.
long, longue [lɔ̃, lɔ̃g]	**lang**
• deux mètres de long	• zwei Meter lang
• être long de 500 mètres	• 500 Meter lang sein
• Ce tapis est très long.	• Dieser Teppich ist sehr lang.
court, e [kuʀ, kuʀt]	**kurz**
• Ce pantalon ne me va pas, il est trop court.	• Diese Hose passt mir nicht, sie ist zu kurz.
large [laʀʒ]	**breit**
• Ces pneus sont trop larges.	• Diese Reifen sind zu breit.
étroit, e [etʀwa, wat]	**schmal**
• Le sentier était très étroit.	• Der Weg war sehr schmal.
bas, se [bɑ, bɑs]	**niedrig**
• Il a acheté une table basse pour le salon.	• Er hat einen Couchtisch für das Wohnzimmer gekauft.
haut, e [ˊo, ˊot]	**hoch**
• trois mètres de haut	• drei Meter hoch
• être haut de cent mètres	• hundert Meter hoch sein
• Les Alpes sont une région de hautes montagnes.	• Die Alpen sind eine Hochgebirgsregion.
la **taille** [tɑj]	**Größe**
• Quelle taille je fais ? 1,80 m !	• Welche Größe ich habe? 1,80 m!

la **dimension** [dimɑ̃sjɔ̃]	**Maß; Größe; Dimension**
· Nous devons prendre les dimensions du mur avant de commander la nouvelle armoire.	· Wir müssen die Maße der Wand nehmen, bevor wir den neuen Schrank bestellen.
la **mesure** [m(ə)zyʀ]	**Maß**
· Vous avez les mesures pour vos nouveaux rideaux ?	· Haben Sie die Maße für Ihre neuen Gardinen?
mesurer [məzyʀe]	**messen**
· J'ai oublié de mesurer la hauteur des fenêtres.	· Ich habe vergessen, die Höhe der Fenster zu messen!
la **longueur** [lɔ̃gœʀ]	**Länge**
· Notre terrain a une longueur de 35 mètres.	· Unser Grundstück hat eine Länge von 35 Metern.
la **largeur** [laʀʒœʀ]	**Breite**
· La largeur de la commode est de 85 cm.	· Die Kommode hat eine Breite von 85 cm.
la **hauteur** [ˊotœʀ]	**Höhe**
· Tu as vu la hauteur du pont ?	· Hast du die Höhe der Brücke gesehen?
la **profondeur** [pʀɔfɔ̃dœʀ]	**Tiefe**
· La profondeur du lac est impressionnante, on ne voit pas le fond.	· Die Tiefe des Sees ist beeindruckend, man sieht gar keinen Grund.
la **surface** [syʀfas]	**Fläche; Oberfläche**
· J'ai vu des poissons morts à la surface de l'eau.	· Ich habe tote Fisch an der Wasseroberfläche gesehen.
la **superficie** [sypɛʀfisi]	**Fläche; Grundfläche**
· Le terrain a une superficie de 2 000 mètres carré.	· Die Grundstücksfläche beträgt 2.000 Quadratmeter.
carré, e [kaʀe]	**quadratisch, Quadrat-**
· Le magasin a une surface de 1 000 mètres carré.	· Der Laden hat eine Fläche von 1.000 Quadratmetern.
le **volume** [vɔlym]	**Volumen, Rauminhalt**
· Quel est le volume de la citerne d'eau ?	· Welches Volumen hat der Wassertank?
le **litre (de)** [litʀ(də)]	**Liter**
· Je voudrais un litre de lait, s'il vous plaît.	· Ich möchte bitte einen Liter Milch.
la **livre (de)** [livʀ(də)]	**Pfund**
· Il me manque encore une livre de beurre.	· Mir fehlt noch ein Pfund Butter.
cube [kyb]	**Kubik-**
· Le camion transporte un volume de plus de cents mètres cube.	· Der Lastwagen transportiert ein Volumen von über hundert Kubikmetern.
le **poids** [pwɑ]	**Gewicht**
· Le médecin lui a dit de surveiller son poids.	· Der Arzt/die Ärztin hat ihm/ihr angeraten, auf sein/ihr Gewicht zu achten.
la **tonne** [tɔn]	**Tonne**
· Ce menhir pèse plus d'une tonne.	· Dieser Menhir wiegt über eine Tonne.

léger, -ère [leʒe, ɛʀ]	**leicht(gewichtig)**
• Sylvain est léger comme une plume !	• Sylvain ist so leicht wie eine Feder!
lourd, e [luʀ, luʀd]	**schwer**
• Il est aussi lourd qu'un éléphant !	• Er ist so schwer wie ein Elefant!

BEGRIFFE ZUR BESCHREIBUNG

Farben und Formen

53

la forme [fɔʀm]	**Form**
• en forme de cercle	• kreisförmig
• Voici un très beau vase ancien de forme ovale.	• Hier ist eine sehr schöne alte Vase in einer ovalen Form.
la couleur [kulœʀ]	**Farbe**
• de plusieurs couleurs	• mehrfarbig, bunt
• Nous avons vu des oiseaux de toutes les couleurs.	• Wir haben Vögel jeglicher Farben gesehen.
rouge [ʀuʒ]	**rot**
• rouge clair	• hellrot
• rouge foncé	• dunkelrot
• Il m'a offert un bouquet de roses rouges.	• Er hat mir einen Strauß roter Rosen geschenkt.
bleu, e [blø]	**blau**
• bleu ciel	• himmelblau
• bleu marine	• marineblau
• L'eau est bleu turquoise !	• Das Wasser ist türkisblau!
jaune [ʒon]	**gelb**
• jaune pâle	• blassgelb
• Je me suis acheté une robe jaune citron.	• Ich habe mir ein zitronengelbes Kleid gekauft.
vert, e [vɛʀ, vɛʀt]	**grün**
• vert pomme	• apfelgrün
• Les arbres sont bien verts cette année !	• Dieses Jahr sind die Bäume schön grün!
orange [ɔʀɑ̃ʒ] *inv*	**orange**
• Elle se tricote une écharpe orange.	• Sie strickt sich einen orangefarbenen Schal.

rose [ROZ] • rose bonbon • Elle voit la vie en rose.	**rosa** • bonbonrosa • Sie sieht das Leben durch die rosarote Brille.
violet, te [vjɔlɛ, ɛt] • Tu as vu mon chemisier violet ?	**violett** • Hast du meine violette Bluse gesehen?
marron [maʀɔ̃] *inv* • Il a les yeux marron.	**braun** • Er hat braune Augen.
gris, e [gʀi, gʀiz] • Mon balcon donne sur un mur de béton tout gris.	**grau** • Mein Balkon geht zu einer ganz grauen Betonwand hinaus.
blanc, blanche [blɑ̃, blɑ̃ʃ] • tout blanc • Il a repeint les volets en blanc.	**weiß** • ganz weiß • Er hat die Fensterläden wieder weiß gestrichen.
noir, e [nwaʀ] • J'ai vu un chat noir dans la rue.	**schwarz** • Ich habe eine schwarze Katze auf der Straße gesehen.
incolore [ɛ̃kɔlɔʀ] • Je n'utilise que du vernis à ongles incolore.	**farblos** • Ich benutze nur farblosen Nagellack.
coloré, e [kɔlɔʀe] • Marie aime porter des vêtements colorés.	**farbig** • Marie trägt gern bunte Anziehsachen.
multicolore [myltikɔlɔʀ] • Céline porte un maillot de bain multicolore.	**bunt** • Céline trägt einen bunten Badeanzug.
clair, e [klɛʀ] • Elle a mis une robe jaune clair.	**hell; hell-** • Sie hat ein hellgelbes Kleid angezogen.
foncé, e [fɔ̃se] • Louis a le teint foncé et des cheveux noirs.	**dunkel; dunkel-** • Louis hat einen dunklen Teint und schwarze Haare.
le **rond** [ʀɔ̃] • Tu sais faire des ronds avec la fumée de cigarette ?	**Kreis; Ring** • Kannst du aus dem Zigarettenrauch Kreise machen?
rond, e [ʀɔ̃, ʀɔ̃d] • Le ballon de rugby n'est pas rond mais ovale.	**rund** • Der Rugbyball ist nicht rund, sondern oval.
le **cercle** [sɛʀkl] • Mettez-vous en cercle.	**Kreis** • Bildet einen Kreis!
le **carré** [kaʀe] • Elle a dessiné un carré puis en a fait une maison.	**Quadrat** • Sie hat ein Viereck gemalt und daraus ein Haus gemacht.
le **rectangle** [ʀɛktɑ̃gl] • Le terrain de foot a la forme d'un rectangle.	**Rechteck** • Der Fußballplatz hat die Form eines Rechtecks.
rectangulaire [ʀɛktɑ̃gylɛʀ] • Ma table de travail est rectangulaire.	**rechteckig** • Mein Arbeitstisch ist rechteckig.

le **triangle** [tʀijɑ̃gl]	**Dreieck**
• Un triangle isocèle a deux côtés égaux.	• Ein gleichschenkliges Dreieck hat zwei gleich lange Seiten.
triangulaire [tʀijɑ̃gylɛʀ]	**dreieckig**
• Simon a trouvé un objet mystérieux de forme triangulaire.	• Simon hat einen rätselhaften, dreieckigen Gegenstand gefunden.
ovale [ɔval]	**oval**
• Elle a un visage ovale.	• Sie hat ein ovales Gesicht.

54

Grad und Vergleich

très [tʀɛ]	**sehr**
• André est très grand, il fait plus de deux mètres !	• André ist sehr groß, er ist über zwei Meter groß!
assez [ase]	**ziemlich**
• assez (de)	• genug, genügend
• Ils ont une assez grande maison.	• Sie haben ein ziemlich großes Haus.
trop (de) [tʀo(də)]	**zu (viel)**
• trop grand	• zu groß
• trop de travail	• zu viel Arbeit
• Il y a trop de monde le samedi au marché.	• Samstags sind zu viele Leute auf dem Markt.
ressembler à qc [ʀ(ə)sɑ̃ble]	**einer Sache ähneln**
• Leur maison ressemble à un musée.	• Ihr Haus ähnelt einem Museum.
comme [kɔm]	**wie**
• Elle s'habille comme sa mère.	• Sie zieht sich wie ihre Mutter an.
même [mɛm]	**gleich**
• le, la même	• der/die/das gleiche; derselbe/dieselbe/dasselbe
• la même chose	• das Gleiche
• Nous avons la même voiture.	• Wir haben den gleichen Wagen.
mieux [mjø]	**besser**
• aimer mieux qc	• etw lieber mögen
• de mieux en mieux	• immer besser
• Il nage beaucoup mieux que son père.	• Er schwimmt viel besser als sein Vater.
pire [piʀ]	**schlimmer**
• de pire en pire	• immer schlimmer
• le pire	• das Schlimmste
• Notre nouveau professeur est encore pire que celui que nous avions avant !	• Unser neuer Lehrer ist noch schlimmer als der(jenige), den wir vorher hatten!
plus [ply(s)]	**mehr**
• plus lentement	• langsamer
• plus beau que	• schöner als
• J'aimerais bien avoir plus d'argent.	• Ich hätte gerne mehr Geld.

moins [mwɛ̃]	**weniger**
· moins calmement	· weniger ruhig
· moins bon que	· weniger gut/schlechter als, nicht so gut wie
· Carole est moins compliquée que son frère.	· Carole ist weniger kompliziert als ihr Bruder.
la **différence** [difeʀɑ̃s]	**Unterschied**
· à la différence de	· im Unterschied zu
· Cela fait une différence de prix de cinq euros avec la remise.	· Mit dem Rabatt macht es einen Preisunterschied von fünf Euro.
différent, e [difeʀɑ̃, ɑ̃t]	**unterschiedlich, anders**
· J'ai lu différents articles sur la situation politique actuelle.	· Ich habe verschiedene Artikel über die aktuelle politische Situation gelesen.
autre [otʀ]	**andere(r, s)**
· l'autre voiture	· das andere Auto
· autre chose	· etwas anderes
· Ils veulent déménager dans une autre ville.	· Sie wollen in eine andere Stadt umziehen.

tellement [tɛlmɑ̃]	**so sehr**
· J'aimerais tellement partir à l'étranger !	· Ich würde so gerne ins Ausland fahren!
peu [pø]	**wenig, nicht sehr**
· Nous nous voyons relativement peu, deux fois par an peut-être.	· Wir sehen uns relativ wenig, zweimal im Jahr vielleicht.
presque [pʀɛsk]	**fast**
· Elle a presque fini son dessin !	· Sie hat ihr Bild fast fertig!
environ [ɑ̃viʀɔ̃]	**ungefähr, etwa**
· Cela va coûter environ 200 euros.	· Das wird ungefähr 200 Euro kosten.
la **moyenne** [mwajɛn]	**Durchschnitt**
· En maths, ils apprennent à calculer les moyennes.	· In Mathe lernen sie, wie man den Durchschnitt errechnet.
comparer [kɔ̃paʀe]	**vergleichen**
· comparer qn/qc à qn/qc	· jdn/etw mit jdm/etw vergleichen
· J'aime bien comparer les prix avant d'acheter quelque chose.	· Ich vergleiche gern die Preise, bevor ich etwas kaufe.
identique [idɑ̃tik]	**identisch, gleich**
· Ils m'ont livré deux pantalons totalement identiques !	· Sie haben mir zwei gleiche Hosen geliefert!
que [kə]	**als** *(im Vergleich)*
· plus grand que	· größer als
· Je pense que tu seras plus rapide que moi à la course.	· Ich denke, du wirst beim Laufen schneller als ich sein.

Auch vor Vokal oder stummem **h** steht die volle Form **presque**: **Elle est presque aveugle.** – *Sie ist fast blind.*

aussi ... que [osi kə] • aussi sympa que • Il est aussi grand que moi.	**so ... wie** • ebenso sympathisch wie • Er ist genauso groß wie ich.
si [si] • Il est si mignon!	**so** • Er ist so süß!
le meilleur, la meilleure... [mɛjœʀ] • Ici, c'est le meilleur endroit pour prendre des photos.	**der/die/das beste ...** • Hier ist der beste Ort, um Fotos zu machen.
le contraire [kɔ̃tʀɛʀ] • au contraire • Quand elle dit quelque chose, Paul affirme toujours le contraire.	**Gegenteil** • im Gegenteil • Wenn sie etwas sagt, behauptet Paul immer das Gegenteil.
contrairement à [kɔ̃tʀɛʀmɑ̃] • Contrairement à vous, je suis déjà prête.	**im Gegensatz zu** • Im Gegensatz zu euch/Ihnen bin ich schon fertig.

Modalausdrücke

55 **vouloir** [vulwaʀ] • bien vouloir • Je veux qu'elle vienne.	**wollen; mögen** • einverstanden sein • Ich möchte, dass sie kommt.
pouvoir [puvwaʀ] • Je ne peux plus marcher, j'ai mal aux pieds.	**können** • Ich kann nicht mehr laufen, meine Füße tun mir weh.
comment [kɔmɑ̃] • Comment vas-tu?	**wie** • Wie geht es dir?
la manière [manjɛʀ] • de toute manière • d'une/de manière générale • Sa manière de s'habiller est très excentrique.	**Art und Weise** • auf jeden Fall, wie dem auch sei • im Allgemeinen, generell, grundsätzlich • Seine/Ihre Art, sich zu kleiden, ist sehr extravagant.
ainsi [ɛ̃si] • Ne t'énerve pas ainsi!	**so** • Reg dich nicht so auf!
aussi [osi] • Moi aussi, je suis là!	**auch** • Ich bin auch da!
non plus [nɔ̃ply] • Je ne viendrai pas à la fête, Julie et Caroline non plus.	**auch nicht** • Ich werde nicht zur Fete kommen, Julie und Caroline auch nicht.
bien [bjɛ̃] • Il sait vraiment bien nager.	**gut** • Er kann wirklich gut schwimmen.
mal [mal] • Il a déjà trois ans, mais il parle très mal.	**schlecht** • Er ist schon drei Jahre alt, aber er spricht sehr schlecht.

seulement [sœlmɑ̃]	**nur**
• Vous n'avez qu'une voiture ou votre femme en a une deuxième ?	• Haben Sie nur ein Auto oder hat Ihre Frau ein zweites?
devoir [d(ə)vwaʀ]	**müssen; sollen**
• devoir faire qc	• etw tun sollen, müssen
• Elle passe un examen demain.	• Sie hat morgen eine Prüfung.
falloir [falwaʀ]	**brauchen; müssen**
• il faut qc (pour faire qc)	• man braucht etw (um etw zu tun)
• il faut qc à qn	• jd braucht etw
• Pour pouvoir conduire, il faut passer le permis.	• Um fahren zu dürfen, muss man den Führerschein machen.
la **façon** [fasɔ̃]	**Art, Weise**
• de toute façon	• auf jeden Fall, wie dem auch sei
• d'une façon générale	• im Allgemeinen
• Il a une façon de parler qui ne me plaît pas.	• Er hat eine Art zu reden, die mir nicht gefällt.
la **sorte** [sɔʀt]	**Sorte, Art**
• une sorte de qc	• eine Art (von) etw
• toutes sortes de	• alle möglichen
• Au supermarché, il y a différentes sortes de beurre.	• Im Supermarkt gibt es verschiedene Sorten Butter.
comme ça [kɔmsa]	**so, auf diese Weise**
• Elle est venue comme ça, sans bagages.	• Sie ist so gekommen, ohne Gepäck.
surtout [syʀtu]	**vor allem**
• Surtout, ne dis pas ça !	• Sag das bloß nicht!
même [mɛm]	**sogar**
• (ne…) même pas	• nicht einmal
• Tout le monde était là, même elle.	• Alle waren da, sogar sie.
peut-être [pøtɛtʀ]	**vielleicht**
• Elle nous enverra peut-être une carte postale de ses vacances.	• Sie wird uns vielleicht eine Postkarte aus ihrem Urlaub schicken.
provisoirement [pʀɔvizwaʀmɑ̃]	**vorläufig, vorübergehend**
• Ils ont fermé provisoirement une de leurs filiales.	• Sie haben vorläufig eine ihrer Filialen geschlossen.
définitivement [definitivmɑ̃]	**endgültig**
• Ils ont refusé définitivement notre invitation.	• Sie haben unsere Einladung endgültig abgelehnt.
peu à peu [pøapø]	**langsam, allmählich**
• Peu à peu, le temps s'éclaircit.	• Allmählich klärt sich das Wetter wieder auf.
le **mode** [mɔd]	**Art, Weise**
• le mode d'emploi	• Gebrauchsanleitung
• Mon mode de vie est simple : je me lève tôt et je me couche tôt !	• Meine Lebensart ist einfach: Ich stehe früh auf und ich gehe früh ins Bett!

le **moyen** [mwajɛ̃]	**Mittel, Weg, Möglichkeit**
• Vous connaissez un moyen pour résoudre ce problème ?	• Kennen Sie einen Weg, um dieses Problem zu lösen?
la **possibilité** [pɔsibilite]	**Möglichkeit**
• Je ne vois aucune autre possibilité de vous aider.	• Ich sehe keine andere Möglichkeit, Ihnen zu helfen.

56

Ursache und Wirkung

pourquoi ? [puʀkwa]	**warum?**
• c'est pourquoi, voilà pourquoi	• deshalb, daher, aus diesem Grund
• Pourquoi n'avez-vous pas attendu vos amis ?	• Warum habt ihr/haben Sie nicht auf eure/Ihre Freunde gewartet?
parce que [paʀskə]	**weil**
• Il a crié parce qu'il a eu peur.	• Er hat geschrien, weil er Angst bekam.
la **suite** [sɥit]	**Folge**
• à la suite de qc	• infolge einer Sache, nach etw
• Ton mauvais comportement ne restera pas sans suite.	• Dein schlechtes Benehmen wird nicht ohne Folgen bleiben.
comme [kɔm]	**da, weil**
• Comme tu n'étais pas à la réunion, j'ai cru que tu étais malade.	• Da du nicht bei der Sitzung warst, dachte ich, du seist krank.
donc [dɔ̃k]	**also; folglich**
• Vous viendrez donc demain, n'est-ce pas ?	• Sie kommen also morgen, nicht wahr?
alors [alɔʀ]	**dann**
• Si la clôture est endommagée, alors il faut la réparer.	• Wenn der Zaun kaputt ist, dann muss man ihn reparieren!
la **raison (pour/de)** [ʀɛzɔ̃]	**Grund (für)**
• la raison pour laquelle	• der Grund weshalb
• pour quelle raison ?	• weshalb?, warum?
• Tu n'as aucune raison de mentir.	• Du hast keinen Grund zu lügen.
car [kaʀ]	**denn, weil**
• Je prends mon parapluie car il pleut.	• Ich nehme meinen Regenschirm, weil es regnet.

grâce à [gʀɑsa]	**dank**
• Grâce à Nick, j'ai fait de gros progrès en anglais.	• Dank Nick habe ich große Fortschritte in Englisch gemacht.
entraîner [ɑ̃tʀene]	**zur Folge haben, mit sich bringen**
• L'avalanche a entraîné de gros dégâts.	• Die Lawine hat große Schäden zur Folge gehabt.
le **résultat** [ʀezylta]	**Ergebnis**
• Elle n'a pas encore eu le résultat de son examen.	• Sie hat das Ergebnis ihrer Untersuchung noch nicht bekommen.

la **cause** [koz] • à cause de • Quelle est la cause de ces problèmes ?	**Ursache, Grund** • wegen, auf Grund von • Was ist der Grund für diese Probleme?
le **motif** [mɔtif] • Elle est partie sans donner de motif.	**Grund, Beweggrund** • Sie ist weggegangen, ohne den Grund dafür zu nennen.
le **mobile** [mɔbil] • La jalousie était le mobile du crime.	**Motiv** • Das Motiv für die Tat war Eifersucht.
causer [koze] • La neige a causé beaucoup d'accidents sur les routes.	**verursachen** • Der Schnee hat auf den Straßen viele Unfälle verursacht.
provoquer [pʀɔvɔke] • Le vent a provoqué de graves dégâts sur les maisons.	**hervorrufen, führen zu** • Der Wind hat schwere Schäden an den Häusern verursacht.
puisque [pɥisk(ə)] • Il faut trouver une solution puisque nous avons un problème.	**da (ja)** • Wir müssen eine Lösung finden, da wir ein Problem haben.
résulter (de qc) [ʀezylte] • Ces chiffres résultent d'une enquête réalisée en Europe.	**sich (aus etw) ergeben, (bei etw) herauskommen** • Diese Zahlen entstammen einer Befragung, die in Europa durchgeführt wurde.
la **conséquence** [kɔ̃sekɑ̃s] • Leur plainte est restée sans conséquence.	**Folge, Konsequenz** • Ihre Strafanzeige ist ohne Folge geblieben.
par conséquent [paʀkɔ̃sekɑ̃] • Il a bien travaillé, par conséquent, il a été récompensé.	**folglich** • Er hat gut gearbeitet, folglich ist er belohnt worden.
l'**effet** *m* [efɛ] • en effet • Ce médicament a fait effet tout de suite, je n'ai plus mal à la tête.	**Wirkung** • in der Tat, tatsächlich, nämlich • Dieses Medikament hatte eine sofortige Wirkung, ich habe keine Kopfschmerzen mehr.
aboutir à qc [abutiʀ] • Jusqu'à présent, mes démarches n'ont abouti à rien.	**zu etw führen** • Bislang haben meine Schritte zu nichts geführt.

Ziel und Zweck 57

pour [puʀ] • aller au bureau pour travailler • J'ai dit cela pour t'encourager.	**für, um zu** • ins Büro gehen, um zu arbeiten; zum Arbeiten ins Büro gehen • Ich sagte das, um dich zu ermutigen.
pour que [puʀkə] + *subj* • Je te donne de l'argent pour que tu puisses t'acheter quelque chose.	**damit** • Ich gebe dir Geld, damit du dir etwas kaufen kannst.

le **but** [by(t)]	**Ziel**
· dans le but de	· in der Absicht, dass
· avoir pour but de faire qc	· das Ziel haben etw zu tun
· Quel est le but de vos recherches ?	· Was ist das Ziel Ihrer/eurer Suche?
afin que [afɛ̃kə] + *subj*	**damit**
· Il m'a appelé afin que je sois au courant.	· Er hat mich angerufen, damit ich auf dem Laufenden bin.
afin de [afɛ̃də] + *inf*	**um zu**
· Elle révise tous les jours afin de réussir ses examens.	· Sie wiederholt den Stoff jeden Tag, um die Prüfung zu bestehen.
servir à qc [sɛʀviʀ]	**zu etw dienen**
· Cette machine sert à couper le pain.	· Dieses Gerät dient dazu, Brot zu schneiden.
l'**objectif** *m* [ɔbʒɛktif]	**Ziel**
· Les managers ont fixé leurs objectifs pour cette année.	· Die Manager haben ihre Ziele für dieses Jahr festgelegt.
atteindre [atɛ̃dʀ]	**erreichen**
· Il faut persévérer si tu veux atteindre ton but.	· Du musst durchhalten, wenn du dein Ziel erreichen willst.

Zustand und Veränderung

58

être [ɛtʀ]	**sein**
· Elle a toujours été courageuse.	· Sie ist immer mutig gewesen.
avoir [avwaʀ]	**haben**
· Pierre a un bateau à moteur.	· Pierre hat ein Motorboot.
il y a [ilija, ilja, ja]	**es gibt**
· Dans notre jardin, il y a un puits.	· In unserem Garten gibt es einen Brunnen.
rester [ʀɛste] + *être*	**bleiben**
· Il restera toujours mon meilleur ami.	· Er wird immer mein bester Freund bleiben.
la **situation** [sitɥasjɔ̃]	**Situation**
· La situation est compliquée, je t'expliquerai plus tard.	· Die Lage ist kompliziert, ich erkläre es dir später.
exister [ɛgziste]	**existieren**
· il existe	· es gibt
· Jean est convaincu que les dinosaures existent encore.	· Jean ist davon überzeugt, dass es immer noch Dinosaurier gibt.
immobile [i(m)mɔbil]	**unbeweglich; regungslos**
· Le serpent ne bouge pas, il reste immobile.	· Die Schlange bewegt sich nicht, sie bleibt regungslos.
changer [ʃɑ̃ʒe]	**ändern, (sich) verändern**
· changer de couleur	· die Farbe ändern/wechseln
· Il a beaucoup changé depuis.	· Er hat sich seitdem sehr verändert.

inchangé, e [ɛ̃ʃɑ̃ʒe]	**unverändert**
• La situation reste inchangée, il n'y a rien de nouveau.	• Die Situation bleibt unverändert, es gibt nichts Neues.
devenir [dəv(ə)niʀ] + *être*	**werden**
• Il est devenu avocat.	• Er ist Rechtsanwalt geworden.
s'améliorer [sameljɔʀe]	**sich verbessern**
• Notre situation financière s'est nettement améliorée.	• Unsere Finanzlage hat sich deutlich verbessert.
s'aggraver [sagʀave]	**sich verschlechtern**
• Il est blessé et son état s'est aggravé.	• Er ist verletzt und sein Zustand hat sich verschlechtert.

GRAMMATIKBEGRIFFE

59

Begleiter und Pronomen

Artikel	
le, la, l'; les [lə, la, l, le] • le train, l'avion; la voiture, l'histoire • les trains, les voitures • L'hiver est de retour.	**der, die, das; die** • der Zug, das Flugzeug; das Auto, die Geschichte • die Züge, die Autos • Der Winter kommt wieder.
du, de la, de l'; des [dy, dəla, dəl, de] • du beurre, de la confiture, de l'eau • des citrons, des oranges • Tu as vraiment beaucoup de chance!	*(bleibt im Deutschen unübersetzt)* • Butter, Marmelade, Wasser • Zitronen, Orangen • Du hast wirklich viel Glück!
au, à la, à l'; aux [o, ala, al, o] • au bureau, à la cantine, à l'école • aux États-Unis • Nous avons vu ce tableau à l'exposition de Monet.	**auf der/dem/den/das, zu ..., in ..., bei ...** • im Büro, in der Kantine, in der Schule • in den USA • Dieses Bild haben wir in der Monet-Ausstellung gesehen.

Der männliche und weibliche Artikel **l'** steht vor Vokal oder stummem **h**: **l'ami** – *der Freund;* **l'étoile** – *der Stern;* **l'hôtel** – *das Hotel.*

Der **Teilungsartikel** wird bei Substantiven verwendet, die entweder nicht zählbar sind oder eine unbestimmte Menge ausdrücken: **Veux-tu du thé/de l'eau/des légumes?** – *Möchtest du Tee/Wasser/Gemüse?*

un, une; des [œ̃, yn, de]	**ein, eine**
· un vélo, une moto	· ein Fahrrad, ein Motorrad
· des bus	· Busse
· J'ai planté un abricotier dans mon jardin.	· Ich habe in meinem Garten einen Aprikosenbaum gepflanzt.

Pronomen

Personal- und Adverbialpronomen

je, j' [ʒə, ʒ]	**ich**
· Je suis en pleine forme aujourd'hui.	· Heute bin ich voll in Form!
me, m' [mə, m]	**mich; mir**
· Il me voit.	· Er sieht mich.
· Elle m'aide.	· Sie hilft mir.
moi [mwa]	**ich; mich; mir**
· moi, je…	· ich *(betont)*
· avec moi	· mit mir
· C'est à moi.	· Das ist meine/meiner/meines., Das gehört mir.
tu, t' [ty, t]	**du**
· Tu viens ce soir ?	· Kommst du heute Abend?
te, t' [tə, t]	**dich; dir**
· Je vais te raconter une histoire rigolote.	· Ich werde dir eine lustige Geschichte erzählen.
toi [twa]	**du; dich; dir**
· Toi, tu te fiches de mes problèmes.	· Dir sind meine Probleme doch ganz egal!
il, elle [il, ɛl]	**er, sie, es**
· Elle est partie ce matin.	· Sie ist heute Morgen (weg)gegangen.
le, la, l' [lə, la, l]	**ihn, sie, es; ihm, ihr**
· Je le vois.	· Ich sehe ihn.
· Je le rencontre.	· Ich begegne ihm.
· Le/la voilà.	· Da ist er/sie.
lui [lɥi]	**er, sie, es; ihn, ihm, ihr**
· Lui ?	· Er?
· Je lui dis…	· Ich sage ihm/ihr …
· Je lui demande s'il vient.	· Ich frage ihn, ob er kommt.
se, s' [sə, s]	**sich**
· Il se repose sur la terrasse.	· Er ruht sich auf der Terrasse aus.

Das unverbundene – oder betonte – Personalpronomen **moi** wird ebenso wie **toi, lui, elle, nous, vous, eux** und **elles** in Sätzen ohne Verb, in Vergleichssätzen, nach Präpositionen, in Verbindung mit der Befehlsform sowie zur Hervorhebung und Betonung verwendet.

soi [swa]	**sich**
• Chacun pour soi.	• Jeder für sich.
nous [nu]	**wir; uns**
• Nous chantons.	• Wir singen.
• Il nous dit...	• Er sagt uns ...
• Il nous voit.	• Er sieht uns.
vous [vu]	**ihr, Sie; euch, Ihnen**
• Vous?	• Ihr?, Sie?
• Je vous demande...	• Ich frage euch/Sie ...
• Je vous dis tout.	• Ich sage euch/Ihnen alles.
ils, elles [il, ɛl]	**sie**
• Ils sont vraiment sympathiques.	• Sie sind echt sympathisch!
les [le]	**sie; ihnen**
• Je les vois.	• Ich sehe sie.
• Je les rencontre.	• Ich begegne ihnen.
leur [lœʀ]	**sie; ihnen**
• Je leur demande...	• Ich frage sie ...
• Je leur dis...	• Ich sage ihnen ...
• Je leur ai fait signe de la main.	• Ich habe ihnen (ein) Handzeichen gemacht.
eux, elles [ø, ɛl]	**sie**
• pour eux	• für sie
• Chez elles, on rit beaucoup.	• Bei ihnen gibt es viel zu lachen.
se, s'; soi [sə, s, swa]	**sich, einander**
• Ils se connaissent depuis un an.	• Sie kennen sich seit einem Jahr.

en [ɑ̃]	**davon; darüber, daran**
• Elle s'en souvient.	• Sie erinnert sich daran.
• Elle en parle beaucoup.	• Sie spricht viel darüber.
y [i]	**dafür; daran, darüber**
• Il y croit.	• Er glaubt daran.
• Il y réfléchit.	• Er denkt darüber nach.

Demonstrativpronomen und -begleiter

ce, c' [sə, s]	**das**
• C'est...	• Das ist ...
• Ce sont...	• Das sind ...
• C'est la plus belle des saisons.	• Das ist die schönste der Jahreszeiten!

ce, cet, cette; ces [sə, sɛt, sɛt, se]	**diese(r, s); diese**
• ce train, cet avion, cette voiture, cette histoire	• dieser Zug, dieses Flugzeug, dieses Auto, diese Geschichte
• ces trains, ces voitures	• diese Züge, diese Autos
• Je voudrais cette robe-là.	• Ich möchte dieses Kleid dort!

celui, celle [səlɥi, sɛl]	**der, die, das; den, die, das; diese(r, s), jene(r, s)**
· celui-ci/-là, celle-ci/-là	· diese(r, s) (hier)/jene(r, s) (da/dort)
· Laisse mon stylo. Prends celui de Louise.	· Lass meinen Stift. Nimm den von Louise.
ceux, celles [sø, sɛl]	**die; diese; jene**
· ceux-ci/-là, celles-ci/-là	· diese (hier), jene (da/dort)
· Ceux qui disent que ce n'est pas dangereux mentent.	· Die(jenigen), die behaupten, das sei nicht gefährlich, lügen.
ceci [səsi]	**dies (hier)**
· Tout ceci ne m'intéresse pas.	· All das hier interessiert mich nicht!
cela, ça [s(ə)la, sa]	**das (da), dies(es)**
· Pourquoi me dis-tu ça ?	· Warum sagst du mir das?

Possessivpronomen und -begleiter

mon, ma, mes [mɔ̃, ma, me]	**mein(e)**
· Mes enfants sont grands maintenant.	· Jetzt sind meine Kinder groß.
ton, ta, tes [tɔ̃, ta, te]	**dein(e)**
· Ton chien est adorable, mais il aboie beaucoup.	· Dein Hund ist süß, aber er bellt viel!
son, sa, ses [sɔ̃, sa, se]	**sein, ihr; seine, ihre; seine, ihre** *(Plural)*
· Sa voiture est en panne.	· Sein/Ihr Auto hat eine Panne.
notre, nos [nɔtʀ, no]	**unser(e); unsere**
· Nous avons acheté notre maison il y a un an.	· Wir haben unser Haus vor einem Jahr gekauft.
votre, vos [vɔtʀ, vo]	**euer, eure; Ihr(e); Ihre**
· Vos amis sont déjà repartis ?	· Sind eure/Ihre Freunde schon gegangen?
leur, leurs [lœʀ]	**ihr(e); ihre**
· Ils sont venus avec leurs enfants.	· Sie sind mit ihren Kindern gekommen.

Interrogativpronomen und -begleiter

qui…? [ki]	**wer?; wem?; wen?**
· Qui est-ce ?	· Wer ist das?
· C'est à qui ?	· Wer ist an der Reihe?
· Qui as-tu vu ?	· Wen hast du gesehen?
que…?, qu'…? [kə, k]	**was …?**
· Que fait Julien ?	· Was macht Julien?
· qu'est-ce que/qu'… ? [kɛskə/k]	· was …?
· Qu'est-ce que c'est ?	· Was ist das?

Mon, ton, son stehen vor männlichen Substantiven, **ma, ta, sa** stehen vor weiblichen Substantiven. Vor weiblichen Substantiven, die mit Vokal oder stummem **h** anfangen, werden jedoch **mon, ton, son** verwendet.

quoi? [kwa] · À quoi penses-tu?	**was?** · Woran denkst du?
où? [u] · D'où viens-tu?	**wo?** · Woher kommst du?
quand? [kɑ̃] · Quand pars-tu?	**wann?** · Wann gehst du?
comment…? [kɔmɑ̃] · Comment allez-vous?	**wie …?** · Wie geht es Ihnen/euch?
combien…? [kɔ̃bjɛ̃] · Combien sont-ils?	**wie viel …?** · Wie viele sind sie?
pourquoi…? [puʀkwa] · Pourquoi ne viens-tu pas avec nous?	**warum …?** · Warum kommst du nicht mit uns?
est-ce que…? [ɛskə] · Est-ce que tu l'as vue? · Où est-ce que tu vas?	*(bleibt im Deutschen unübersetzt)* · Hast du sie gesehen? · Wohin gehst du?
qui est-ce qui…? [kiɛski] · Qui est-ce qui commence?	**wer …?** · Wer fängt an?
qui est-ce que…? [kiɛskə] · Qui est-ce que tu choisis?	**wen …?; wem …?** · Wen wählst du?
qu'est-ce qui…? [kɛski] · Qu'est-ce qui va changer?	**was …?** · Was wird sich ändern?
quel, quelle; quels, quelles…? [kɛl] · Quelle est votre voiture? · Quelle heure est-il?	**welche(r, s) …?** · Welches ist euer/Ihr Auto? · Wie spät ist es?

Relativpronomen

qui [ki] · le livre qui te plaît · c'est… qui · Je sais qui c'est.	**der, die, das; welche(r, s); wer** · das Buch, das dir gefällt *(im Deutschen unübersetzt, dient zur Betonung und Hervorhebung von Subjekten)* · Ich weiß, wer es ist.
que, qu' [kə, k] · le livre qu'il a acheté · c'est… que · C'est lui que j'ai vu.	**den, die, das** · das Buch, das er gekauft hat *(im Deutschen unübersetzt, dient zur Hervorhebung und Betonung von Objekten)* · Den habe ich gesehen.

Fragesätze, die mit **est-ce que/est-ce qu'** beginnen, haben dieselbe Wortstellung wie Aussagesätze: **Est-ce que tu rentres à la maison?** – *Gehst du nach Hause?*

quoi [kwa]	**was**
· Il ne sait pas quoi penser.	· Er weiß nicht, was er denken soll.
· Il ne sait pas à quoi comparer ça.	· Er weiß nicht, womit er das vergleichen soll.
où [u]	**wo; in dem/der/denen**
· la ville où elle habite	· die Stadt, in der sie wohnt
· J'irai où tu voudras.	· Ich werde dort hingehen, wo du möchtest.
ce qui [səki]	**was**
· Dis moi ce qui s'est passé.	· Sag mir, was passiert ist.
ce que, ce qu' [səkə, sək]	**was**
· Je ne sais pas ce qu'il pense.	· Ich weiß nicht, was er denkt.
dont [dɔ̃]	**dessen, deren; wovon, von dem/der/denen**
· quelque chose dont il est fier	· etwas, worauf er stolz ist
· Il est question du livre dont elle est l'auteur.	· Es war von dem Buch die Rede, dessen Autorin sie ist.
lequel, laquelle, lesquels, lesquelles [ləkɛl, lakɛl, lekɛl]	**welche(r, s)**
· le café dans lequel il se trouve	· das Café, in dem er sich befindet
· La situation dans laquelle il se trouve actuellement n'est pas drôle.	· Die Situation, in welcher er sich gerade befindet, ist nicht gerade lustig.

Indefinite Pronomen und Begleiter

on [ɔ̃]	**man; wir**
· On ne doit pas mentir.	· Man sollte nicht lügen.
· On va s'amuser.	· Wir werden uns amüsieren.
tout [tu]	**alles**
· tout comprendre	· alles verstehen
· On ne peut pas tout avoir.	· Man kann nicht alles haben!
tous, toutes [tus, tut]	**alle**
· tous les amis	· alle Freunde
· Tous sont venus.	· Sie sind alle gekommen.
quelqu'un [kɛlkœ̃]	**jemand**
· As-tu déjà fait confiance à quelqu'un ?	· Hast du schon einmal jemandem vertraut?
quelque chose [kɛlkəʃoz]	**etwas**
· Quelque chose me dit qu'il va revenir.	· Etwas sagt mir, dass er wiederkommen wird.
rien (ne…), ne… rien [ʀjɛ̃(nə), nə ʀjɛ̃]	**nichts**
· Rien ne me fait plaisir.	· Nichts macht mir Spaß.
· Je n'ai rien trouvé.	· Ich habe nichts gefunden.
chaque [ʃak]	**jede(r, s) (einzelne)**
· Chaque matin, c'est moi qui prépare le petit-déjeuner.	· Jeden Morgen bin ich es, der/die das Frühstück macht.

tout, e [tu, tut]	**der/die/das ganze; jede(r, s)**
· toute la nuit	· die ganze Nacht
· toute erreur	· jeder Fehler
· Le chat a mangé tout le poulet !	· Die Katze hat das ganze Hähnchen aufgefressen!
personne (ne...), ne... personne [pɛʀsɔn(nə), nə pɛʀsɔn]	**niemand**
· Personne n'est venu.	· Niemand ist gekommen.
· Je n'ai vu personne.	· Ich habe niemanden gesehen.
plusieurs [plyzjœʀ]	**mehrere**
· J'ai lu plusieurs de ses livres.	· Ich habe mehrere seiner/ihrer Bücher gelesen.
quelque, quelques [kɛlk]	**einige; ein paar**
· Il me faut quelque temps pour...	· Ich brauche einige Zeit, um ...
· à quelques pas d'ici	· ein paar Schritte von hier entfernt
· J'ai invité quelques amis à dîner.	· Ich habe ein paar Freunde zum Abendessen eingeladen.

60 Präpositionen und Konjunktionen

Präpositionen	
de [də]	**von; aus; über**
· la sœur de Julien	· die Schwester von Julien, Juliens Schwester
· l'inspecteur de police	· Polizeiinspektor
· Notre bureau est ouvert de 9h00 à 16h00 du lundi au vendredi.	· Unser Büro ist montags bis freitags geöffnet von 9 Uhr bis 16 Uhr.
à [a]	**in; an; nach; zu; um**
· être à la piscine	· im Schwimmbad sein
· aller à Paris	· nach Paris fahren
· Il va à l'école à vélo.	· Er fährt mit dem Fahrrad zur Schule.
dans [dɑ̃]	**in**
· dans l'école/la rue	· in der Schule/auf der Straße
· Nous serons à la campagne dans une heure.	· Wir sind in einer Stunde auf dem Land.
en [ɑ̃]	**in, innerhalb (von); aus**
· en France	· in Frankreich
· aller en ville	· in die Stadt gehen
· Nous avons été cambriolés deux fois en moins d'un mois.	· Bei uns ist innerhalb eines Monats zweimal eingebrochen worden.
sur [syʀ]	**auf; über**
· Le chat est assis sur le rebord de la fenêtre.	· Die Katze sitzt auf dem Fensterbrett.
sous [su]	**unter**
· Elle se repose à l'ombre sous un tilleul.	· Sie ruht sich im Schatten (unter) einer Linde aus.

devant [d(ə)vɑ̃] • J'ai garé ma voiture devant chez vous.	**vor** • Ich habe meinen Wagen vor Ihrem/eurem Haus geparkt.
derrière [dɛʀjɛʀ] • Il y a une petite cour derrière la maison.	**hinter** • Hinter dem Haus gibt es einen kleinen Hof.
en face de [ɑ̃fasdə] • On se retrouve au café en face de l'église.	**gegenüber (von)** • Wir treffen uns im Café gegenüber der Kirche.
chez [ʃe] • chez moi • aller chez qn • Demain, je vais chez le coiffeur.	**bei, zu** • bei/zu mir • zu jdm gehen • Morgen gehe ich zum Friseur.
à côté de [akotedə] • Assieds-toi à côté de moi.	**neben** • Setz dich neben mich.
à gauche de [agoʃdə] • La mariée est assise à gauche du marié.	**links von** • Die Braut sitzt links vom Bräutigam.
à droite de [adʀwatdə] • Il a pris place à droite du conducteur.	**rechts von** • Er hat sich rechts neben den Fahrer gesetzt.
avant [avɑ̃] • Il faut se laver les mains avant le repas.	**vor** • Man muss sich die Hände vor dem Essen waschen.
après [apʀɛ] • Après le déjeuner, nous buvons un café.	**nach; hinter** • Nach dem Mittagessen trinken wir einen Kaffee.
depuis [dəpɥi] • Ils sont en vacances depuis lundi.	**seit; von ... aus** • Sie sind seit Montag im Urlaub.
jusque [ʒysk] • Philippe est en arrêt-maladie jusqu'à jeudi.	**bis** • Philippe ist bis Donnerstag krank geschrieben.
avec [avɛk] • avec moi • Elle se promène avec son chien.	**mit** • mit mir • Sie geht mit ihrem Hund spazieren.
sans [sɑ̃] • sans moi • Il est sorti sans manteau.	**ohne** • ohne mich • Er ist ohne Mantel hinausgegangen.
pour [puʀ] • pour toi • partir pour le Maroc • Les élèves sont au Canada pour trois mois.	**für; nach** • für dich • nach Marokko fahren • Die Schülerinnen und Schüler sind für drei Monate in Kanada.
au-dessus de [od(ə)sydə] • L'avion vole juste au-dessus des maisons.	**über, oberhalb von** • Das Flugzeug fliegt genau über die Häuser.
au-dessous de [od(ə)sudə] • Il y a quelque chose au-dessous de ta chaise.	**unter, unterhalb von** • Es liegt etwas unter deinem Stuhl.

autour de [oturdə] • Il y avait des arbres tout autour du lac.	**um ... herum** • Um den ganzen See herum gab es Bäume.
au milieu de [omiljødə] • Il y a une petite île au milieu du lac.	**mitten in/am, inmitten** • Mitten im See befindet sich eine kleine Insel.
entre [ɑ̃tʀ] • Nous viendrons entre trois et quatre heures.	**zwischen** • Wir kommen zwischen drei und vier Uhr.
près de [pʀɛdə] • Il y a une boucherie tout près de la boulangerie.	**nahe bei, neben** • Direkt neben der Bäckerei gibt es eine Metzgerei.
loin de [lwɛ̃də] • L'office du tourisme n'est pas loin d'ici.	**weit von ... (entfernt)** • Das Fremdenverkehrsamt ist nicht weit von hier (entfernt).
contre [kɔ̃tʀ] • Le chat vient se blottir contre moi.	**gegen; an** • Die Katze schmiegt sich gerade an mich.
vers [vɛʀ] • J'arriverai vers six heures du soir.	**in Richtung von, nach; gegen, etwa um** • Ich werde gegen sechs Uhr am Abend ankommen.
pendant [pɑ̃dɑ̃] • Pendant les vacances, les enfants sont allés chez leurs grands-parents.	**während** • Während der Ferien sind die Kinder zu ihren Großeltern gegangen.
par [paʀ] • regarder par la fenêtre • passer par Marseille • Ils sont venus par l'autoroute.	**durch; aus; pro** • aus dem Fenster schauen • durch/über Marseille fahren • Sie sind über die Autobahn gekommen.
sauf [sof] • Tout le monde était là, sauf toi.	**außer, bis auf** • Alle waren da, außer dir.
à l'intérieur de [alɛ̃teʀjœʀdə] • Rentrons à l'intérieur de la maison, il fait plus chaud.	**im Innern von, in** • Gehen wir ins Haus hinein, dort ist es wärmer.
par-dessus [paʀdəsy] • Il est passé par-dessus la barrière.	**über** • Er ist über die Absperrung geklettert.
à partir de [apaʀtiʀdə] • À partir de demain, je fais du footing.	**ab, von ... an; auf der Grundlage von, ausgehend von** • Ab morgen werde ich joggen!
parmi [paʀmi] • parmi nos amis • Il y a des femmes de plus de 30 ans parmi vous ?	**unter; von** • unter unseren Freunden • Gibt es Frauen über 30 unter euch?
envers [ɑ̃vɛʀ] • Il a toujours été très tolérant envers lui.	**gegenüber** • Er war ihm gegenüber immer sehr tolerant.
au lieu de [oljødə] • Tu pourrais m'aider au lieu de bouder !	**anstatt** • Du könntest mir helfen, anstatt zu schmollen!

malgré [malgʀe]	**trotz**
• Vincent est très actif malgré sa maladie.	• Vincent ist sehr aktiv trotz seiner Krankheit.
grâce à [gʀɑsa]	**dank**
• C'est grâce à ma grand-mère que j'ai réalisé mon plus grand rêve.	• Dank meiner Großmutter konnte ich mir meinen größten Traum erfüllen.
d'après [dapʀɛ]	**nach, zufolge, gemäß**
• D'après la météo, il va faire beau cette semaine.	• Dem Wetterbericht zufolge wird das Wetter diese Woche schön werden.
auprès de [opʀɛdə]	**neben, bei**
• Il faut que quelqu'un reste auprès du petit.	• Jemand muss bei dem Kleinen bleiben.
en dehors de [ɑ̃dəɔʀdə]	**außerhalb von**
• Je te conseille de rester en dehors de cette histoire.	• Ich rate dir, dich aus dieser Angelegenheit rauszuhalten.
le long de [ləlɔ̃də]	**entlang von, an ... entlang**
• On se promène le long du canal.	• Wir gehen am Kanal entlang spazieren.
au bout de [obudə]	**nach, am Ende von**
• Avec lui, j'irais au bout du monde.	• Mit ihm würde ich bis an das Ende der Welt gehen.
à travers [atʀavɛʀ]	**(quer) durch**
• En vacances, les enfants ont couru à travers les champs.	• Im Urlaub sind die Kinder quer durch die Felder gelaufen.
dès [dɛ]	**(schon) seit**
• Le fermier se lève dès l'aube.	• Der Bauer steht bei Tagesanbruch auf.
il y a [ilija, ilja]	**vor**
• Il est mort il y a deux ans.	• Er starb vor zwei Jahren.
en cas de [ɑ̃kadə]	**im Fall von**
• En cas d'incendie, il faut quitter le bâtiment le plus vite possible.	• Im Falle eines Brands muss man das Gebäude so schnell wie möglich verlassen.
à cause de [akozdə]	**wegen, auf Grund von**
• Elle pleure à cause de lui.	• Sie weint wegen ihm.
à l'aide de [alɛddə]	**mit Hilfe von**
• Papa a creusé un trou dans le jardin à l'aide d'une pelle.	• Papa hat mithilfe eines Spatens ein Loch im Garten gebuddelt.
selon [s(ə)lɔ̃]	**nach, zufolge, gemäß**
• Selon les journaux, la société a frôlé la faillite.	• Gemäß den Zeitungen entging das Unternehmen knapp einem Bankrott.

Konjunktionen

et [e]	**und**
• Il veut des mocassins et des baskets.	• Er will Mokassins und Turnschuhe.
et... et... [e e]	**sowohl ... als auch ...**
• Je prends et les chaussures blanches et les chaussures noires.	• Ich nehme sowohl die weißen Schuhe als auch die schwarzen Schuhe.

ou [u]	**oder**
• ou bien	• oder
• ou..., ou...	• entweder ... oder ...
• Tu viens, oui ou non ?	• Kommst du, ja oder nein?
mais [mɛ]	**aber**
• Je ne veux pas faire l'exercice à ta place, mais je veux bien t'aider.	• Ich will die Aufgabe nicht an deiner Stelle lösen, aber ich will dir gerne helfen.
ne... ni... [nə ni]	**weder ... noch ...**
• Il ne veut ni ne peut accepter.	• Weder will er noch kann er akzeptieren.
ni... ni... [ni ni]	**weder ... noch ...**
• Il n'aime ni le vin ni la bière.	• Er mag weder Wein noch Bier.
quand [kɑ̃]	**wenn; als**
• Quand j'étais en France...	• Als ich in Frankreich war ...
• Quand j'ai faim, je mange une pomme.	• Wenn ich Hunger habe, esse ich einen Apfel.
c'est pourquoi, voilà pourquoi [sepuʀkwa, vwalapuʀkwa]	**deshalb, deswegen**
• C'est un sujet délicat, c'est pourquoi je vous demande de ne pas en parler.	• Das ist ein heikles Thema, deshalb bitte ich euch/Sie, nicht darüber zu sprechen.
parce que [paʀskə]	**weil**
• L'enfant pleure parce qu'il est tombé.	• Das Kind weint, weil es hingefallen ist.
que [kə]	**dass**
• Tu lui as dit qu'on viendrait avec toi ?	• Hast du ihm/ihr gesagt, dass wir mit dir kommen?
donc [dɔ̃k]	**also; folglich**
• Il a pris ses affaires, il doit donc être parti.	• Er hat seine Sachen mitgenommen, also muss er gegangen sein.
comme [kɔm]	**da, weil**
• Comme elle avait encore quelques minutes, elle s'est assise dans un café.	• Da sie noch ein paar Minuten Zeit hatte, setzte sie sich in ein Café.
si [si]	**wenn, falls; ob**
• Si tu viens, ...	• Wenn du kommst, ...
• savoir si...	• wissen ob ...
• S'il fait beau demain, j'irai à la piscine.	• Wenn das Wetter morgen schön ist, werde ich ins Schwimmbad gehen.
car [kaʀ]	**denn, weil**
• J'ai raté mon bus car je me suis levé trop tard.	• Ich habe meinen Bus verpasst, weil ich zu spät aufgestanden bin.
avant que [avɑ̃kə] *+ subj*	**bevor**
• Je prépare le petit-déjeuner avant que les enfants se réveillent.	• Ich bereite das Frühstück zu bevor die Kinder aufwachen.

après que [apʀɛkə] • Après qu'il s'était arrêté de pleuvoir, ils sont sortis.	**nachdem** • Nachdem es aufgehört hatte zu regnen, sind sie rausgegangen.
pendant que [pɑ̃dɑ̃kə] • Pendant que tu te fais bronzer, je vais me baigner.	**während** • Während du dich sonnst, gehe ich baden.
jusqu'à ce que [ʒyskaskə] *+ subj* • J'attends jusqu'à ce que vous soyez prêts.	**bis** • Ich warte, bis ihr/Sie fertig seid/sind.
pour que [puʀk(ə)] *+ subj* • Léon m'a prêté un CD pour que je l'écoute.	**damit** • Léon hat mir eine CD geliehen, damit ich sie mir anhöre.
afin que [afɛ̃kə] *+ subj* • Donne-moi ton numéro de téléphone afin que je puisse t'appeler.	**damit** • Gib mir deine Telefonnummer, damit ich dich anrufen kann.
sans que [sɑ̃kə] *+ subj* • Il ne peut rien faire sans que sa mère ne fasse de commentaires.	**ohne dass** • Er kann nichts tun, ohne dass seine Mutter ihren Kommentar dazu abgibt.
alors que [alɔʀkə] • Mes copains sont arrivés alors que je rangeais ma chambre.	**während; als** • Meine Freunde sind gekommen, als ich mein Zimmer aufräumte.
tandis que [tɑ̃dikə] • Thalia fait ses exercices tandis que Marc joue avec ses jouets.	**während** • Thalia macht ihre Übungen, während Marc mit seinen Spielsachen spielt.
bien que [bijɛ̃kə] *+ subj* • Bien qu'elle soit belle et richissime, Julie est souvent triste.	**obwohl** • Obwohl sie schön und steinreich ist, ist Julie oft traurig.
quoique [kwak(ə)] *+ subj* • Il vient quoiqu'il n'ait pas beaucoup de temps.	**obwohl, obgleich** • Er kommt, obwohl er nicht viel Zeit hat.
à condition que [akɔ̃disjɔ̃kə] *+ subj* • Je veux bien faire des heures supplémentaires à condition qu'elles soient rémunérées.	**unter der Bedingung, dass; vorausgesetzt (, dass)** • Ich mache gern Überstunden, vorausgesetzt, sie werden bezahlt.
ainsi que [ɛ̃sikə] • Son frère, sa mère ainsi que tous ses cousins étaient venus le voir.	**und (auch), sowie** • Sein Bruder, seine Mutter sowie all seine Cousins waren zu ihm gekommen.

Nach **après que** *(nach)* steht der Indikativ, nach **avant que** *(vor)* steht immer der Subjonctif.

sinon [sinɔ̃]	**sonst**
· Tu peux m'aider, ça ira plus vite, sinon on va arriver en retard.	· Du kannst mir helfen, dann geht es schneller, sonst kommen wir zu spät.
autrement [otʀəmɑ̃]	**sonst, andernfalls**
· Réponds-moi vite, autrement je déciderai tout seul.	· Antworte mir schnell, sonst werde ich allein entscheiden.
or [ɔʀ]	**nun; nun aber**
· Ce manteau coûtait cher, or elle n'avait plus assez d'argent.	· Dieser Mantel war teuer, nun hatte sie nicht mehr genug Geld.
c'est-à-dire [sɛtadiʀ]	**das heißt**
· C'est-à-dire que vous venez mardi, si j'ai bien compris ?	· Das heißt, wenn ich es richtig verstanden habe, kommt ihr/kommen Sie am Dienstag?
soit..., soit... [swa(t)]	**entweder ... oder ...**
· Je prends soit le steak, soit l'escalope de dinde.	· Ich nehme entweder das Steak oder das Putenschnitzel.
tantôt..., tantôt... [tɑ̃to]	**mal ... mal ...**
· Le film a été tourné tantôt en France, tantôt au Sénégal.	· Der Film wurde mal in Frankreich mal im Senegal gedreht.
d'un côté..., de l'autre... [dɛ̃kote dəlotʀ]	**einerseits ... andererseits**
· D'un côté tu as raison, de l'autre tu as tort.	· Einerseits hast du Recht, anderseits hast du Unrecht.
d'une part..., d'autre part... [dynpaʀ dotʀ(ə)paʀ]	**einerseits ... andererseits**
· C'est d'une part une région historique et d'autre part une région de haute technologie.	· Einerseits ist es eine geschichtsträchtige Gegend und andererseits eine High-Tech-Region.
lorsque [lɔʀsk(ə)]	**wenn; als**
· Lorsque vous sortirez, fermez la porte, s'il vous plaît.	· Wenn Sie hinausgehen, machen Sie bitte die Tür zu.
dès que [dɛkə]	**sobald**
· Dès que sa mère est partie, il en a profité pour aller chercher des bonbons.	· Sobald seine Mutter weg war, hat er das ausgenutzt, um Bonbons zu holen.
aussitôt que [ositokə]	**sobald**
· Informe-moi aussitôt que tu le sauras.	· Sag mir Bescheid, sobald du es weißt.
depuis que [dəpɥikə]	**seit**
· Depuis que Frank a son permis, il roule à travers tout le pays.	· Seitdem Frank seinen Führerschein hat, fährt er durch das ganze Land.
tant que [tɑ̃kə]	**solange**
· Tu ne sortiras pas tant que tu n'auras pas fini tes devoirs !	· Du wirst nicht rausgehen, solange du deine Hausaufgaben nicht zu Ende gemacht hast!

au fur et à mesure que [ofyʀeam(ə)zyʀkə]	**in dem Maße wie**
• au fur et au mesure qu'on approche	• je näher man kommt
• Cet artiste a un style tout à fait personnel au fur et à mesure qu'il peint.	• Dieser Künstler hat einen ganz persönlichen Stil je nachdem, was er malt.
de façon (à ce) que [dəfasɔ̃(as)kə] *+ subj*	**sodass**
• Nous devons faire plus d'efforts de façon à ce que nos résultats s'améliorent.	• Wir müssen uns mehr anstrengen, sodass sich unsere Ergebnisse verbessern.
de manière (à ce) que [dəmanjɛʀ(as)kə] *+ subj*	**sodass**
• Il parle lentement de manière à ce que je le comprenne plus facilement.	• Er spricht langsam, sodass ich ihn leichter verstehen kann.
de sorte que [dəsɔʀtkə] *+ subj*	**sodass**
• L'arbre est tombé de sorte qu'il bloquait le chemin.	• Der Baum ist umgefallen, sodass er den Weg versperrt hat.
si bien que [sibjɛ̃kə]	**sodass**
• Elle est tombée malade, si bien qu'elle n'a pas pu aller à son rendez-vous.	• Sie ist krank geworden, sodass sie nicht zu ihrem Termin gehen konnte.
de peur que [dəpœʀkə] *+ subj*	**damit (ja) nicht**
• Je n'ose pas parler fort de peur que le bébé ne se réveille.	• Ich traue mich nicht, laut zu reden, damit das Baby ja nicht wach wird.
puisque [pɥisk(ə)]	**da (ja)**
• Puisque vous êtes d'accord, allons manger dans un restaurant chinois.	• Da ihr ja einverstanden seid, gehen wir in ein chinesisches Restaurant essen.
dans la mesure où [dɑ̃lam(ə)zyʀu]	**sofern, insoweit (als)**
• Dans la mesure où cela ne te dérange pas, ce serait gentil de venir me chercher.	• Sofern es dir keine Umstände macht, wäre es nett, wenn du mich abholen würdest.
étant donné que [etɑ̃dɔnekə]	**da**
• Étant donné que Gérard n'est pas là, nous avons repoussé notre fête.	• Da Gérard nicht da ist, haben wir unser Fest verschoben.
vu que [vykə]	**da**
• Vu que Sophie n'est pas encore arrivée, nous allons attendre avant de commencer.	• Da Sophie noch nicht angekommen ist, werden wir noch warten, bevor wir anfangen.
pourvu que [puʀvykə] *+ subj*	**sofern; vorausgesetzt, dass**
• Tu y arriveras pourvu que tu travailles.	• Du wirst es schaffen, vorausgesetzt, dass du arbeitest.
à moins que [amwɛ̃kə] *+ subj*	**es sei denn**
• Nous voulons manger dehors à moins qu'il ne se mette à pleuvoir.	• Wir wollen draußen essen, es sei denn, es fängt zu regnen an.
même si [mɛmsi]	**selbst wenn**
• C'est une collègue très appréciée même si elle est souvent absente.	• Sie ist eine sehr geschätzte Kollegin, selbst wenn sie oft fehlt.

d'autant plus que [dotɑ̃plyskə] • Ma panne de voiture m'a d'autant plus énervé que j'étais déjà en retard.	**um so mehr, als; zumal** • Meine Autopanne hat mich umso mehr geärgert, als ich ohnehin schon zu spät war.
comme si [kɔmsi] • Il me traite comme si j'étais sa fille.	**als ob** • Er behandelt mich, als ob ich seine Tochter wäre.
au cas où [okɑu] • Au cas où tu aurais besoin d'aide, appelle-moi !	**für den Fall, dass; falls** • Für den Fall, dass du Hilfe brauchst, ruf mich an!
supposé que [sypozekə] *+ subj* • Supposé que je doive m'absenter pour longtemps, que ferais-tu ?	**angenommen, dass** • Angenommen, ich müsste für längere Zeit fort, was würdest du tun?

FORMULIERUNGSHILFEN

Donner son avis – *Meinungsäußerungen*

À mon avis, le train est trop cher.	*Meiner Meinung nach ist Zugfahren zu teuer.*
Je pense/crois/trouve que c'est injuste.	*Ich denke/glaube/finde, dass das ungerecht ist.*
Je trouve drôle/idiot que...	*Ich finde es witzig/blöd, dass ...*
Je trouve important/utile que...	*Ich finde es wichtig/nützlich, dass ...*

Nach der Meinung Ihres Gesprächspartners fragen:

Tu ne penses pas que... ?	*Meinst du nicht, dass ...?*
Et vous, qu'est-ce que vous en pensez ?	*Und Sie, was denken Sie darüber?*
C'est vrai.	*Das ist wahr.*
Tout à fait. Je suis de ton avis.	*Ganz genau. Ich bin deiner Meinung.*
Absolument.	*Sicher; Genau!*
Oui, c'est vrai, mais...	*Ja, das stimmt, aber ...*
D'accord, mais...	*Einverstanden, aber ...*

Anderer Meinung sein:

Non, moi, je pense que...	*Nein, ich denke, dass ...*
Bien au contraire...	*Ganz im Gegenteil ...*
Non, je ne suis pas de votre/ton/cet avis.	*Nein, ich bin nicht Ihrer/deiner/dieser Meinung.*

Gleichgültig sein:

Ça m'est égal.	*Das ist mir egal.*
Je ne sais pas.	*Ich weiß nicht.*
Peut-être.	*Vielleicht.*
Ça dépend.	*Das kommt darauf an.*

Attirer l'attention sur quelque chose – *Auf etwas aufmerksam machen*

n'est-ce pas ?	*nicht wahr?*
..., tu ne trouves pas ?	*..., findest du nicht auch?*
Tu sais que... ?	*Weißt du, dass ...?*
Ah, bon ?	*Ach ja?*
C'est vrai ?	*Ist das wahr?*
Tiens, tiens !	*Da schau an!; So so!*
Ça alors !	*Na, so was!*
Oh, là là !	*Oje!*
Au fait, ...	*Übrigens ...*
D'ailleurs...	*Übrigens ...*
Attends...	*Warte mal ...*

Le regret – *Bedauern*

(Je suis) désolé(e).	*(Es) tut mir leid.*
(C'est) dommage !	*(Das ist) schade!*
Mon/Ma pauvre !	*Du Arme/r/s!*
Ça va passer.	*Das geht vorbei.*
Ça peut arriver à tout le monde.	*Das kann jedem passieren.*
Tant pis !	*Macht nichts! Halb so schlimm!*
Tant mieux !	*Um so besser!*
C'est dommage que...	*Es ist schade, dass ...*
Je suis désolé(e) que...	*Es tut mir leid, dass ...*
Je regrette que...	*Ich bedaure, dass ...*
C'est triste que...	*Es ist traurig, dass ...*

Préférences - *Vorlieben äußern*

Was Sie mögen oder nicht mögen, drücken Sie meistens mit dem Verb **aimer** *(mögen)* aus:

J'aime beaucoup Paris.	*Paris gefällt mir sehr.*

Um auszudrücken, dass Sie etwas sehr mögen, können Sie auch das Verb **adorer** *(für etwas schwärmen, etwas sehr mögen)* verwenden:

Moi, j'adore la montagne.	*Ich liebe die Berge sehr.*

Um zu erfragen, ob etwas gefällt, oder auszudrücken, dass Sie etwas mögen, können Sie auch die Verben **trouver** *(finden)* und **plaire** *(gefallen)* verwenden:

Comment trouvez-vous... ?	*Wie gefällt Ihnen ...?*
Ça vous plaît ?	*Gefällt es Ihnen?*
Ça te plaît ?	*Gefällt es dir?*
Je trouve ça super !	*Ich finde es toll!*
Ça me plaît beaucoup.	*Das gefällt mir sehr.*
Ça ne me plaît pas.	*Das gefällt mir nicht.*
Ça ne me plaît pas vraiment.	*Das gefällt mir nicht so sehr.*
Ça ne me plaît pas du tout.	*Das gefällt mir überhaupt nicht.*
La montagne, je déteste.	*Die Berge mag ich überhaupt nicht.*
Moi aussi !	*Ich auch!*
Moi non/pas !	*Ich nicht!*
Moi non plus !	*Ich auch nicht!*
Moi si !	*Ich aber!*

Joie et enthousiasme - *Freude und Begeisterung*

Je suis très content(e) d'être ici.	*Ich bin sehr froh, hier zu sein.*
Nous sommes heureux que vous soyez en bonne santé.	*Wir sind glücklich, dass Sie bei guter Gesundheit sind.*
C'est merveilleux que tu sois ici avec nous.	*Es ist wunderbar, dass du hier bei uns bist.*

Auch durch Ausrufe können Sie, mit der entsprechenden Betonung, Ihrem jeweiligen Gefühl Ausdruck verleihen:

Ah c'est beau l'été !	*Ah, der Sommer ist herrlich!*
Que c'est joli !	*Oh, wie hübsch!*
Quelle chance !	*Was für ein Glück!*

L'étonnement - *Erstaunen*

Ce n'est pas vrai !	*Das kann nicht wahr sein!*
Mais c'est incroyable !	*Das ist ja unglaublich!*
Quoi ?	*Was?*
Ah, bon ?	*Ach ja?*
Ça alors !	*Na, so was!*
Je suis très étonné(e)/surpris(e).	*Ich bin sehr erstaunt/überrascht.*
Je suis étonné(e) que...	*Ich bin erstaunt, dass ...*
Je suis surpris(e) que...	*Ich bin überrascht, dass ...*
C'est incroyable.	*Das ist unglaublich.*
Vraiment ?	*Wirklich?*
Ce n'est pas possible/vrai !	*Das ist nicht möglich/wahr!*
C'est vrai ?	*Ist das wahr?*
Tiens !	*Schau an! / Ach! / So etwas!*
Ça alors !	*Na, so was!*
Ça m'étonne.	*Das wundert mich.*
Je ne sais plus quoi dire...	*Ich weiß nicht mehr, was ich sagen soll ...*

Souhaits – *(Glück)wünsche*

Félicitations !	*Herzliche Glückwünsche!*
Meilleurs voeux !	*Alles Gute!* (Gilt auch für andere Gelegenheiten, z. B. an Feiertagen.)
Joyeux Noël !	*Frohe Weihnachten!*
Joyeuses Pâques !	*Frohe Ostern!*
Bonne année (, bonne santé) !	*Frohes neues Jahr!*
Bon anniversaire !	*Herzlichen Glückwunsch zum Geburtstag!*
Bonne fête !	*Alles Gute zum Namenstag!*

Vor dem Essen sagt man:

Bon appétit !	*Guten Appetit!*

Beim Anstoßen sagt man:

À votre santé ! / Santé ! / À la vôtre ! / À la tienne !	*Prost!*

Wenn jemand niest, sagt man:

À vos / tes souhaits !	*Gesundheit!*

Les compliments – *Komplimente*

Vous avez un très bel appartement/ une très jolie maison !	*Sie haben / Ihr habt eine sehr schöne Wohnung / ein sehr hübsches Haus!*
C'était vraiment une soirée réussie.	*Das war wirklich ein gelungener Abend!*
C'est très bien fait, c'est très soigné !	*Das ist sehr gut gemacht, sehr gepflegt.*
C'est du bon travail.	*Das ist eine gute Arbeit.*
Tu as l'air en pleine forme !	*Du siehst sehr fit aus!*
Tu es très bien habillé(e) ce soir !	*Du bist heute Abend sehr gut gekleidet.*
C'est très confortable.	*Das ist sehr bequem.*
C'est très gentil.	*Das ist sehr nett.*
Merci. Tu trouves ?	*Danke. Meinst du?*

Le travail - *Arbeit*

Qu'est-ce que vous faites (dans la vie) ?	*Was machen Sie beruflich?*
Quelle est votre profession ?	*Was sind Sie von Beruf?*
Vous travaillez dans un bureau ?	*Arbeiten Sie in einem Büro?*
Je travaille dans une usine.	*Ich arbeite in einer Fabrik.*
Vous travaillez à temps partiel ?	*Arbeiten Sie Teilzeit?*
Je travaille à temps plein.	*Ich arbeite Vollzeit.*
Heureusement, j'ai des horaires flexibles.	*Glücklicherweise habe ich flexible Arbeitszeiten.*
En ce moment, je fais beaucoup d'heures supplémentaires.	*Zurzeit mache ich viele Überstunden.*

Se renseigner - *Sich erkundigen*

J'ai besoin d'un renseignement, s'il vous plaît.	*Ich bräuchte bitte eine Auskunft.*
Je voudrais un renseignement, s'il vous plaît.	*Ich möchte eine Auskunft, bitte.*
Pourriez-vous me donner des informations sur... ?	*Könnten Sie mir Informationen über ... geben?*
Vous avez... ?	*Haben Sie ...?*
Pardon, monsieur, vous connaissez un bon petit restaurant par ici ?	*Entschuldigen Sie, kennen Sie zufällig ein nettes kleines Restaurant hier in der Gegend?*
Pourriez-vous me dire où... ?	*Könnten Sie mir sagen, wo ...?*
Est-ce qu'il serait possible de... ?	*Wäre es möglich ... zu ...?*
Est-ce que je pourrais... ?	*Könnte ich ...?*
J'aimerais savoir si...	*Ich würde gern wissen, ob ...*
Vous n'auriez pas... ?	*Hätten Sie nicht ...?*

Demander et offrir de l'aide – *Nach Hilfe fragen und Hilfe anbieten*

J'ai besoin d'aide.	*Ich brauche Hilfe.*
Est-ce que vous pouvez m'aider, s'il vous plaît ?	*Können Sie mir bitte helfen?*
Pourriez-vous m'aider, s'il vous plaît ?	*Könnten Sie mir bitte helfen?*
Oui, volontiers.	*Ja, gerne.*
Bien sûr !	*Natürlich!*
Oui, tout de suite.	*Ja, sofort.*
Qu'est-ce que je peux faire pour vous/toi ?	*Was kann ich für Sie/dich tun?*
Je suis désolé(e), je n'ai pas le temps.	*Es tut mir leid, ich habe keine Zeit.*
Je peux difficilement vous aider.	*Ich kann Ihnen schlecht helfen.*

Remplir un formulaire – *Ein Formular ausfüllen*

le nom	*der Name*
le prénom	*der Vorname*
l'adresse (le numéro, la rue, le code postal)	*die Adresse (Nummer, Straße, Postleitzahl)*
la ville	*die Stadt*
le pays	*das Land*
la date de naissance	*das Geburtsdatum*
le lieu de naissance	*der Geburtsort*
la nationalité	*die Nationalität*
la profession	*der Beruf*
né(e) le 1er février 1969	*geboren am 1. Februar 1969*
Paris, le 24 juillet 2021	*Paris, 24. Juli 2021*
24/07/2021	*24.07.2021*

Am Ende eines Formulars wird oft **la signature** *(die Unterschrift)* verlangt. Bei einer französischen Adresse steht die Hausnummer immer abgetrennt durch ein Komma vor dem Namen der Straße:

3, rue de Turenne	*Turenne-Straße 3*

2

Verben mit Präpositionen

PRÄPOSITIONEN DER HÄUFIGSTEN VERBEN

Dem Französischlernenden kann der Gebrauch der richtigen Präposition nach einem Verb (mit oder ohne Infinitiv) Schwierigkeiten bereiten. Die folgende Auswahl berücksichtigt daher vor allem Verben, die im Französischen eine andere Präposition führen als im Deutschen.

s'agir **de** qc • Il s'agit d'un thème très intéressant.	*sich um etw handeln*
aider qn **à** (faire) qc • Peux-tu m'aider à porter cette valise ?	*jdm bei etw helfen*
aller **en** … • Ils y sont allés en train.	*mit … fahren / gehen*
s'amuser **de** qc / qn • Tu t'amuses de moi ?	*sich über etw / jdn lustig machen*
s'amuser **à** faire qc • Il s'amuse à faire le clown.	*seinen Spaß daran haben, etw zu tun*
s'apercevoir **de** qc • Je me suis alors aperçu de son départ.	*etw (be)merken*
appartenir **à** qn • Ce livre appartient à Philippe.	*jdm gehören*
apprendre **à** faire qc • Il apprend à dessiner.	*lernen, etw zu tun*
(s')approcher **de** qc / qn • Il s'approchait lentement de moi.	*sich etw / jdm nähern*
assister **à** qc • Vous assistez au spectacle ce soir ?	*bei etw dabei sein*
s'attendre **à** qc • Je ne m'attendais pas à la voir.	*etw erwarten*
avertir qn **de** qc • Il m'avertissait toujours du danger.	*jdn vor etw warnen*
bénéficier **de** qc • Vous bénéficierez d'une réduction.	*von etw profitieren*
cesser **de** faire qc • Cessez de m'interrompre !	*aufhören, etw zu tun*
changer **de** qc • Vous avez changé de travail ?	*etw wechseln*
commencer **à** / **de** faire qc • Elle a commencé à travailler hier.	*anfangen, etw zu tun*

commencer **par** qc	*mit etw beginnen*
· Il commença par l'introduction.	
comparer **avec / à** qc	*mit etw vergleichen*
· Il compare ses résultats à ceux de son frère.	
compter **sur** qc / qn	*mit etw / jdm rechnen*
· Je compte sur vous dimanche.	
conduire **à** qc	*zu etw führen*
· Je vous conduis à votre chambre.	
se consacrer **à** qc	*sich etw widmen*
· Il se consacre à la peinture.	
consentir **à** faire qc	*einwilligen, etw zu tun*
· Elle a consenti à l'épouser.	
se contenter **de** qc	*sich mit etw zufrieden geben*
· Vous vous contenterez de cela !	
continuer **à / de** faire qc	*weiter(hin) etw tun*
· Continuez à / de parler !	
contribuer **à** qc	*zu etw beitragen*
· Il a contribué à mon succès.	
convaincre qn **de** qc	*jdn von etw überzeugen*
· Il faut le convaincre de partir.	
croire qn	*jdm glauben*
· Je ne le crois pas.	
croire **à / en** qc	*an etw glauben*
· Je crois aux fantômes. Je crois en Dieu.	
décider **de** qc	*über etw entscheiden*
· Il décide du budget de l'entreprise.	
se décider **à** faire qc	*sich entschließen, etw zu tun*
· Je me suis décidée à partir en vacances.	
demander qc **à** qn	*jdn etw fragen*
· Il doit le demander à son chef.	
dépendre **de** qc / qn	*von etw / jdm abhängen*
· Cela dépend de vous.	
discuter **de** qc	*über etw diskutieren / sprechen*
· De quoi discutent-elles ?	
disposer **de** qc	*über etw verfügen*
· Ils disposent de beaucoup d'argent.	
douter **de** qc / qn	*an etw / jdm zweifeln*
· Ils doutent de ses propos.	
échouer **à** qc	*an etw scheitern*
· Elle a échoué à son examen.	

écouter qn	*jdm zuhören*
• Vous m'écoutez ?	
empêcher qn **de** faire qc	*jdn (daran) hindern, etw zu tun*
• Il l'empêche toujours de dormir.	
entourer **de** qc	*mit etw umgeben*
• Elle l'entourait toujours d'amour.	
essayer **de** faire qc	*versuchen, etw zu tun*
• Tu essaieras de faire mieux !	
s'essayer **à** qc	*sich in / an etw versuchen*
• Elle s'essayait à la musique.	
s'étonner **de** qc	*sich über etw wundern*
• Tu t'étonnes de cela ?	
éviter **de** faire qc	*vermeiden, etw zu tun*
• Nous éviterons de leur en parler.	
féliciter qn **de** qc	*jdm zu etw gratulieren*
• Je vous félicite de votre succès.	
finir **de** faire qc	*etw beenden; aufhören, etw zu tun*
• Tu as fini de travailler ?	
fournir qc **à** qn	*jdm etw liefern / geben*
• Elle lui fournit son pain.	
habiter **à / dans**	*wohnen in*
• Ils habitent dans une maison à la campagne.	
s'habituer **à** qc / qn	*sich an etw / jdn gewöhnen*
• Elle s'est habituée à lui.	
hésiter **à** faire qc	*zögern, etw zu tun*
• Elle a hésité à venir.	
insister **sur** qc	*etw betonen*
• J'ai insisté sur l'importance de cette affaire.	
s'intéresser **à** qc / qn	*sich für etw / jdn interessieren*
• Elle s'intéresse à la littérature.	
jouer **à** qc	*etw (Spiel, Sportart) spielen*
• Ils jouent aux cartes / au football.	
jouer **de** qc	*etw (Instrument) spielen*
• Elle joue de la clarinette.	
manquer **à** qn	*jdm fehlen*
• Ils me manquent beaucoup.	
manquer **de** qc	*an etw mangeln / fehlen*
• Ils manquent d'argent.	
se méfier **de** qn / qc	*etw / jdm misstrauen*
• Je me méfie de lui.	

menacer qn **de** (faire) qc · Elle l'a menacé de prévenir ses parents.	*jdn mit etw (be)drohen*
mentir **à** qn · Il m'a menti.	*jdn belügen*
se mettre **à** faire qc · Il s'est soudain mis à rire.	*anfangen, etw zu tun*
se moquer **de** qc / qn · Il se moque toujours de moi.	*sich über etw / jdn lustig machen*
obéir **à** qn · Le chien lui obéit vraiment bien.	*jdm gehorchen*
obliger qn **à** (faire) qc · Je l'ai obligé à aller à l'école.	*jdn zu etw zwingen*
s'occuper **de** qc / qn · Tu t'occupes d'elle ?	*sich um etw / jdn kümmern*
oublier **de** faire qc · J'ai oublié d'arroser les plantes.	*vergessen, etw zu tun*
parler **de** qc **à** qn · Tu as parlé de ton mariage à ta mère ?	*mit jdm über etw sprechen*
participer **à** qc · Ils ont participé au concours.	*an etw teilnehmen*
passer **par** qc · Ils sont passés par Paris.	*über ... gehen / reisen*
se passer **de** qc / qn · Je ne peux pas me passer d'elle.	*auf etw / jdn verzichten*
penser **à** qc / qn · Je pense à toi souvent.	*an etw / jdn denken*
permettre **de** faire qc **à** qn · Elle lui a permis de sortir.	*jdn erlauben, etw zu tun*
persuader qn **de** qc · Peux-tu le persuader de venir ?	*jdn von etw überzeugen*
se plaindre **de** qc · Elle se plaint toujours de son travail.	*sich über etw beklagen*
se préoccuper **de** qc / qn · Ne te préoccupe pas de cela.	*sich über etw Gedanken machen*
prévenir qn **de** qc · Préviens-la de notre arrivée.	*jdn vor etw warnen, jdn über etw informieren*
profiter **à** qn · Son mariage lui a bien profité.	*jdm von Nutzen sein*
profiter **de** qc · Profite bien de tes vacances.	*von etw profitieren, etw genießen*

protéger qn / qc **de / contre** qc	*jdn / etw vor / gegen etw schützen*
· Il faut protéger la nature contre la pollution.	
rappeler qc **à** qn	*jdn an etw erinnern*
· Tu le rappelleras à ta femme.	
(se) rapprocher **de** qn / qc	*sich jdm / etw nähern*
· Rapprochez-vous de moi.	
réagir **à** qc	*auf etw reagieren*
· Comment a-t-elle réagi à vos paroles ?	
réclamer qc **à** qn	*etw von jdm fordern*
· Elle a réclamé une augmentation à son chef.	
réfléchir **à / sur** qc	*über etw nachdenken*
· Réfléchis à ce que je t'ai dit.	
refuser **de** faire qc	*ablehnen, etw zu tun*
· Elle refuse de partir seule.	
se refuser **à** faire qc	*sich weigern, etw zu tun*
· Elle se refuse à partir.	
se réjouir **de** (faire) qc	*sich über etw freuen*
· Il se réjouit de votre arrivée.	
remercier qn **de** qc	*jdn für etw danken*
· Je vous remercie de votre cadeau.	
renoncer **à** qc	*auf etw verzichten*
· Elle renonce à ses vacances.	
répondre **à** qc / qn	*auf etw / jdm antworten*
· Qu'est-ce que tu réponds à cela ?	
résister **à** qc / qn	*sich gegen etw / jdn wehren*
· Elle résista aux coups.	
réussir **à** faire qc	*etw erfolgreich tun*
· Il a réussi à avoir son examen.	
rire **de** qc / qn	*über etw / jdn lachen*
· Il rit de moi.	
risquer **de** faire qc	*riskieren, etw zu tun*
· Il risque d'avoir une contravention.	
se risquer **à** faire qc	*sich wagen / trauen, etw zu tun*
· Il s'est risqué à escalader la montagne.	
se satisfaire **de** qc	*sich mit etw zufrieden geben*
· Il s'est satisfait d'une petite collation.	
servir **à** qc	*zu etw dienen / nützlich sein*
· Cela ne sert à rien.	
se servir **de** qn / qc pour (faire) qc	*jdn / etw zu etw benutzen*
· Il s'est servi d'elle pour arriver à ses fins.	

songer **à** qc / qn · À quoi songes-tu ?	*an etw / jdn denken*
sortir **de** qc · Sors de là !	*aus etw herauskommen / herausholen*
souffrir **de** qc · Elle souffre beaucoup de son départ.	*an / unter etw leiden*
sourire **à** qn · Elle a souri au photographe.	*jdn anlächeln*
sourire **de** qc / qn · Il sourit de sa blague.	*über etw / jdn lächeln*
se souvenir **de** qc / qn · Je me souviens de lui.	*sich an etw / jdn erinnern*
suivre qn / qc · Il le suivit jusqu'à l'arrêt de bus.	*jdm / etw folgen*
survivre **à** qn / qc · Il a survécu à l'attentat.	*jdn / etw überleben*
tâcher **de** faire qc · Tâche de réussir ton examen !	*versuchen, etw zu tun*
téléphoner **à** qn · Il faut téléphoner à Marie.	*jdn anrufen*
tenir **à** faire qc · Il tenait à être présent.	*darauf Wert legen, etw zu tun*
tenter **de** faire qc · Elle a tenté de prendre la fuite.	*versuchen, etw zu tun*
traiter **de** qc · Ce livre traite du racisme.	*von etw handeln*
trembler **de** · Nous tremblions de peur.	*zittern vor*
user **de** qc · Ils ont usé de tous leurs moyens.	*etw nutzen*
veiller **à** qc · Veille à ce que cela ne se reproduise pas.	*auf etw achten*
en vouloir **à** qn · J'en veux à Céline de m'avoir menti.	*jdm böse sein*
s'en vouloir **de** qc · Il s'en voulait de l'avoir laissé faire.	*sich etw vorwerfen*

TIPPS ZUM WORTSCHATZLERNEN

Das Erlernen einer Sprache braucht seine Zeit. Die anfängliche Euphorie verfliegt oft schnell, und wenn man längere Zeit nichts mehr für die erworbenen Kenntnisse tut, hat man den Eindruck, dass man nicht vorankommt. Mit diesen Tipps zum Wortschatzlernen möchten wir Ihnen gern einige Hinweise geben, wie Sie mit dem PONS Grund- und Aufbauwortschatz und darüber hinaus eine Fremdsprache leichter lernen können.

Setzen Sie sich beim Sprachenlernen generell zeitlich und vom Umfang her realistische Ziele. Es ist besser, Sie lernen mehrmals in der Woche 20-30 Minuten, als nur einmal 5 Stunden. Lernen Sie dabei selbstständig und portionsweise. Machen Sie sich bewusst, was und wie viel Sie lernen wollen und können. Versuchen Sie, inhaltlich nach Themen vorzugehen.

Jede Zeit ist gut, um die Sprache zu üben. Nutzen Sie Leerlaufzeiten im Wartezimmer, an der Bushaltestelle, am Flughafen usw. Auch wenn Sie Ihren Grund- und Aufbauwortschatz nicht dabei haben, schauen Sie sich um und benennen Sie die Sachen, die Sie sehen, in der Fremdsprache.

SPRECHEN UND AUSSPRECHEN

Lesen Sie die Wörter, Wendungen und Beispielsätze in Ihrem Grund- und Aufbauwortschatz laut vor. So gewöhnen Sie sich daran, die Fremdsprache nicht nur zu lesen und zu schreiben, sondern auch zu sprechen. Heben Sie beim lauten Lesen die Augen, blicken Sie immer wieder nach vorne, um einzelne Wörter frei zu sprechen.

Sprechen Sie so viel wie möglich in der Fremdsprache. Suchen Sie sich einen Tandempartner, d. h. einen Muttersprachler und unterhalten Sie sich mit ihm über seine und über Ihre Interessen in der Fremdsprache. Je mehr Kontakte Sie mit Muttersprachlern haben, desto besser können Sie das Sprechen und das Verstehen trainieren.

Wenn Sie sich in der Fremdsprache unsicher fühlen, hilft es Ihnen, wenn Sie sich vorher für die bekannten Situationen des Alltags die richtigen Sätze in der jeweiligen Sprache zurechtlegen. Benutzen Sie auch die Formulierungshilfen in diesem Buch.

Wer die Möglichkeit hat, die Sprache im Land zu lernen, sollte nach möglichst vielen Gelegenheiten suchen, um mit den Menschen ins Gespräch zu kommen. Gehen Sie zum Beispiel zum Einkaufen auf den Wochenmarkt, informieren Sie sich über die kulturelle Szene, über politische, soziale Gruppen und Veranstaltungen etc. vor Ort.

Falls Sie unerwartet angerufen werden, bitten Sie einfach um Rückruf in wenigen Minuten. Nutzen Sie dann die Zeit, um sich auf das Gespräch in der Fremdsprache sprachlich und gedanklich vorzubereiten. Suchen Sie sich die wichtigsten Sätze heraus, überlegen Sie, was Sie wissen müssen, halten Sie einen Stift bereit.

Im Internet gibt es verschiedene (kostenlose) Angebote, mit denen Sie auf interessante Weise die Sprache üben können. Zum Beispiel finden Sie Chatrooms zu verschiedenen Themen oder die Vermittlung von E-Mail-Freundschaften weltweit.

Eine gute Aussprache bekommt man, wie könnte es anders sein, durch häufiges Sprechen. Beschränken Sie sich beim Trainieren Ihrer Aussprache daher nicht nur auf die Übungen, in denen Sie zum Nachsprechen aufgefordert werden, sondern sprechen Sie so oft wie möglich laut.

Wenn Sie versuchen, schwierige Wörter oder Sätze auszusprechen, kann es helfen, sie in kleine Stücke zu zerlegen, sie langsam auszusprechen und sie dann wieder zusammenzufügen.

Ein Zungenbrecher ist eine unterhaltsame Übung, um die Aussprache zu trainieren. Fragen Sie Muttersprachler oder suchen Sie in Büchern oder im Internet nach Zungenbrechern und versuchen Sie es doch mehrmals laut hintereinander.

Buchstabieren muss man immer wieder. Vor allem am Telefon oder wenn man sich im Ausland aufhält, kommt man oft in die Verlegenheit, seinen Namen oder seine Adresse buchstabieren zu müssen. Daher ist es sinnvoll, dies zu üben.

In Sprachkursen lernen Sie meist feststehende Ausdrücke und Konstruktionen, die in der Sprache häufig verwendet werden. Diese können Sie effektiver lernen, indem Sie jedes Mal, wenn Ihnen eine solche Konstruktion begegnet, versuchen, sie in einem neuen Kontext zu gebrauchen. Sie können auch versuchen, mit der neu gelernten Konstruktion ein paar eigene Beispielsätze für den aktiven Gebrauch zu formulieren.

Hören Sie so viele Originalaufnahmen wie möglich und sprechen Sie viel nach. Versuchen Sie, auch auf den Tonfall der fremdsprachigen Aufnahmen zu achten. Emotionen wie Überraschung, Begeisterung, Angst, Freude etc. werden oft durch den Tonfall unterstrichen.

Manchmal fällt es schwer, sich zu merken, wie bestimmte Wörter einer Fremdsprache betont werden. Vor allem dann, wenn sich das Betonungsmuster stark von der eigenen Sprache unterscheidet. Versuchen Sie doch einmal, den Rhythmus eines Wortes nur auf den Tisch zu klopfen oder vor sich hin zu summen. Das kann helfen, sich die Intonation eines schwierigen Wortes besser einzuprägen.

WORTSCHATZ

Notieren Sie Wörter aus dem täglichen Leben auf selbstklebende Zettel und befestigen Sie diese dann an den entsprechenden Gegenständen, wie zum Beispiel an Türen oder an Möbeln. So können Sie die neuen Wörter immer wieder sehen und üben.

Versuchen Sie nicht alle Wörter zu lernen, die Sie hören oder lesen. Wählen Sie selbst die Wörter aus, die für Sie persönlich nützlich sind.

Lassen Sie sich nicht irritieren, wenn Sie mit vielen neuen Wörtern arbeiten. Versuchen Sie, über Ähnlichkeiten mit Ihrer Sprache oder einer Ihnen bekannten Sprache die Bedeutung zu erraten. Andere Wörter können Sie aus dem Zusammenhang herleiten. Lassen Sie sich nicht entmutigen, wenn Sie nicht gleich alle Wörter verstehen.

Versuchen Sie die Wörter, die Sie gerade lernen, in Ihren Alltag einzubringen. Damit Sie sich zum Beispiel Zahlen besser merken können, zählen Sie die Stockwerke im Aufzug oder sagen Sie Ihre Telefonnummer auf. Benennen Sie die Möbel in Ihrer Wohnung, den Beruf Ihres besten Freundes, die Gegenstände in Ihrer Tasche, usw.

Schreiben Sie unbekannte Wörter auf kleine Karteikarten. Das fremdsprachliche Wort können Sie auf die eine Seite schreiben, die deutsche Übersetzung auf die andere. Wenn Sie sich die Wörter eingeprägt haben, legen Sie die Karteikarten zunächst zur Seite. Zur Kontrolle können Sie sie später wieder anschauen, um zu sehen, welche Vokabeln Sie sich merken konnten.

Hilfreich ist es, wenn Sie Wörter, die zu einem bestimmten Thema gehören, zusammen lernen. Größere Themenbereiche können Sie in kleinere Lernportionen unterteilen.

Assoziieren Sie Ihre Freunde oder Bekannten mit deren Eigenschaften, Hobbys, Lieblingsfarben oder ihrem Herkunftsland. So lassen sich neue Wörter leicht merken.

Schlagen Sie die für Sie wichtigsten Wörter im Wörterbuch nach. Dort finden Sie nicht nur die Übersetzung, sondern auch verschiedene Bedeutungen und zusätzliche Wendungen sowie wichtige Hinweise zum Wort, die Ihnen beim Lernen behilflich sein können.

Ein Wort lässt sich nicht mit jedem beliebigen anderen Wort verbinden. So können Sie zum Beispiel 'ein Buch lesen' aber nicht 'singen'. Merken Sie sich also bestimmte Wortpaare und Ausdrücke und ergänzen Sie diese mit weiteren möglichen Varianten.

Bilder aus Zeitungen, Zeitschriften und Kalendern eignen sich hervorragend zum Lernen von Vokabeln. Schneiden Sie aus, was Ihnen gefällt, kleben Sie es in Ihr Vokabelheft und schreiben Sie dann auf, was Ihnen dazu einfällt: Reaktionen, Überlegungen, Gedankenassoziationen oder auch nur einzelne Wörter.

Gegensätze ziehen sich bekanntlich an und prägen sich auch besser ein. Schlagen Sie also nicht nur das Wort für „schnell" nach, sondern merken Sie sich auch gleich sein Gegenteil, die Übersetzung für „langsam".

Es gibt Wörter, die wie Familienmitglieder den gleichen Stamm haben. Nutzen Sie das, um auf effiziente Art und Weise Ihren Wortschatz zu erweitern. Fragen Sie sich also nicht bloß, was „krank" heißt, sondern suchen Sie auch gleich das Wort für „Krankheit".

Bauen Sie sich beim Vokabellernen Eselsbrücken. Nutzen Sie ähnlich klingende deutsche Wörter als Hilfe.

INDEX FRANZÖSISCH

4

Index Französisch

B

C

4

Index Französisch

D

4 Index Französisch

E

G

H

I

J

R

4

Index Französisch

S

4

Index Französisch

W

Y

Z

INDEX DEUTSCH

C

D

E

F

L

M

N

O

P

S

T

W

Bildnachweis

Umschlag: Getty Images/deepblue4you, (Screenshot:) Pons GmbH - Vokabeltrainer-App; Seite 10: Adobe Stock/Antonioguillem; Seite 19: Adobe Stock/BestForYou; Seite 37: Adobe Stock/jackfrog; Seite 45: Adobe Stock/ivanko80; Seite 82: Adobe Stock/BGStock72; Seite 101: Adobe Stock/Halfpoint; Seite 125: Adobe Stock/Mediteraneo; Seite 182: Adobe Stock/oneinchpunch; Seite 232: Adobe Stock/tatomm; Seite 256: Adobe Stock/famveldman; Seite 266: Shutterstock/Sharaf Maksumov